전정판

국제경영전략

이 장 호 저

傳 英 社

전정판을 내면서

세월이 빠른 만큼 우리나라 기업들이 직면하고 있는 국제경쟁환경도 빠르게 변화하고 있다. 1960년대 초 우리나라가 수출중심의 경제개발에 적극적으로 나선 이후 1997년 말 외환위기, 경제위기를 겪기까지 우리나라는 연평균 실질 GDP 성장률 8.5%를 기록하는 세계에 유래 없는 고도성장을 이룩했다. 그 기간 동안 몇 번의 어려움은 있었으나 기업들은 활기찼고 경영자와 근로자는 경제성장, 기업성장, 그리고 그에 따르는 소득수준 향상이라는 확실한 목표를 갖고 있었다.

그러나 1997년의 외환위기로 촉발된 경제위기를 겪으면서 그 때까지 경제성장을 주도해 온 기업과 기업경영자들, 특히 재벌을 비롯한 대기업 및 대기업 경영자들의 경영행태와 관례에 대한 비판이 쏟아졌다. 하지만 저자의 생각은 다르다. 만약 우리나라 기업과 경영자들의 과거 경영행태에 심각한 문제가 있었다면, 지난 36년간 세계 역사상 찾아보기 힘든 고성장을 달성할 수 없었을 것이다.

우리나라가 1997년 말 외환위기, 경제위기를 겪게 된 근본원인은 한국기업과 한국경영자들, 특히 재벌오너들의 경영행태 자체에 심각한 문제가 있었던 것이 아니라 기업을 둘러싼 환경, 특히 국제경영환경이 1990년대 들어 크게 바뀌었으나 한국기업과 경영자들은 변화된 환경을 인지하고 그에 적응하는 노력에 실패했다는 것이다. 즉, 국제경영환경이 바뀌었음에도 불구하고 과거의 성공공식에 집착하여 새로운 전략적 선택을 등한시한 것이 한국기업 경영자들의 가장 큰 실수였다. 한국기업, 특히 재벌기업의 경영자인 재벌오너들은 그러한 실수에 대해 혹독한 대가를 치러 과거 우리나라 30대 재벌의 반 수 정도가 도산, 법정관리, 또는 화의에 들어가 있다. 변화에 적응하지 못하는 기업이 치러야 하는 대가를 이보다 더 극명하게 보여주는 예는 우리나라 기업 역사상 전무후무했다.

1990년대 전반까지 우리나라 기업들의 활발한 국제경영활동들을 보면서 저자는 우리나라가 21세기에는 일본을 대신하여 세계의 공장이 되리라고 예상했다. 그러나 20세기 후반 한국기업들의 전략적 실수로 이제 세계의 공장은 중국으로 넘어가고 있다. 이와 같이 제2판 출판 후 국제경영환경은 급변하고 있고, 여러 가지 새로운 경영학이론들도 출현했다. 국내적으로는 외환위기, 경제위기를 겪으면서 자의반 타의반으로 국내시장의 대외개방이 가속화되었고, 그 과정에서 뒤늦게나마 우리나라의 여러 제도와 관행을 글로벌 표준에 맞추는 작업이 계속되고 있다. 국제적으로는 9 · 11 국제테러로 야기된 아프간전쟁과 이라크전쟁의 발발과 종결, 인터넷혁명과 정보지식사회로의 이행, EU의 통화통합과 확대, 일본경제의 장기침체와 중국의 세계공장화 등으로 눈부신 속도의 변화가 일어나고 있다.

저자는 이번 전정판에서 거시환경과 미시환경 부분을 다시 써서 최근의 국제경영환경 변화를 심층 분석했으며, 기업경영자들과 국제경영학도들에게 기업환경의 불확실성에 효과적으로 대응하는 방법을 제시했다. 구체적으로 우선 최근에 금융거래에서 흔히 사용되는 옵션개념을 해외투자평가에 활용하는 방법을 기술함으로써, 불확실성하에서 해외투자를 효과적으로 평가하는 방법을 제시했다. 한편, 전략적 제휴는 기업환경의 불확실성에 대처하기 위하여 기업이 흔히 선택하는 전략이다. 그러나 우리나라 기업들은 전략적 제휴에 성공하는 경우가 많지 않다. 이번 전정판에서 전략적 제휴를 성공시킬 수 있는 구체적인 방법을 제시했다. 그 밖에 저자는 최근 뜨거운 이슈로 등장하고 있는 국제적 M&A의 성격을 구체화하는 등 우리나라 기업의 취약점을 보완하는 실질적인 처방을 제시하고자 노력했다.

앞으로도 국제경영전략을 수시로 개정하여 국제경영환경의 변화에 신속히 대응하고 또한 변화를 리드하는 책으로 만들 것을 독자 여러분께 약속드린다. 끝으로 이 책이 나오기까지 수고를 아끼지 않고 도움을 주신 박영사의 이구만 부장님과 김양형 편집위원님께 감사드린다.

2003년 5월

저자 드림

제 2 판을 내면서

우리는 현재 21세기의 초입에 서 있다. 19세기는 생산 측면에서 보자면 수공업의 세기였다. 자동차를 예로 들면 19세기에는 장인이 자동차 하나하나, 그리고 자동차에 사용되는 부품 하나하나를 수공으로 제작했기 때문에 어느 한 자동차에 사용되는 부품은 다른 자동차에는 맞지 않았다. 자연히 사람들은 같은 나라 안에서도 먼 지방에서 생산된 자동차보다는 가까운 곳에서 생산된 자동차를 살 수밖에 없었다. 이러한 상황하에서는 시장의 세계화는 사실상 불가능하였다.

20세기는 생산 측면에서 보자면 아담 스미스가 주장한 분업에 의한 규모의 경제가 미국의 자동차 왕 헨리 포드에 의해 경영에 접목되어 상품시장의 범위가 전국으로 확산되고 국제화가 시작되는 시대였다. 헨리 포드는 분업의 원리를 이용하여 컨베이어 벨트를 이용한 연속공정 형태의 조립공장을 도입하였으며 그것을 가능케 한 것은 호환가능한 부품의 생산이었다. 헨리 포드에 의해 드디어 같은 종류의 차라면 어떤 차이든지 간에 동일한 부품이 사용되었기 때문에 고장난 부품의 교환은 부품재고가 있는 곳이면 어디에서든지 가능하게 되었다. 이와 같은 조립산업의 등장으로 제품의 제작장소가 지리적으로 멀리 떨어져 있어도 사람들은 안심하고 그 제품을 사용할 수 있게 되었다. 한편 20세기 후반에는 일본 기업들이 적시관리시스템을 도입하여 재고 없는 경영을 가능케 했고 범위의 경제를 이용한 다품종 소량생산을 발전시켰다.

19세기가 수공업의 시대이고 20세기가 미국이 개발한 소품종 다량생산과 일본이 도입한 다품종 소량생산의 시대라면 21세기는 세계화가 본격화하는 세기라고 할 수 있을 것이다. 21세기는 20세기 후반부터 가속화되고 있는 정보기술의 발달과 세계무역기구(WTO)의 출현으로 시장의 범위가 세계화하는 시대라고 규정지을 수 있다. 그 밖에도 러시아를 포함한 구소련 및 동구권과 중국의 급속한 시장경제화, 남미의 경제개발, 북한의 개방, EU와 NAFTA의 확대 움직임, 새로운 NICs의 부상, 합성기술과 신기술 출현의 가속화, 수요의 개성화, 인구의 노령화, 여성의 사회진출 확대, 교육수준 상승 등 세계적 차원에서 정치, 경제, 기술, 사회, 문화적 변화가 가파르다.

이 책은 세계적 차원에서 일어나고 있는 이러한 여러 가지 변화들을 기술하고 해석함과 동시에 그러한 변화에 대처하는 전략적 선택들을 기업전략, 사업전략, 기능전략의 차원에서 제시함으로써 국제경영자 및 장래 국제경영자를 목표로 공부하는 독자들에게 현실에 가장 가까운 지식을 공급하고자 노력했다. 구체적으로 이 책은 변화에 직면한 국제경영자가 기업문화를 어떻게 재정립할 것이며, 기존의 사업구성은 어떻게 재편하고 새로운 사업은 무엇을 시작할 것이며, 경쟁우위는 어떻게 개발할 것이며, 경쟁할 국제시장은 어떻게 선정할 것이며, 선정된 시장에는 어떤 방법으로 진입할 것인가를 제시하고 있다. 이번에 나온 수정판은 과거의 기업전략과 사업전략을 대폭적으로 보완하여 완성도를 높였으며 특히 국제직접투자의 타이밍을 결정하는 과정을 제시함으로써 국제경영자의 의사결정에 실질적인 도움을 주는 방향으로 수정하였다.

이 책을 통하여 저자는 날로 격심해지는 국제경쟁에 직면한 우리나라 기업들이 어떠한 전략적 선택을 통해 국제경쟁에서 승리할 수 있는가 하는 문제에 대한 해답을 제시하고자 했다.

보다 좋은 책을 내기 위하여 최선을 다했으나 막상 책을 출판하려고 하니 아쉽고 부끄러운 점이 한두 가지가 아니다. 독자들의 아낌없는 질책과 격려를 바랄 뿐이다.

2001년 1월
저 자 씀

머 리 말

우리나라 기업을 둘러싼 국제경영환경상에는 그 동안 많은 변화가 있어 왔다. 그러나 앞으로는 기업경영을 둘러싼 불확실성이 더욱 증폭될 전망이다. 러시아를 포함한 구소련 및 동구권과 중국의 급속한 시장경제화, 남미의 개혁, 계속되는 남북한 관계의 불안정, WTO, EU와 NAFTA의 출현, 새로운 NICs의 부상, 합성기술과 신기술 출현의 가속화, 수요의 개성화, 인구의 노령화, 여성의 사회진출 확대, 교육수준 상승 등 세계적 차원에서 정치, 경제, 기술, 사회, 문화적 변화가 가파르다. 불확실성의 시대에 변화를 신속히 감지하여 대처하며 나아가서는 미래의 변화를 자기에게 유리하게 유도하기 위해서는 전략적 사고가 중요하다.

이 책은 세계적 차원에서 일어나고 있는 이러한 여러 가지 변화들을 기술하고 해석함과 동시에 그러한 변화에 대처하는 전략적 선택들을 기업전략, 사업전략, 기능전략의 차원에서 제시함으로써 독자들에게 현실에 가장 가까운 국제경영지식을 공급하고자 노력했다.

구체적으로 이 책은 변화에 직면한 국제경영자가 기업문화를 어떻게 재정립할 것이며, 기존의 사업구성은 어떻게 조정하고 새로운 사업은 무엇을 시작할 것이며, 경쟁우위는 어떻게 개발할 것이며, 경쟁할 국제시장은 어떻게 선정할 것이며, 선정된 시장에는 어떤 방법으로 진입할 것인가를 제시하고 있다. 이 책은 또한 국제경영자가 국제경영조직을 어떻게 구성하고 관리해야 할 것인가 하는 문제도 다루고 있다.

이 책을 통하여 저자는 날로 격심해지는 국제경쟁에 직면한 우리나라 기업들이 어떠한 전략적 선택을 통해 국제경쟁에서 승리할 수 있는가 하는 문제에 대한 해답을 제시하고자 했다.

보다 좋은 책을 내기 위하여 최선을 다했으나 막상 책을 출판하려고 하니 아쉽고 부끄러운 점이 한두 가지가 아니다. 독자들의 아낌없는 질책과 격려를 바랄 뿐이다.

1996년 6월
저 자 씀

목　　차

제1장　국제경쟁력

제2장　국제경영전략의 수립

제 3 장 거시환경분석

제 4 장 미시환경분석

제5장 기 업 문 화

제6장 국제기업전략

제7장 신사업진출전략

제8장 국제사업전략

제 9 장 전략과 환경의 적합

제10장 기업의 국제화단계

제11장 기업의 해외진출형태

제12장 해외직접투자전략

제15장 해외자회사 · 지사관리

제16장 지구적 경쟁우위의 확보

제17장 국제위험관리

그림 및 표 차례

그림 차례

표 차례

제 1 장 국제경쟁력

최근에는 국내외의 많은 사람들이 한국경제의 국제경쟁력이 저하하고 있다고 주장한다. 이것은 한국경제, 나아가서는 한국경제를 구성하는 여러 산업들, 그리고 보다 미시적으로는 각 산업에 참여하고 있는 한국기업들이 제품과 서비스를 생산하는 효율성이나 효과성, 또는 두 가지 모두가 경쟁국가, 경쟁국가의 산업, 또는 경쟁국가의 기업들보다 떨어진다는 것을 의미한다. 국제경쟁력의 저하는 결국 우리나라 국민의 생활수준 저하로 연결될 것이다.

사실 선진국이란 국가적 차원에서 국제경쟁력을 보유하고 있는 국가들을 지칭한다. 한 나라가 국가적 차원에서 국제경쟁력을 가지려면 적어도 몇 가지 중요한 산업에서 국제경쟁력을 가져야 한다. 또한 한 나라의 특정산업이 국제경쟁력을 가지려면 그 산업에 속하는 그 나라 기업들의 전부는 아니라 하더라도 많은 기업들이 국제경쟁력을 가지고 있어야 한다. 따라서 선진국이란 어떻게 보면 국제경쟁력을 가진 좋은 기업들이 많이 있는 나라라고 볼 수 있다. 예컨대 미국이 선진국인 중요한 이유는 미국에는 월마트, Microsoft, Motorola 등 세계적 경쟁력을 가진 기업들이 많이 있기 때문이다. 일본이 선진국인 이유 역시 일본에는 토요다, 히타치, 소니, 마츄시타, 닌텐도 등 국제경쟁력이 뛰어난 기업들이 많이 있기 때문인 것이다.

일국의 국제경쟁력은 국가차원, 산업차원 그리고 기업차원의 국제경쟁력으로 구분할 수 있다. 따라서 어느 한 나라가 국가차원에서 국제경쟁력이 떨어지고 있다면 그 나라의 산업과 기업이 국제경쟁력을 유지하거나 제고하는 것이 쉬운 일이 아니다. 또한 한 나라의 특정산업이 국제경쟁력을 잃고 있다는 것은 그 산업에 속하는 그 나라 기업들이 전반적으로 국제경쟁력을 상실하고 있다는 것을 의미한다.

그러나 한 나라가 국가차원에서 국제경쟁력을 잃고 있다고 해서 그 나라의 모든 산업이 국제경쟁력을 상실하는 것은 아니다. 그 좋은 예가 과거의 미국이다. 한때 미국이 국가차원에서 국제경쟁력을 상실하고 있다는 우려의 소리가 미국 내외에서 높았다. 그러나 그 당시에도 미국의 우주항공산업, 소프트웨어산업, 바이오 테크(biotech)산업 등은 여전히 국제경쟁에서 선두를 지키고 있었다. 또한 한 나라가 국가차원에서 국제경쟁력을 가지고 있다고 해서 그 나라의 모든 산업이 국제경쟁력을 가지는 것도 아니다. 일본은 20세기 중·후반 세계에서 가장 국제경쟁력이 높은 나라의 하나였다. 그러나 일본의 경우에도 농업, 어업 그리고 제조업 중 섬유산업 등은 그 당시에도 국제경쟁력이 매우 약했다.

한편 한 나라의 한 산업이 국제경쟁력을 잃고 있다고 해서 그 산업에 속하는 그 나라의 모든 기업들이 국제경쟁력을 상실하는 것도 아니다. 그 좋은 예가 우리나라의 섬유산업이다. 우리나라의 섬유산업은 높은 임금상승과 중국, 태국, 인도네시아, 인도, 파키스탄 등 저임 후발개도국의 출현 등으로 국제경쟁에서 고전을 면치 못하고 있다. 그럼에도 불구하고 몇몇 기업들은 여전히 높은 국제경쟁력을 유지하고 있다. 예컨대 우리나라의 몇몇 섬유기업들은 국제시장에 경쟁력 있는 제품들을 공급하고 있으며 그들의 그러한 성과는 주가에 반영되어 이들 회사들의 주식가격은 소위 첨단산업을 대표하는 기업들의 그것에 비해 크게 떨어지지 않는 수준을 유지하고 있다.

제1절 국가차원의 국제경쟁력

국가차원의 국제경쟁력이 무엇을 의미하는가에 대해서 아직 정확한 정의가 내려져 있지 않다. 일부 사람들은 국가경쟁력을 환율, 이자율 그리고 정부의 재정적자 등과 같은 변수로 표시되는 거시경제적 현상으로 파악한다. 그러나 일본은 엔화의 대외가치가 높음에도 불구하고 세계시장에서 국제경쟁력을 의심받고 있고 우리나라는 1980년대 중반 이자율이 경쟁국의 그것에 비해 상대적으로 높았음에도 불구하고 우리나라의 상품과 서비스는 국제시장에서 높은 국제경쟁력을 보였다. 한편 이탈리아는 국가의 재정적자 규모가 대단히 큼에도 불구하고 국제경쟁력을 유지하고 있다. 따라서 이와 같이 거시경제적 지표를 이용해서 국가의 국제경쟁력을 측정한다는 것은 적절치 못한 면이 있다.

일국의 국제경쟁력은 값싸고 풍부한 노동의 함수라고 주장하는 사람들도 있다. 그러나 스위스, 스웨덴 등은 임금이 다른 나라의 임금에 비해 높음에도 불구하고 국제경쟁력을 갖고 있는 국가들이다. 반면에 방글라데시나 베트남 그리고 아프리카 국가들은 낮은 임금에도 불구하고 국제경쟁력이 낮다. 한편 국제경쟁력을 자연자원이나 정부정책에 연관시키는 주장도 있다. 그러나 아르헨티나, 멕시코, 브라질 등은 자연자원에 관한 한 대국이나 오히려 자연자원이 빈약한 싱가포르, 홍콩, 대만, 한국보다 국제경쟁력이 떨어지는 것으로 평가된다.

그러면 국가의 국제경쟁력은 무엇으로 정의할 수 있을 것인가? 이와 관련하여 국가의 경쟁력을 전략적 차원에서 볼 때 생산성이라고 주장하는 사람들도 많다. 그들에 의하면 국가의 중요한 목표는 국민들에게 높은, 그리고 계속 상승하는 생활수준을 제공하는 데 있다. 그런데 국민들에게 높은 생활수준을 제공할 수 있는 능력은 일국의 생산성에 달려 있다.

생산성이란 한 단위의 노동이나 자본으로 생산되는 산출량의 가치를 말한다. 생산성은 일국의 장기적 생활수준을 결정하는 중요한 요소이다. 일국의 생활수준은 그 나라의 기업들이 높은 수준의 생산성을 달성하고 또한 장기적으로 생산성을 계속 증가시켜 나가는 능력에 의해 결정된다. 일국의 생산성이 지속적으로 증가하려면 그 나라의 경제가 지속적으로 고도화할 필요가 있다.

국가차원의 국제경쟁력은 어떻게 정의하든지간에 보다 광범위하고 종합적인 국가제도상의 차이에 의해서 큰 영향을 받고 있다. 국가차원의 국제경쟁력에 영향을 미치는 중요한 요소들로는 정치체제, 법제도, 교육제도, 국방비지출수준, 사회간접자본, 사회보장제도, 자본비용, 국민의 자세 등을 들 수 있다.

1. 경제체제

일국의 경제체제가 국가차원의 국제경쟁력에 중요한 영향을 미친다는 것은 홍콩과 싱가포르 그리고 브라질, 아르헨티나, 멕시코 등을 대비해 보면 금방 알 수 있다. 홍콩과 싱가포르에 비하면 브라질, 아르헨티나, 멕시코 등은 인구, 면적, 자연자원 등에서 훨씬 앞선다. 그럼에도 불구하고 인구 몇백만의 도시국가에 지나지 않는 홍콩과 싱가포르의 일인당 국민소득이 브라질 등의 국민소득의 수배에 달하는 이유는 경제체제의 상이성에서 찾을 수밖에 없을 것이다. 즉, 홍콩과 싱가포르는 자유경쟁 시장체제에 충실했고 브라질 등은 수입대체형 산업화 과정에서 자국기업의 경영활동을 엄격히 규제해 왔던 것이다. 이와 관련하여 홍콩의 중국반환이 홍콩의 경제성장에 어떤 영향을 미칠지 흥미롭게 지켜 볼 일이다.

자본주의 경제체제는 개인과 기업의 이기심에서 출발하여 각 경제주체의 자유롭고 자발적인 경제행위간의 조화에 바탕을 두어 성립한다. 생산자와 소비자간에 거래가 일어날 경우 양자는 얼마간의 잉여를 얻게 되는데 시장경제는 보이지 않는 손에 따라 효율성을 극대화하는 방향으로 움직인다. 이러한 관점에서 본다면 이상적인 경쟁시장에서는 각 경제주체가 자기의 이기심에 근거하여 자발적으로 교환행위에 참가함으로써 상호 이익이 되는 거래만을 행하게 되며 결과적으로 사회의 한정된 자원의 효율적인 사용과 배분이 가능해진다.

다시 말하자면 시장에서 다수의 거래자가 경쟁적으로 거래하는 경우, 사회후생이 극대화되며 이것은 보이지 않는 손에 의한 개인적 이기심의 조화를 통해 달성된다. 이 경우 기업은 경쟁으로 인해 한계비용 이상으로 가격을 책정할 수 없게 되며, 소비자는 이 진정한 기회비용에 근거하여 효용이 극대화되도록 행동함으로써 사회적 잉여는 최대가 된다.

그러나 현실적으로는 많은 경우에 있어서 이상적인 형태의 경쟁시장은 성립하지 않으며 따라서 시장에서의 성과가 반드시 성공적이라고 할 수 없는 상황이 일어나게 된다. 일반적으로 시장규제를 지지하는 사람들이 열거하는 시장실패의 원인은 다음과 같다.

첫째로, 경제행위가 편익이나 비용면에서 다른 경제주체에게 파급효과를 갖는 경우, 이러한 외부성이 내부화되지 않는다면 시장에 의한 자원배분은 비효율적이 된다.

둘째로, 규모의 경제를 생각할 수 있는데, 규모의 경제가 있을 경우에는 한 개의 기업이 생산을 담당하는 것이 생산비용이 최소가 되어 가장 효율적이다. 그러나 이 경우 비용상의 효율성은 얻게 되더라도 독점에 의한 자원배분의 왜곡은 정부의 적절한 개입 없이는 피할 수 없게 된다.

셋째로, 고정비용이나 함몰비용의 비중이 크고, 시장수요조건이 불안정하고 공급이 비탄력적이어서 설비초과현상이 빈번히 나타나며 그러한 현상이 장기적으로 지속되는 경향이 있는 산업에서 진입장벽이 거의 존재하지 않는 경우에 일어나기 쉬운 과당경쟁의 위험과 그로 인해 발생하는 사회후생에 대한 악영향을 들 수 있다.

넷째로, 시장이 불완전하여 대기업에 의한 인위적인 진입장벽 구축 또는 약탈적 가격정책에 의한 진입장벽 구축이 일어난다면 시장가격은 진정한 기회비용을 반영하지 못하게 되어 시장기능이 저해된다.

정부는 이상과 같은 시장실패로 시장이 제기능을 발휘하지 못하면 공익의 수호자로서 사회적 후생을 최대화하고 부의 형평한 분배를 위하여 시장에 개입하게 된다. 그러나 정부개입의 유효성에 대해서는 다음과 같은 의문들이 야기되고 있다.

첫째로, 시장의 실패와 마찬가지로 정부의 실패도 고려되어야 한다.

둘째로, 정부가 과연 공익을 위해서만 행동하고 사익은 전혀 추구하지 않는가에 대해서도 의문이 제기된다.

최근에는 정부규제에 대한 시각이 전통적인 공익설을 부정하고 규제기업 또는 이해당사자들로부터의 진입규제, 요금규제와 같은 규제에 대한 수요와 권력이나 정치적 지지 등을 대가로 한 규제자(정부)에 의한 규제의 공급간의 상호작용으로 보는 시각이 대두되고 있다. 이러한 시각에서 최근에는 정부규제가 야기하는 독과점으로 인한 방만한 경영, 경영조직 및 의사결정의 비효율성, 신기술과 신제품개발노력의 미흡, 제품품질의 저하 등과 같은 문제가 심각하게 제기되면서 전화 · 전력 · 금융산업 등 규제가 당연시되던 산업에서조차 경쟁원리가 도입되어야 한다는 주장이 대두되어 많은 산업에서 규제가 사라지고 있다.

우리나라의 경우에는 이러한 규제의 일반논리와 산업구조적 특성과는 관계없이 거의 전 산업에 걸쳐 무원칙하게 규제가 행해져 왔기 때문에 정부규제의 비효율성문제가 심각하다고 할 수 있다. 그 동안 우리나라의 고속성장은 정부의 강력한 통제와 규제하에서 몇 개의 선택된 육성대상산업을 중심으로 이루어져 왔다. 그러나 우리나라는 정부규제 일변도로 나간 다른 나라들과는 달리 사회주의 국가에서 시도되는 정부주도하의 계획경제와 시장경제에서 조장되는 개인의 이기심을 성공적으로 결합시킴으로써 급속한 경제성장을 이룰 수 있었던 것이다.

그러나 앞으로는 정부의 규제를 과감히 줄이고 시장경제 메커니즘을 극대화하는 것만이 우리나라 경제와 기업들의 국제경쟁력을 강화시킬 수 있는 길일 것이다. 과거에 정부주도의 경제성장이 가능했던 것은 우리나라의 경제구조가 단순했고, 경제규모에 비해 기업의 규모도 영세했고, 유능한 인적 자원도 정부에 몰려 있었기 때문이라고 할 수 있다. 그러나 이제는 우리나라의 경제구조가 몇몇 관리들이 독단적으로 의사결정을 내리기에는 너무 고도화되었으며 WTO(World Trade Organization: 세계무역기구)의 출현으로 정부에 의한 시장과 산업의 조직적인 보호도 어렵게 되었다. 더욱이 기업의 규모가 영세했던 과거와는 달리 국가예산규모에 비해 기업의 규모가 너무 커져서 과거와 같은 대규모 특혜는 이미 불가능하게 되었다. 인적 자원의 배분도 균형화되어 오히려 대기업에 유능한 전문인력이 집결되는 현상이 일어나고 있다. 이 모든 것은 정부주도에 의한 국제경쟁력 강화가 현실과 맞지 않음을 시사하고 있다.

2. 교육제도

일국의 교육제도는 인적 자원을 개발하는 사회적 시스템으로서 그것의 경제적 효율성은 일국의 국제경쟁력을 결정짓는 중요한 요인들 중의 하나이다. 미국 제조업의 재건을 위한 처방을 제시하고자 시도된 미국 MIT대학의 한 연구보고서는 미국의 제조업이 국제경쟁력을 상실한 원인은 미국의 기본적 가치가 사라졌다거나 약화된 데 있는 것이 아니라 미국의 비효율적인 교육제도에 있다고 주장했다. 그러한 주장의 근거로 그들은 미국 학생들의 수학, 과학, 언어능력이 경쟁국 학생들의 능력보다 떨어지며 그러한 현상은 학년이 올라갈수록 더 심해진다는 연구결과를 제시했다.

일국의 교육제도가 국제경쟁력에 강한 영향을 미친다는 것을 시사하는 좋은 예가 패전독일의 예이다. 독일은 제1차 세계대전에서 패망한 지 20년만에 제2차 세계대전을 일으켰고 제2차 세계대전에서 패한 지 20년만에 세계의 선진국 지위에 복귀했다. 독일의 이와 같은 놀라운 경제기적을 독일의 교육제도에서 찾는 사람들이 많다. 즉, 독일은 전쟁에 지고도 20년만에 패전의 상처를 딛고 부흥하였는데 그 20년은 전후에 태어난 아이들이 교육을 받고 사회에 진출하는 시기와 일치한다는 것이다.

우리나라의 경우에는 과거 높은 교육열이 사회계층의 상향이동을 가능케 하는 사회발전의 원동력 구실을 수행해 온 것은 사실이다. 그러나 무조건적인 대학진학이 갖는 사회적 비용은 엄청나며 실제로 대학졸업자의 대량실업이 노동시장에 있어서의 수요와 공급을 크게 왜곡시키고 있다는 점은 우리나라 교육제도가 갖는 커다란 맹점의 하나이다. 지나친 고등교육열이 사회 전반의 수요와 괴리됨으로써 국제경쟁력 배양에 긍정적으로 작용하기보다는 오히려 부정적으로 작용하고 있는 것이다.

국제경쟁력 제고에 있어서 공식적인 학교교육에 못지 않게 중요한 것이 기업에 의한 교육훈련이다. 우리나라에서도 최근에는 이러한 교육훈련의 중요성에 대한 인식이 높아가고 있어 사내학교의 설립과 운영, 기업이 비용을 부담하는 형태의 사외훈련(예컨대 경영자들의 일부를 사외의 교육기관에 위탁하여 교육을 받게 한다든지 근로자들을 다른 회사, 특히 외국회사에 파견하여 현장에서 기능과 기술을 습득케 하는 것 등)의 이용 빈도가 높아 가고 있다.

그러나 도제제도(apprenticeship)가 잘 발달되어 있는 독일이나 기업에 의한 훈련의 역사가 오랜 일본에 비하면 우리 기업의 교육훈련은 아직 시작단계에 불과하다고 할 수 있겠다.

3. 사회간접자본

경제발전과 관련된 사회간접자본에 관한 논의는 빈번하게 이루어지고 있으나 과연 사회간접자본을 어떻게 정의할 것인가에 대해서는 학자에 따라 그 견해 차이가 매우 다양하다. 사회간접자본의 정의와 분류기준이 다양한 이유는 역사적·경제적·환경적 제 상황과 조건에 따라 사회간접자본에 대한 정의를 내릴 수 있는 기준과 범위가 가변적일 수밖에 없기 때문이다. 한국은행의 국민소득분류기준을 보면 사회간접자본에 건설업, 운수창고, 통신업, 전기·가스 및 수도업 등을 포함시키나 교육, 보건, 후생은 기타 서비스에 포함시켜 사회간접자본의 영역에서 제외하고 있다.

여하튼 도로, 항만, 공항, 철도 등의 사회간접자본의 발달 여부는 일국의 국제경쟁력에 중요한 영향을 미친다. 경제활동이란 생산과 소비 그리고 이 양자를 연결시켜 주는 유통이란 세 부문이 조화를 이루면서 균형 있게 발전되어야 안정적인 성장이 가능한 것이다. 그 동안 우리 경제는 생산과 소비면에서 괄목할 만한 발전을 이루어 왔으나 유통, 그 중에서도 도로, 항만, 공항, 철도, 트럭터미널 등의 물적 유통을 지원하는 사회간접자본의 미발달은 그 정도가 심각한 상태이다. 사회간접자본은 직접적으로 생산활동을 수행하지는 않으나 산업의 국제경쟁력과 국민복지의 수준을 좌우하는 국가기간시설이다.

예컨대 도로, 항만, 철도의 시설부족은 일국의 경제활동에 막대한 비용을 추가시키며 그 나라의 국제경쟁력을 약화시킴과 동시에 국민생활에 불편을 야기하고 중장기적으로는 물가상승요인으로 작용한다. 또한 전력이나 용수분야에 애로가 발생하면 즉각적으로 생산활동에 지장을 받게 된다.

사회간접자본은 시설하는 데에 장기간이 소요되므로 미리 장래를 내다본 사전적인 투자가 반드시 필요한 분야이다. 예컨대 고속도로나 항만, 철도의 건설에는 5년 내지 6년 이상이 소요되며, 댐 건설에는 7년 내지 8년, 그리고 원자력발전소의 건설에는 10년 정도가 소요된다. 따라서 사회간접자본의 경우에는 문제가 인식될 시점은 이미 늦은 것이며 사회간접자본의 건설에는 막대한 재원이 소요되기 때문에 단기간 내에 문제를 해결한다는 것도 불가능하다. 따라서 사회간접자본의 원활한 확충은 일국의 국제경쟁력에 중요한 영향을 미친다.

우리나라의 경우에는 지난 수 년간 사회간접자본에 대한 투자를 등한히 해왔으며, 차량 및 물동량이 예상밖으로 급증했고, 용지보상가 등 공사단가의 급등으로 모든 사회간접자본 분야에서 애로가 발생하고 있다. 예컨대 경부고속도로, 경인고속도로 및 각종 국도는 정체현상이 가속화되어 그 기능을 잃어가고 있어서 물적 유통에 막대한 시간지체가 발생하고 물류비용의 추가부담도 막대하다. 철도 역시 궤도연장은 정체상태로서 최근에는 한계객량까지 최대한 운행하고 있으나 수요에는 크게 미흡한 실정이고 의욕적으로 추진된 고속철도사업은 완공까지는 아직도 시간이 더 걸릴 전망이다. 항만은 부두와 연결도로의 용량부족으로 물동량의 처리가 크게 지체되어 국제컨테이너 선박들이 입항을 기피하는 현상까지 발생하고 있다. 이와 같은 항만적체로 우리 경제는 막대한 경제적 손실을 입고 있으며 앞으로도 적체에 따른 손실이 더욱 증가될 전망이다.

전력과 용수 역시 형편이 넉넉하지 못하다. 전력소비는 앞으로도 계속 증가할 전망이므로 원자력발전소 건설의 확대 등 별도의 전력수급대책이 없을 경우 전력공급 예비율이 계속 저하되고 제한송전이 불가피해질 우려가 있다. 용수도 국민소득의 계속적인 증가와 공업단지의 지속적인 개발로 물소비가 크게 증가하여 큰 차질이 우려된다. 현재 울산, 시화, 대산, 여천 등 주요 공업단지는 공업용수가 부족하며, 댐 건설의 경우 지역이기주의에 따른 주민들의 반대가 용수개발에 큰 애로가 되고 있다.

4. 자본비용

자본비용은 일국의 국제경쟁력, 특히 가격경쟁력에 영향을 미친다. 자본비용은 노동비용과 마찬가지로 자본생산성을 고려한 단위자본비용을 가리키며 이는 제품 한 단위를 생산하는 데 소요되는 자본비용으로서 총자본비용을 실질생산액으로 나누어 구할 수 있다. 자본비용은 기업이 투자활동을 위하여 조달한 여러 가지 형태의 자본사용에 대한 대가로 지급하는 비용으로서 일반적으로 타인자본에 대한 이자지급 및 자기자본에 대한 배당 등을 가리키지만 생산과정에 투하된 설비와 관련된 자본비용은 설비의 감가상각비와 그 설비를 위하여 조달된 자본에 지급되는 비용(이자나 배당)을 의미하는 것으로 볼 수 있다.

한국기업은 과거 우리나라의 자본시장이 자유화되어 있지 않았기 때문에 국제자본시장에 자유로이 접근할 수 있는 외국기업보다 높은 비용으로 자본을 조달할 수밖에 없었다. 과거 우리나라 기업들은 이와 같은 높은 자본비용을 저렴한 인건비로 상쇄할 수 있었다. 그러나 경제 · 사회적 민주화가 진전되는 과정에서 우리나라의 인건비가 경쟁상대국인 대만, 홍콩, 싱가포르의 인건비보다 오히려 높거나 비슷한 수준으로 올랐기 때문에 높은 자본비용은 우리나라 기업의 국제경쟁력에 심각한 문제를 제기한 바 있었다. 마침내 1992년부터 자본시장의 개방이 계속되어 이제는 우리나라의 자본비용수준이 국제수준으로 하락하는 추세에 있다. 그러나 아직도 우리나라 기업들은 선진국 기업들에 비해 높은 자본비용을 부담하고 있다.

우리나라의 자본비용이 높은 이유는 여러 가지이다. 자본생산성이 낮을 뿐 아니라 투자재원조달을 위한 자금이 부족하여 실질금리가 높다는 것도 한 가지 이유이다. 부동산투기 등 상대적으로 수익률이 높은 투자대상이 존재하고, 기업공시제도와 기업회계제도가 취약해서 정확한 정보를 입수하기가 어렵고 기업의 재무구조가 취약하다는 것도 이유이다. 내부자거래가 성행하고 주식의 유동성이 부족하기 때문에 주식투자에 따른 위험이 외국에 비해 높다는 것도 이유이다. 따라서 자본시장 자유화만으로는 우리나라의 자본비용을 국제수준으로 끌어내릴 전망은 밝지 않다. 국제자본시장에서 효과적으로 자본을 조달할 수 없는 기업은 자본조달의 국제화로 인한 한계자본비용상의 편익을 최대한으로 활용할 수 없다.

높은 자본비용은 생산비를 증가시킬 뿐 아니라 기업의 투자결정 패턴도 바꾼다. 예컨대 A와 B라는 두 개의 회사가 있다고 하자. A의 자본비용은 10%이고, B의 자본비용은 5%라고 가정하자. 또한 A, B회사 모두 3년 후에 자본 100원을 이자와 함께 상환해야 한다고 가정하자. A회사는 3년 후에 133원을 상환해야 하며 B회사는 116원을 상환해야 한다. 이 경우 B회사는 A회사보다 투자대상을 선정하는 데 더 큰 여유가 있다. 만약에 10년 후에 자금의 원금과 이자를 상환하는 경우라면 선정가능한 투자의 차이는 더욱 벌어진다. A회사는 10년 후에 673원을 상환해야 하나 B회사는 265원만 상환하면 된다. 이러한 생산비용과 투자선정능력의 차이는 일국의 국제경쟁력의 차이로 나타날 것이다.

5. 국방비지출

지나친 국방비가 일국의 국제경쟁력을 저하시키며 나아가서는 일국의 경제를 파탄으로 이끈다는 것은 구소련의 붕괴로 입증된 바 있다. 미국의 레이건 대통령의 군비확장으로 불붙은 미·소간의 군비경쟁은 결국 소련의 몰락과 동구권의 탈사회주의화로 귀착되었으며 미국 역시 그 기간 중에 일본에 추월 당해 상처뿐인 영광만을 안았다. 국방비지출이 일국의 경제에 미치는 영향은 직접적인 것과 간접적인 것이 있다.

국가안보가 일국의 경제에 미치는 직접적인 비용은 군사시설, 군수장비 및 군수품과 서비스구입에 지출되는 비용과 국방분야에 종사하는 과학자, 기술자 그리고 기타 여러 가지 인력의 조달·운영을 위해 지출되는 비용 등이 있다. 이러한 비용의 지출결과 국가안보라는 편익이 생산된다. 이러한 직접적인 비용과 편익 이외에도 여러 가지 간접적인 비용과 편익도 있다. 긍정적인 간접효과로는 국방분야의 신기술과 신제품이 상업화하는 데서 오는 편익을 들 수 있다. 대표적인 것이 컴퓨터와 OR(operations research)이다. 컴퓨터분야를 예로 들면 인공지능, 전문가시스템, 컴퓨터 네트워크 등은 국방분야에서 개발된 것들이 상업화한 것이다.

국방비지출에는 긍정적인 간접효과뿐 아니라 부정적인 간접효과도 많다. 우선 국방분야에 자금과 인력이 투입되는 만큼 민간분야에 대한 투자가 감소할 것이다. 또한 국방분야에서 생산되는 제품과 서비스는 표준에 엄격히 맞아야 하는바, 민간분야에서는 그러한 엄격성이 필요하지 않은 경우에도 국방분야의 표준이나 규칙이 민간으로 이전되어 오히려 애로요인이 될 수가 있다.

또한 국방분야의 조사개발은 상업화할 수 없는 것도 많으며 설혹 개발되었다 하더라도 비밀로 분류되어 민간기업이 접근하기가 매우 어렵다. 우리나라의 경우에도 국방부에 민간이 관심을 가지고 있는 여러 가지 기술이 있음에도 접근을 통제하기 때문에 그러한 기술들을 민간기업의 국제경쟁력 제고에 동원할 수 없다는 주장도 있다. 또한 국방분야의 상업화를 염두에 두지 않는 연구분위기가 국방 이외의 분야로도 확산되어 시장수요를 고려하지 않는 연구개발활동이 일반화함으로써 국제경쟁력을 저하시키는 것도 무시할 수 없다.

이와 같이 국방비지출에는 긍정적인 측면과 부정적인 측면이 있으나 그것의 정확한 비용-편익분석은 쉽지 않다. 왜냐하면 간접비용의 수량화도 어려울 뿐 아니라 국방비지출에 따른 직접적인 편익인 국가안보의 금액화도 어려운 문제이기 때문이다. 특히 우리나라와 같이 남북대치상황에서 국가안보가 특별한 의미를 가지는 경우는 더욱 그러하다. 다만 과다한 국방비지출이 국제경쟁력에 치명적일 수 있다는 것은 앞에서 예로 든 미국과 소련의 경우에서 뿐 아니라 북한의 경우도 좋은 예가 될 수 있다. 북한은 과도한 군사비지출로 경제파탄에 이르렀다. 또한 과거 40여 년 간 미국의 핵우산 아래서 GNP의 1% 미만을 국방비로 지출한 일본이 과거 세계에서 가장 강력한 국제경쟁력을 가진 국가의 하나로 부상했다는 사실도 우리에게 시사하는 바가 크다.

6. 사회보장제도

우리나라는 지난 30여 년 간에 걸친 급속한 공업화로 본격적인 산업사회에 진입하게 됨에 따라 국민복지에 대한 요구가 크게 증가하고 있다. 사회경제구조가 급격하게 재편되면서 전통적인 사회질서가 변화되고 다수 근로자층의 새로운 형성과 더불어 산업사회 내에서 계층간의 갈등이 심화됨에 따라 사회적 통합이 절실하게 된 것이다. 과거의 국가개발정책은 경제규모를 확대하기 위한 성장 그 자체에 우선순위가 두어졌기 때문에 이제는 정치적 측면에서 사회적 형평과 경제적 효율의 조화를 이룰 수 있는 새로운 경제 · 사회발전모델을 마련해야 할 시점에 서 있다.

이처럼 사회보장제도 확립의 필요성은 크나 사회보장제도는 사회적 형평의 제고와 성장전략의 효율성 제고라는 긍정적 측면을 가지고 있는 반면에 과욕으로 지나치다 보면 여러 가지 부작용도 나타나게 된다. 사회보장제도의 긍정적 측면을 보면 다음과 같다.

첫째로, 국민생활조건의 개선을 통한 복지증진으로 근로자의 사기와 능률이 높아져서 국제경쟁력 제고에 기여한다.

둘째로, 사회보장제도가 공여하는 여러 가지 사회보장 급부는 불완전고용상태에 있는 계층의 유효수요를 증대시킴으로써 경제활동수준을 증대시키고 기업의 국제경쟁력 제고에 기여한다.

셋째로, 사회보장제도를 통한 복지의 증진으로 빈곤한 사람들의 생활수준이 향상되며 보다 공평한 소득분배를 통하여 경제적 효율에 역효과를 미치는 사회적 긴장을 완화시킴으로써 생산성을 향상시키는 효과가 있다.

그러나 사회보장제도의 확충에 과욕으로 지나치다 보면 무리와 부작용이 따르는 등 그 대가를 치르지 않으면 안 된다. 우리보다 앞서 복지국가를 지향한 개발국들의 경험으로 미루어 보면 다음과 같이 과도한 복지정책으로 인한 부정적 효과도 적지 않다.

첫째로, 지나친 사회보장제도의 확충은 북유럽의 복지국가들의 예에서 보듯이 노동의욕을 약화시켜 결근율이 높아지는 등 근로자들이 나태해지는 경향이 나타난다.

둘째로, 사회복지비용 부담의 가중에 따라 제품의 생산비용이 상승함으로써 기업의 이윤율이 저하되고, 기업의 기술혁신과 투자에 대한 의욕이 위축되어 재화의 공급이 감소하고 그 나라 기업의 국제경쟁력이 저하된다. 즉, 복지비용의 증대는 생산요소의 실질비용을 증대시킴으로써 복지개선이 생산의 효율성에 역효과를 미칠 수 있다.

셋째로, 높은 복지비용에 따른 과중한 조세부담으로 지하경제가 급속히 팽창하고 조세당국은 징수가능 대상에 대한 세율을 높이는 경향이 있어 조세부담이 불공평해지며 납세자의 조세저항이 강화되어 정치 · 사회적 혼란의 원인이 될 수 있다.

이와 같이 사회보장제도는 일국의 국제경쟁력 제고에 긍정적인 측면도 가지고 있으나 부정적인 측면도 가지고 있다. 과다한 사회복지정책의 추진으로 어려움을 겪은 국가의 예로는 무절제한 사회보장지출과 노동조합의 정치집단화로 경제파탄을 경험했던 '페론' 시대의 아르헨티나와, 보건 · 교육 등의 무상제공 및 생필품에 대한 가격보조와 배급 등으로 경제파탄에 이른 스리랑카 등을 들 수 있다. 이들 나라는 경제능력을 초과하는 사회복지비의 지출로 경제의 활력과 중장기적인 성장잠재력을 저하시켜 실질적인 복지의 후퇴는 물론이고, 제도의 악용 등으로 낭비와 비능률을 초래하였으며, 실업보험급여와 공적부조(公的扶助) 등으로 근로의욕을 저해한 좋은 예이다. 사회보장제도의 확대에 대한 국민적 욕구는 비용부담의 공평성과 소득계층 및 세대간 부담의 귀착문제를 야기시키므로 중장기적인 성장잠재력을 저해하지 않는 사회보장제도의 정착을 위하여 최대한의 노력을 기울여야 할 것이다.

7. 국민의 자세

지난 40여 년 간 우리나라가 상대적으로 높은 경제성장률을 달성할 수 있었던 중요한 이유 중의 하나는 저돌적이라고까지 표현할 수 있는 한국형 기업가 정신과 이에 호응한 우리나라 근로자들의 근면성과 높은 근로의욕을 들 수 있다. 40여 년 전에 세계 최빈국의 하나였던 우리나라가 경제개발을 시작할 때 우리나라는 극히 제한된 자본과 기술 그리고 경영 노하우(know-how)를 보유하고 있었을 뿐이었다. 그러나 그러한 객관적인 불리점에도 불구하고 우리나라의 기업가와 근로자들은 "하면 된다"는 정신으로 세계시장을 개척했고 밀어 붙이기식 수출증대로 적어도 가격면에서는 높은 국제경쟁력을 달성할 수 있었다.

이 모든 것은 일국의 국제경쟁력을 결정하는 데 있어서 국민, 그 중에서도 기업가와 근로자의 자세가 얼마나 중요한 것인가를 보여주고 있다. 지금 우리나라가 당면하고 있는 국제경쟁력 저하의 상당부분은 이러한 한국형 기업가 정신과 근로정신의 퇴조에서 찾아볼 수도 있을 것이다.

(1) 기업가 정신

우리는 일국의 국제경쟁력의 저하와 그에 따른 국제수지적자 확대 등을 논할 때에는 주로 근로정신의 퇴조만을 우려하는 경향이 있다. 그러한 논의는 근로자들의 나태함을 지적하면서 3D(difficult, dirty, dangerous)적인 일을 기피하려는 근로자들과, 노동생산성의 저하 및 수출품의 품질저하를 우려한다. 근로자들의 노동의욕저하와 근로자들의 상대적인 나태가 국제경쟁력을 약화시킨다는 사실을 부인하는 것은 아니지만 일국의 국제경쟁력의 저하를 근로자들에게만 돌리는 것은 기업가 정신의 퇴조를 간과한다는 결정적인 결함이 있다.

앞에서 예로 들었듯이 지금까지 우리나라의 경제성장에는 "하면 된다"는 식의 한국형 기업가 정신이 기여한 바가 컸다. 우리나라의 기업가들은 자금이나 기술, 뚜렷한 경영노하우도 없이 합리적인 계산으로는 어려운 수많은 의사결정을 기업가적 정신을 발휘하여 내렸기 때문에, 우리나라 기업들이 오늘날 대기업으로 성장할 수 있었던 것이다. 이는 무슨 과학적 논리나 근거에 입각한 경영방식이 아니다. 어떤 어려움도 무릅쓰고 성장을 목표로 난국을 타개하고 밀고 나가는 추진력이 바로 하면 된다는 한국형 기업가 정신의 정수였다.

일국의 국제경쟁력이 저하하는 경우 국제경쟁력을 회복시키는 방법으로 자주 제시되는 방안이 기술개발이나 경영혁신, 산업구조 조정 등이다. 그러나 기술개발이나 경영혁신을 통한 국제경쟁력 배양도 저돌적인 기업가 정신의 발로 없이는 단기간에 성공하기 어렵다.

선진국들의 경우에는 산업혁명 이후 200여 년 간에 걸쳐 기술과 경영노하우 등을 축적해 왔다. 가까이에 있는 일본만 하더라도 명치유신 이후 우리나라보다 100년이나 빨리 공업화에 나섰으며 이미 20세기 전반에 미국과 태평양전쟁을 할 정도로 공업화가 진전된 국가이다. 이러한 국가들을 정상적인 기술개발, 경영노하우 축적으로 따라 잡는다는 것은 불가능한 일이었다. 후발국인 우리나라가 선진국과 성공적으로 경쟁하기 위해서는 하면 된다는 몰아 붙이기식의 기업가 정신이 절대로 필요했던 것이다. 이러한 정신은 기술과 자본, 경영노하우의 부족을 극복하는 데에도 필요할 뿐 아니라 기술과 자본, 경영노하우의 개발과 축적에도 중요한 것이다. 그러나 이러한 저돌적인 기업가 정신은 무리와 불합리를 수반한다는 것을 우리는 1990년대 후반의 외환위기 · 금융위기를 겪으면서 인식하게 되었다. 따라서 "하면 된다"는 식의 위험을 감내하는 기업가 정신은 계속 고취하되 이를 합리성의 테두리 안에 유지하는 것이 우리나라가 직면하고 있는 중요한 문제의 하나가 되고 있다.

(2) 근로의욕

신속한 경제개발은 그 과정에서 양적인 면에서는 비약적인 성장을 가져오지만 경제 각 부문간의 불균형이라는 부작용을 초래하는 경향이 있다. 그 좋은 예가 우리나라의 경제성장이다. 우리나라는 급속한 양적 성장과 불균형적인 부의 편재에 대한 계층간의 갈등과 기회의 불평등을 시정하려는 노력이 결실을 보아 정치 · 경제 · 사회적 민주화가 시작되었다.

그러한 민주화과정과 낮은 석유가격, 낮은 원화가치, 낮은 국제금리라는 1980년대 후반의 소위 "삼저현상"에 의한 호경기가 결합하여 나타난 좋지 않은 현상 중의 하나가 근로자들의 근로의욕 감퇴였다. 민주화와 호경기를 통하여 상당한 임금인상과 부동산가격인상이 있었고 그 과정에서 제조업 공동화현상과 힘들고 더럽고 위험한 일을 기피하는 현상이 나타났다. 수출호조, 임금인상, 부동산가격의 상승으로 국민의 부가 늘어나자 육체노동보다는 사무직을 선호하는 경향이 확산되었으며, 향락 및 레저에 대한 수요가 증가하여 사회적으로 과소비가 만연하게 되었고, 경제와 산업의 서비스화가 진전됨으로써 서비스산업의 비중이 증가하고, 제조업의 비중이 상대적으로 감소하는 현상이 나타났다.

이를 좀더 구체적으로 보면 우선 생산현장에서 단순기능인력이 부족하다는 문제를 들 수 있다. 단순기능인력 부족문제는 건설업 등에서 심각하게 거론되고 있으며 제조업 중에서도 특히 섬유, 전자, 봉제 등 노동집약형 중소기업에서 문제의 심각성이 부각되고 있으나 이는 제조업 전반에 걸치는 심각한 문제이다. 특히 주택가격의 상승과 일부 부유층의 과소비, 그리고 이에 편승한 중산층의 과소비로 과거 산업현장에서 유지되어 왔던 근로자의 근면성이 크게 저하되었다. 실제로 근로자의 노동생산성 상승속도가 둔화되고 수출품목의 불합격률이 높아지는 등 작업현장에서 근로자들의 근로의욕이 저하되고 있음을 반영하는 현상이 나타나고 있다.

근로의욕감퇴 문제에 대한 원인은 이와 같이 보다 폭넓은 사회 · 경제적 요인에 의하여 설명되어야 하지만 여기서 간과해서는 안 될 점은 이와 같은 사회

전반의 여건 속에서도 상당수의 기업들은 경영관리의 효율화를 통해서 근로자들에게 적절한 동기를 부여함으로써 높은 생산성을 유지하고 있다는 것이다. 따라서 우리는 과거 경제개발 초기단계의 풍부한 노동공급과 정부주도적 노사관계질서 속에서 형성된 기존의 노무관리방식의 틀을 벗어나 새로운 노사관계 현실속에서 근로자들에게 보다 높은 동기부여가 가능한 관리방식이 무엇인가를 진지하게 모색해야 하는 시점에 와 있다.

이와 관련하여 1980년대에 기업차원의 경영혁신으로 획기적인 생산성 제고를 달성한 GM과 토요다의 합작공장인 NUMMI 자동차공장의 예가 우리에게 시사하는 바가 많다. 만성 적자와 낮은 생산성에 허덕이던 GM의 한 자동차공장인 NUMMI공장의 관리를 맡은 일본자동차회사인 토요다는 기존의 생산설비와 근로자들을 그대로 유지하는 가운데 경영혁신을 통하여 높은 생산성향상을 기록함으로써 NUMMI공장을 GM공장들 중에서 가장 우수한 공장의 하나로 만들었던 것이다.

요컨대 도전적인 기업가 정신과 왕성한 근로의욕, 절제된 소비자세와 건전한 국민정서로 대표되는 국민자세는 국제경쟁력을 결정짓는 주요한 요소들 중의 하나이다. 국민이 자만감에 빠져 소득을 초월하는 소비행태를 연출하며 나태한 근무자세를 보이는 국가는 요소부존상의 비교우위에도 불구하고 국제경쟁력을 가질 수 없다는 것은 과거 우리보다 앞서 선진국진입을 모색했다가 실패한 바 있는 중남미 여러 나라들의 예에서 우리는 쉽게 확인할 수 있다.

제 2 절 산업차원의 국제경쟁력

세계를 둘러보면 어느 나라도 모든 산업분야에서 경쟁력을 가진 나라는 없다. 선진국에도 국제경쟁력이 없는 산업들이 있다. 미국의 철강산업과 섬유산업, 유럽의 농업 등이 좋은 예이다. 따라서 이상적으로는 어느 나라나 제한된 인적·물적 자원을 가장 생산적인 산업에 집중하는 것이 현명하다. 그러므로 경쟁력을 국가차원에서만 정의하는 것은 잘못된 부분이 있다.

또한 어느 나라의 경제든 자세히 살펴보면 산업별로 큰 차이가 있을 뿐 아니라 그 나라가 국제경쟁력을 가지고 있는 분야는 산업의 특정분야에 집중되어 있는 경향이 있다. 예컨대 독일은 고급차시장에서 국제경쟁력이 높고 우리나라는 중소형차시장에서 경쟁력이 있다. 따라서 많은 종류의 산업이나 산업분야에서 진정한 국제경쟁력을 가진 국가의 수효는 그리 많지 않은 것 같다. 일본이 한 때 그러한 예외에 속했으나 그 당시에도 일본의 농업이나 에너지분야는 경쟁력이 낮았다.

산업차원의 국제경쟁력은 현시비교우위지수(revealed comparative advantage index)와 수입국시장에서 일국의 제품이 차지하는 시장점유율, 또는 수출국의 특정산업의 무역흑자 등으로 측정할 수 있다. 그러나 이와 같은 무역관련지표로 일국의 산업차원의 경쟁력을 측정하는 것에 대한 비판이 없는 것은 아니다. 예컨대 국제경쟁력을 무역흑자나 무역균형을 달성하는 것으로 규정하는 것은 적합하지 않은 면도 있다. 일국이 낮은 임금과 저평가된 통화로 저가품의 수출을 확대하고 부가가치가 높은 고가품은 국제경쟁력이 없어 수입해다 쓴다면 무역흑자를 보거나 무역이 균형에 이를지는 모르지만 그 나라의 생활수준은 결코 높아질 수 없을 것이다. 국제경쟁력이란 단순히 무역흑자를 기록한다든지 완전고용을 달성하는 것이 아니라 국민들에게 부가가치가 높은 일자리를 마련해 주는 것을 의미한다.

1. 비교우위론

무엇이 산업차원의 국제경쟁력을 결정하는가 하는 문제를 본격적으로 다루기 시작한 것은 애덤 스미스(Adam Smith)의 절대우위론과 데이비드 리카도(David Ricardo)의 비교우위론이다. 절대우위론은 각국은 자국이 절대적으로 능률적으로 생산할 수 있는 제품의 생산에 전문화함으로써 국제무역을 통하여 부를 극대화할 수 있다고 주장한다. 비교우위론은 각국이 생산비에 있어서 상대적으로 우위에 있는 제품의 생산에 특화하여 그 제품을 생산 · 수출하고 그 대가로 생산비상 상대적으로 열위에 있는 제품을 수입하면 이익을 볼 수 있다고 주장한다.

2. 요소부존이론

애덤 스미스와 데이비드 리카도는 각각 국가간의 생산비용과 생산비비율의 차이가 국제경쟁력을 결정한다고 주장했으나 그러한 차이가 왜 존재하는가에 대해서는 아무런 언급이 없었다. 따라서 그들은 국제경쟁력의 존재는 설명하고 있으나 그러한 국제경쟁력의 원천이 무엇인가에 대한 해답은 제시하지 않았다. 국가간에 존재하는 생산비비율의 차이는 여러 가지 요인 때문에 발생할 수 있다. 예를 들면 자연자원의 부존량이 다르다든지, 기술이나 자본, 노동 및 토지 등 생산요소의 부존량이 나라마다 다르기 때문에 양국간에 재화를 생산하는 비용이 다를 수 있다. 경제학자 헥셔(Heckscher)와 올린(Ohlin)이 주장한 요소부존이론(theory of factor endowment)은 무역이 일어나는(따라서 국제경쟁력을 결정하는) 원인인 국가간의 생산비비율의 차이를 생산요소 부존량의 상대적인 차이에서 찾고 있다.

요소부존이론은 몇 가지 가정을 전제로 일국은 자국에 상대적으로 풍부하게 부존되어 있는 자원을 집약적으로 사용하는 상품의 생산에 경쟁력을 가지고 있다고 주장한다. 만약에 A국이 자본과 노동이라는 두 가지 생산요소를 B국보다 절대적으로 많이 보유하고 있더라도 A국의 자본/노동의 비율이 B국의 자본/노동의 비율보다 낮다면, A국은 노동이 상대적으로 풍부한 나라이므로 노동집약적인 상품의 생산에 경쟁력을 가지며, 따라서 A국은 B국으로 노동집약적인 상품을 수출한다는 주장이다. 요소부존이론은 헥셔-올린 이후 많은 사람들이 발전시켜 왔으나 일국의 국제경쟁력을 설명하기에는 여러 가지 문제점들이 발견되었다.

3. 제품주기론

요소부존이론과는 달리 제품주기론은 개발국은 신제품공급에 국제경쟁력이 있으며 개도국은 성숙기 내지 쇠퇴기의 제품공급에 경쟁력이 있다고 주장한다. 제품주기(product cycle)는 하나의 제품이 개발되어 처음으로 시장에 알려지고 판매되는 도입기를 거쳐 판매량이 급속히 증가하는 성장기, 제품에 대한 수요증가율이 둔화되는 성숙기를 지난 후에는 사양품목이 되어 결국은 쇠퇴하기까지 시간의 흐름에 따라 한 제품이 거치는 판매량의 변화과정을 가리킨다. 다음의 [그림 1-1]은 제품주기를 나타내고 있다.

신제품개발에 있어서 제품개발단계, 시작단계와 최초로 상업적 생산이 시작되는 단계를 구분하기란 어려운 일이다. 그러나 제품의 초기단계에는 기업가의

그림 1-1 제품주기

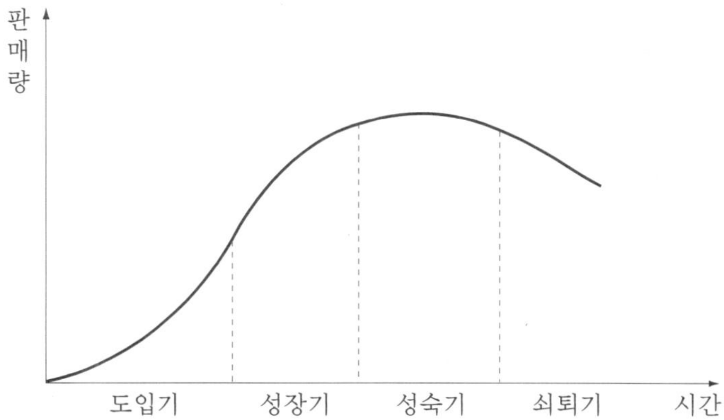

관심이 주로 제품개발에 관련된 주요 기술자, 생산담당자, 신제품판매원과 신제품의 예상사용자간에 효과적인 의사소통을 유지하는 데 있게 된다. 새로이 개발된 신제품이 성공하면 생산시설은 최초에 제품의 개발이 일어난 곳에 있기 쉽다. 만약에 경영자가 생산공장의 입지를 처음부터 선택할 수 있다고 할지라도 어느 곳에 공장을 세우는 것이 제품의 생산과 분배에 소요되는 비용을 가장 적게 할 수 있는가를 알기란 어렵다. 시작단계의 제품은 그 형태나 크기, 제품의 생산에 사용되는 재료 등이 아직 유동적이고 제품생산에 투입될 요소나 제품시장의 크기, 수요의 지리적 분산이 확실하지 않아 경영자는 비용절감에 큰 관심을 두지 않는 것이 보통이다. 이러한 단계에서는 비용극소화에 대해 경영자가 느끼는 압력도 크지 않다. 신제품이기 때문에 경쟁자가 없거나 경쟁자가 있는 경우에도 소수에 불과할 것이기 때문이다. 더욱이 신제품을 최초로 수요하는 계층은 조그만 가격 차이에 민감한 반응을 보이지 않는 것이 보통이다. 즉, 신제품에 대한 수요는 가격탄력성이 낮기 쉽다.

신제품이 처음으로 개발되어 생산 · 판매되는 나라는 1인당 소득수준이 높고 소비자나 사용자의 시간비용이 높으며 시장의 규모가 큰 나라이기 쉽다. 1인당 소득수준이 높으므로 고가의 신제품에 대한 수요가 있고, 소비자의 시간비용이 높으므로 노동절약적인 제품의 개발 · 판매가 일어나기 쉽다. 또한 시장의 규모도 크므로 신제품을 도입하는 기업이 느끼는 위험도 감소한다. 이러한 신제품은 다른 개발국에도 알려져 신제품의 수출이 일어나게 된다. 시간이 지남에 따라 경영자는 비용에 대해 걱정하기 시작한다. 제품이 성숙하여 표준화됨에 따라 소비자는 여러 생산자의 제품을 보다 쉽게 비교할 수 있게 되며 최초의 생산자가 보유하는 특별한 지식이나 기술이 본국과 해외에서 도전을 받게 되며, 가격경쟁의 위협이 뚜렷해진다. 성숙기에 들어서면 기술은 완전히 표준화되어 기술상의 우위는 사라지며 제품생산의 비교우위가 풍부한 노동력을 보유하는 개도국으로 이전된다. 개도국은 저임금을 바탕으로 가격경쟁력이 있기 때문에 제품을 생산하여 개발국으로 역수출하게 된다.

4. 대표수요이론

요소부존이론에 의하면 국제무역은 국가간에 비용구조가 달라서 발생하며, 국가간의 비용구조상의 차이는 주로 요소부존상의 차이에 연유한다. 따라서, 국가간에 요소부존상의 차이가 크면 클수록 국제무역의 가능성도 커진다. 요소부존이론에 따르면 국제무역은 대부분 자본이 풍부한 개발국과 토지와 노동이 풍부한 개도국간에 일어나야 한다. 무역의 대상이 되는 상품도 개발국의 제조품과 개도국의 1차산품이 되어야 한다. 그러나 세계무역의 실상은 요소부존이론이 가리키는 바와는 다르다. 세계무역의 큰 부분은 개발국간의 제조품무역이며, 그러한 무역은 개발국과 개도국간의 무역보다 훨씬 규모가 크다. 뿐만 아니라 개발국들의 경제구조는 점점 더 비슷해져 가고 있다.

요소부존이론이 주장하는 국제무역의 형태와 실제의 국제무역형태간에 큰 차이가 있기 때문에 요소부존상의 차이는 천연자원 집약적인 상품의 무역은 설명하지만, 제조품무역은 설명하지 못한다는 주장이 있다. 그러한 주장에 의하면 한 나라가 어떤 제조품을 수출하는가는 국내수요에 달려 있다. 한 나라의 제품이 수출상품이 되기 위해서는 그 상품이 국내에서 소비나 투자의 대상이어야 한다. 기업가는 자국에 없는 물품을 수출하기 위하여 생산하지는 않는다. 비록 기업가의 생각이 자국에서 생산되지 않는 상품에까지 미친다 하더라도 그 상품을 외국시장에서 판매되도록 변형시키려면 엄청난 비용이 들 것이다. 따라서, 양국의 제조품에 대한 수요가 비슷하면 할수록 양국간에 제조품무역이 일어날 가능성이 커진다. 만약에 양국의 수요구조가 같다면 양국의 소비자와 투자가는 품질이 같은 동일한 제품을 수요하게 될 것이다.

한편, 1인당 국민소득이 높은 나라들은 고급의 사치재와 정교한 자본재를 수요할 것이며, 1인당 소득이 낮은 나라는 저급의 필수재와 정교하지 못한 자본재를 수요할 것이다. 따라서, 고급재생산에 비교우위를 가진 부국은 그런 제품에 대한 수요가 있는 다른 부국으로 수출할 것이며, 저급재생산에 비교우위를 가진 빈국은 그런 제품에 대한 수요가 있는 다른 빈국으로 수출할 것이다.

1차산품에 대해서는 상황이 다르다. 1차산품은 토지집약적인 상품이므로 상대적인 요소부존비율이 주로 1차산품의 가격을 결정한다. 따라서 제조품무역과 1차산품무역이 발생하는 원인이 다르다. 1차산품무역은 요소부존이론으로 설명할 수 있으나, 제조품무역은 국내무역과 마찬가지로 규모의 경제, 제품차별화와 기술격차 등에 의하여 발생한다는 주장이다.

대표수요이론은 국제무역의 실상과 부합되는 면이 적지 않다. 국내제조업자가 국내에서 확고한 시장지위를 확보하기 전에 수출에 나서는 경우는 드물다. 일단 제조업자가 수출에 나서면 소득, 기호와 수요구조가 비슷한 나라로 수출하는 경우가 많다. 외국시장에서 자사제품에 대한 잠재적인 수요를 예측하려 할 때 기업가들은 다른 어떤 경제적 요소보다도 1인당 소득수준에 보다 주안점을 두는 것도 사실이다. 그러나 제조업자가 반드시 국내수요가 있는 제품만 수출하는 것은 아니다. 과거에 한국의 크리스마스장식 제조업자들은 국내에서는 크리스마스장식에 대한 수요가 거의 없었음에도 불구하고 이를 미국에 수출하고 있었다. 최근에 와서 국제기업들이 빈국에 투자하여 제품을 생산한 후 이를 다른 나라로 수출하는 경우도 늘어나고 있다. 국제기업의 세계적 진출이 확대되어 개도국이 제조품을 생산하여 개발국에 수출하는 수출기지화되고 있는 것이다.

5. 국가우위 다이아몬드

이 주장에 의하면 일국의 특정산업이 국제시장에서 경쟁우위를 갖게 되는 데에는 요소조건, 수요조건, 관련산업과 지원산업, 그리고 기업의 전략 · 구조 · 경쟁관계가 중요하다. 다음의 [그림 1-2]는 이 네 가지 요소의 상호작용을 나타낸다.

(1) 요소조건

경제이론에 의하면 노동, 토지, 자본 등의 생산요소가 무역의 흐름을 결정한

그림 1-2 국가우위 다이아몬드

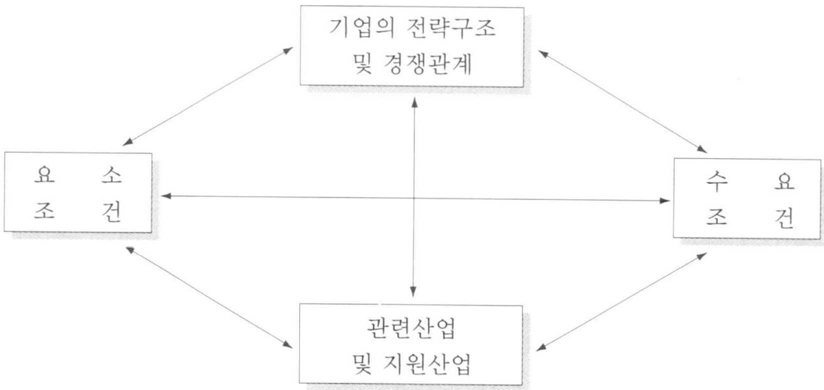

다. 요소부존이론에 의하면 일국은 상대적으로 풍부하게 부존된 생산요소를 많이 사용하는 재화들을 수출하게 된다. 그러나 선진경제의 고도화된 산업들은 노동, 토지, 자본과 같은 단순한 생산요소가 아니라 숙련된 인적 자원이나 과학적 지식과 같은 생산요소들을 필요로 한다. 그러한 생산요소들은 한 국가가 과거의 유산으로 물려받을 뿐만 아니라 스스로 창조해 내기도 한다. 따라서 특정시점에서 한 국가가 생산요소를 얼마나 풍부하게 보유하고 있는가 하는 것도 중요하지만 이들 요소를 얼마나 빨리, 그리고 얼마나 효율적으로 창조하고 개량하여 배치할 수 있는가 하는 것이 더 중요하다.

일국의 특정산업이 경쟁우위를 가지는 데에 가장 중요한 생산요소들은 지속적인 대규모의 투자를 필요로 하는 특화된 요소들이다. 노동이나 국내에서 생산되는 원료와 같은 기초요소들은 현대의 지식집약적인 산업에서 경쟁우위 형성에 크게 기여하지 못한다. 또한 이러한 기초요소들은 기업이 해외진출을 통해 쉽게 입수할 수도 있으며 생산기술을 활용해 우회할 수도 있다.

한편 근로자의 학력이 높다고 해서 경쟁우위 형성에 기여하는 지식을 보유하는 것은 아니다. 국제경쟁력 형성에 기여하는 생산요소는 산업별로 특정한 요구에 알맞게 고도로 특화된 요소이어야 한다. 광학연구를 전문으로 하는 연구소나 소프트웨어회사의 창업을 지원하는 모험자본의 집합 같은 것이 그 좋은 예이다. 이러한 요소들은 희소하기 때문에 외국의 경쟁자들이 모방하기 어려우며 이들을 창출하기 위해서는 지속적인 투자가 필요하다.

따라서 일국은 특정한 요소를 창출함에 있어서 특히 뛰어난 산업에서 국제경쟁력을 가지게 된다. 일국이 특정산업에서 갖게 되는 경쟁력은 특화된 요소를 창출해 내고 이를 계속 고도화시키는 세계적 수준의 연구기관이 있음으로써 가능해진다. 예컨대 덴마크는 당뇨병연구와 치료에 전념하는 병원을 수 개나 가지고 있는바, 인슐린수출에서 선두를 달리고 있다. 네덜란드 역시 꽃의 재배·포장·수송을 연구하는 세계 유수의 연구기관들을 가지고 있어서 꽃 수출에서 세계의 선두주자이다.

요소조건에 있어서 흥미로운 것은 정태적 관점에서 보면 열위인 것이 동태적으로는 우위가 될 수 있다는 것이다. 값싼 원료가 충분하고 노동력이 풍부하면 기업들은 이러한 단순한 우위에 안주하여 생산요소들을 비효율적으로 사용하기 쉽다. 그러나 기업들은 높은 땅값, 노동력이나 원료의 부족 등과 같은 생산요소상의 열위에 직면하면 경쟁에서 살아남기 위해서 혁신과 개량을 하지 않을 수 없게 된다. 예컨대 일본에서 적시(just-in-time: JIT)생산이라는 혁신이 일어난 것은 일본이 땅이 좁아 땅값이 비싼 것이 기여한 바 크다.

경쟁상의 열위가 우위로 전환될 수 있기 위해서는 몇 가지 조건이 충족되어야 한다. 첫째로, 특정 생산요소의 부족은 조만간 다른 나라에도 닥치게 될 것인바 적절한 신호를 한 나라의 기업에 전달하여 그들로 하여금 외국의 경쟁자들보다 앞서서 혁신하도록 유도할 필요가 있다. 열위를 우위로 바꾸는 데 필요한 두 번째 조건은, 앞의 그림에 나온 다이아몬드의 다른 세 부분에서도 유리한 여건이 조성되어야 한다는 것이다. 혁신이 일어나기 위해서는 적절한 기술을 보유한 사람들을 구할 수 있어야 하며 올바른 신호를 보내주는 국내의 수요조건도 갖추어야 한다. 또한 기업이 혁신하지 않을 수 없도록 계속 압력을 가하는 적극적인 경쟁자가 국내에 있어야 한다. 세 번째 조건은, 기업이 자신이 속해 있는 산업에 대해 사명감을 가져야 한다는 것이다. 사명감도 없고 활발한 경쟁의식도 없는 기업은 경쟁상의 열위를 혁신을 위한 자극으로 사용하기보다는 쉽게 피해 가는 길을 택할 것이다.

(2) 수요조건

기업간의 경쟁이 지구화함에 따라 국제경쟁력 형성에 있어서 국내수요는 중요하지 않다는 주장이 제기되고 있다. 그러나 국내시장의 구성과 특성은 기업들이 어떻게 구매자의 요구를 인식하고 반응하는가에 대해 큰 영향을 미친다. 일국이 특정산업에서 국제경쟁력을 갖게 되는 것은 국내수요가 범세계적으로 새로 등장하는 고객들의 요구를 보다 분명하고 보다 빨리 그 나라의 기업들에게 전달해 주기 때문이다. 국내에서 요구사항이 많은 고객들에게 공급한 경험을 가진 기업들은 외국의 경쟁자들보다 빨리 혁신하여 보다 높은 단계의 국제경쟁력을 달성할 수 있게 된다.

국내의 수요조건이 국제경쟁력 확보에 도움을 주는 경우는 특정한 산업분야가 외국시장에서보다 국내시장에서 더 크거나 더 눈에 잘 뜨일 때이다. 국내시장이 크면 국내회사들이 더 많은 관심을 기울이게 마련이다. 기업들은 규모가 작거나 덜 바람직한 국내산업분야에 대해서는 우선순위를 낮게 두는 경향이 있다. 예컨대 우리나라 면도기시장 중에서 안전면도기 분야는 아직도 규모가 그렇게 크지 않기 때문에 우리나라 면도기회사들이 그 동안 큰 관심을 기울이지 않았다. 그러나 어떤 세시장(細市場: segment)이 국내시장 규모가 큰 시장인가 하는 문제보다 더 중요한 것은 국내고객들의 성격이다. 제품이나 서비스를 평가함에 있어서 세계에서 가장 까다롭고 요구사항이 많은 고객을 국내에 가지고 있는 기업은 결국 국제경쟁력을 얻게 된다. 왜냐 하면 그러한 고객들은 그 나라의 기업들이 품질이나 서비스 측면에서 높은 수준에 도달하도록 압력을 가하기 때문이다.

한편 일국의 가치관이나 국내여건 때문에 고객의 요구가 엄격해지기도 한다. 예컨대 일본인들은 작고 좁은 집에서 살며 무덥고 습기 많은 여름에 높은 전기요금을 내야 한다. 이러한 악조건에 대응해서 일본기업들은 조그마하고 소음이 없으며 전기를 절약하는 로터리 컴프레서를 사용하는 에어컨을 만들어 냈다. 일본에는 이러한 제약들이 많아서 일본기업들은 이러한 악조건들을 극복하기 위한 혁신을 시도했고 그 결과 일본시장에 경박단소한 제품들이 출현했으며 그러한 제품들은 결국 세계시장을 석권하게 되었다.

또한 국내고객이 요구하는 바가 외국고객들의 요구수준을 앞서면 국내기업들이 그 산업에서 국제경쟁력을 가지는 데 도움이 된다. 이 경우 국내고객들이 요구하는 바는 세계시장수요의 변화에 대한 조기경보 시스템으로 작용하는 셈이다. 정부의 정책이나 가치관 때문에 국내수요가 세계수요에 앞서 출현하기도 한다. 예컨대 스웨덴에서는 지체부자유자에 대한 관심이 높고 정부도 지체부자유자를 지원하는 정책을 오래 전부터 추진해 왔기 때문에 관련산업의 국제경쟁력이 높다. 덴마크의 경우에는 환경보전에 높은 우선순위를 두어 왔기 때문에 덴마크의 수질오염방지산업이 국제경쟁력을 가지게 되었다.

(3) 관련산업과 지원산업

산업차원의 경쟁우위를 결정하는 세 번째 요인은 국내에 국제경쟁력 있는 관련산업과 지원산업이 존재한다는 것이다. 국제경쟁력을 갖춘 국내 공급원으로부터 원료나 부품을 공급받는 국내산업은 여러 가지 면에서 국제경쟁에 유리하다. 첫째로, 국제경쟁력 있는 공급산업은 특정한 산업이 필요로 하는 투입품을 효율적인 비용으로 신속히, 그리고 때에 따라서는 특혜적인 조건으로 공급해 준다. 이탈리아의 금은세공회사들이 국제경쟁력을 가지는 이유 중의 하나는 이탈리아회사들이 세계가 수요하는 보석가공기계와 귀금속재생기계의 3분의 2를 공급하고 있기 때문이기도 하다.

그러나 단순히 부품이나 기계에 가까이 있다는 사실보다 훨씬 더 중요한 것은 특정산업이 국내의 관련산업이나 지원산업들과 긴밀한 관계를 가지며 생산에 임한다는 것이다. 공급자와 최종소비자가 서로 가까이 자리잡고 있으면 의사전달이 쉽고, 정보가 계속적으로 그리고 신속히 흐르게 되어 아이디어나 혁신이 항상 교환될 수 있다는 이점이 있다. 이 경우 투입품을 공급받는 기업들은 투입품을 공급하는 기업들의 기술개발노력에 영향을 줄 수 있을 뿐 아니라 연구개발의 시험장이 되어 줄 수도 있어 혁신은 빠르게 진전된다.

관련산업의 국제경쟁력도 해당산업에 비슷한 혜택을 준다. 이는 연관산업간의 정보의 흐름과 기술의 교환으로 혁신과 제품고급화의 속도가 빨라지기 때문이다. 경쟁력 있는 관련산업의 존재는 또한 기업들의 새로운 기술도입 가능성을 증대시키며 그 산업 내의 경쟁방법을 혁신하는 새로운 진입자를 공급하기도 한다. 예컨대 스위스가 제약산업에서 성공할 수 있었던 것은 그보다 먼저 염료산업이 국제경쟁력을 가졌기 때문이었다. 일본이 전자음악 키보드시장을 석권하게 된 것도 일본의 가전산업과 음향기기산업이 국제경쟁력이 있었기 때문이었다.

(4) 기업의 전략, 구조 및 경쟁관계

국가별 환경과 상황에 따라 기업을 설립하고 조직하며 경영하는 방법이 달라지고 기업간의 경쟁관계도 달라진다. 예컨대 이탈리아에서는 가족집단처럼 운영되는 개인소유의 중소기업들이 국제적으로 성공한 예가 많다. 반면에 독일의 경우에는 기업 내의 조직과 경영에서 위계질서가 철저하고 경영자들은 대체로 기술자출신이다. 일국이 특정산업에서 국제경쟁력을 갖게 되는 것은 그 나라가 좋아하는 경영방식과 조직형태가 그 산업 내의 국제경쟁력의 원천들과 융합된 결과이다. 이탈리아회사들이 국제경쟁에서 선두를 달리고 있는 조명기구산업, 신발산업, 모직물산업, 포장기계산업에서는 주문생산, 특정소비자를 겨냥한 판매전략, 신속한 변화, 놀라운 융동성 등이 중요한바, 이러한 산업상의 특징들은 이탈리아식 경영체제에 잘 부합된다. 반면에 독일식 경영방법은 기술적이고 엔지니어링 지향적인 산업에 적합하기 때문에 독일은 광학, 화학 그리고 정교한 기계산업에서 국제경쟁력을 가지고 있다.

국내시장에 강력한 경쟁자들이 있다는 것도 국제경쟁력 배양에 기여하는 자극제이다. 예컨대 스위스에서는 호프만 라로쉬(Hoffman-LaRoche), 시바 가이기(Ciba-Geigy), 산도즈(Sandoz)와 같은 제약회사들간의 치열한 경쟁이 스위스의 제약산업으로 하여금 세계적인 위치를 확보하게 하는 데 기여했다. 일본에서는 공작기계산업에 100여 개 회사, 반도체산업에 30여 개 회사, 음향기기산업에 20여 개 회사, 카메라산업에 10여 개 회사가 경쟁하고 있다. 일본의 국제경쟁력 있는 산업에는 대개 10개 이상의 국내경쟁회사들이 포진하고 있다. 국내경쟁이 국제경쟁력 배양에 중요한 이유는 국제경쟁에서는 정태적 효율성보다는 동태적 진보가 더 중요하기 때문이다. 국제경쟁에서 성공하는 데에는 정부가 국내에서 외국의 경쟁회사들을 물리칠 챔피언회사들을 선정해서 규모의 경제를 달성하는 것이 아니라 국내기업들로 하여금 치열한 경쟁을 통하여 혁신과 진보를 추구하도록 압력을 가하는 것이 보다 효과적이다. 이 때 국내경쟁자들이 지리적으로 집중되어 있으면 경쟁은 더욱 심화되고 경쟁에서 오는 이익도 커진다. 예컨대 독일의 경우 칼 제조회사들은 졸링겐지역에 몰려 있으며 일본은 세끼지역에 몰려 있다. 스위스의 바젤에는 제약회사들이 집중해 있고 일본의 하마마쓰에는 오토바이와 악기회사들이 몰려 있다.

이상에서 본 네 가지의 조건들은 국제경쟁력 다이아몬드를 형성하고 한 조건의 효과는 다른 조건들의 상태에 의존하며 다이아몬드상의 점들은 상호작용을 통해 서로를 강화하며 하나의 체계를 형성한다.

그러나 산업차원의 국제경쟁력을 국가우위 다이아몬드로 설명하는 데 대한 비판도 적지 않다. 예컨대 싱가포르는 우리나라보다 전문화된 생산요소도 적고 국내수요도 작으며 관련산업 · 지원산업 역시 미미하다. 싱가포르는 국내시장 규모도 작기 때문에 국내기업의 수도 적어서 국내기업간의 경쟁도 미미하다. 그러나 싱가포르의 1인당 국민소득은 우리나라보다 2배 내지 3배나 높다. 국가우위 다이아몬드는 이러한 현상을 효과적으로 설명하지 못한다.

국가우위 다이아몬드의 결함은 WTO의 출현 이후 범세계적으로 진행되고 있는 시장과 기업의 글로벌화와 정보화를 중요시하지 않는다는 데 있다. 글로벌화와 정보화로 인해서 각국은 전 세계에 존재하는 전문화된 요소, 수요, 관련산업과 지원산업에 효과적으로 접근할 수 있으며, 대외적으로 개방된 국가의 시장에서는 세계 유수 기업들이 강력한 경쟁자로 부상하고 있다. 또한 각국은 고급 전문인력을 확보하기 위해서 전 세계에 문호를 개방하고 있으며, 인터넷 등을 이용하여 관련산업 · 지원산업을 글로벌 차원에서 활용하고 있다. 뿐만 아니라 전 세계 여러 나라에 지사 · 자회사 등을 설립 · 운영하여 다국적화한 기업들은 국내수요뿐 아니라 해외수요에도 쉽게 접근할 수 있으며 전 세계적으로 구축된 회사 내외의 정보망을 통하여 각국에서 일어나는 독특한 수요변화에 민감하게 반응하여 신제품 · 신기술을 개발하고 있다. 한편 국내시장을 개방하면 세계 여러 나라의 기업들이 국내시장에 진출하기 때문에 산업 내 기업간의 치열한 경쟁은 자동적으로 보장된다. 따라서 글로벌화 · 정보화로 대표되는 작금의 상황에서는 국가우위 다이아몬드도 중요하지만 어느 나라가 글로벌 다이아몬드를 더 잘 활용하는가가 산업경쟁력 확보에 더 중요할 수 있다.

제 3 절 기업차원의 국제경쟁력

어느 한 나라가 국가차원에서, 그리고 산업차원에서 국제경쟁력을 가지고 있다고 해서 그 나라의 모든 기업, 또는 그 나라의 특정산업에 속하는 모든 기업이 국제경쟁력을 가지는 것은 아니다. 또한 어느 한 나라가 국가차원에서 그리고 산업차원에서 국제경쟁력을 상실했다고 해서 그 나라의 모든 기업이 국제경쟁력을 상실하는 것은 아니다. 그러면 기업차원에서 국제경쟁력을 결정하는 것은 무엇일까? 이것이 우리가 이 절에서 대답하고자 하는 질문이다.

1. 자원, 역량, 전략과 국제경쟁력

기업의 국제경쟁력은 그 기업이 보유하고 있는 자원, 역량, 그리고 보유자원과 역량에 작용하는 경영자의 선택인 효과적인 전략에 의해 결정된다. 기업의 경쟁우위는 기업이 창조하는 가치에 의해 결정되며 기업이 창조하는 가치는 기업이 공급하는 제품이나 서비스에 대해 고객이 느끼는 혜택에서 비용을 공제한 나머지를 가리킨다. 그러나 기업이 플러스의 가치를 창조했다고 해서 그 기업이 국제경쟁력을 갖게 되는 것은 아니다. 기업이 국제시장에서 경쟁력을 갖기 위해서는 플러스의 가치를 창조해야 할 뿐 아니라, 여러 가지 경영활동 중의 일부나 모든 경영활동들을 경쟁관계에 있는 다른 나라 기업들보다 더 효과적으로 수행함으로써 경쟁기업들보다 더 많은 가치를 창조해야 한다. 따라서 기업이 국제경쟁력을 갖기 위해서는 우선 다른 나라 기업들이 갖고 있지 않는 자원과 역량을 갖고 있어야 한다. 그렇지 않다면 그 기업이 보다 많은 가치를 창조하기 위하여 어떠한 전략을 추구하더라도 경쟁기업들도 즉시 그러한 전략을 모방할 수 있기 때문에 그 기업은 국제경쟁력을 갖지 못한다. 여기서 자원이란 그 기업 특유의 특허권이나 상표, 평판, 그 기업 특유의 노하우나 전문지식을 갖춘 조직구성원들을 가리킨다. 청량음료시장에서 세계적인 명성을 얻고 있는 코카 콜라 상표, 휴대폰시장에서 세계적 평판을 개척하고 있는 삼성전자의 애니 콜 등이 좋은 예이다. 자원은 건물이나 원재료, 비숙련 노동 등과는 달리 특화된 자산이나 생산요소이기 때문에 다른 기업들이 국제시장에서 구입하거나 모방하기가 쉽지 않다. 따라서 자원은 다른 기업들보다 더 많은 가치를 창조하는 기업의 능력에 직접적인 영향을 미친다. 예를 들면 한 기업의 제품이 국제시장에서 품질면에서 세계적인 명성을 갖고 있다면, 고객은 경쟁사의 제품으로부터 얻는 것보다 그 회사의 제품으로부터 더 많은 혜택을 느끼게 될 것이다. 자원은 그 기업이 갖는 역량의 기반을 형성하기 때문에 가치창조에 간접적인 영향도 미친다.

한편 역량이란 그 기업이 경쟁기업들에 비해 특별히 잘 하는 활동들을 가리킨다. 따라서 자원은 기업이 갖고 있는 것들을 가리키지만 역량은 기업이 수행하는 활동들을 지칭한다. 역량은 기업의 특정한 직능 안에 존재할 수도 있으며 특정한 기술이나 제품디자인과 연관이 있을 수도 있다. 전자의 예로는 삼성전자의 신제품 개발 역량이나 일본 전자회사인 마쓰시타의 유통경로 관리 역량 등이 있으며, 후자의 예로는 일본 자동차회사인 혼다의 소형엔진 디자인 역량, 미국회사 듀폰의 나일론 제작기술 등이 있다. 역량은 또한 기업이 수행하는 여러 가지 경영활동들을 연결 · 조정하는 기업의 능력일 수도 있다. 예를 들어 1970년대 이후 일본자동차회사들은 자동차 디자인, 엔지니어링, 제조, 마케팅에 관련된 경영활동들을 효과적으로 연결 · 조정하는 역량을 개발함으로써 제품 개념의 개발에서 완성차 출시에 이르는 기간을 미국자동차회사들의 경우보다 2배 이상 단축함으로써 국제경쟁력을 확보할 수 있었다.

최근에 우리나라 기업들에서는 핵심성공요인(key success factor)이라는 개념이 유행하고 있는데, 자원과 역량은 핵심성공요인하고는 다른 개념이다. 핵심성공요인은 한 기업이 특정산업에서 수익을 얻기 위해서 보유해야 하는 기술과 자산을 가리킨다. 따라서 핵심성공요인은 시장차원의 개념이며 개별기업에 특유한 개념은 아니다. 따라서 한 기업이 핵심성공요인을 보유하고 있다는 것은 그 기업이 특정한 국제산업에서 성공하는 데 필요한 조건이기는 하지만, 경쟁우위를 갖는 데 충분한 조건은 되지 못한다. 예를 들어 국제 스포츠화시장에서 성공하려면 새 디자인 개발 능력, 공급원 및 유통망 관리 능력, 마케팅 능력을 갖추어야 한다. 대규모 스포츠화회사들은 모두 그런 능력들을 갖추고 있다. 그러나 이러한 경영활동들을 효과적으로 수행하여 경쟁자들보다 더 많은 가치를 창조할 수 있는 회사는 나이키 등 소수에 불과하다. 자원, 역량 및 핵심성공요인은 모두 기업의 경쟁우위와 밀접한 관련이 있다. 그러나 이 세 가지를 정확히 구별한다는 것은 개념적으로는 쉬우나 구체적인 상황에서는 어렵다. 예를 들어 특정한 핵심성공요인이 특정한 산업에 속한 모든 기업들이 경쟁우위를 갖기 위한 필요조건인 동시에 특정한 기업에게는 핵심역량이 될 수도 있기 때문이다. 끝으로 기업이 경쟁우위를 갖기 위해서는 이러한 자원과 역량을 효과적으로 조직하는 경영전략이 필요하다.

2. 경영전략

과거 20~30년간에 걸쳐 전략이라는 개념이 기업의 경영층에게 중요한 문제로 대두되고 있다. 이것은 전략이라는 개념을 정확히 파악하여 기업경영에 이용하면 기업은 보다 더 복잡 다기화해 가는 기업환경이 제기하는 여러 가지의 위협에 성공적으로 대처할 수 있기 때문이다. 전략의 이용은 비단 위협에 대처한다는 소극적인 효과뿐 아니라 기업환경이 제공하는 기회를 유익하게 이용할 수 있다는 적극적인 효과도 가져온다.

그러나 전략은 여러 가지 뜻으로 쓰이며 따라서 전략에 대한 정의도 학자에 따라 여러 가지이다. 그 중 전략에 관한 몇 가지 정의를 살펴보면 "전략이란 우리 회사가 현재 어떤 사업을 하고 있으며, 또한 앞으로 어떻게 할 것이며 그리고 우리 회사가 현재 어떤 종류의 회사이며, 또한 앞으로 어떤 종류의 회사가 될 것인가를 밝히는 식으로 표현된 회사의 목적과 정책, 그리고 이러한 목표를 달성하기 위한 계획이다"라는 주장도 있으며 "전략적 문제는 회사와 회사를 둘러싼 환경간에 조화를 이루는 것과 관계가 있다. 보다 쉽게 표현하자면 우리 회사가 현재 어떤 사업을 하고 있으며 앞으로 어떤 종류의 사업들을 시작할 것인가를 결정하는 문제이다"라는 주장도 있다. 또한 "전략수립이란 회사를 둘러싼 환경을 해석하고 조직의사결정의 흐름에 있어서 일관성 있는 패턴을 개발하는 것이다"라는 주장도 있으며 "전략이란 조직의 기본적인 미션(missions) 목적(purposes)과 목표(goals)를 정하고 그러한 미션, 목적과 목표를 달성하기 위한 정책을 수립하며 조직의 목표가 달성되도록 전략을 수행하는 데 필요한 방법을 개발하는 것이다"라는 주장도 있다. 끝으로 "경쟁전략의 수립이란 회사와 회사를 둘러싼 환경간의 관계를 수립하는 것이다"라는 주장도 있다.

이와 같이 전략에 관한 정의는 다양하다. 그러나 이러한 정의들을 종합하면 경영전략이란 결국 회사의 기본적인 장기경영목표를 결정하고 이를 수행하기 위한 구체적인 행동방안을 채택하며 목표수행에 필요한 자원을 각 부서에 배분하는 것이다. 전략이란 이와 같이 경영조직을 연구하는 데 있어서 가장 폭이 넓고 가장 복잡한 의미를 가진 개념들 중의 하나이다.

장기경영목표의 설정이라고 하는 것은 예를 들면 특정한 기업이 여태까지 수행해 온 경영활동을 획기적으로 확대시킨다든지 생소한 장소나 나라에 새로운 공장이나 영업소를 신설한다든지 기업이 참여하는 사업의 종류를 다각화한다든지 하는 목표를 설정하는 것을 말한다. 기업은 이러한 장기경영목표를 효과적으로 달성하기 위하여 수요의 변화, 거래선의 변화, 경제환경의 변화, 새로운 기술의 출현과 경쟁기업이 개발한 새로운 전략 등에 대응하여 기존의 사업영역을 확장하고 새로운 사업분야에 진출하기 위하여 새로운 행동계획을 세우고 그에 따라 기업의 인적 자원과 물적 자원을 기존의 부서와 신설된 부서에 적절히 배분하여야 한다.

회사의 사업에 대해 전략적 사고방식을 가진 경영자들은 우선 기업의 경영환경을 식별하고 그것에 익숙해질 필요가 있다. 경영자들은 또한 자기회사의 실제고객과 잠재고객, 경쟁기업, 공급기업 및 자기회사가 직면하고 있는 법적·정치적 제약조건 등을 평가하고 자기회사의 능력과 자기회사가 보유하고 있는 자원에 대한 상세한 지식을 개발할 필요가 있다.

우리가 전략을 어떻게 정의하든지간에 전략은 흔히 제도적 전략(institutional strategy) 또는 기업문화(corporate culture)와 기업전략(corporate-level strategy), 사업전략(business-level strategy) 및 직능전략(functional-level strategy)으로 분류할 수 있다.

(1) 제도적 전략(기업문화)

제도적 전략이란 기업문화를 의미하며 경영전략의 최상위 개념으로서 한 기업이 자신의 기본성격과 비전을 어떻게 형성하는가를 가리킨다. 따라서 제도적 전략은 조직구성원들에게 목적의식을 어떻게 심어주고 조직의 구성원들로 하여금 어떻게 회사의 목표와 미션(mission)에 몰두하게 하는가에 초점을 맞춘다. 예를 들면 IBM은 훌륭한 제도적 전략을 수립한 기업이다. IBM의 왓슨(Thomas A. Watson, Sr.)은 컴퓨터시대가 도래하기 이전에 이미 IBM이 세계적 기업이 될 운명이라고 믿었다. 그의 비전은 개인에 대한 존경, 고객에 대한 서비스와 직무수행에 있어서의 탁월함을 강조한 IBM의 기본신조에 잘 나타나 있다. 즉, 제도적 전략은 최고경영자의 리더십과 비전을 나타내는 것이다.

이러한 제도적 전략은 기업문화로 대표된다. 제도적 전략이 성공하면 그 기업의 문화는 기업의 목표를 효과적으로 달성할 수 있는 밑받침이 된다. 우리의 주변을 둘러보면 여러 가지 성격의 조직체가 존재하고 있다. 예컨대 우리나라의 재벌기업들에 대해서도 "관리의 삼성"하는 식으로 기업문화가 정의된다. 이와 같이 기업은 모두 각기 독특한 성격을 가진다. 이러한 독특한 성격은 어제 오늘에 이루어진 것이 아니고, 오랜 기간에 걸쳐 기업 내외 환경의 영향을 받아 형성된 것이다. 따라서 기업문화란 기업의 가치관이며 일단 형성되면 쉽게 변하지 않고 지속하는 성격을 가진다.

앞의 IBM의 예에서 볼 수 있는 바와 같이 일반적으로 우수한 기업들은 독특한 기업문화로 조직구성원들에게 행동방향을 제시한다. 따라서 훌륭한 기업문화가 정착되면 조직구성원들이 높은 수준의 가치관을 가지게 되며 전사적인 목표의 달성에 공헌하게 된다. 다시 말하면 기업문화란 조직의 구성원들에게 기업이 목표로 하는 바를 구체적으로 주지시키고 사기를 앙양시키며 나아가서는 충성심을 북돋아 줌으로써 모든 구성원들이 일체감을 가지고 공동의 목표를 향하여 일하게 하는 것이다.

(2) 기업전략

기업전략이란 기업이 보유하는 자원을 그 기업이 현재 보유하고 있는 사업 포트폴리오(portfolio)와 그 기업이 앞으로 참여할 사업에 배분하는 것을 말한다. 따라서 기업전략이란 특정한 기업이 자기가 경쟁에 참여할 사업을 선정하고 선정된 여러 사업에 자기가 보유하는 자원을 배분하는 것이다. 기업전략이란 예를 들면 그 기업이 어떤 사업을 할 것이며 경쟁에 참여할 사업의 종류는 몇 가지로 할 것인가 등 그 기업의 기본경영목표를 결정하고 이러한 기본목표를 달성하기 위하여 인적 · 물적 자원을 확보하고 확보된 자원을 사업부서에 배분하는 것이다.

여기서 우리가 주목해야 할 사항은 기업의 해외진출에 관한 의사결정도 중요한 기업전략의 일환이라는 것이다. 기업은 해외수요를 국내로부터의 수출을 통해서 충족시킬 수도 있으며 제3국에 투자한 후 우회수출을 통해서 충족시킬 수도 있으며 수요가 있는 나라에 직접 투자하여 충족시킬 수도 있다. 어떠한 방법으로 해외수요를 충족시킬 것인가는 흔히 최고경영층의 의사결정사항이다.

기업활동을 해외로 확장한다는 것은 또한 그 기업이 종사하는 사업의 종류를 확대할 때와 같이 새로운 조직과 새로운 기술, 새로운 절차를 필요로 하며 경영자의 훈련과 조직구성원의 재교육이 필요한 전사적 과업이다. 따라서 기업의 해외진출은 중요한 기업전략의 일부이다. 기업의 해외진출은 최고경영층에게 복잡한 경영문제를 제기하며 그 정도는 그 기업이 새로운 산업에 진출할 때에 경험하게 되는 것과 비슷하다. 이는 기업이 국제진출에 성공하려면 기술도 새로이 습득하고 절차도 새로이 만들고 함으로써 기업의 해외활동을 기업의 전체적인 시스템 내에 효과적으로 통합할 수 있어야 하기 때문이다.

(3) 사업전략

기업전략은 그 기업이 참여할 사업의 종류를 결정하고 선정된 여러 가지 사업에 자원을 어떻게 배분할 것인가를 결정하는 것이고, 사업전략은 선정된 산업 내에서 어떠한 경쟁무기를 가지고 그 산업 내의 다른 기업들과 경쟁할 것인가를 결정하는 산업 내 경쟁전략을 가리킨다. 특정한 산업에서 경쟁하는 모든 기업들은 명시적이든 묵시적이든 사업전략을 갖고 있다. 사업전략은 전략수립과정을 거쳐서 명백히 의도적으로 수립된 것일 수도 있고, 회사 내 여러 직능 부서의 경영활동들이 두루뭉술하게 뭉쳐진 결과일 수도 있다. 그러나 후자의 경우는 각 부서는 자기의 전문분야가 요구하고 부서 책임자의 이해관계를 반영하는 전략을 추구할 것이므로, 그러한 직능전략의 합계인 사업전략이 산업 내 경쟁에 효과적인 최적의 전략이 될 가능성은 희박하다. 따라서 기업경영자가 효과적인 사업전략을 수립하기 위해서는 해당 사업부서가 산업 내에서 어떻게 경쟁할 것이며 그 부서의 목표는 무엇이며 목표달성을 위해서는 어떤 직능전략들이 필요할 것인가 등에 대해 개략적인 공식을 개발해야 한다. 사업전략을 수립할 때 고려되어야 할 목표로는 자기자본 이익률, 투자자산 수익률 같은 경제적 목표뿐 아니라 기술혁신목표나 학습목표와 같은 비경제적 · 전략적 목표도 포함된다.

한편 산업 내 경쟁전략인 사업전략을 수립할 때에는 회사가 의도한 바를 성공적으로 달성할 수 있는 한계를 결정짓는 네 가지 요소들을 고려해야 한다. 이 네 가지 요소는 회사 내적인 요소 두 가지와 회사 외적인 요소 두 가지로 구성되어 있다. 회사 내적인 요소 두 가지 중 하나는, 회사가 지닌 강점과 약점이다. 회사의 강점과 약점이란 재무자원, 기술, 상표 등 회사가 보유하는 자산과 기술의 상대적 경쟁력을 가리킨다. 두 번째 요소는, 사업전략을 수행할 회사의 최고경영층의 동기와 욕구를 의미하는 최고경영층의 개인적 가치다. 최고경영층의 개인적 가치와 회사 강·약점의 결합은 회사가 성공적으로 채택할 수 있는 사업전략의 내적 한계를 구성한다. 사업전략의 외적 한계를 구성하는 두 가지 요소는, 자기가 속한 산업이 제공하는 기회 및 위협과 넓은 의미의 사회적 기대이다. 산업기회와 위협은 위험이 따르고 동시에 보상 잠재력을 갖기 때문에 회사가 경쟁하는 환경을 구성한다. 사회적 기대란 정부정책, 사회적 관심 등이 회사에 미치는 영향을 지칭한다. 기업은 반드시 이 네 가지 요소들을 고려해야 현실적으로 수행가능한 사업전략을 수립할 수 있다.

(4) 직능전략

사업전략의 성공을 위해서는 효과적인 직능전략의 수립이 필요하다. 사업전략이 여러 직능부서의 경영활동들이 두루뭉술하게 뭉쳐진 결과일 수도 있으나, 그러한 사업전략은 효과적일 수 없을 것이다. 따라서 직능전략은 사업전략이라는 목표를 성공적으로 달성하기 위한 수단이다. [그림 1-3]은 사업전략과 직능전략간의 관계를 보여준다. 중앙에 산업 내 경쟁전략과 회사의 경제적 · 비경제적 목표를 보여주는 사업전략이 위치한다. 중앙에 연결된 것들이 직능전략들이다. 예컨대 어떤 회사의 사업전략이 저비용전략이라면, 그 회사가 생산하는 제품라인의 수는 적어야 할 것이며 제조직능도 효율적이어야 할 것이다. 마케팅활동 역시 비용절감을 위해 TV보다는 신문, 신문보다는 전단을 활용한 광고활동을 해야 할지도 모르며 유통경로 역시 할인점 등을 이용해야 할 것이다. 구매직능은 대량주문을 통해 구매비용을 줄이고 재무직능은 외상매입의 활용 등을 통해 재무비용의 최소화를 추구해야 할 것이다.

그림 1-3 사업전략과 직능전략의 관계

제 2 장 국제경영전략의 수립

국제경영전략의 수립은 국제경영을 하고 있는 기업이 자신이 직면하는 환경의 변화를 분석하여 환경의 변화에 맞춰 기업문화를 재정립하고 사업구조를 조정하고 경쟁전략을 수립하며, 국제시장의 세분화를 통해 자신이 경쟁할 국제시장을 선정하고 국제시장진입방식을 수립하는 전략적 선택을 의미한다. 그러나 국제경영전략의 수립은 국제기업이 환경의 변화에 적응한다는 소극적인 측면만 있는 것이 아니라 변화에 직면한 국제기업이 전략적 선택을 통하여 환경을 변경한다는 적극적인 측면도 있다.

예컨대 포도주산업은 전통적으로 많은 수의 소규모 회사들이 관세 · 비관세 장벽을 보호벽으로 하여 국내시장을 놓고 경쟁하던 시장이었다. 그러나 세계적인 무역자유화로 국제포도주시장에서 경쟁자의 수가 대폭적으로 증가하자 미국의 한 포도주회사가 독자적인 유통경로를 구축함으로써 포도주산업의 재편을 시도했다. 포도주유통을 위한 경로구축에는 대규모 자본투자가 필요하기 때문에 대규모의 자본을 동원할 수 없는 영세포도주 업자들은 경쟁에서 탈락했고 그 결과 국제포도주산업 내 경쟁자의 수가 크게 감소하였던 것이다.

[그림 2-1]은 환경변화에 대응하는 기업의 전략적 선택과정을 보여준다. 기업은 자기가 의식하든 의식하지 않든지간에 국제경쟁에 대처하는 전략을 가지고 있으며, 그러한 전략은 기업을 둘러싸고 있는 국내외경쟁환경의 변화로 위기에 직면하게 된다. 따라서 기업은 부단히 국내외경쟁환경을 분석하여 변화된 환경에 적응하거나 환경을 변경하는 전략적 선택을 통하여 또는 두 가지를 동시에 달성함으로써 국제경쟁력을 유지 · 발전시켜야 한다.

그림 2-1 **환경변화와 전략적 선택**

기존전략 —— 거시환경 변화 —— 미시환경 변화 —— 의사결정상의 불확실성 증대 —— 전략적 선택 —— 환경변화에 적응 / 환경변경 —— 국제경쟁력 향상

손자병법에 의하면 "자기를 알고 남을 알면 백번 싸워 백번 이기며, 자기를 알고 남을 모르면 어떤 때는 이기고 어떤 때는 지며, 자기도 모르고 남도 모르면 백번 싸워 백번 진다"고 한다. 기업경영에서 남을 알고 자기를 안다는 것은 결국 환경분석을 잘 해야 한다는 것을 의미한다.

기업이 분석해야 할 환경으로는 거시환경과 미시환경이 있다. 거시환경이란 산업의 종류를 불문하고 경영활동에 종사하는 모든 기업에게 영향을 미치는 정치적 · 경제적 · 기술적 · 법률적 · 사회문화적 요소들을 말한다. 미시환경이란 새로운 기업의 진출위협, 부품과 원료 등의 공급자, 대체품, 고객 및 경쟁자 등 특정한 산업 내의 경쟁상황에 즉각적인 영향을 미치는 소위 과업환경을 의미한다.

제 1 절 경영전략 수립방법

기업의 경영전략 수립방법은 크게 보아 기업가적 전략수립방법, 적응적 전략수립방법 그리고 계획적 전략수립방법의 세 가지로 분류할 수 있다. 기업가적 경영전략 수립방법은 한 사람의 강력한 리더가 조직을 대신해서 대담하고 모험적인 행동을 취하는 것이다. 적응적 전략수립방법은 조직이 환경에 조금씩 적응해 나가는 방법으로 전략을 수립하는 것이다. 끝으로 계획적 전략수립방법은 미래를 위해 통합된 전략을 수립하기 위하여 체계적이고 정형화된 분석방법을 사용하는 것이다.

1. 기업가적 전략수립

기업가란 회사를 창업하는 사람을 말하며 불확실성에 대응하여 혁신을 수행

하는 역할을 맡는 사람이다. 슘페터의 말을 빌리면 기업가란 자본을 동원하고 마케팅기회와 연결하여 신결합을 만드는 사람을 말한다. 그러나 기업가는 창업뿐 아니라 계속기업의 전략을 수립하는 데 있어서도 중요한 역할을 맡고 있다. 기업가적 전략수립은 다음과 같은 특징을 지닌다.

첫째로, 기업가적 전략수립은 새로운 시장이나 사업기회를 적극적으로 탐색하는 전략수립방법이다. 기업가적 조직은 기회에 초점을 두며 경영상의 문제는 부차적인 중요성을 가질 뿐이다. 피터 드럭커는 이를 다음과 같이 표현한다. "기업에 꼭 필요한 사람은 소수이다. 따라서 기업가는 이러한 사람들을 문제를 해결하는 데 허비할 것이 아니라 기회를 포착하는 데 동원해야 한다." 기업가적 전략수립은 경영자가 가만히 앉아서 부하들이 문제를 들고 올 때까지 기다리는 것이 아니라 경영자 스스로가 기업경영에 뛰어드는 적극성을 요구한다.

둘째로, 기업가적 전략수립은 조직의 권력이 경영자의 수중에 집중되어 있을 때 사용되는 방법이다. 이런 조직에서는 경영자가 기업경영의 모든 분야에 걸쳐 지배권을 장악하며 조직 내에는 명확히 수립된 계획도 없다. 그 대신에 경영자는 자기기업에 대해 어떤 비전을 가지고 있어서 그 비전에 따라 조직을 운영한다.

셋째로, 기업가적 전략수립은 불확실성에 직면하면 극적인 대약진으로 이를 뛰어넘는 특징을 지닌다. 따라서 이러한 조직에서는 경영자의 대담한 의사결정에 의하여 전략이 수립된다. 경영자는 오히려 불확실성에 직면하면 대담한 결정을 내려 이를 성공적으로 극복한다. 이것은 어떠한 역경도 극복하고 어떠한 조언에도 귀를 기울이지 않고 성공하는 전략수립형태이다.

넷째로, 기업가적 전략수립의 중요한 목표는 성장이다. 이러한 조직에서는 조직의 목표가 기업가의 목표의 연장인 셈이므로 성장이 특별한 의미를 지닌다. 기업가는 조직의 성장을 통하여 자기성취를 이룬다. 이들이 추구하는 것은 단순히 돈을 버는 것이 아니라 기업을 키우는 것이다. 목표를 향하여 계속 나아가는 것이 기업가적 전략수립의 또 하나의 특징이다. 기업가적 전략수립과정을 택하는 기업은 환경에 굴복하는 것이 아니라 환경을 길들이고 지배하고자 한다.

2. 적응적 전략수립

적응적 전략수립은 상황을 주어진 것으로 받아들이고 경영자는 분명한 목표도 가지고 있지 않다는 전제로부터 출발한다. 경영자가 내리는 의사결정은 문제가 생기면 그것을 치료하는 수준이며 주어진 현상에서 조금씩 나아갈 뿐이다. 이것은 경영자가 직면하고 있는 세계가 복잡한 데 기인하며 경영자는 불확실성을 기피하려 하며 성장전략을 개발하는 대신에 목전의 긴박한 문제의 해결에 노력하며 환경에 부응하려고 한다. 더구나 조직이란 여러 가지 이해관계의 연합에 의하여 지배되기 때문에 전략수립가는 이해관계의 충돌을 감소시키는 방향으로 의사결정을 내려야 한다. 따라서 적응적 전략수립은 다음과 같은 특징을 지닌다.

첫째로, 적응적 조직에는 분명한 목표가 없다. 전략의사결정도 복잡한 이해관계를 가진 조직구성원들간의 권력의 분할을 반영할 뿐이다. 적응적 조직에서는 경영자, 기업소유자, 정부기관 등이 제각기 자기의 욕구에 따라 의사결정에 영향을 미친다. 권력의 중심도 없고 단순한 목표도 없다. 조직의 목표도 이러한 집단들간에 이루어진 협상의 결과이며, 따라서 조직은 여러 가지 목표를 차례로 하나씩 달성하고자 한다. 여러 가지 목표들간에는 일관성도 없다. 조직은 이익이나 성장과 같은 어느 하나의 목표를 극대화하는 의사결정을 내릴 수 없으며 여러 가지 제약조건을 충족시키는 선에서 무난한 해결책을 추구한다.

둘째로, 적응적 전략수립은 새로운 기회를 전향적으로 추구한다기보다는 기존의 여러 가지 문제에 반사적으로 해결책을 제시하는 형식을 취한다. 기업을 둘러싼 환경이 여러 가지 문제와 위기를 계속 제기하므로 새로운 기회를 찾아낼 시간이 별로 없다. 시간이 있더라도 조직의 목표가 분명하지 않으므로 전향적 자세를 취할 수도 없다. 적응적 조직은 가능한 한 확실성을 추구하여 기존의 불확실성을 감축하려 한다. 예컨대 시장을 확보하기 위하여 카르텔을 만들고 공급원을 확보하기 위해 장기구매계약을 체결한다.

셋째로, 적응적 조직은 점진적인 방법으로 의사결정을 한다. 환경이 복잡하기 때문에 전략수립에 있어서 피드백(feedback)이 매우 중요하다. 전략수립가는 익숙한 것에 집착하며 의사결정을 할 때에는 현상과 조금밖에 다르지 않은 대안들만 고려한다.

넷째로, 적응적 전략수립에서는 의사결정간에 관련성이 부족하다. 조직에 대한 요구가 매우 다양하므로 경영자는 이것을 조정할 능력이 없다. 따라서 경영자의 의사결정은 목전의 문제를 해결하는 데 집중되며 의사결정을 조정하는 것에 대해서는 별로 주의를 기울이지 않는다.

3. 계획적 전략수립

계획적 전략수립이란 과학적 기법을 사용하여 정형적이고 포괄적인 계획을 개발하는 것을 말한다. 계획은 목표를 수립하고 목표달성을 위한 수단을 제시하는 데 있어서 가능한 한 객관적이고 논리적이며 현실적이어야 한다. 계획적 전략수립은 다음과 같은 특징을 지닌다.

첫째로, 계획적 전략수립에 있어서는 계획수립가가 경영자와 협력하며 전략수립과정 전반에 걸쳐 주요한 책임을 진다. 계획수립가는 경영과학적 기법과 정책분석기법을 사용하여 장기전략을 개발한다. 객관적이고 논리적인 계획수립에는 많은 시간이 필요하기 때문에 최고경영층이 계획과정에 적극적으로 참여하기가 어렵다. 또한 최고경영층은 좋은 계획수립에 필요한 체계적 분석능력도 부족하다.

둘째로, 계획적 전략수립방법은 여러 가지 대안의 비용과 편익에 대한 체계적인 분석에 초점을 둔다. 경험적 계획수립은 새로운 기회를 능동적으로 찾는 것뿐만 아니라 기존문제를 해결하는 것도 포함한다. 정형적 계획의 경우에는 계획수립자들이 여러 가지 제안의 타당성을 검토하여 그러한 제안들의 능률성을 결정하고 제안 상호간의 관계도 결정한다. 상황이 확실하면 계획이 필요없고 상황이 아주 불확실하면 분석을 할 수 없으므로 계획은 위험상황, 즉 통계적으로 불확실성을 표현할 수 있는 상황하에서 가장 유효하다.

셋째로, 계획적 전략수립은 의사결정과 전략의 통합이라는 특징을 지닌다. 계획을 수립할 때 제일 복잡한 문제는 의사결정 그 자체보다는 의사결정 상호간의 유관성에 있다. 체계적인 방법으로 행해진 의사결정은 각기 독립적으로 행해진 의사결정보다 상호간의 모순은 적고 상호간의 보완성은 더 크다는 신념에서 계획을 수립한다. 따라서 계획적 전략수립이란 조직의 전략이 특정시점에서 포괄적으로 수립되는 과정을 지칭한다. 계획적 전략수립을 택하는 기업은 세계전략에 대하여 생각하지 않을 수 없고 분명한 전략의식을 개발하지 않을 수 없다.

4. 전략수립방법의 결정요인

기업가적 전략수립은 환경이 극복가능하고 기업이 성장지향적이며 기업가의 임의대로 전략을 변경할 수 있을 때 사용하면 좋은 방법이다. 따라서 국제적인 경쟁상대에 비하여 아직도 국제화 역사가 짧고 규모도 작은 기업에게 유리한 전략수립방법이다. 그러한 기업의 경우에는 함몰비용도 적고 대담한 결정을 내린다 해도 상내석으로 적은 손해를 볼 따름이다. 그러한 기업은 또한 느껴야 할 국제적 부담도 적어서 국제화와 관련하여 중요한 의사결정을 한꺼번에 기업가적 정신에 바탕을 두고 내릴 여지도 많다. 이를 위해서는 중앙집권적 조직구조가 필요하다.

적응적 전략수립방법은 기업환경이 복잡하고 환경의 변화가 빠르고 권한이 여러 이해관계 집단에 분산되어 있을 때 사용되는 방법이다. 함몰비용도 크고 이해집단도 다양한 대규모의 역사가 오랜 기업의 경우에는 기업의 목표에 대한 합의를 도출하기가 어려우므로 타협적 전략수립방법을 취하지 않을 수 없게 된다.

계획적 전략수립방법은 환경, 경쟁자 및 자사의 강약점 분석에는 많은 비용이 소요되므로 대규모 기업에 적합한 방법이다. 계획을 수립하려면 기업환경이 어느 정도 예측가능하고 안정적이어야 한다. 최근에 기술의 발전과 경쟁의 글로벌화로 기업환경의 불확실성이 증대하자 복수 시나리오를 선정하여 시나리오별로 별도의 우발계획을 수립하는 기업도 많아지고 있다.

세 가지 형태의 전략수립방법 중에서 어느 것이 국제기업에게 가장 적합한 것인가는 결정하기 어려운 문제이다. 그러나 계획적 전략수립방법은 복잡하고 변화가 심한 국제기업환경을 예측가능한 수준으로 끌어 내릴 수 있다는 점에서 흥미로운 전략수립방법이다. 그 밖에도 계획수립을 정형화하면 복잡한 국제문제를 토의할 수 있는 장을 마련하는 셈이 되며, 여러 경영자들이 기업의 전략수립에 참여할 수 있으므로 참여의식에서 오는 기업목표에 대한 신뢰를 형성할 수 있다. 또한 참여하는 경영자의 수가 증가함에 따라 유입되는 정보의 양과 질도 증가할 것이다. 그러나 계획수립이 정형화되면 창의성이 억제된다는 단점도 있다.

(1) 기업의 성장단계에 따른 전략수립방법의 변화

초창기의 기업은 해외에 자회사나 지사를 보유하고 있지 않은 경우도 많고 대담한 해외진출에서 얻게 되는 반사적 이익도 크다. 그러한 기업에서는 카리스마를 가진 기업가가 리더십을 발휘하기 쉽다. 우리나라 기업의 국제화 초창기를 보면 창업자들이 거의 무모하다고 할 정도로 기업가적 창의성을 발휘하여 국제진출에 나섰다. 그 과정에서 부정한 수출, 소나기 수출, 덤핑 수출이라는 비난도 많이 받았고 또 지금도 받고 있다.

기업의 초창기는 확대와 성장의 단계이다. 그러나 새로운 전략적 의사결정이 축적됨에 따라 특정한 전략에 구속받는 자원도 증가하고 기업의 국제조직도 관료화되기 시작하며 기존의 이해관계를 유지하려는 경영자 그룹을 포함한 여러 가지 압력단체들이 등장한다. 이렇게 되면 적응적 전략수립방법이 기업가적 전략수립방법을 대체하기 시작한다. 국제진출도 전향적으로 새로운 시장이나 고객을 추구하기보다는 무역규제가 있으므로 해외투자에 나선다는 식이 된다. 기업을 둘러싼 국제환경이 신보호무역주의, 환율의 불안, 유가의 불안, 금리의 불안 등 계속적으로 위기상황을 제기하므로 새로운 기회를 추구할 시간도 별로 없게 된다. 이러한 위기에 적응하기 위한 방편으로 현지공장 설립, 합작투자 등에 나서기도 한다.

기업가적 전략수립과 적응적 전략을 교대로 추구하는 기업들도 있다. 처음에는 성장을 위하여 창의성 있는 대담한 국제진출에 나서서 신시장과 신제품을 개척하기 시작한다. 성장이 어느 정도 수준에 달하면 기업의 인적 · 물적 자원이 달리게 되고, 이 단계에서는 성장을 중지하고 새로운 환경에 적응하기 위하여 국제진출형태를 조정한다. 기업의 인적 · 물적 자원이 다시 보충되면 새로운 도약을 모색하기 위하여 기업가적 전략수립으로 돌아간다.

기업이 성숙해 감에 따라 계획적 전략수립방법으로 이행해 가는 기업의 수가 늘어나고 있다. 이를 위해서 계획수립에 종사하는 스탭도 증가하고 있다. 특히 계획수립에 따르는 제반비용을 감당할 수 있는 대기업들은 점점 더 계획적 전략수립을 강조하여 새로운 전략의 개발을 통하여 점진적인 방법으로 변화를 관리해 가고 있다.

(2) 직능과 전략수립형태

한 기업 안에서도 직능별로 전략수립방법을 달리할 수도 있다. 회계, 재무, 생산 등 주위상황이 비교적 예측가능하고 정형화된 직능에서는 계획적 전략수립방법이 적합할 수 있다. 그러나 국제시장을 대상으로 신제품을 개발하고, 신시장을 개척하는 마케팅직능의 경우에는 대담하고 창의적인 기업가적 전략추구가 보상받을 가능성이 크다. 초기의 국제시장 개척단계에서는 특히 그러하다. 상황이 복잡하고 현지의 관례나 현지의 법규가 까다로운 노사문제는 적응적 전략이 적합한 분야이다. 이 분야에서는 현지상황이나 현지관례가 유동적이고 불명확한 경우가 많으므로 기업가적 창의성은 오히려 역효과를 가져오기 쉽고 계획적 전략수립은 전제조건에 대한 불확실성으로 인하여 현실성이 결여된 것이 되기 쉽다. 따라서 이러한 경우에는 현지전문가를 고용하여 현지에 적응하는 전략이 중요하게 된다.

5. 모기업과 해외자회사의 전략수립형태

모기업과 해외자회사의 전략수립은 각기 세 가지 형태를 취할 수 있으므로 모두해서 9가지의 결합이 있을 수 있다. 그 중에서 재미있는 결합이 모기업과 해외자회사 양쪽이 적응적 방법을 사용할 때와 모기업과 해외자회사가 다 같이 기업가적 창의성을 발휘할 때, 그리고 모기업과 해외자회사가 다 같이 계획수립을 할 때의 세 경우이다.

첫째로, 모기업과 해외자회사가 모두 적응적 방법을 사용할 때에는 양쪽이 다 같이 서로 적응해 가므로 본·지사간의 갈등은 발생하지 않는다. 그러나 적응에 치우치다 보면 새로운 기술, 새로운 제품 등 새로운 기회를 본·지사 어느 쪽에서도 포착하지 못하므로 국제기업환경이 급속히 변화하면 경쟁에 뒤지고 생존이 위협받게 될 우려가 있다.

둘째로, 모기업과 해외자회사가 다 같이 기업가적 창의성을 발휘하는 경우에는 모기업과 해외자회사간의 전략조정이 문제가 된다. 신시장의 개척, 신제품의 개발, 신제도의 도입에 있어 본·지사간에 갈등이 일어나며 전 세계시장을 커버하는 전략의 부재는 국제경쟁상 치명적인 약점이 될 수 있다.

셋째로, 본·지사가 다 같이 계획적 전략수립형태를 취하는 경우에도 역시 본·지사간의 조정이 문제가 된다. 그러나 전략적 계획수립은 정형화되어 있으므로 조정이 기업가적 전략수립을 할 때보다 용이하게 된다. 지사의 전략은 본사의 세계전략의 범위 내에 통합되어 체계적으로 수행되어야 하므로 지사의 전략은 상위에 있는 본사의 전략이 성공적이고 본·지사간의 계획조정이 성공적일 경우에만 성공할 수 있을 것이다.

제 2 절 국제경영전략의 내용과 수립과정

앞의 절에서 우리는 전략을 수립하는 방법에는 세 가지 유형이 있다는 것을 보았다. 어떠한 유형이 보다 효과적인가는 기업의 목표와 규모, 환경의 안정성, 직능의 종류, 본사와 지사의 종류 등에 따라 다를 것이다. 예컨대 국제시장 개입을 획기적으로 확대하고자 하는 기업은 기업가적 창의성의 발휘가 중시되는 기업가적 전략수립방법을 택해야 할 것이다. 반면에 국제시장상황이 바뀌면 상황에 적응하기 위하여 적응적 전략수립방법을 택해야 할 것이다. 그러나 정형화된 계획적 전략수립방법은 변화무쌍한 국제경영환경을 예측가능한 수준으로 끌어내리는 효과가 있으며 복잡한 국제진출과 국제시장 확대문제 등을 토의할 수 있는 장을 마련해 준다는 측면에서 흥미 있는 전략수립방법이다. 따라서 본서에서는 계획적 전략수립방법을 중심으로 국제경영전략을 논술하고자 한다.

국제경영전략의 수립은 전략사업단위의 정의부터 시작된다. 전략사업단위(strategic business unit: SBU)란 경영활동상 한 기업이 영위하는 다른 사업들과 독립되어 있어 그 사업과 관련된 의사결정을 다른 사업단위와는 상당히 독립적으로 내릴 수 있는 사업단위를 가리킨다. 따라서 원칙적으로 전략사업단위란 홀로 설 수 있는 사업단위를 지칭하며 다른 사업단위와는 별도로 독자적인 고객, 제조공장, 유통경로를 보유하며 시장에서 직면하고 있는 경쟁자도 그 기업이 영위하는 다른 사업들이 직면하는 경쟁자들과는 다른 사업단위를 가리킨다.

전략사업단위의 식별이 완료되면 국제기업은 자사의 핵심전략을 정의해야 한다. 이 때 정의해야 하는 자사의 핵심전략에는 기업문화 내지는 제도적 전략과 기업전략, 사업전략 그리고 직능전략 내지는 기능전략이 있다.

우리나라 기업들을 비판하는 사람들은 우리나라 기업의 핵심전략에 문제가 있다고 주장한다. 우리나라에는 성격과 전략이 다른 수많은 기업들이 있기 때문에 우리나라 기업의 핵심전략을 말한다는 것은 어려운 일이다. 그러나 과거 수십년 간의 우리나라 기업들의 경영활동을 놓고 보면 일정한 패턴을 발견할 수 있는 것도 사실이다. 예컨대 우리나라 기업들의 핵심전략은 다음과 같은 몇 가지로 요약할 수도 있을 것이다. 첫째는, 소위 시너지 효과 없는 문어발식 비관련 다각화이다. 대표적인 예가 재벌기업들이다. 이러한 전략은 모든 분야에서 세계 최고가 가능하며 모든 사업분야에 공통되는 정답이 있다는 자세에서 비롯된다.

둘째로, 표준화된 제품을 낮은 가격으로 판매하는 전략이다. 이를 위하여 우리나라 기업들은 서로의 제품이나 경쟁전략을 모방하며 대규모 시설투자에 나선다. 또한 우리나라 기업들은 낮은 가격을 확보하기 위해서 제품과 서비스의 고급화 · 차별화에는 필요하나 비용이 많이 드는 연구개발투자를 하는 대신에 정밀부품과 기술을 해외, 특히 일본과 미국에 의존하는 전략을 추구했다. 우리나라 기업들이 즐겨 사용하는 OEM(주문자상표 부착생산)전략 역시 저가격 표준품의 대량생산전략에 부합했다. 최근에는 국내의 인건비가 상승하자 생산공장의 해외이전이 활발한데, 이 역시 우리나라 기업들의 핵심전략을 반영하는 선택인 면이 있다.

이러한 전략의 추구로 우리나라 기업들의 해외수출은 표준화된 저가품에 대한 수요가 많은 동남아 국가들과 중국과 같은 개발도상국에 치우치는 경향이 있으며, 이는 1990년대 후반 우리나라가 겪은 외환위기 · 경제위기의 원인이 되기도 했다. 그 당시 우리나라 기업들의 수출 주력시장인 동남아 국가들에서 외환위기가 발생하자 한국의 대동남아 수출이 급감하고 이에 대한 해외투자자들의 우려가 급증한 것이 외환위기 · 경제위기가 발생한 원인의 하나였다.

사업과 자사의 핵심전략에 대한 정의가 끝나면 국제경영활동을 효과적으로 수행할 수 있는 전략을 개발하기 위해서 국제경영자가 해야 하는 다음 과제는 기업을 둘러 싸고 있는 국제경영환경상의 변화를 분석하는 일이다. 기업을 둘러 싸고 있는 환경은 지속적으로 변하고 있으며 환경변화에 민감하게 반응하지 못한 기업들은 국제경쟁에서 탈락하게 된다.

치열한 국제경쟁에서 탈락하여 사라진 기업들은 몇 가지 공통된 특징들을 가지고 있다. 그들은 환경변화에 미온적으로 대처하거나 뒤늦게 대응함으로써 적절한 대응시기를 놓친다. 그러한 기업의 최고경영층은 경영환경의 변화에도 불구하고 경영방법의 혁신과 기업체질개선에 대한 의지가 부족하며 관료적인 기업체질을 유지하며 방만한 경영행태를 시정하지 않는다.

반면에 경영환경의 변화에 성공적으로 대처한 기업들은 환경변화에 적극적

그림 2-2 국제경영전략 수립과정

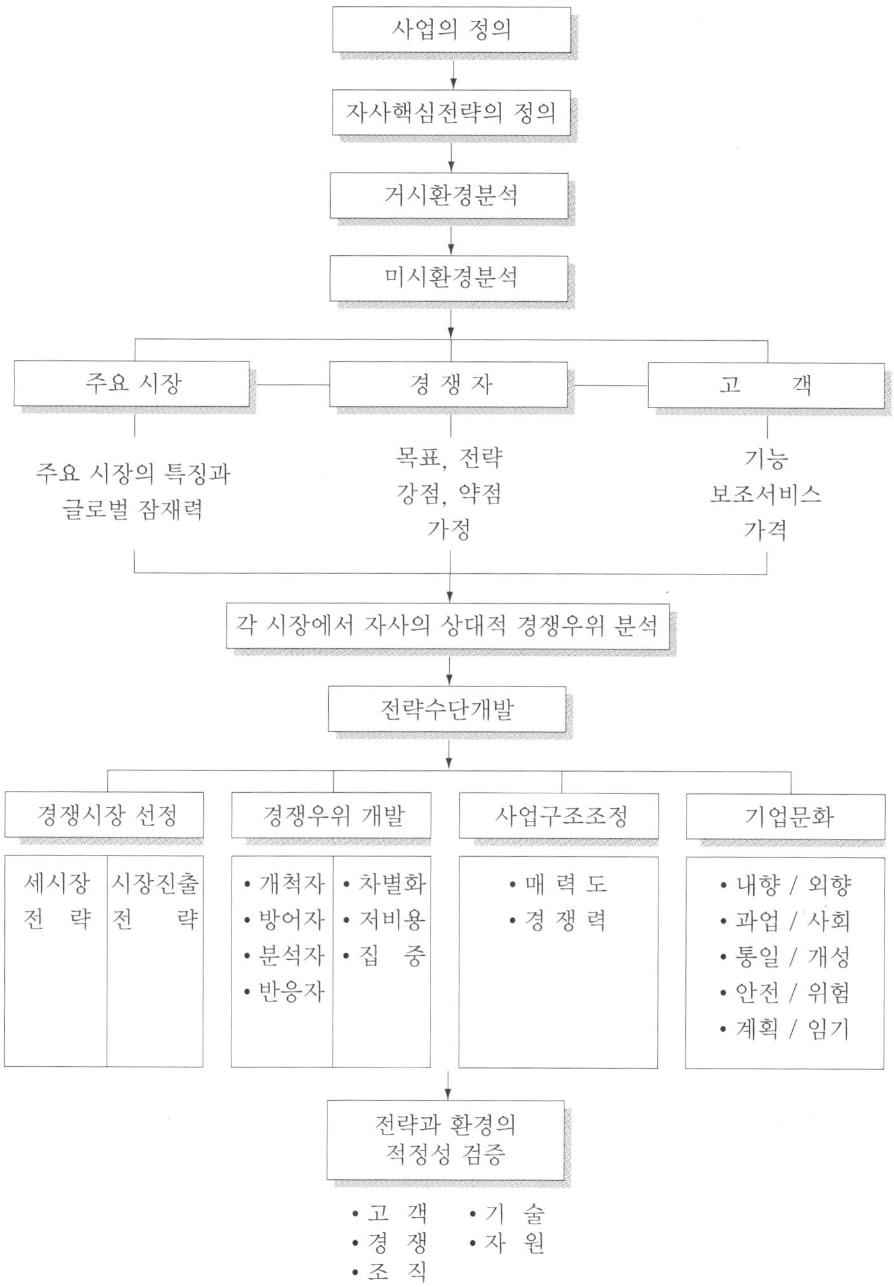

으로 대응하며 변화 속에서 새로운 기회를 추구한다는 공통점을 가지고 있다. 그들은 기업체질을 바꾸고 고객만족을 위해 품질개선과 기술개발, 생산성향상에 총력을 투입한다. 이러한 전략적 선택은 모두 환경분석을 통해서만 가능한 것이다. 분석대상 환경으로는 거시환경과 미시환경이 있으며 미시환경분석에서는 고객, 경쟁자, 주요 시장분석이 특히 중요하다. 거시환경과 미시환경의 종류 및 그 분석방법은 제 3 장과 제 4 장에 자세히 나와 있다.

환경분석을 통하여 국제경영자는 국제시장 내 자사의 상대적 위치를 파악할 수 있으며 국제경쟁력을 강화하기 위한 전략적 선택을 검토할 수 있다. 이 때 국제경영자가 검토할 전략적 선택은 변화에 직면하여 기업문화를 어떻게 재정립할 것이며, 기존의 사업구성은 어떻게 조정하고 새로운 사업은 무엇을 시작할 것이며 경쟁우위는 어떻게 개발할 것이며, 경쟁할 국제시장은 어떻게 선정할 것이며, 선정된 시장에는 어떤 방법으로 진입할 것인가를 결정하는 것이다. 마지막으로 국제경영자는 국제경영조직을 어떻게 구성하고 관리할 것인가를 결정해야 한다. 본서는 이러한 문제들에 대해 깊이 있고 다양한 해결책들을 제시하고 있다.

이러한 전략적 선택이 성공하면 그 기업의 경영성과는 개선될 것이며, 국제경영자는 다음 단계의 발전을 위해 위에서 언급한 국제경영전략 수립과정을 다시 밟아가야 한다. 이러한 국제경영전략 수립과정이 앞의 [그림 2-2]에 나와 있다.

제 3 장 거시환경분석

기업이 국제시장에서 경쟁력을 가지기 위해서는 기업이 추구하는 전략과 환경이 조화를 이루어야 한다. 기업의 전략과 조화를 이루어야 하는 환경에는 거시환경과 미시환경이 있다. 본장에서는 우선 국제기업들이 직면하고 있는 거시환경의 변화를 살펴본다.

거시환경이란 기업이 소속된 산업의 종류에 관계없이 모든 기업의 경영활동에 영향을 미치는 환경을 말한다. 거시적 환경에는 여러 가지가 있으나 여기에서는 경제적 환경, 정치적 환경, 기술적 환경 및 사회 · 문화적 환경으로 구분하여 살펴보고자 한다.

제 1 절 경제적 환경

경제적 환경이란 WTO(World Trade Organization: 세계무역기구)의 출현, 환율변동, 물가상승, 유가변동, 임금상승, 국내시장의 대외개방 등 기업의 국제경쟁력에 영향을 미치는 제반 경제상황의 변화를 일컫는다. 우리나라 경제와 기업들의 국제경쟁력에 심각한 영향을 미치고 있는 국제경제환경의 변화에는 여러 가지가 있다. 세계가 하나의 시장으로 되어 가고 있는 현 시점에서는 세계 각국에서 일어나는 각종 경제적 변화가 우리나라 경제와 기업의 국제경쟁력에 영향을 미친다.

본절에서는 환율, 유가와 금리, 임금과 물가, 시장개방을 예로 들어 국제경제환경의 변화가 우리나라 경제와 기업의 국제경쟁력에 미치는 영향을 논하고자 한다. 그러나 이것은 다른 국제경제적 환경변화는 국가와 기업의 국제경쟁력에 중요한 영향을 미치지 않는다는 것을 의미하는 것은 아니다.

1. 환 율

환율변화는 일국의 경제와 기업의 국제경쟁력에 큰 영향을 미친다. 예컨대 자국통화의 가치하락은 그 나라 수출품의 외화표시 가격을 낮추기 때문에 수출 증대에 이바지한다. 우리나라 기업들이 생산한 상품들은 국제시장의 여러 부분에서 일본상품들과 경쟁관계에 있다. TV, VTR, 반도체, 선박, 철강 등이 좋은 예이다.

따라서 환율이 변하여 우리나라 원화가치가 일본의 엔화에 대해 하락하면 우리나라의 많은 제품들이 국제시장에서 일본제품들에 대해 가격경쟁력을 가지게 된다. 그 결과 한국기업들의 국제시장지분은 늘어나게 된다. 대표적인 현상이 1986～1988년에 우리가 경험했던 소위 3저 현상이다.

그러나 환율변동이 우리나라 기업의 국제경쟁력 강화에 유리하게 작용할 수 있으려면 몇 가지 조건이 충족되어야 한다.

첫째로, 환율변동폭, 즉 통화가치의 절하폭이 클수록 효과가 확실하다는 것이다. 특히 우리나라와 같은 중진국의 경우에는 자국통화의 가치가 하락하더라도 그 정도가 미미하면 자국기업의 국제경쟁력 향상에 미치는 영향은 극히 적을 가능성이 크다. 중진국의 경우 국제경쟁력의 향상을 위해서 큰 폭의 환율변동이 필요한 이유는 국제시장에 경쟁자 수가 많고 중진국이나 개발도상국 기업들이 생산한 제품의 품질이나 이미지, 기타 특징 등이 선진국 제품의 그것들보다 상당히 낮기 때문에 작은 폭의 가격 차이로는 개발도상국 제품에 대한 국제수요가 증가하지 않기 때문이다. 이러한 현상의 좋은 예가 1990년대 후반 우리나라가 외환위기를 겪어 원화가치가 대폭 절하되자 수출이 크게 늘어난 것이다.

둘째로, 한 나라의 경제성장구조가 낮은 통화가치를 충분히 활용할 수 있는 위치에 있어야 한다는 것이다. 예컨대 외환위기 때 우리나라의 수출이 대폭 늘어난 것은 과거 우리나라의 경제성장이 수출에 의해 주도되었기 때문이었다. 그 때문에 낮은 원화가치가 높은 수출성장과 경제회복으로 연결될 수 있었고 대폭적인 국제수지 흑자를 달성할 수 있었다. 그러나 한 나라의 경제성장이 내수에 의해 주도되고 있다면 자국통화의 가치하락이 오히려 해가 되는 경우도 있다. 그러한 상황하에서는 자국통화가치의 하락이 수출증대보다는 수입품의 가격상승을 불러옴으로써 물가상승으로 이어지고 이는 다시 수출품가격의 상승으로 이어질 가능성을 배제할 수 없기 때문이다.

셋째로, 세계무역량의 증가율이 높아야 한다는 것이다. 한 나라가 제품을 수출한다는 것은 곧 세계 여러 나라가 그 나라의 상품을 수입한다는 것을 의미한다. 따라서 세계교역량의 증가율이 낮다면 환율변동에도 불구하고 그 나라 상품의 수출증가율은 낮은 수준에 머무를 것이다.

넷째로, 경쟁국과의 관계에서 통화가치 변동을 유리하게 이용할 수 있는 위치에 그 나라가 있어야 한다는 것이다. 낮은 통화가치는 그 나라 수출품의 외화표시 가격의 하락을 의미한다. 이와 같이 낮은 통화가치가 국제시장에서의 가격경쟁력 개선을 의미한다면 통화가치 변동에서 오는 혜택은 물가와 임금의 상승률이 높은 나라보다는 세계시장에서 가격을 무기로 그러한 나라의 기업들과 경쟁하는 다른 나라의 기업들에게로 돌아갈 가능성이 높다.

우리나라의 경우를 보더라도 엔화가치의 상승이 우리나라보다는 중국, 태국, 말레이시아, 인도네시아 등 후발개도국에 더 유리하게 작용하고 있다. 우리나라는 그 동안 임금과 물가가 많이 올라 우리나라 상품들이 국제시장에서 경쟁력을 잃고 있다. 국제시장에서 우리나라 상품은 값은 비싸나 품질은 중·저급인 상품으로 간주되고 있다. 엔화가치 상승에서 오는 편익은 우리나라에게만 부여되는 것은 아니다. 일본으로부터 기술을 전수받아 저가상품으로 세계시장에서 일본기업들과 경쟁하고 있는 후발개도국의 기업들 역시 우리나라 기업들과 마찬가지로 엔화가치 상승에서 오는 편익을 누리고 있다.

2. 이자율과 유가

이자율과 유가의 변동 역시 그 나라 기업들의 국제경쟁력에 영향을 미친다. 예컨대 금리가 하락하면 그 나라 기업들은 이자부담을 줄이게 되며 그 나라의 국제수지 역시 개선될 가능성이 증가한다. 한편 국제금리의 하락에서 오는 혜택은 그 국가나 그 나라 기업들이 지고 있는 외채의 규모가 클수록 클 것이다. 우리나라의 경우를 보면 1980년대 중반의 3저시에는 외채규모가 우리나라 GNP의 약 40%에 달했다. 따라서 국제금리 하락으로 우리나라 경제와 우리나라 기업들은 그 당시 상당한 혜택을 볼 수 있었다. 그러나 외환위기 이후에는 우리나라 기업들이 국제채무 규모를 크게 줄였기 때문에 국제금리의 하락에서 오는 혜택도 과거만큼 크지 않다.

유가의 하락은 생산비 감소에 기여함으로써 상품의 가격경쟁력에 기여할 수 있다. 특히 그 나라가 석유수입에 의존하는 정도가 클수록 유가하락은 그 나라 기업들의 국제경쟁력 개선에 도움이 된다. 그러한 경우에도 유류의 소비증가율이 높으면 유가하락에 따른 국제경쟁력 향상효과는 미미할 수 있다.

3. 물가와 임금

물가와 임금 역시 그 나라의 경제와 기업들의 국제경쟁력에 큰 영향을 미친다. 가격경쟁력에 의존하여 경쟁하는 기업에게는 낮은 물가상승률이 국제경쟁력에 거의 절대적인 중요성을 가진다. 따라서 경쟁국에 대비하여 물가상승률이 높은 나라의 경우에는 세계시장에서 상품의 경쟁력이 떨어지고 세계시장지분도 감소할 것이다. 임금은 생산비를 구성하는 주요한 요소이며, 따라서 제품의 국제경쟁력에 중요한 영향을 미친다.

그러나 임금상승률이 높다는 것 자체는 국제경쟁력의 하락과 무관할 수 있다. 만약에 노동생산성증가율이 명목임금상승률을 상회한다면, 일국은 높은 임금상승률에도 불구하고 국제시장에서 자국상품의 가격경쟁력을 개선할 수 있을 것이다. 그러나 노동생산성증가율이 임금상승률을 하회하게 되면 문제는 심각해진다.

4. 시장개방

GATT(General Agreement on Tariffs and Trade) 우루과이라운드협상의 타결과 WTO의 출현으로 대표되는 국내시장의 대외개방은 세계 모든 나라의 경제와 기업들에게 대단히 중요한 의미를 가진다. 관세인하와 비관세장벽의 철폐 등과 같은 수입자유화, 해외투자 개방 등으로 산업의 국제화가 진행되면 국내기업들 중에서 국제화에 신속히 전략적으로 대처하지 못한 기업은 무대에서 사라지거나 다른 기업의 합병대상이 되기 쉽다.

예를 들면 미국의 경우 Zenith, Motorola 등의 TV 생산기업들이 국내시장만을 상대로 했기 때문에 지구적 경쟁전략을 구사한 일본, 그리고 한국의 TV 생산기업들에게 경쟁에서 밀리게 되었던 것이다. 한국도 현재 많은 산업들이 그 동안 수입장벽 등 정부가 제공하는 보호막을 이용하여 국제경쟁으로부터 유리된 채 국내시장에 안주할 수 있었다. 그러나 WTO의 출현과 더불어 우리나라에 대한 미국 등 선진국들의 시장개방압력은 더욱 거세어지고 있다.

지금까지 정부의 보호하에 국내경쟁에 국한되었던 산업이 국제화하면 국내시장지분이 큰 대규모 회사도 세계시장 전체를 놓고 보면 시장지분이 줄어드는 상황에 직면하게 된다. 따라서 국내의 대기업도 산업이 국제화하면 크지도 작지도 않은 기업이 되기 쉽다. 규모의 경제나 경험효과에 의하면 기업은 시장지분이 클수록 수익률이 높다고 한다. 그러나 산업을 가만히 들여다 보면 전략적으로 특화한 소규모 기업, 예를 들면 차별화전략을 추구하여 고급품을 소량판매하는 기업도 시장지분이 큰 대기업에 못지 않게 높은 수익률을 올리고 있는 경우도 많다. 물론 차별화전략을 추구하는 기업은 시장지분이 언제나 작아야 한다는 얘기는 아니다.

아무튼 시장지분과 수익률간에 어떤 정(正)의 상관관계가 있다면 그것은 국제시장지분과 수익률간의 관계이지 국내시장지분과 수익률간의 관계는 아니다.

그림 3-1 시장지분/수익률의 변화

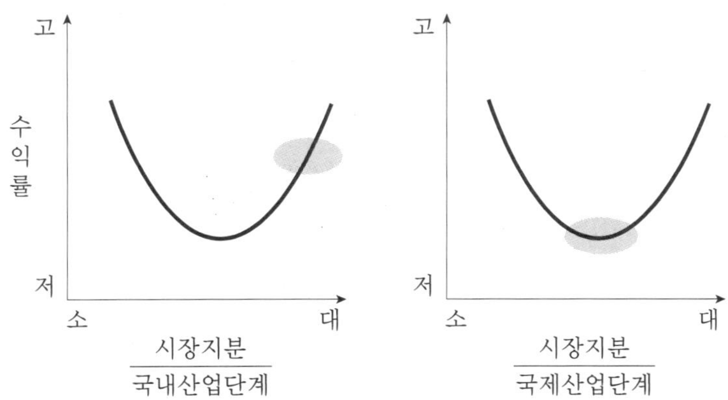

[그림 3-1]은 국내산업단계에서는 큰 시장지분을 가지고 높은 수익률을 누리던 기업이 자기가 속해 있는 산업이 국제화함에 따라 상대적으로 시장지분이 감소하여 국제적인 차원에서 보면 시장지분이 크지도 작지도 않은 기업이 되므로 그 기업의 수익률이 악화하는 현상을 보여준다.

경쟁의 국제화가 진전되면 산업의 범위를 국내산업에 국한하여 정의하는 것이 점점 무의미해지며 국내시장지분과 수익률간의 정의 상관관계도 사라진다. 지구적 차원에서 경쟁하는 기업은 특정시장에 국한하여 볼 때에는 시장지분이 작을 수 있으나 국제적인 차원에서 보면 시장지분이 큰 기업이다.

예를 들면 영국의 컴퓨터회사인 ICL은 영국 국내시장에서 큰 지분을 가지고 있었다. 그러나 영국의 컴퓨터시장이 국제경쟁에 개방되자 IBM이 영국에 진출하였다. 영국 내의 시장지분만을 보면 ICL은 상당기간 동안 IBM에 대하여 시장지분상의 우위를 견지하였으나 수익률은 IBM에 비해 떨어졌다. 이러한 수익률의 감소로 ICL은 결국 일본의 후지쯔에 의해 인수되어 지금은 후지쯔의 자회사가 되어 있다. 산업의 국제화로 국제적인 경쟁자들과의 경쟁에서 탈락하여 파산하거나 다른 국제기업에 의해 인수되거나 경영상태의 악화를 경험하고 있는 기업의 예는 그 외에도 많이 있다.

한국의 경우 대외개방이 가속화되고 있다. 지구적 경쟁전략을 추구하는 국제기업들은 다투어 한국으로 진출하고 있다. 한국기업들은 지구적 경쟁에 직면하여 적절한 변신을 기하지 않는 한 어려움에 직면할 수밖에 없을 것이다. 그러나 한국기업이 대외개방에 직면하여 과거와는 다른 새로운 전략을 개발하여 대응할 전망은 과거 다른 나라 기업들의 경험에 비추어 볼 때 그리 밝지만은 않다. 그렇게 된다면 우리가 과거에 겪은 외환위기 · 경제위기는 반복될 가능성이 있다.

영국은 우리나라보다 일찍 대외개방을 한 나라이다. 그러나 앞에서 언급한 ICL을 비롯한 영국기업들은 국제기업의 지구적 경쟁에 직면하여 심각한 재정난을 겪은 후에야 과거의 전략을 반성하고 제품차별화, 국제기업과의 품목제휴 등 새로운 전략의 개발에 착수했다. 산업의 국제화가 이루어지기 전에는 국내에서 큰 시장지분을 가진 기업들이 산업 내의 리더로 간주되어 왔으나 일단 지구적 경쟁이 시작되자 이들의 시장지위에 결정적인 변화가 일어났던 것이다.

제 2 절 정치적 환경

정치적 환경의 변화는 기업으로 하여금 경쟁전략의 변경을 불가피하게 하는 바, 구소련의 갑작스런 붕괴에서 보는 바와 같이 정치적 환경의 변화가 가파르게 일어나고 있다. 동구사회주의 체제의 시장경제로의 전환, 소련연방의 해체, 중국의 경제개혁, 북한의 대외개방 노력 등이 시사하는 바와 같이 정치적 환경의 변화는 기업에게 위험과 기회를 동시에 제공한다. 기업은 이러한 정치적 환경변화에 희생물이 될 수도 있으나, 그러한 변화에 적절히 대응함으로써 국제경쟁력을 강화할 수도 있을 것이다.

우리나라를 에워싸고 있는 정치적 환경도 급변하고 있다. 우선 사회주의 종주국인 구소련의 붕괴와 동구권의 개혁으로 세계의 냉전체제가 종식되었고 시장경제화가 가속화되고 있다. 중국 역시 시장경제 메커니즘의 도입을 강화하고 있고 베트남, 라오스 등 동남아 사회주의국가들도 시장경제 메커니즘의 부분적 도입과 대외개방을 적극적으로 추진하고 있다. 더욱이 북한이 변하고 있으며 가까운 시일 내에 남북합작기업의 설립도 예상되고 있다.

한편 유럽과 북미에서도 새로운 정치 · 경제체제가 출범하고 있다. 유럽에서는 EU 15개국이 유럽경제의 활성화와 국제경쟁력 제고를 목적으로 회원국간의 국제거래를 가로 막는 경제적 장벽, 기술적 장벽, 조세장벽 등의 자유화를 추진해 왔으며 궁극적으로는 역내에서 단일통화가 통용되는 통화통합과 정치적 통합을 완성함으로써 USE(United States of Europe)의 설립을 목표로 한다. 그러한 계획이 성공한다면 EU는 세계 최대의 단일시장으로서의 면모를 갖추게 될 것으로 보인다.

EU가 세계 최대의 단일시장이 되면 세계의 정치 · 경제적 게임규칙도 유럽식으로 전환될 전망이다. 역사적으로 보면 국제규칙, 특히 국제경제를 지배하는 규칙은 세계에서 가장 큰 시장을 보유한 국가의 규칙을 따랐다. 자국의 식민지를 포함하여 영국이 세계 최대의 시장일 때 세계경제질서는 영국중심으로 재편되었다. 제2차 세계대전을 전후하여 미국이 세계 최대의 시장으로 부상하자 미국의 질서가 세계질서로 대체되었다. 마찬가지로 EU가 세계 최대의 단일시장으로 자리를 굳히면 EU의 질서가 세계질서가 될 전망이다.

한편 북미지역에서 미국-캐나다간의 자유무역협정에 추가되어 미국, 캐나다, 멕시코간에 결성된 NAFTA(North American Free Trade Area: 북미자유무역지대) 역시 우리 경제와 기업에 큰 영향을 미치는 정치 · 경제적 변화이다. 인구 9,000만이며 1인당 국민소득이 우리보다 낮은 멕시코가 북미경제체제에 통합되어 한국이 미국시장에서 그 동안 경쟁력을 유지해 온 상품들은 미국자본과 결합한 멕시코상품에 의하여 강력한 도전을 받고 있다. 특히 미국은 북미통합을 남북미를 포괄하는 미주통합으로 확대하려 하고 있다.

제 3 절 기술적 환경

최근의 기술동향을 보면 몇 가지 특징을 발견할 수 있다 하이테크 경쟁이 치열하며 기술혁신이 과거의 하드웨어 중심에서 소프트웨어 중심으로 옮아가는 추세가 뚜렷하다. 그 중에서도 통신과 정보에서 일어난 시스템혁신으로 경제활동에 국경이 사라지고 있으며 국제경제와 기업의 지구화가 가속화되고 있다. 또한 하이테크 경쟁으로 새로운 정보무역이 창출되고 있으며 국제시장에서는 각종 혁신이 일어나고 있다. 뿐만 아니라 소프트웨어 부문에서의 기술혁신으로 서비스혁명이 일어나서 정보처리산업, 시스템엔지니어링산업 등 새로운 산업들이 속속 출현하고 있다.

최근의 기술환경변화에서 빼놓을 수 없는 또 하나의 현상은 기술융합이다. 메커트로닉스(기계와 전자의 결합), 일렉트로 케미컬(전자와 화학의 결합), 유전공학 등에서 보는 바와 같이 이종분야(異種分野)의 결합이 많이 이루어지고 있다.

빈번한 이종분야간의 결합은 산업간의 경계가 불명확해지는 현상을 야기한다. 따라서 과거에는 전자산업의 경쟁자는 전자산업 내에만 존재했으나 이제는 어느 분야의 기업이 새로운 경쟁자로 부상할 것인지 알기 어려운 시대로 진입하고 있다. 이는 국내시장의 대외개방으로 국제기업간에 국경이 없는 경쟁이 일어나고 있을 뿐 아니라 산업간의 경계도 사라지고 있다는 것을 의미한다.

이러한 기술환경의 변화는 또한 기업경영에 있어서 불확실성을 높이며 끊임없는 혁신을 추구하지 않는 기업은 국제경쟁에서 설 자리가 없게 된다는 것을 의미한다. 최근의 한 연구보고서에 의하면 미국에서 과거에 우량기업으로 선정된 기업들 중에서 적지 않은 수의 기업들이 수년 후에는 우량기업에서 탈락하는 현상이 일어났다. 예컨대 세계 최우량기업의 하나였던 IBM이 겪었던 어려움도 같은 맥락이다.

그러면 우량기업들이 추락하는 원인은 어디에 있는가? 그것은 아마도 성공 자체에 있을지도 모른다. 즉, 일시적인 성공에 도취한 경영자들은 미래가 현재와 별로 다를 바 없으리라고 가정하기 쉽다. 그들은 미래에 커다란 변화가 일어날 것 같지 않다고 생각하며, 또 설사 변화가 일어난다고 해도 그것은 예측하기 어려운 것이라고 생각해 버린다. 그들은 혁신에는 위험이 따르며 현재의 기술을 고수하고 비용절감에만 진력하는 것이 안전하다고 생각한다.

반면에 계속 성공적인 기업으로 남아 있는 기업의 경영자들은 미래는 현재와 다르며 변화는 반드시 일어나며 그것도 매우 빨리 일어난다고 믿는다. 그들은 또한 변화에는 일정한 유형이 있으며 변화는 예측할 수 있고 분석할 수 있는 것이라고 생각한다. 그들은 혁신이란 피할 수 없는 것이나 관리가능한 것이라고 생각한다. 그들은 혁신은 위험을 수반하지만 혁신을 하지 않는 것은 위험이 더 크다고 믿는다.

우리나라 기업들은 지금까지는 기술혁신의 주도자라기보다는 외국으로부터 기술을 이전받아 제품을 생산 · 수출하는 유형의 경영을 해 왔다. 기술을 국제적으로 이전받는 경로로는 상품무역과 라이슨싱, 외국인 직접투자의 수입 등이 있다. 제 2 차 세계대전 후 20여 년간 미국은 전쟁을 통하여 축적해 온 신기술을 풍부하게 보유하고 있었기 때문에 기술이전에 쉽게 응해 주었다.

그러나 1970년대에 들어서면서부터 국가간의 기술격차가 축소되고 국제경영에서의 성패를 결정하는 요인이 자본으로부터 기술로 이행되자 기술보호주의가 강하게 나타났다. 즉 자본을 대신하여 과학기술이 국제정치 · 경제 헤게모니의 기반이 되기 시작하자 과학기술 및 경제에 있어서의 우위를 확보 · 유지하기 위해서 기술국수주의를 채택하는 개발국의 수가 급속히 증가하고 있다.

제4절 사회 · 문화적 환경

문화란 특정사회의 구성원이 지니고 있는 가치관, 태도, 관행을 총칭하는 것이며 문화는 한 세대에서 다음 세대로 전수된다. 따라서 문화는 대부분의 경우 갑작스러운 변화를 기대하기 어렵다. 그러나 장기적으로 보면 문화는 서서히 변화한다. 근래에 와서는 문화의 세대간 전수가 부드럽게 이루어지지 않음으로 해서 이른바 세대간 격차가 벌어지고 문화가 보다 빠른 속도로 변화하고 있음을 세계 여러 곳에서 경험할 수 있다.

문화란 본질적으로 학습된 행동의 패턴이라고 할 수 있다. 문화적 패턴을 학습하는 과정을 보면 개인이 취하는 행동의 대부분은 그가 속하는 사회의 문화가 요구하는 바에 따르게 되며 그러한 개인의 행동은 무의식상태에서 나타나게 된다. 예컨대 우리는 모두 나면서부터 부모의 훈육과 학교교육을 통하여 무엇이 옳은 행동이고 무엇이 그릇된 행동인지를 학습해 왔다. 그 결과 우리 모두는 사회가 우리에게 요구하는 행동이 무엇인가를 알고 있으며 그러한 인식은 의식적으로 이루어지는 것은 아니다. 우리는 이미 오랫동안의 훈육과 교육을 통하여 거의 무의식적으로 사회의 규범이 요구하는 대로 행동하게끔 되어 있는 것이다. 이러한 학습과정을 통해 우리는 또한 중요한 것과 덜 중요한 것, 좋아하는 것과 싫어하는 것, 그리고 마침내는 어떻게 행동해야 옳은가를 알게 된다. 이러한 사회 · 문화적 요인은 그 사회구성원들이 제품과 서비스를 선택하는 행동에도 영향을 미친다.

이와 같이 사회 · 문화적 환경이 그 사회를 구성하는 사람들의 행동을 규정하기 때문에 국제경영을 하는 기업은 문화와 문화적 변화, 그리고 그러한 변화에 대한 적응에 민감하여야 한다. 경험이 많은 국제기업들은 현지문화의 가치를 수용하려고 노력하며 사회 · 문화적 변화가 부득이 필요한 경우에도 현지에서 용납될 수 있는 행동패턴의 범위 내에 국한하려 한다.

국가간의 사회 · 문화적 차이는 국제경쟁에 있어서 여러 가지 경영상의 문제들을 야기할 수 있다. 과거 서울거리를 달리던 자동차의 대부분은 검정색이었다. 지금도 관용차나 회사차의 경우에는 검정색이 적지 않다. 그러나 구미(歐美)에서 나서 자란 사람들에게 있어서 검은색 차량은 장례용 차량을 연상시킨다. 미국의 통조림회사인 캠블회사는 브라질시장에 진출한 첫 해에 대규모의 손실을 보았다. 그 이유는 브라질 주부들은 자기가 선택한 양념이나 식품첨가물을 수프에 추가함으로써 스스로 조리했다는 생각을 갖게 되며 캠블 수프처럼 더 이상의 조리가 필요 없는 완제품은 좋아하지 않았기 때문이었다.

그러나 최근에는 국가간의 사회 · 문화적 차이가 교통과 통신수단의 발달, 영화, 연극, 여행 등 국제적 교류의 증대로 급속히 줄어들고 있다. 특히 기술적 환경의 변화는 전 세계를 지구촌이라는 개념으로 묶을 만큼 국가간의 사회 · 문화적 차이를 급속히 축소시키고 있다. 세계 각처에서 일어나는 변화가 CNN방송과 팩시밀리, e-mail 등을 통해 지구촌 각 가정에 전달되는 세계에서는 국가간의 사회 · 문화적 차이를 무시하는 것은 아니지만 보다 중요한 것은 전 세계적으로 일어나고 있는 사회 · 문화적 변화 내지는 전 세계가 그 방향으로 나아가는 사회 · 문화적 추세인 것이다.

최근에 세계적으로 일어나고 있는 중요한 사회 · 문화적 환경의 변화에는 인구의 고령화, 문화생활의 추구 추세, 여성의 사회진출 확대, 생활양식의 국제화에 따른 소비형태의 변화와 소유보다는 사용을 중시하고 정신적 풍요를 추구하며 개인주의와 개성을 추구하고 편리를 추구하는 가치관의 변화 등이 있다. 예컨대 인구의 고령화현상은 일본, 서구, 미국 등 선진국에서뿐만 아니라 우리나라와 같은 중진국에서도 나타나고 있다. 미국에서는 인구의 고령화로 조깅화와 조깅복의 판매가 감소하고 있으며, 스포츠관련 제품의 판매부진현상이 나타나고 있다. 인구의 고령화는 또한 노인관련 산업과 의료 · 건강산업의 성장을 예고한다.

문화생활의 추구 추세 역시 리조트(resort)사업, 콘도사업, 관광사업과 레저산업의 성장을 예고하며 여성의 사회진출 확대는 탁아소 등의 유아관련사업과 가사대행사업 그리고 가정자동화(home automation)산업의 성장을 예측가능케 한다. 생활양식의 국제화는 외식산업과 패션의류전문업의 번영, 그리고 물류유통업, 출판, 영상, 국제회의, 박람회의 성장을 예고한다.

또한 가치관의 변화로 소유보다 사용을 중시하는 풍조가 만연됨에 따라 리스(lease)와 렌탈(rental) 서비스의 확대가 예상되며 물질보다는 정신적 풍요를 추구하는 추세로 자기개발과 관련된 산업, 종교관련사업 등이 부각되고 있다. 개인주의와 개성추구로 양질의 저렴한 제품만으로는 충분치가 않게 되었으며 국제경쟁력을 개선하려는 기업들은 디자인, 스타일 등에 세심한 배려를 기울여야 할 것이다. 편리를 추구하는 추세는 패키지(package)관련사업과 대행서비스업의 번영을 예고한다.

21세기를 바라보는 최근에는 광범위한 사회 · 문화적 변화가 세계를 휩쓸고 있다. 국가간의 문화적 차이에 주의하면서 이러한 광범위한 사회 · 문화적 변화추세에 능동적으로 적응할 수 있는 기업만이 국제경쟁력향상을 경험할 수 있을 것이다.

제 4 장 미시환경분석

미시환경이란 과업환경이라고도 하며 특정한 산업에서 경쟁하는 기업들에게 영향을 미치는 환경이라는 점에서 소속산업을 불문하고 모든 기업들에게 영향을 미치는 거시환경과 구분된다. 경쟁전략수립의 요체는 기업과 환경을 효과적으로 연결하는 것이다. 기업경영과 관련된 환경은 사회 · 경제적 환경 등 매우 광범위하지만 기업경영환경 중 중요한 것은 그 기업이 소속하는 산업 내 환경 내지 산업구조이다. 산업구조는 기업이 이용가능한 전략을 결정하는 데 있어서 뿐 아니라 경쟁규칙을 결정하는 데 있어서도 강력한 영향력을 행사한다.

국제기업은 세계 여러 나라의 시장에서 경쟁하고 있다. WTO의 출현으로 WTO에 참여하고 있는 국가의 시장들간에는 국경이 빠른 속도로 사라지고 있다. 따라서 세계의 많은 산업들이 국경 없는 경쟁이 일어나는 글로벌(global)시장화할 전망이다. 그럼에도 불구하고 세계 각국의 시장은 개방 정도에서 차이를 보이고 있다. 산업의 종류에 따라서는 개방 정도에서 큰 차이가 나는 경우도 있다. 또한 몇몇 산업의 경우에는 산업의 성격상 외국기업이 국내시장에 참여하기가 상대적으로 어려운 산업들이 있다. 예를 들어, 식품산업의 경우에는 우리나라 사람들의 미각이 외국인의 그것과 다르기 때문에 외국의 식품기업이 우리나라의 식품산업에 참여하기가 쉽지 않다. 설혹 외국기업이 참여하고자 한다 하더라도 그 기업은 자신이 생산 · 판매하는 제품을 우리나라 사람들의 미각에 맞추어야 하며 광고 등 마케팅활동까지도 우리나라의 여건에 적응시켜야 국내경쟁이 가능할 것이다.

제1절 국제시장분석

산업의 종류에 따라 미시환경분석의 범위가 달라지기 때문에 미시환경을 분석하기 위해서는 우선 산업의 성격을 분석해야 한다. 또한 세계에는 많은 시장이 있기 때문에 국제경쟁에 나서는 기업이 그 많은 시장의 미시환경을 전부 분석한다는 것도 무리일 수 있다. 모든 기업은 동원가능한 인적·물적 자원면에서 정도의 차이는 있으나 한계를 가지고 있다. 따라서 기업은 가용자원을 가장 효율적으로 배분한다는 측면에서 중요도에 따라 미시환경분석을 실시할 시장과 시장별 분석의 우선순위를 결정해야 한다. 물론 세계의 모든 시장에 참여하려는 국제기업은 결국 세계 모든 시장의 미시환경을 분석해야 할 것이다.

1. 다국적산업과 글로벌산업

국제기업이 경쟁에 참여할 시장의 특징을 우리는 산업 내 수요의 차별성을 기준으로 다국적산업(multi-domestic industries)과 글로벌산업(global industries)으로 분류할 수 있다. 다국적산업이란 각국의 수요가 달라 국제기업이 통일적인 전략을 추구할 수 없는 산업을 말한다. 식품산업이 대표적인 예이다. 다국적산업에서는 한 시장에서 개발된 경쟁수단이 다른 시장에서도 유효하다는 보장이 없다. 그 이유는 시장마다 수요가 독특하기 때문에 한 시장에서 성공한 제품이나 광고, 서비스활동 등이 다른 시장에서는 무용지물이 되거나 유효성이 떨어지게 되기 때문이다.

그에 반해서 TV, 라디오, 음향기기 자동차, 항공기산업 등과 같은 글로벌산업에서는 세계 각국의 수요가 유사하여 한 기업이 특정한 국가의 수요를 충족시키기 위하여 개발한 전략을 별다른 수정 없이 다른 시장에도 적용할 수 있다. 따라서 글로벌산업에서는 한 기업이 특정한 국가에서 수행하는 경영활동이 세계 여러 시장에서 수행되는 또는 수행될 경영활동에 영향을 미치게 된다.

글로벌산업에서는 전 세계적으로 통일된 경영활동이 가능하기 때문에 회계제도, 전략계획수립과 같은 소위 경영의 하부구조나 조사개발, 인력개발, 조달, 생산, 판매, 애프터 서비스 등의 세부경영활동을 각 시장별로 별도로 배치할 필요가 없다. 글로벌산업에서 경쟁하는 기업은, 예컨대 생산활동은 인건비가 싼 나라에서, 조사개발활동은 과학자 · 기술자가 많고 기술축적이 많은 나라에서 수행하고, 하부구조는 본사가 위치한 나라에 배치함으로써 산업 내 경쟁에 효과적으로 대처할 수 있다. 따라서 글로벌산업에서는 한 국가에서의 경영활동 수행실적이 전 세계적인 시스템 전체의 효율성에 영향을 미친다.

현재의 국제시장에는 다국적산업과 글로벌산업이 공존하고 있지만 두 산업 간의 경계는 시간이 감에 따라 사라지고 있다. 다국적산업의 대표적인 산업이 앞에서 예로 든 식품산업이다. 그러나 식품산업 역시 글로벌화하고 있다. 이미 우리나라 등 세계 각국에는 미국의 패스트 푸드 체인점인 맥도날드, 버거 킹, 피자 헛 등이 진출해 있으며 젊은층을 중심으로 급속하게 시장지분을 넓혀 가고 있다. 우리나라의 전통식품인 김치도 세계 여러 나라의 슈퍼마켓에서 쉽게 찾아 볼 수 있다. 각국의 특성을 가장 뚜렷하게 반응하는 식품산업에서도 글로벌화 현상이 일고 있다면 앞으로 모든 산업의 글로벌화는 불가피한 현상일 것이다.

2. 산업의 글로벌화 잠재력과 시장의 특성

기업이 글로벌 전략의 추진을 통해 얻을 수 있는 이점은 산업에 따라 차이가 난다. 한편 글로벌 전략은 글로벌산업에서 가장 효과를 발휘할 것이다. 따라서 산업의 글로벌화 잠재력에 관심을 갖고 그에 맞춰 글로벌 전략을 개발하는 기업은 국제경쟁에서 우위에 서게 된다.

산업의 글로벌화는 몇 가지 요인들에 의해 주도되고 있다. 첫 번째 요인은 시장요인이다. 산업 글로벌화의 시장요인이란 세계 각국의 소비자들의 욕구가 공통적인 것으로 수렴되고 있다는 것이다. 앞에서 언급한 패스트 푸드 산업이 대표적인 예이다. 과거 미국에서만 찾아 볼 수 있었던 패스트 푸드가 우리나라에서도 급속히 수요기반을 넓혀 가고 있다. 자동차, TV 등의 산업에서는 세계적으로 소비자들의 수요에서 차이점을 찾을 수가 없다.

글로벌고객과 글로벌유통경로의 출현도 산업의 글로벌화를 촉진하고 있다. 글로벌한 차원에서 거래하는 고객들에게 국별로 달리 대응하는 기업이 글로벌고객에게 범세계적 차원에서 서비스하는 기업보다 국제경쟁에서 불리한 것은 자명하다. 세븐 일레븐 같은 글로벌유통경로의 출현도 글로벌경쟁을 부추긴다.

산업 글로벌화의 두 번째 요인은 비용요인이다. 국가단위별 시장규모는 한계가 있기 때문에 기업이 규모의 경제를 달성하기 위하여 글로벌화가 불가피한 경우가 있다. 예를 들어 일회용 주사기 산업은 효율적인 최소생산규모가 미국과 일본시장을 합친 규모의 60%인 것으로 알려져 있다. 이러한 산업에서는 국별 경쟁이란 국제경쟁에서의 탈락을 의미할 뿐이다.

한편 기업들이 사업의 글로벌화를 추진하는 것은 글로벌규모의 경제를 달성하기 위해서 뿐 아니라 여러 제품이나 비즈니스에 걸쳐 사업활동을 영위함으로써 기대되는 글로벌범위의 경제를 이용하고자 하는 면도 있다. 범위의 경제에는 세 가지 범위의 경제가 있다. 하나는 내적 범위의 경제로서, 예컨대 유연생산체제에서 사용되는 다기능 로봇의 경우 세계 여러 나라 시장에서 여러 가지 관련제품의 생산에 이용될 때, 제품단위당 로봇 감가상각비의 배분을 극소화할 수 있다. 또 하나는 외적 범위의 경제로 국제시장에 진출한 기업이 대고객관계, 대공급원관계, 대정부관계를 개발 · 유지하는 데에는 비용이 든다. 다양한 관련제품을 세계시장에 공급하는 기업은 이러한 비용을 여러 가지 제품에 배분할 수 있기 때문에 제품단위당 배분되는 비용을 줄일 수 있다.

끝으로 지식과 기술의 공유도 글로벌경쟁을 촉진한다. 예컨대 컴퓨터만을 생산 · 판매하는 기업은 컴퓨터와 통신기기를 동시에 생산 · 판매하는 기업보다 불리한 위치에 서게 된다. 컴퓨터와 통신기기를 동시에 취급하는 기업은 컴퓨터 기술을 통신기기의 생산 · 판매에 이용할 수 있기 때문에 제품단위당 배분되는 비용을 줄일 수 있다.

산업 글로벌화의 세 번째 요인은 정부요인이다. 각국 정부들이 추진하는 관세 · 비관세 장벽의 인하 내지 철폐는 기업들이 글로벌시장 참여, 글로벌제품과 서비스의 제공, 경영활동의 글로벌배치, 글로벌 마케팅 등 다양한 글로벌 전략 수단들을 사용하는 데 방해가 되었던 많은 장애물을 제거하는 데 기여한다. WTO의 출현으로 각국 정부가 추진하고 있는 무역자유화는 각국 기업들에게 상대국 시장에서 경쟁할 수 있는 기회를 제공함으로써 산업의 글로벌화를 촉진한다.

산업 글로벌화의 네 번째 요인은 경쟁요인이다. 무역자유화에 따른 무역량의 증가, 글로벌경쟁자의 출현 등이 또한 산업의 글로벌화를 촉진한다. 국가간에 교역량이 증가하면 각기 다른 국가에 있는 경쟁기업들간에 경쟁이 치열해진다. 이 경우 치열한 국제경쟁에서 살아 남기 위하여 기업들은 글로벌 전략 수단의 개발에 나서지 않을 수 없으며, 글로벌경쟁자의 출현은 경쟁기업의 대응을 초래함으로써 그 산업은 더욱 급속히 글로벌화한다.

제 2 절 미시환경분석

국제시장이 다국적산업과 글로벌산업으로 구분되어 있고 제한된 자원은 가장 효율적으로 사용되어야 하기 때문에 우리는 산업과 시장별로 미시환경분석의 범위를 차별화할 필요가 있다. 글로벌산업에서 경쟁하는 기업은 미시환경분석을 시장별로 수행하면 경쟁자의 진정한 경쟁전략을 포착하는 데 실패할 수 있다. 반면에 다국적산업에서 경쟁하는 기업은 시장별로 미시환경을 분석해야 할 것이다. 그 이유는 한 시장 내의 미시환경과 다른 시장 내의 미시환경은 매우 다를 수 있기 때문이다. 예컨대 A국 시장에서는 A기업이 우리의 주요한 경쟁자이고, B국 시장에서는 B기업이 주요한 경쟁자여서 두 기업의 목표, 전략, 강·약점, 가정이 판이하게 다를 수 있기 때문이다.

그럼에도 불구하고 산업 내의 경쟁상황은 대체로 동일한 요소들에 의하여 결정된다. 따라서 미시환경분석에서 우리가 검토해야 할 사항들은 [그림 4-1]에서 볼 수 있는 바와 같이 대체로 다음과 같은 다섯 가지 요소들로 구성되어 있다.

그림 4-1 산업 내 경쟁에 영향을 미치는 요소들

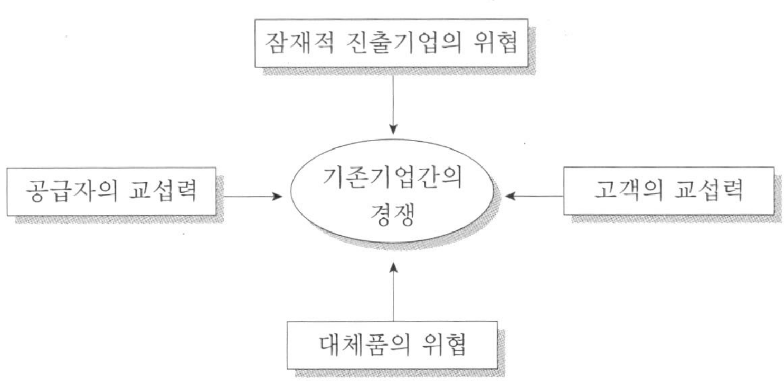

자료: Michael Porter, *Competitive Strategy*, The Free Press(1980), p.4.

1. 잠재적 진출기업의 위협

국제산업의 매력도에 영향을 미치는 하나의 요소는 새로운 기업의 진출위협이다. 새로운 기업이 국제산업에 쉽게 진출할 수 있다면 그 산업의 매력도는 그만큼 낮을 수밖에 없다. 어느 나라의 기업이 특정한 국제산업에 새로이 진출하면 그 기업은 자기대로 세계시장지분을 확보하려 할 것이며 이를 위하여 상당한 자원을 동원한다.

그 좋은 예가 세계 컬러TV산업이다. 컬러TV의 생산기술이 표준화되어 처음에는 일본기업들이 다음에는 한국과 다른 신흥공업국 기업들이 컬러TV산업에 새로이 진출하자 일반적으로 세계 컬러TV산업의 매력도가 감소하였다. 국제 PC(personal computer)산업도 같은 전철을 밟고 있다. 최초에 미국기업들이 PC를 생산 · 판매하기 시작하였으나, PC의 생산기술이 일본과 한국 등으로 확산되어 신규기업의 참여가 늘어나자 세계 PC시장의 매력도가 낮아지고 있다.

새로운 기업의 진출위협은 그 산업에의 진입장벽과 새로이 진출하는 기업이 예상하는 기존기업들의 반응에 달려 있다. 진입장벽이 높고 기존기업의 반격이 격렬할 것으로 예상되면 새로운 기업의 진출위협이 줄어들 것이다.

(1) 진입장벽

진입장벽의 종류로는 규모의 경제, 제품차별화, 대규모 자본의 필요성, 경험효과 등과 같은 원가우위, 유통경로의 선점 등이 있다. 예를 들어 특정한 국제산업에서 기존기업들이 대량생산에 따른 규모의 경제를 누리고 있다면 그 산업에 새로이 진출하려는 기업은 대규모로 그 산업에 뛰어들지 않으면 높은 원가 때문에 국제경쟁에서 불리한 위치에 서게 된다. 또한 기존기업이 차별화된 제품을 마케팅하고 있다면 새로이 진출하는 기업도 고객의 호감을 얻기 위하여 많은 비용을 지출해야 할 것이다. 대규모의 광고, 고객에게 제공하는 높은 서비스, 산업의 선두주자로서의 명성, 특이한 제품특성 등이 제품차별화의 수단이다. 세계 컬러TV산업의 예를 보더라도 한국의 삼성이나 LG는 세계시장에서 소니 등의 명성을 쫓아가기 위하여 대규모의 광고활동을 수행하지 않을 수 없다.

특정한 국제산업에서 경쟁하려면 대규모의 자본이 필요한 것도 진입장벽의 하나이다. 특히 대규모의 자본이 광고나 연구개발비 등 회수불가능한 분야에 투자되는 경우에는 큰 장벽이 된다. 대규모의 자본은 또한 국내에 생산시설을 건립하기 위한 투자뿐만 아니라 국제적으로 신용을 공여하고 재고를 유지하기 위해서도 필요하다.

새로운 기업은 원가상의 불리점을 부담하고 국제산업에 진출해야 한다는 것도 진입장벽의 하나이다. 여기서 말하는 원가상의 불리는 규모의 경제와는 무관한 것이다. 국제산업에 진출하는 신규기업이 부담해야 하는 원가상의 불리는 기존기업과는 달리 새로운 기업은 경험효과를 이용할 수 없으며, 특허권을 보유하고 있지 않다는 것 등의 이유에서 발생한다. 기존기업이 제품생산에 가장 유리한 원료공급원을 선점하고 있다는 것도 신규기업의 원가를 불리하게 하는 원인이 될 수 있다.

특정한 국제산업에서 도매상이나 소매상의 수가 적고 기존기업이 그러한 유통경로들을 선점하고 있다면 그 산업은 진입장벽이 높은 산업이다. 국제산업에서 경쟁하려면 각국의 유통경로에 접근해야 하기 때문에 유통경로의 확보는 심각한 문제이다. 도매상이나 소매상의 입장에서 보면 신규기업이 생산 · 판매하는 제품은 품질이 뛰어나거나 가격이 특히 저렴하지 않는 한 그 제품을 취급할 이유가 없다. 그 제품이 세계적으로 이름 없는 기업이 생산한 것일 경우에는 더욱 그러할 것이다.

(2) 기존기업의 반응

특정한 국제산업에 이미 참여하여 경쟁하고 있는 기존기업들이 어떻게 반응할 것인가 하는 것도 그 산업에 새로이 참여하려는 기업의 의사결정에 중대한 영향을 미친다. 새로 참여를 시도하는 기업은 산업 내 기존기업들이 상당한 재원을 보유하고 있거나 즉시 동원할 수 있는 현금을 많이 보유하고 있으면 진출결정을 재고하지 않을 수 없게 된다. 기존기업들이 국제금융시장에서의 차입능력이 월등하거나 잉여생산설비를 보유하고 있는 경우에도 신규진출을 시도하는 기업은 의사결정을 재고하지 않을 수 없게 된다. 기존의 기업이나 기업들이 시장점유율을 유지하려는 목적에서 또는 그 산업 전체로 보아 설비가 과잉이어서 새로운 기업이 출현하면 산업 내에 격심한 가격경쟁이 일어날 가능성이 높은 경우에도 새로운 기업은 진출을 재고하게 될 것이다.

2. 공급원과 구매처의 힘

특정한 산업에 부품이나 제품을 공급하는 공급원은 부품이나 제품의 판매가격을 인상하거나 가격은 인상하지 않더라도 자기가 공급하는 제품이나 부품 또는 서비스의 질을 낮추어서 특정한 산업의 매력도에 영향을 미칠 수 있다. 물론 판매가격을 인하하거나 서비스의 질을 높이는 경우에는 그 산업의 매력도는 긍정적인 영향을 받는다. 또한 특정한 산업에 제품이나 부품을 공급하는 산업의 집중도가 높거나 공급산업의 제품이 차별화되어 있거나 공급원을 바꾸는 데 드는 비용이 크다면 공급원은 그 산업에 대해서 강력한 힘을 보유하게 된다.

특정한 산업으로부터 구매하는 구매산업의 집중도가 높거나 구매처가 대규모로 구매하면 그 산업에 대하여 큰 힘을 행사할 수 있으므로 그 산업의 매력도는 저하한다. 또한 특정한 산업이 제조 · 판매하는 제품이 표준화된 제품이면 구매산업은 대체 공급선을 언제나 찾을 수 있으므로 산업 내 기업들간의 경쟁이 치열해지며 그 산업의 매력도는 그만큼 떨어진다. 특정산업이 공급하는 제품이 구매산업에서 부품이 되고 구매산업이 생산하는 제품의 총비용의 상당부분을 차지한다면 구매산업은 선택적인 구매를 하게 된다. 또한 구매산업의 수익률이 낮으면 자신의 구매원가를 낮추고자 할 것이므로 공급산업의 매력도는 낮아진다.

3. 대체품의 존재

대체품의 존재가 특정산업의 매력도에 영향을 미친다는 것은 대체품의 가격이 특정산업이 생산하는 제품가격의 상한을 정하는 경우도 있다는 것을 보면 알 수 있다. 대체품 산업이 제품의 질을 높이거나 제품을 차별화하면 우리가 속한 산업의 이익이 압박받게 되고 우리 산업의 매력도는 저하한다. 특히 가격에 비하여 대체품의 품질이 좋아지면 문제가 심각해진다. 예를 들면 플라스틱산업의 발전은 철강산업의 매력도를 저하시키는 경향이 있다.

4. 산업 내 경쟁자

산업 내 경쟁상황은 특정산업의 매력도에 영향을 미친다. 산업 내의 한 기업이 자신을 경쟁자들로부터 차별화할 수 있는 위치를 포착한다면 그 기업은 산업 내의 경쟁에서 승리할 가능성이 커진다. 따라서 산업 내 경쟁기업들은 각 경쟁기업이 취할 수 있는 전략적 변화의 성격과 다른 기업들이 취할 전략적 움직임에 대한 각 경쟁기업의 예상되는 반응, 산업의 변화와 거시환경의 변화에 대한 각 경쟁기업의 예상되는 반응 등을 식별하는 경쟁자분석을 실시해야 한다.

경쟁자분석에 성공하면 우리는 산업 내의 어떤 기업을 경쟁상대로 선택하여 어떤 전략으로 경쟁할 것인가? 또는 경쟁기업의 전략적 조치가 어떤 의미를 가지며 우리는 그것을 얼마나 심각하게 받아들일 것인가 ? 등에 대한 해답을 얻을 수 있다. 이 경우 경쟁기업분석의 요체는 경쟁기업의 목표, 현행전략, 강·약점 그리고 제반 가정들을 분석하는 것이다.

(1) 경쟁기업의 목표분석

산업 내 경쟁에서 승리하기 위해서는 경쟁기업의 미래목표를 정확히 진단하는 것이 매우 중요하다. 그 이유는 경쟁기업의 미래목표를 제대로 파악하면 경쟁기업이 현재의 위치에 만족하는지 여부와 앞으로의 전략변경가능성, 그리고 환경변화에 대한 대응의 강도 등을 예측할 수 있기 때문이다. 이 경우 경쟁기업이 대기업의 계열기업이라면 목표분석도 [표 4-1]과 같이 두 가지 목표를 같이 분석해야 한다.

분석대상인 기업의 목표는 단순히 재무목표에만 국한되는 것은 아니다. 기업은 재무목표 이외에도 주요 고객을 확보하기 위한 고객목표, 단위당 비용, 생산성 등에 관한 사업능력목표, 신제품의 개발 등에 관한 혁신목표 등 다양한 목표를 가지고 있다. 기업의 목표는 이와 같이 다양하기 때문에 분석에 세심한 주의가 요망된다. 한편 시장과 산업의 국제화로 분석해야 할 경쟁자의 범위도 넓어지고 있는 것이 최근의 추세이다.

표 4-1 경쟁기업의 목표분석

모기업의 목표	경쟁기업의 목표

(2) 경쟁기업의 현 전략

경쟁자분석의 또 다른 측면은 경쟁기업이 현재 어떠한 전략을 구사하고 있는지를 파악하는 것이다. 이 경우 만약에 경쟁기업이 하나 이상의 전략사업단위로 구성되어 있다면 분석은 [표 4-2]에서와 같이 전략사업단위별로 현재의 전략을 분석해야 할 것이다.

현재의 전략은 그 기업의 회계제도나 전략수립과 같은 하부구조, 조사개발, 인력개발, 조달, 생산, 마케팅, 판매, 물류, 대정부관계 등 경쟁기업의 강·약점분석에 필요한 요소들을 포함해야 할 것이다.

표 4-2 현 전략의 분석

전략사업단위 목표	현재의 전략

(3) 경쟁기업의 강·약점분석

경쟁자의 강·약점, 즉 능력은 경쟁기업이 전략적 움직임을 시작하거나 우리 회사의 전략적 선택에 경쟁기업이 반응하는 능력을 결정한다. 경쟁기업의 강·약점분석은 [표 4-3]에서와 같이 경쟁기업의 하부구조, 조사개발, 물류, 생산, 마케팅과 판매, 서비스 등 모든 경영활동을 망라해야 한다.

표 4-3 경쟁기업의 강·약점분석

세부경영활동	강 점	약 점
하부구조		
기술개발		
인력개발		
조달		
생산		
물류		
마케팅		
서비스		

(4) 경쟁기업의 가정(假定)분석

경쟁기업이 가지고 있는 가정은 경쟁기업이 행동하는 지침이 되며 따라서 경쟁기업이 환경변화에 반응하는 잣대의 구실도 하게 된다. 경쟁기업의 가정에 대한 분석은 [표 4-4]에서와 같이 거시환경과 미시환경에 대한 가정을 모두 포함하는 것이어야 할 것이다.

표 4-4 경쟁기업의 가정분석

환 경	가 정
거시환경	
경제	
정치	
기술	
법률	
사회 · 문화	
미시환경	
잠재적 진출위협	
고객	
공급원	
대체품	
경쟁자	

제 3 절 한국기업의 환경분석

기업이 국제경쟁력을 가지기 위해서 우선 해야 할 일은 환경분석이다. 예컨대 경쟁자를 모르고, 고객을 모르면서 국제경쟁에서 승리하기를 기대한다는 것은 있을 수 없는 일이다. 저자는 항상 우리 기업들이 어느 정도 자기 자신과 남을 알고 국제시장에서 경쟁하는지 궁금했다. 또한 만약에 우리 기업들이 현재 남과 자기 자신을 분석하며 경쟁하고 있다면 과연 그 분석이 정확한 실상을 반영하는 것인지도 궁금하였다.

[표 4-5]는 한국기업의 지피지기의 실상을 알아보기 위하여 우리나라 기업

의 경영자, 한국에 나와 있는 미국인 경영자, 그리고 한국에 나와 있는 일본인 경영자들에게 설문지를 배포하여 그들이 각각 한국기업의 환경분석노력에 대해 느끼는 바를 조사한 결과이다(평가를 위해서는 5점 척도를 사용했으며 5점은 설문지응답자가 우리의 질문에 전적으로 동의하는 경우이며, 1점은 전혀 동의하지 않는 경우를 의미함).

결과는 상당히 비관적이었다. 결과부터 얘기한다면 우리나라 기업의 경영자들은 스스로가 환경분석을 위해 열심히 노력하고 있다고 대답한 반면, 미국인 경영자와 일본인 경영자들은 우리나라 기업의 경영자들이 충분한 노력을 하고 있지 않다는 입장이었다. 한국에 나와 있는 미국기업과 일본기업은 많은 경우 우리나라 기업의 고객도 되고 경쟁자도 되기 때문에 그들의 평가는 우리가 귀담아 들을 필요가 있다.

우리나라 기업의 경영자들과 외국인 경영자들이 의견을 달리하는 것 중에서 우리에게 시사하는 바가 큰 것을 골라 살펴보면 다음과 같다. 우선 한국기업이 경영계획을 수립할 때 거시환경을 분석하는가 하는 질문에 대해 한국, 미국, 일본경영자들이 응답한 평균점수는 각각 3.53, 2.87, 2.90이었다. 거시환경분석에

표 4-5 **한국기업의 환경분석노력**

환 경	한 국	미 국	일 본
거시환경분석	3.53	2.87	2.90
범세계적 차원의 거시환경분석	3.11	2.66	2.80
경쟁자분석	3.99	3.55	2.90
범세계적 차원의 경쟁자분석	3.18	2.75	2.60
고객분석	2.98	2.69	2.60
고객의 불만 즉시 해소	3.73	2.48	2.60
고객의 수요 제품에 잘 반영	3.28	2.57	2.20
고객과 정보교환	3.45	2.61	2.70
경영자가 고객과 접촉	3.41	2.79	2.90
제품계획팀에 고객을 포함시킴	3.28	2.57	2.20
고객에게 훈련프로그램을 제공	3.15	2.94	2.90
공장근로자들이 고객과 접촉	2.59	2.18	2.50
기술자 · 디자이너의 고객접촉	3.44	3.00	3.10
대체품 분석	3.66	3.28	3.10

관해 우리나라 기업의 경영자들은 상당한 노력을 경주하고 있다고 응답한 반면에, 미국과 일본경영자들은 우리나라 기업의 거시환경분석은 수준 미달이라는 반응을 보이고 있다.

경영계획수립에 있어 한국기업의 지리적 시야가 범세계적인가 하는 질문에 대한 한국, 미국, 일본인 경영자들의 응답점수는 각각 3.11, 2.66, 2.80이었다. 이 역시 한국경영자들은 수준 이상이라고 답한 반면에 미·일 경영자들은 수준 미달이라는 입장이다.

한국기업들이 경쟁자분석을 하는가 하는 질문에 대한 한·미·일 경영자들의 응답평균점수는 각각 3.99, 3.55, 2.90이었다. 이는 한국과 미국경영자들은 우리나라 기업의 경쟁자분석이 상당한 수준이라는 입장인 데 비해 일본경영자들이 보기에는 우리나라 기업의 경쟁자분석은 수준 미달이라는 입장이다.

한편 한국기업의 경쟁자분석이 국내경쟁자를 위주로 분석하는 차원이 아니라 범세계적 차원에서 이루어지고 있다고 보는가 하는 질문에 대한 한·미·일 경영자들의 응답평균점수는 각각 3.18, 2.75, 2.60이었다. 이 문제에 관한 한 우리나라 기업의 경영자들도 스스로 평균을 약간 웃도는 정도로 평가하고 있으며 미·일 경영자들은 수준 미달이라는 평가를 하고 있다.

종합해 보면 우리나라 기업의 경영자들은, 경쟁자분석은 수준 이상이나 역점을 국내경쟁자분석에 두고 있다는 입장이며 그러한 입장에 대해 미국인 경영자들은 동조하는 편인 반면에 일본인 경영자들은 우리나라 기업의 경쟁자분석은 수준 미달이며 특히 범세계적 차원의 분석은 수준에 크게 못 미친다는 입장이다. 이는 남을 알아야 시장 내의 경쟁에서 승리할 수 있다는 평범한 진리에 비추어 보면 우려되는 상황이며 특히 경쟁자를 알되 국내경쟁자만 잘 안다는 설문결과는 기업간의 경쟁에서 국경이 사라지고 있는 현재의 상황에 비추어 볼 때 심각한 문제로 지적하지 않을 수 없다.

한편 한국기업이 고객을 분석하는가 하는 질문에 대한 한·미·일 경영자들의 응답평균점수는 각각 2.98, 2.69, 2.60이었다. 이 질문에 관한 한 3국 경영자들간에 우리나라 기업의 고객분석은 수준 미달이라는 데 의견의 일치를 보았다. 기업이 경쟁에서 승리하는 요체가 고객이 원하는 제품을 고객이 감당할 수 있는 가격으로 경쟁자들보다 먼저 공급하는 것이라면 한국기업의 불충분한 고객분석은 문제점으로 지적되어야 할 것이다.

이와 관련하여 한국기업들이 고객의 불만을 신속히 해결해 준다고 보느냐 하는 질문에 대한 한·미·일 경영자들의 응답평균점수는 각각 3.73, 2.48, 2.60이었다. 이 문제에 관한 한국경영자들과 미·일 경영자들의 인식격차는 심각한 문제이다. 자기가 잘못하고 있다는 것을 인식하지 못하고 있다면 개선을 기대하기가 어렵기 때문이다. 앞에서도 지적하였듯이 미국과 일본기업은 대부분의 경우 우리의 고객이다. 위와 같은 인식의 괴리는 우리 기업이 지피지기 못한다는 증거일 수도 있고 미·일 기업이 선진기업으로서 높은 잣대를 가지고 우리 기업을 잰 결과일 수도 있다. 어떤 경우이든지간에 손자병법대로라면 우리 기업이 필패위기(必敗危機)에 있음을 시사한다.

그 밖에 고객의 수요를 제품에 잘 반영하는 정도, 고객과의 정보교환 정도, 제품계획팀에 고객을 포함시키는 정도, 고객에게 훈련프로그램을 제공하는 정도, 경영층이 고객과 접촉하는 정도, 공장근로자들이 고객과 접촉하는 정도 등 고객분석과 관련된 항목들에 대해서도 외국인 경영자들은 우리나라 기업의 경영자들이 스스로에게 주는 점수보다 낮은 점수를 주고 있다.

이와 같이 우리나라 기업의 경영자들에 비해 외국인 경영자들이 우리나라 기업의 환경분석노력에 대해 낮은 점수를 주는 이유는 두 가지로 생각해 볼 수 있다.

첫 번째 이유는, 우리나라 기업의 경영자들의 인식문제이다. 즉, 우리나라 기업의 경영자들이 스스로에 대해 후한 점수를 준 이유는 과거와 비교해 볼 때 지금은 환경분석을 열심히 하고 있기 때문일 수 있다.

두 번째 이유는, 우리나라 기업의 경영자들과 함께 설문의 대상이 된 외국인 경영자들은 미국과 일본이라는 경영선진국의 경영자들이다. 따라서 그들은 한국기업의 환경분석노력이 자기 기업의 환경분석노력과 비교해 볼 때 수준 미달이라는 입장을 취할 수 있다.

이유야 어느 쪽이든지간에 미국과 일본인 경영자들이 우리나라 기업의 환경분석노력을 대체적으로 수준 미달이라고 본다는 사실은 우리나라 기업에게는 중요한 문제이다. 왜냐하면 많은 경우 미국과 일본기업, 특히 일본기업은 국제시장에서 우리의 경쟁자들이며 세계는 점점 더 국경이 없는 경쟁으로 나아가고 있기 때문이다.

제 4 절 자원, 역량과 환경분석

우리는 제3장과 제4장에서 환경분석이 기업의 국제경쟁력과 밀접한 관계가 있음을 보았다. 그러나 기업의 경쟁력을 논함에 있어서 환경분석만을 강조하는 것은 자원이나 역량이라는 개념을 도외시한다는 문제가 있다는 점을 지적하지 않을 수 없다. 자원과 핵심역량이라는 개념이 전략분야에 도입되기 이전에는 기업이 자신의 강점을 이용하여 직면한 기회를 이익적으로 활용하고 위협을 중화하는 동시에 자신의 약점이 노출되는 것을 회피하거나 그러한 약점을 고치는 것이 기업이 지속적인 경쟁우위를 갖기 위한 전략수립의 핵심 틀이었다. 이러한 주장은 경제학의 산업조직론을 많이 이용하였는데 특히 Porter(1980)는 [그림 4-1]에 나타난 그의 유명한 "5 forces 모델"에서 산업구조분석을 통한 진입장벽과 퇴출장벽에 기초한 산업의 잠재적인 초과 수익력 식별이 기업의 경쟁우위확보에 중요하다고 강조했다.

Porter의 주장은 "SWOT(strengths, weaknesses, opportunities and threats)" 분석 중 외부 환경요소인 "OT" 측면을 강조함으로써 기업경영자나 전략경영학자들에게 많은 도움을 주었으나, 그의 주장은 몇 가지 중요한 문제점들을 내포하고 있다. 우선 그의 주장은 너무 자명한 점이 있다. 그는 매력적인 산업에서 경쟁하는 기업은 성공한다고 주장한다. 그 경우 기업은 매력적인 산업에 참여하고 있기 때문에 성공하게 된다. 이 주장은 또한 횡단적인 문제에만 관심이 있고 시계열적인 문제에는 관심이 없다는 단점이 있다. 횡단적 관점은 무엇이 일부 산업이나 특정산업 내 특정위치들에 포진하는 기업들을 매력적으로 만들고 있는가 하는 문제에 초점을 맞춘다. 그러나 횡단적 관점은 왜 일부기업들이 처음에 유리한 포지션에 진입할 수 있었는가 하는 문제와, 산업 내의 유리한 위치에 진입한 기업들 중에서 왜 어떤 기업들은 유리한 위치를 지속적으로 유지하는 반면에, 다른 기업들은 그렇지 못하는가 하는 문제에 대한 해답은 내놓지 못한다. 이 주장의 또 다른 단점은 이 주장 때문에 경영자들이 경영전략을 잘못 수립할 수 있다는 것이다. Porter의 주장을 따르면 경영자들은 산업차원의 문제에 관심의 초점을 맞추게 되고 그 결과 경영자들은 기업의 희소한 자원을 산업구조에 영향력을 가지기 위한 노력에 낭비하게 된다. 또한 기업이 자원을 투입하여 산업구조를 유리하게 만든다 하여도 그러한 유리한 산업구조는 산업 내 다른 기업들도 향유할 수 있기 때문에 그 기업만이 독점적으로 향유할 수 없다는 데 문제가 있다. 또한 과거의 연구결과들은 산업구조가 기업의 경영성과에 미치는 영향이 그렇게 크지 않다는 것을 시사한다.

기존의 경영전략방향이 이와 같은 문제점이 있었기 때문에 자원과 역량을 강조하는 자원기준이론은, 전략수립은 조직의 외부환경의 평가가 아니라 조직이 보유하는 자원, 능력, 핵심역량부터 시작해야 한다고 주장한다. 자원기준이론은 기업이 경쟁우위를 획득하고 유지하는 데 있어서 기업 특유의 독특한 자원이 수행하는 역할을 강조한다. 이 이론에 의하면 기업은 지속적으로 우수한 경영성과를 얻기 위해서는 가치 있고 희소하며 경쟁자가 흉내내기 어렵고 대체 불가능한 자원을 개발해야 한다. 따라서 자원기준이론에 의하면 일부 기업들이 다른 기업들과의 경쟁에서 지속적으로 승리할 수 있는 것은 그 기업들이, 경쟁기업들이 흉내낼 수 없는 가치를 창조하는 자원을 보유하고 있기 때문이다.

그러나 기업의 국제경쟁력과 관련하여 자원 및 핵심역량만을 강조하면 환경변화에 따른 자원의 진부화 문제에 부딪치게 된다. 기업의 경쟁력이 의미를 가지려면 지속 가능해야 하는데, 한 기업이 현재 경쟁자들이 모방할 수 없는 자원을 갖고 있다 할지라도 환경이 변하면 기존의 자원과 역량도 노후화되어 경쟁우위를 상실하게 된다. 특히 글로벌경쟁이 일반화된 최근에는 많은 산업에서 경쟁우위의 원천인 자원과 역량의 노후화가 급속히 진행되고 있으므로, 기업은 지속 가능한 경쟁력을 확보하기 위해서는 환경변화에 맞춰 지속적으로 새로운 자원과 역량을 개발하는 전략을 추구하지 않으면 안 된다. 이는 기업의 국제경쟁력은 그 기업이 보유하는 자원과 핵심역량에 의존할 뿐 아니라 정교한 환경분석에도 의존하고 있음을 시사한다.

제 5 장 기 업 문 화

기업문화란 한 기업이 가지고 있는 철학, 신념, 가치관 그리고 거기서 우러나온 행동양식, 풍습, 작업태도 등을 총칭하는 개념이다. 기업문화를 가장 간결하게 나타내는 것은 기업의 사시, 사훈이라고 할 수 있다. 예컨대 우리나라의 한 유수한 그룹은 고객을 위한 가치창조와 인간존중의 경영을 모토로 삼고 있다. 그러한 모토야말로 그 회사의 철학이며 신념을 대표한다고 보아야 할 것이다.

기업문화는 원래 모든 기업, 특히 동북아 지역의 기업에게 있어서는 어떤 형태로든지 존재했던 것이다. 기업문화가 각광을 받게 된 것은 일본기업들과 경쟁하던 서양기업들이 일본기업들은 정교한 경영관리방식을 사용하는 것도 아니고 최첨단기술을 사용하는 것도 아닌데 국제시장에서 뛰어난 경쟁력을 발휘하는 것을 보고 기술이나 기계, 경영관리방법 같은 가시적인 요소 이외에 정신적이고 철학적인 무엇이 있는 것이 아닌가 하고 일본기업의 경영방식을 자세히 들여다 보게 된 것에서 비롯된 것이다. 서양기업들은 그러한 관찰을 통해서 동양적 경영에는 단순한 경영관리기법 이외에 철학적이고 가치지향적인 무엇이 존재하는 것을 알아 내고 그것을 기업문화라고 명명하였던 것이다.

서양의 경영방식은 광범위하게 수집된 자료를 객관적으로 분석한 실증적인 성격이 강하다. 그에 비해 동양적 경영방식은 직관적이고 종합적이며 경험에 의존하는 경향이 강하다. 예컨대 시장조사만 하더라도 서양식 시장조사는 설문지를 통하거나 면접을 통해 수집한 자료를 통계적 방법에 의해 객관적으로 분석한 결과를 많이 이용한다. 그에 비해 일본식 시장조사는 객관적 자료를 이용하지 않는 것은 아니지만 마케팅담당자가 판매점에 직접 가서 고객의 제품구입행태를 관찰하고 상점주인의 의견을 직접 듣는 형식을 취한다.

이러한 경영방식의 차이는 양방과 한방의 치료방법이 다른 것과 흡사한 면이 있다. 양방은 아픈 곳을 절개하고 그 부위를 도려내든가 약을 발라 치료하는 반면에 한방은 체력보강을 기초로 병의 근인을 제거하려 한다. 양방은 밖으로부터의 처방인 반면에 한방은 안으로부터의 자연적 치료를 목표로 한다.

제 1 절 경영활동의 중심으로서의 기업문화

미국의 기업경영상담회사인 매킨지사는 기업의 모든 경영활동의 중심에는 조직구성원들이 공유하는 가치관이 있으며, 그러한 가치관과 경영활동의 관계를 매킨지 7's라 하여 [그림 5-1]과 같이 나타내고 있다. 매킨지 7's를 사용하여 앞에서 예로 든 어떤 그룹이 표방한 고객을 위한 가치창조, 인간존중의 경영이라는 경영철학이 이 회사의 전략, 기술, 조직, 시스템, 스타일, 스태핑에 어떠한 영향을 미치는가를 살펴보자.

우선 이 그룹에 속하는 한 전자회사는 고객을 위한 가치창조라는 가치관을 실천하기 위해 결재란에 고객의 서명란을 두고 있으며(물론 고객의 직접적인 서명을 받기 위한 것은 아니지만) 고객이 원하는 제품을 만들어낸다는 전략을 수립했다. 그러한 노력의 결실 중 하나가 물걸레청소기였다. 과거 우리나라 기업들이 만들고 있었던 진공청소기는 미국식 청소기를 본떠 먼지만 끌어들이는 형태였다. 그러나 우리나라의 주거형태는 걸레로 방을 닦아야 하는 형태이다. 이 회사가 물걸레청소기를 만든 것은 고객을 위한 가치창조라는 경영철학을 실천에 옮긴 결과인 것이다.

이 그룹은 또한 고객을 위한 가치창조를 실현하기 위해 과감한 권한 위양을 단행했다. 이 그룹의 회장이 계열사 사장들과 책임경영을 확인하는 조인식을 갖고 공식적으로 경영의사결정권한을 계열사 사장들에게 위양한 것은 고객을 위한 가치창조라는 경영철학을 조직구조면에서 뒷받침하는 상징적이고 실질적인 조처였다. 고객이 무엇을 원하는가는 고객과 멀리 떨어져 있는 최고경영층보다는 현장의 사원들이 가장 잘 알고 있다. 고객을 위한 가치창조는 현장으로부터의 정보제공이 없이는 불가능한 것이다. 물론 무조건 권한을 아래로 위양만 한다고 고객

그림 5-1 매킨지 7's

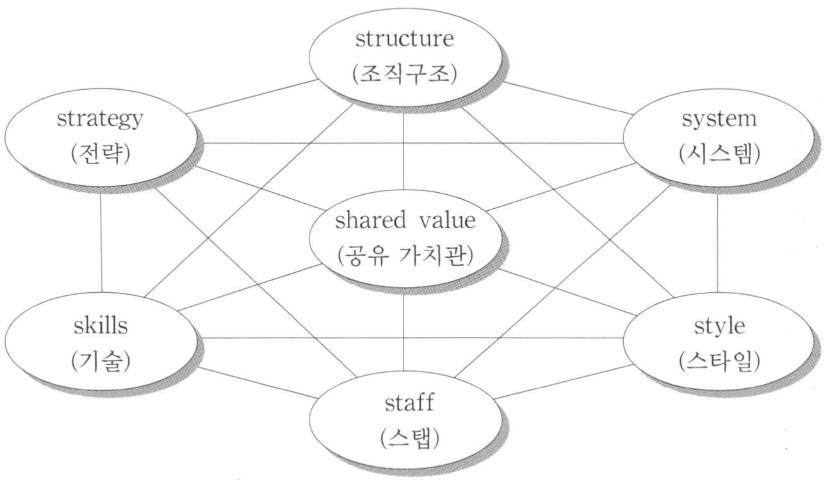

을 위한 가치창조가 저절로 되는 것은 아니다. 권한을 위양하되 실제 고객과 접촉하는 곳에 권한을 위양해야 하는 것이다. 액션이 있는 현장으로의 권한위양의 첫걸음이 바로 계열사 사장들에 대한 권한위양이었던 것이다.

이 그룹은 또한 경영시스템을 현장중심으로 바꾸었으며 회장이 직접 대리점에 나가 고객들로부터 불평과 불만을 청취하는 모범을 보임으로써 조직구성원 전체의 작업에 임하는 스타일을 바꾸고자 시도했다. 그는 또한 고객에게 가치를 제공할 수 있는 제품생산에 필요한 기술개발을 강조했다. 이 그룹은 또한 인간존중경영의 일환으로 문제직원을 그 직원의 적성에 맞는 특정지역으로 재배치함으로써 그 직원으로 하여금 자기의 잠재력을 최대한 발휘할 수 있도록 배려했던 것이다.

제 2 절 국민성, 개성과 기업문화

기업문화는 이와 같이 모든 경영활동의 중심에 자리잡고 있는 기업의 철학, 가치관을 대표하는 것이지만 일국의 국민성과 최고경영자, 특히 창업자의 개성으로부터 많은 영향을 받는 면도 있다. 예컨대 일본식 기업문화는 정도의 차이는 있을지라도 일본국민의 국민성을 반영한다. 또 같은 나라의 기업이라도 최고경영자의 철학과 스타일에 따라 기업마다 그 문화가 다르다. 우리나라 기업들의 경우 모든 기업들이 권위주의적이고 경직된 사고방식을 가지고 있다는 공통점이 없는 것은 아니지만, 현대와 삼성의 경우에서 볼 수 있는 것처럼 컬러가 다른 면도 많다. 이웃 일본의 경우도 소니의 문화는 자유분방한 반면에 마츄시타의 문화는 섬뜩하다 할 정도로 기율이 서 있다. 또한 각기 다른 나라의 기업들을 비교해 보면 미국기업과 비슷한 일본기업이 있는가 하면, 일본식 경영을 하고 있는 미국기업들도 있다. 이러한 것들은 기업문화가 국민성과 개성의 영향을 동시에 받고 있다는 것을 시사한다.

1. 국민성

사람들이 행하는 모든 활동은 자기들이 속하는 문화의 영향을 받는다. 사람들이 행하는 모든 경제활동 역시 신체적 편안함을 제공하거나 한 문화의 생활을 구성하는 활동들을 수행하기 위하여 이루어진다.

국민성이란 특정한 환경하에서 살고 있는 사람들의 집단적인 정신적 프로그래밍이라고 정의할 수 있다. 따라서 국민성은 어느 한 개인의 특징을 말하는 것이 아니고 비슷한 배경, 교육 그리고 생활경험을 공유하고 있는 많은 사람들이 공통적으로 가지고 있는 특징인 것이다. 즉 국민성이란 한 국가의 국민들 속에 면면이 이어져 내려오는 인성적 특성의 패턴이라고 할 수 있다. 세계에는 여러 나라가 있기 때문에 국민성도 여러 가지가 있다. 세계적으로 다양하게 표출되는 국민성에 대해서 위험에 대한 자세, 개인주의적인 정도, 힘의 거리, 남성적인 정도 등을 기준으로 분류하는 이론이 있다.

위험에 대한 자세란 일상생활에서 직면하는 불확실성이나 모호함에 대한 사회구성원들의 반응을 지칭한다. 위험회피 정도가 약한 사회의 구성원들은 큰 마음의 부담이 없이 불확실성을 수용한다. 이러한 사회에 사는 사람들은 매일매일을 그대로 받아들이는 경향이 있으며 위험도 쉽게 받아들이며 자기의 것과 다른 의견이나 행동에 대한 포용력도 상대적으로 더 크다. 다른 한편으로는 모호함과 불확실성에 대해서는 위협을 느끼는 사회가 있다. 이러한 사회에서는 구성원들이 환경과 사건 그리고 상황들을 통제하려는 경향이 강하게 나타난다.

이런 기준에 따라 몇몇 국가들을 분류해 보면 벨기에, 일본, 프랑스 등은 위험을 회피하고자 하는 정도가 강한 나라들이고 덴마크, 스웨덴, 홍콩 등은 위험회피 정도가 약한 국가들이다. 이 점에서는 미국, 멕시코, 캐나다간에 북미자유무역지대(North American Free Trade Area: NAFTA)의 형성이 발표되었을 때 홍콩이 보인 반응이 시사하는 바가 크다.

NAFTA의 결성이 발표되자 우리나라에서는 NAFTA의 출현으로 대미수출에 있어 우리나라가 멕시코에 비해 불리하게 되었다는 우려의 소리가 높았다. 그때 홍콩의 반응은 이제 미국, 멕시코, 캐나다가 하나의 시장이 되어 세 나라간에는 여러 가지 제도와 관례가 통일될 것이기 때문에 북미시장진출이 훨씬 쉬워졌다는 반응을 보였다.

한 사회가 개인주의적인 정도는 한 사회 내의 개인과 개인간의 관계, 즉 한 사회를 지배하는 집단성과 관계 있다. 한편에는 개인과 개인간의 유대가 매우 느슨한 사회가 있다. 그런 사회에서는 개인에게 많은 자유가 허용되며 핵가족이 일반적이다. 미국, 영국. 네덜란드 등이 이러한 사회의 전형이라고 할 수 있다. 다른 한편에는 동류집단이 있으며 그들은 끼리끼리의 이해관계를 보호한다. 동류집단은 지연, 학연, 혈연 등을 기준으로 구성되며 동류집단은 자기 그룹이 인정하는 의견과 신념만을 보유한다. 한국, 일본, 대만, 파키스탄, 에콰도르 등이 이러한 사회의 전형이라 할 수 있다.

힘의 거리는 사회 내에 존재하는 불평등을 그 사회가 어떻게 해결하려 하는가 하는 것으로 측정할 수 있다. 사람이란 육체적 · 정신적 능력이 다르게 태어났는데 어떤 사회에서는 그러한 것을 있는 그대로 인정하여 권력과 부의 불평등이 커진다. 그에 반하여 사람의 능력 차이가 가져 온 힘, 권력 그리고 재산상의 격차를 여러 가지 방법을 동원하여 줄이려고 노력하는 사회도 있다. 미국, 필리핀, 인도, 프랑스 등은 상대적으로 힘의 차이를 인정하는 경향을 보이며 오스트리아, 이스라엘, 덴마크 등은 힘의 거리를 줄이려고 노력하는 국가들이다. 힘의 거리에 대한 자세의 차이를 반영하는 좋은 예가 최근의 미국이다. 미국은 부국들 중에서도 사람들간의 능력 차이를 그대로 인정하려는 경향이 가장 강한 나라들 중의 하나다. 그 결과 최근의 미국사회에서는 정보화사회에 대응하는 능력의 차이로 인해 계층간의 빈부격차가 벌어지고 있다.

전통적으로 남성적인 것은 자기주장, 성공한 사람에 대한 존경, 돈과 물질의 소유 등과 연계되어 왔다. 한편 여성적인 것은 쓰다듬는 것, 환경에 대한 관심, 패자에 대한 관심 등과 연계되어 왔다. 이러한 기준에서 보면 일본, 오스트리아, 이탈리아 등은 전형적인 남성적 사회이며 노르웨이, 스웨덴, 네덜란드, 덴마크 등은 여성적 국가들이다.

2. 개 성

행동과학에서 찾아 볼 수 있는 개성에 대한 정의는 매우 다양하다. 그러나 많은 정의들이 개성이란 행동이나 사건에 반응함에 있어서, 개인이 보여주는 일관성을 강조한다. 개성을 분류하는 방법도 여러 가지가 있지만 사람이 세계를 보고, 의사결정을 하며, 직업을 선택하고, 타인과 의사소통을 하는 방법상의 차이 등을 기준으로 외향 대 내향, 지각 대 직관, 생각 대 느낌, 감지 대 판단의 네 가지로 분류한 학자가 있다.

외향이란 사람, 물건과 같은 외부세계 지향적 타입을 말하며 내향이란 아이디어와 느낌 같은 내적 세계 지향적 타입을 지칭한다. 따라서 사교성, 상호작용, 외부지향 등은 외향성을 나타내며 지역성, 집중, 내부지향 등은 내향성을 나타내는 용어들이다.

지각적인 사람은 사실을 선호하나 직관적인 사람은 비유에 끌리며 상상을 즐긴다. 지각형은 세세한 것까지 찾아내는 대신에 직관형은 큰 그림에 초점을 맞추는 경향이 있다.

한편 생각하는 타입은 문제를 논리적으로 그리고 객관적으로 결정하기를 원하는 반면에 느끼는 타입은 주관적인 판단을 하는 경향이 있다. 끝으로 감지하는 타입은 생활에 유연성이 있으며 언제나 보다 많은 정보를 모색하며 사물을 관찰하고 이해하는 데 관심이 많다. 판단하는 타입은 해결하고 결정하고 끝내기를 바라며 사물을 조직하고 통제하는 데 관심이 많다.

3. 기업문화

국민성과 개성의 영향을 받는 기업문화는 외향적 기업문화 대 내향적 기업문화, 과업지향적 기업문화 대 사회지향적 기업문화, 획일적 기업문화 대 개성적

기업문화, 안전지향적 기업문화 대 위험감수형 기업문화, 그리고 임기응변적 기업문화 대 계획적 기업문화로 분류할 수 있다.

외향적 기업문화는 고객지향적 기업문화를 일컫는다. 외향적 기업문화를 가진 기업은 어떻게 만들 것인가보다는 무엇을 만들 것인가에 상대적으로 더 많은 관심을 둔다. 따라서 외향적 기업문화를 가지고 있는 기업들은 다품종 소량생산형이다. 그들은 끊임없이 고객이 원하는 바를 알고자 노력하여 고객이 원하는 제품을 시장에 공급한다. 이러한 기업들은 소위 차세대제품의 생산과 공급에 뛰어난 기업들이다.

내향적 기업문화는 효율성을 중요시하며 따라서 비용절감에 관심이 크다. 이러한 문화를 소유한 기업들은 무엇을 만들 것인가보다는 어떻게 만들 것인가에 관심이 많다. 따라서 이러한 기업들은 규모의 경제를 중시하며 소품종 다량생산을 선호하는 경향이 있다. 세계의 많은 기업들이 아직도 내향적인 기업문화를 가지고 있으며 우리나라의 기업들도 예외는 아니다.

과업지향적인 기업문화를 가진 기업은 재무적 목표나 성장목표를 달성하기 위해 기계적 효율성을 강조한다. 이런 기업문화를 가진 기업들에서는 조직구성원들의 사회적 욕구는 무시되며 개인의 능력에 따른 성과급이 강조된다. 그 과정에서 인간의 마음은 황폐화하며 공기오염, 수질오염과 같이 인간오염의 문제가 발생한다. 공기오염이란 공기를 함부로 써서 초래된 것이고 수질오염이란 물을 함부로 써서 초래된 것이다. 마찬가지로 과업지향적인 기업에서는 효율성증대를 위해 구성원들의 욕구를 무시하기 때문에 인간성오염이 발생할 가능성이 커진다. 이에 반해 사회지향적 기업문화를 가진 기업들은 조직구성원들의 지위나 존경받고자 하는 욕구, 귀속의식 등을 수용하고자 의식적으로 노력한다. 이러한 조직에서는 효율성을 무시하는 것은 아니지만 인간성을 파괴하면서까지 무조건적으로 효율성 제고를 추구하는 것이 아니라 조직구성원들의 인간적인 욕구를 감안하며, 더 나아가서는 그들의 인간적인 욕구를 충족시킴으로써 효율성 제고라는 목표를 달성하고자 한다.

획일적 기업문화를 가진 기업들은 조직구성원들의 특성이나 개성에 대한 수용성이 상대적으로 낮으며 작업방식, 복장, 심지어는 구성원의 사생활에서도 획일성을 강조한다. 이러한 기업들은 동질적인 회사이미지를 강조하며 구성원들을 틀에 박힌 전형적인 회사인간으로 만들기 위해 노력한다. 이에 반해 개성적인 기업문화를 가진 기업들은 조직 내 구성원들간의 다양성을 존중하며 조직구성원의 생활스타일과 행동의 다양성을 수용 내지 격려한다. 앞에서도 지적하였듯이 세계적으로 유명한 일본기업들의 경우, 소니, 혼다 등은 자유분방한 개성적인 문화를 가진 대표적인 기업들이며 마츄시타는 섬뜩할 정도로 기율을 강조하는 기업문화를 가지고 있는 대표적인 기업이다.

위험회피적인 기업문화를 가진 기업들은 새로운 경영방법이나 절차를 채택하는 데 매우 신중하고 보수적이다. 예컨대 미국백화점업계에서 1위의 위치를 차지하다가 최근에 경영난을 겪고 있는 시어즈백화점에서는 업무편람에 나와 있지 않은 사항은 문제로도 제기될 수 없을 정도로 위험회피적이고 보수적인 기업문화가 팽배해 있었다. 그에 반해 위험을 기회로 보는 기업문화를 가진 기업들도 많다. 그러한 기업문화를 가진 기업들은 새로운 도전과 기회를 만나면 신속히 변화를 도입한다. 위험을 기회로 보는 기업문화의 전형적인 예는 우리나라 유수기업의 총수가 신입사원들에게 하는 연설이다. 그 경영자는 새로이 입사하는 사원들에게 다리가 있거든 무너지지 않을까 염려하여 두들겨 보지 말고 무조건 일단 건너가 보아라 하고 말했던 것으로 유명하다.

임기응변적인 기업문화를 가진 기업들은 예측이나 숫자보다는 직관에 더 의존하며 변화에 대한 임기응변에 능하다. 이러한 기업문화의 대표적인 것으로는 우리나라의 한 대기업의 총수에 관한 일화가 있다. 그 기업의 총수는 물막이 공사에서, 양쪽에서 제방을 쌓아 오던 중 제방이 거의 완료될 최종단계에서 물살이 빨라 전통적인 방법으로는 제방의 완성이 어렵게 되자 임기응변으로 폐기된 대형유조선을 가라앉혀 제방을 성공적으로 마무리하였다. 반면에 계획적 기업문화를 가진 기업들은 시나리오기법 등을 동원하여 미래를 예측하는 정교한 계획들을 수립해 놓고 있으며 수리모델, 경제적 분석 등에 많이 의존한다. 이러한 문화를 가진 기업들은 변화무쌍한 환경변화를 가능한 한 정확히 예측하여 대응방안을 미리 마련하려 노력한다. 계획적 기업문화는 가변적 환경을 예측가능한 수준으로 끌어 내린다는 점에서 긍정적인 측면도 있다.

제 3 절 21세기의 바람직한 기업문화

과거에는 기업문화란 주어진 것이며 따라서 기업문화를 변화시킨다는 것은 생각도 하지 못하였다. 그러나 오늘날에는 기업문화란 전략적으로 변화시킬 수 있는 것이며, 기업문화를 적극적으로 개발하는 것이 최고경영층의 책임이라는 인식이 보편화되고 있다. 그러나 기업문화를 변화시키려면 세밀한 전략적 고려가 있어야 한다. 기업문화를 변화시키려면 무엇보다도 효과적인 리더십이 요청된다.

사람은 누구나 자기가 가지고 있는 가치관이나 행동을 쉽사리 바꾸려 하지 않는다. 따라서 구성원들의 행동이나 가치관을 바꾸려면 강력한 리더십이라는 자극이 필요하다. 최고경영층은 경영이념이나 경영철학을 정립하여 그것을 조직 내에 광범위하게 전파시켜야 한다. 이를 위해서는 조직 내 상하, 그리고 수평간에 충분하고 원활한 의사소통의 분위기와 방법이 존재하여야 한다.

과거 우리나라 기업들의 기업문화는 내향적이며 과업지향적이며 획일적이고 위험회피적인 측면이 많았다. 경제개발 초기에 불가피한 측면도 없지 않았지만 우리나라 기업들은 외국으로부터 도입한 자본을 이용하여 대량생산설비를 구입하여 표준화된 값싼 제품을 대량으로 생산하여 해외시장에 판매하는 전략을 구사하였다. 그 과정에서 우리나라 기업들은 마케팅능력과 기술능력을 개발하여 고객이 원하는 제품을 경쟁자보다 빨리 공급하는 것에 대한 관심은 멀어져 갔고 외국의 거래선이 지시하는 대로 값싸게 생산 · 공급하는 것에만 신경을 쓰는 내향적인 체질이 몸에 배게 되었다.

이와 같은 내향적 조직에서는 외국에서 구입한 값비싼 대량생산설비의 효율적인 운영이 경영관리상 초미의 관심사가 되기 때문에 조직구성원들의 사회적인 욕구는 경영에 반영되기 어려웠다. 조직구성원들의 존재는 생산량달성이라는 과업목표에 기여하는 데에만 의미가 있었으며 그들로부터 새로운 제품, 새로운 공정개발 등에 대한 아이디어를 얻는다든지 하는 것은 경영자들의 관심 밖의 사항이었다.

또한 규모의 경제를 이용하기 위한 OEM(주문자상표부착)생산에 치중하는 기업에게는 모든 종업원들이 일사불란하게 과업목표달성에 정진하는 것이 무엇보다도 중요하기 때문에 획일적인 기업문화의 정립이 불가피했다. 구성원들의 창의성은 인정을 못 받았을 뿐 아니라 조직의 기율과 생산성을 해치는 요소로 오히려 경계의 대상이 되었으며 개성이 지나치게 뚜렷한 구성원들은 인사상의 불이익을 받았다.

한국기업들은 또한 고가로 구입한 대량생산설비의 효율성을 해치지 않을까 하는 우려 때문에 지극히 위험회피적인 경영을 추구했다. 독자적으로 새로운 디자인을 개발한다거나 독자적인 시장조사를 통한 신제품개발은 위험이 따르기 때문에 한국기업들은 외국의 거래선들로부터 주문을 받아 그들이 원하는 제품을 그들이 지시하는 규격과 디자인에 따라 대량생산하여 공급하는 것에 만족하였다.

그러나 앨빈 토플러가 말하는 소위 "정보화사회"에서는 위와 같은 기업문화는 설 자리가 없어지고 있다. 국제경쟁상황의 변화는 21세기로 진입한 우리 기업들로 하여금 새로운 기업문화의 정립을 요구하고 있다. 우선 OEM생산은 한국기업들이 세계에서 가장 싼 값으로 상품을 생산할 때에만 가능한 전략이다. 따라서 OEM공급자는 세계에서 가장 어려운 기업들이다. 세계에서 그 제품을 가장 값싸게 공급한다는 것은 말은 쉬울지 몰라도 그것을 달성하기는 매우 어려운 일이다.

과거에는 경제개발에 본격적으로 나선 후진국들이 많지 않았기 때문에 우리나라 기업들이 세계에서 최소의 비용으로 제품을 생산하는 기업이 된다는 것이 어려운 일이긴 해도 불가능한 일은 아니었다. 그러나 이제는 태국, 말레이시아, 인도네시아, 중국, 인도, 파키스탄 등 우리나라보다 인건비 등 여러 가지 비용면에서 비교가 되지 않을 정도로 유리한 위치에 있는 국가의 기업들이 표준화된 저가 제품의 대량생산자로서 국제시장에 출현했다. 우리나라 기업들이 국제시장에서 이들과 경쟁하여 비용상의 우위를 점한다는 것은 불가능하지는 않을지 몰라도 대단히 어려운 일임에는 틀림없다.

과거에는 또한 세계가 상대적으로 가난했기 때문에 상품의 존재 여부가 중요했지 그 상품이 특징이 있는 상품인지 여부는 중요하지 않았다. 즉 과거에는 제품의 가격경쟁력이 대단히 중요한 경쟁요소였던 것이다. 그러나 지금도 빈국이 존재한다는 것을 부정하는 것은 아니지만 과거에 비해 세계가 한결 부유해졌다는 것도 부인할 수 없다. 예컨대 새로운 부국으로 산유국이 출현한 지는 이미 오래 되었다. 뿐만 아니라 우리나라, 대만, 홍콩, 싱가포르 등 신흥공업국의 출현에 이어 중국, 말레이시아, 태국, 인도네시아 등 후발개도국들도 출현해서 세계시장에서 신흥공업국들과 경쟁하고 있다. 앞으로는 중남미국가들의 경제개혁과 러시아, 동구권 등 기존 사회주의체제 국가들의 시장경제화가 그들 지역국가들의 부를 증대시킬 전망이다.

이 모든 변화는 세계시장에 가격경쟁력 있는 다른 나라 기업들의 출현으로 우리나라 기업들이 세계의 저가제품시장에서 경쟁하기가 더욱 어려워질 것임을 시사한다. 국제시장이 변하고 있으므로 우리나라 기업들도 변해야 한다. 이는 우리나라 기업들의 내향적이고 획일적이고 과업지향적이고 위험회피적인 기업문화가 21세기를 맞이하여 바뀌어야 한다는 것을 의미한다.

21세기에는 경제, 정치, 기술, 법률, 사회 · 문화적인 면에서 급격한 변화가 일어나고 있다. 우리나라 기업들도 이러한 변화에 발맞춰 구태를 벗고 새로운 기업문화의 정립에 나서야 할 것이다. 21세기 우리나라 기업의 기업문화는 과거와는 달리 고객지향의 외향적 문화이어야 하며 신제품, 신공정, 신시장, 신판로 개척에 과감히 나서는 창의적이고 위험을 기회로 보는 전진적인 문화이어야 할 것이다. 21세기 우리나라 기업의 기업문화는 또한 조직구성원들의 사회적 욕구를 수용하는 사회적 기업문화이어야 하며 변화에 신속히 대처하는 임기응변에 강한 기업문화이어야 할 것이다.

제 6 장 국제기업전략

기업은 대개 여러 가지 사업을 하고 있는 경우가 많다. 대표적인 것이 우리나라의 재벌기업들이다 재벌기업들은 조미료와 같은 소비재산업으로부터 반도체, 항공기 제작과 같은 첨단산업, 호텔, 골프장운영과 같은 서비스산업에 이르기까지 많은 산업분야에서 사업을 하고 있다. 그러나 재벌기업이 아니라 하더라도 단 한 가지 사업만 하는 기업은 영세기업의 경우를 제외하고는 찾아보기 어렵다. 또한 단일사업을 하는 기업이라 할지라도 우리가 사업을 얼마나 상세히 구분하는가에 따라 단일사업 자체도 여러 가지 사업으로 세분이 가능하다. 예컨대 철강사업을 하는 기업이 보통강과 특수강을 같이 제조하고 있다면 사업을 세분하는 정도에 따라 두 가지 사업을 하고 있다고 볼 수 있는 것이다.

국제기업전략이란 국제기업이 국제경쟁환경의 변화를 고려하여 현재 하고 있는 사업들을 전략적으로 분류한 후 어떤 사업을 확대하고 어떤 사업을 현상유지하며 어떤 사업을 포기할 것인가를 결정하는 것을 말한다. 국제기업전략은 또한 국제환경상의 변화를 고려하고 자사의 능력을 고려한 후 어떤 새로운 사업에 진출할 것인가를 결정하는 문제도 포함한다. 즉, 국제기업전략은 국제기업이 국제경영환경의 변화를 고려하여 미래에 어떤 회사가 될 것인가를 결정하는 전략이다. 본장에서는 우선 국제기업이 현재 보유하고 있는 자사사업의 포트폴리오를 관리하는 방법에 대해 알아보고 제7장에서는 새로운 산업에 진출하는 전략에 대해 알아본다.

사업을 회사의 미래에 영향을 미치는 특정한 변수들로 표현하기 시작한 최초의 학자는 1960년대 초의 피터 드러커였다. 그러나 왜! 오랜 회사의 역사에 있어서 어떤 사업은 성공하고 어떤 사업은 실패하는가 하는 전략경영에 핵심적인 질문을 제일 먼저 제기한 사람은 1960년에 미국의 제너럴 일렉트릭사(GE)의 마케팅담당 부사장이었던 프렛 보쉬(Fred Borch)였다. 그는 전기연필깎기부터 디젤엔진과 핵발전소에 이르기까지 다양한 제품을 생산하는 GE와 같은 다각화된 회사에서는 계획을 효과적으로 수립한다는 것이 대단히 어렵고 경영층이 여러 가지 많은 사업을 둘러싸고 있는 기업환경에 대해 직접적인 지식과 개인적인 느낌을 가진다는 것이 불가능하다는 결론을 얻었다. 그는 사업의 성공과 실패에 영향을 미치는 어떤 요소 내지는 의사결정, 즉 전략이 존재하고 있음에 틀림없다고 생각했다. 그 이후 기업경영에 있어서 관련사업으로의 다각화가 진행되고 비관련사업들로 구성된 콩글로머릿(conglomerate)이 증가하기 시작하자 기업경영층의 사업 포트폴리오(portfolio)관리 전략에 대한 관심도 고조되었다.

사업 포트폴리오전략, 즉 기업전략의 핵심은 기업자원을 기업이 보유하는 사업대안들에 배분하는 것이다. 그러나 국제기업의 경우에는 포트폴리오전략에 또 다른 차원이 있다. 즉, 기업자원을 여러 나라에 위치하고 있는 여러 시장에 배분하는 지역 포트폴리오전략이 그것이다. 예를 들면 계절적 요인 때문에 생산과 판매가 여름철에 집중되는 농산물을 취급하는 회사가 남반구의 어느 나라로 사업범위를 확대한다면 그 나라의 계절은 우리나라와 반대이므로 그 회사의 현금흐름, 이익과 판매는 연중 안정적으로 성장할 수 있을 것이다. 그러나 국제지역 포트폴리오관리에 관한 문제는 제12장에서 다루기로 하고 본장에서는 우선 국제사업 포트폴리오에 대하여 알아보고자 한다. 국제사업 포트폴리오전략을 구상하는 경영자는 우선 다음과 같은 세 가지 질문을 자기 자신에게 해 볼 필요가 있다.

첫째, 우리 회사가 현재 보유하고 있는 사업 포트폴리오는 미래의 성장에 충분한 현금흐름을 창출하고 있는가?

둘째, 우리 회사가 특정한 사업에 너무 매달리고 있지 않는가?

셋째, 우리 회사는 미래의 성장잠재력이 높은 사업들에 보다 많은 기업자원을 투입해야 하지 않는가?

최근에 국내의 증권시장이 급속도로 발달하면서 우리는 채권과 주식 등으로 구성되어 있는 금융 포트폴리오의 관리에 대하여 관심을 갖는다. 이와 마찬가지로 사업 포트폴리오전략은 자기회사가 보유하는 여러 가지 사업들의 여러 가지 특성들을 고려하여 기업자원의 투입을 사업별로 어떻게 변경하는 것이 자기가 원하는 균형된 사업구성을 가능케 하는가 하는 문제에 관심을 가진다. 예컨대 어떤 사업은 그것만 떼어서 보면 위험이 높아 바람직하지 않더라도 그 기업이 이미 위험이 낮은 여러 가지 사업을 하고 있다면 총체적인 사업 포트폴리오의 관점에서 보면 바람직한 사업이 될 수 있다. 사업 포트폴리오전략이란 기업의 총체적인 목적을 달성하기 위하여 기업이 보유하는 자원을 사업단위들에 배분하는 것이다. 국제사업 포트폴리오전략은 네 단계를 거쳐서 수립된다.

첫 번째 단계는, 그 기업의 전략사업단위(strategic business unit)를 식별하는 단계이다. 금융 포트폴리오 개념과는 달리 사업 포트폴리오전략에서 사업단위를 명확히 식별한다는 것은 어려운 일이다. 그러나 중요한 것은 기업이 수행하는 여러 가지 사업들 중에서 어떤 것들을 하나의 사업으로 묶을 것인가 하는 문제이다.

두 번째 단계는, 그 기업이 보유하는 여러 가지 전략사업단위들을 위험, 수익률, 현금흐름, 성장률, 경쟁력, 매력도 등을 기준으로 분석 · 평가하는 단계이다. 이 단계에서는 전략수립가들이 여러 사업단위들의 위상을 보다 쉽고 간단하게 파악할 수 있도록 매트릭스 등이 사용된다.

세 번째 단계는, 전략사업단위들을 전략적으로 관리하는 단계이다. 두 번째 단계의 분석 · 평가에서 얻은 지식을 이용하여 현재의 포트폴리오를 변경하여 최적 포트폴리오를 구성하려는 단계이다. 사업의 구성을 바꾼다는 것은 기업자원을 기업의 전략사업단위들에 재배분한다는 것을 의미하며, 이는 그 기업이 현재 수행중인 일부 사업은 그만두고 다른 새로운 사업들에 진출하는 것도 포함한다.

네 번째 단계는, 전략계획을 이행하고 전략사업단위와 회사 전체의 실적을 재평가하는 단계이다. 전략적 경영이 성공하자면 전략계획의 수립과 재평가, 그리고 전략경영을 위한 경영자의 관리가 계속적 · 반복적으로 수행되어야 한다.

제 1 절 전략사업단위 식별

여러 가지 사업을 경영하는 회사는 사업 전체를 하나의 포트폴리오로서 운영할 필요가 있다. 각각의 사업단위는 명확히 구분된 제품시장을 담당해야 하며 명확히 정립된 전략에 따라 관리되어야 효과적인 경영이 가능해진다. 각 사업단위는 자기의 능력과 경쟁상의 필요에 맞는 전략을 개발하여야 하지만 그렇다고 해서 회사 전체의 능력과 필요에 모순된 전략을 개발해서는 안 된다. 이는 회사의 총체적인 사업 포트폴리오는 회사 전체의 이익과 부합하도록 자본 등 경영자원을 배분받음으로써 적절한 위험수준에서 매출액, 이익 그리고 자산이 균형된 성장을 이루도록 관리되어야 한다는 것을 의미한다. 이를 위해서는 전략사업단위를 식별할 필요가 있다.

전략사업단위를 식별한다는 것은 기본적으로 사업단위의 분할을 규모나 관리가능폭을 기준으로 하는 것이 아니라 기본적인 사업기능, 즉 엔지니어링, 제조, 마케팅 등 경영활동을 관리하는 데 기본적인 책임을 지고 권한을 행사할 수 있도록 한다는 것이다. 대부분의 회사는 한 부서의 크기가 너무 커지면 이를 두 개의 부서로 분할하고, 그 후 다시 규모가 커지면 또 분할하는 식으로 사업부서를 늘려간다. 그렇게 하다 보면 비슷한 시장과 고객, 그리고 유통경로를 가지는 부서가 늘어나게 되며 사업부서간의 업무경계도 모호해지기 쉽다. 그러나 전략사업단위는 경영활동상 독립적인 행동이 가능하고 주요한 경영의사결정도 다른 전략사업단위와 상당히 독립적으로 내릴 수 있는 단위로 구분한 사업단위를 가리킨다.

1. 제품-시장의 정의

전략사업단위는 시장의 측면에서 정의할 수도 있고 제품이나 서비스의 측면에서 정의할 수도 있다. 시장 측면에서 사업을 정의하는 것은 수요 측면에서 보는 것이고, 제품이나 서비스 측면에서 정의하는 것은 공급 측면에서 보는 것이다. 시장 측면에서 정의하든 제품이나 서비스 측면에서 정의하든 전략사업단위를 정의하는 데에는 고객그룹차원, 기능차원, 기술적 차원 등 세 가지 차원이 중요하다.

고객그룹차원은 누구를 상대로 사업을 하느냐 하는 차원이다. 고객그룹차원은 또한 지리적 차원, 고객산업차원, 인종별 차원, 구매행위차원 등으로 세분할 수 있을 것이다. 기능차원은 고객의 어떠한 욕구를 충족시키느냐 하는 차원이다. 예컨대 우리회사는 고객의 여러 가지 욕구를 하나의 제품으로 충족시킬 수도 있을 것이고, 각각 별도의 제품으로 충족시킬 수도 있을 것이다. 기술적 차원은 고객이 원하는 바가 어떻게 충족되느냐 하는 차원이다. 예컨대 고객이 더위를 식히려는 욕구는 부채로도 충족시킬 수 있으나 에어컨으로도 충족시킬 수 있다.

사업을 정의할 때에는 제품이나 시장의 측면 중 어느 한 측면에서 정의하는 것보다는 제품-시장이라는 두 가지 측면에서 동시에 정의할 필요가 자주 발생한다. 그 이유는 첫째로 제품의 정의는 주로 기술과 기능이라는 차원에서 이루어지고 시장의 정의는 주로 고객그룹과 기능의 측면에서 이루어지기 때문이다. 따라서 시장과 제품 중에 어느 한 측면만 보면 고객그룹, 고객의 기능과 기술이라는 완전한 3차원적인 정의가 이루어질 수 없다. 이 세 가지 차원은 범위와 세분화(segmentation), 그리고 차별화(differentiation)를 결정하는 데 중요하다.

범위는 한 사업단위가 수요를 충족시키는 고객그룹의 범위, 한 사업단위가 수행하는 고객기능의 범위, 그리고 한 사업단위가 사용하는 기술의 범위를 말한다. 예를 들면 한 사업단위가 광범위한 고객그룹에게 좁은 범위의 기능을 하나의 기술을 이용하여 제공할 수도 있는 것이다.

세분화와 차별화는 한 사업단위가 고객그룹, 고객기능 및 기술이라는 각각의 차원을 어떻게 달리 정의하느냐 하는 것이다. 정부와 슈퍼마켓의 정보처리서비스에 대한 수요가 다르듯이 고객그룹별로 수요가 다를 수 있다. 또한 고객기능이 다르면 마케팅방법도 달라야 할지도 모르며 제품을 만드는 기술이 다르면 제품을 판매하는 기법도 달라질 수 있다. 기업은 이와 같이 각 차원에 따라 제품-시장을 세분화하여 각 세시장에서 수행하는 경영활동을 차별화할 수도 있고 이를 무시하고 표준화할 수도 있다. 따라서 제품-시장을 식별하고 전략사업단위를 식별하는 데에는 창의성이 요구되며 고객에게 주는 만족을 높이고 자기회사의 능력을 활용하며 다른 경쟁기업들이 모방하기 어렵도록 노력할 필요가 있다.

한편 사업을 고객그룹, 고객기능과 기술차원에서 정의하는 것을 수평적 차원의 정의라고 한다면 부품제조나 원재료공급사업으로의 후방통합이나 소·도매상으로의 진출과 같은 전방통합은 수직적 차원의 정의라고 할 수 있다.

2. 제품-시장의 정의와 시장지분의 측정

사업은 이와 같이 다양한 차원에서 정의될 수 있기 때문에 경쟁업체들이 사용하는 사업의 제품-시장적 정의가 자기회사의 정의와 비슷할 수도 있고 다를 수도 있다. 경쟁업체들이 사용하는 정의가 비슷하면 시장지분의 측정은 간단한 문제이나 다르면 여러 가지 해석이 가능해진다. 경쟁업체간에 제품-시장에 대한 정의, 따라서 사업에 대한 정의가 비슷하면 전체 시장의 경계가 모든 경쟁업체에게 같게 되며 각 기업의 시장지분은 각 경쟁업체의 매출을 시장 전체의 매출로 나눈 것이 된다. 그러나 경쟁업체들이 제품-시장을 달리 정의하는 경우에는 시장지분의 의미가 모호해지며 각 경쟁업체의 시장지분을 다 합해도 100%가 안 될 수도 있다.

경쟁업체가 제품-시장을 비슷하게 정의하는 경우에도 시장지분을 측정하는 적당한 수준이 어떤 것이냐에 대해 논란이 있을 수 있다. 예를 들면 커피회사의 경우에 커피시장 전체의 시장지분을 측정할 수도 있고 커피시장을 분할하여 인스턴트커피 시장지분 또는 원두커피 시장지분 등으로 측정할 수도 있다. 어떤 척도를 쓰느냐 하는 것은 시장지분을 측정하는 목적에 따라 달라질 수 있다. 시장지분은 두 가지 목적으로 사용될 수 있다.

하나는 시장지분을 시장실적의 척도로 사용하는 것이고, 또 하나는 경쟁기업 대비 상대적인 비용수준이나 상대적인 시장경쟁력의 지표로 사용하는 것이다. 시장지분을 시장실적의 척도로 사용할 때에는 시장을 좁게 정의할 필요가 있으나 시장지분을 상대적인 비용수준이나 시장경쟁력의 척도로 사용할 때에는 시장을 넓게 정의하여 기업이 동원가능한 자원이나 축적된 경험의 척도로 사용할 필요가 있다.

그림 6-1 3차원의 사업정의

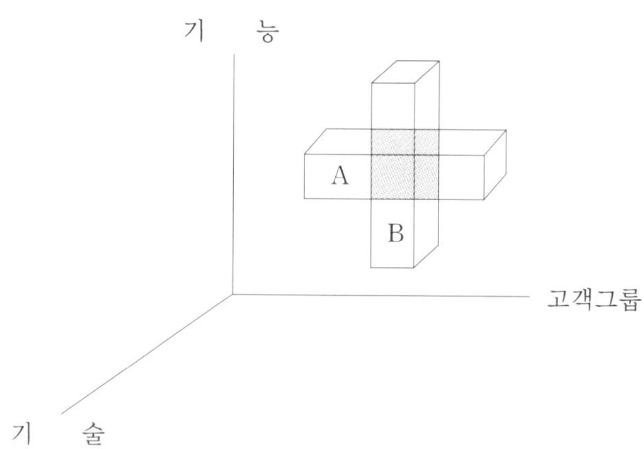

경쟁업체들이 제품-시장을 달리 정의하는 방법은 여러 가지가 있을 수 있다. [그림 6-1]은 각 경쟁업체가 자기의 사업을 어떻게 정의하고 있는가를 보여준다. [그림 6-1]에서 경쟁업체 A는 제품-시장을 고객그룹차원에서는 넓게 정의하는 반면에 고객기능과 기술차원에서는 좁게 정의한다. 경쟁업체 B는 고객기능면에서는 넓게 정의하나 고객그룹 및 기술차원에서는 좁게 정의한다. 이와 같은 경우에는 어떤 시장정의를 사용하는가에 따라 시장지분의 의미가 달라진다.

경쟁업체들이 제품-시장을 각각 달리 정의하는 경우에 한 경쟁기업의 시장지분을 모든 경쟁업체의 총매출에 대한 그 경쟁기업의 매출의 비율로 계산하면 그러한 시장지분은 시장실적의 척도로도, 상대적인 비용수준의 척도로도 부적합해진다. 시장지분을 [그림 6-1]의 검은 부분과 같이 모든 경쟁기업들이 다 같이 경쟁하고 있는 시장의 매출규모에 대한 특정기업의 매출비율로 하면 그러한 시장지분은 시장실적을 측정하기 위한 척도로만 사용되어야 한다. 또한 어떤 기업이 시장지분을 자기가 정의하는 제품-시장에서의 매출액 비율로 계산한다면 그러한 시장지분을 직접 상대적인 비용수준의 척도로 사용할 수는 없다. 왜냐 하면 각 기업이 시장을 달리 정의할 수 있기 때문이다.

3. 전략사업단위의 정의

앞에서 본 바와 같이 사업을 어떻게 정의하느냐 하는 것은 어려운 문제이다. 그러나 중요한 문제는 각 차원에 따라서 범위를 어떻게 정하는 것이 바람직하며 시장을 어떻게 세분하고 또 그것에 맞춰 경영활동을 어떻게 차별화할 것인가 하는 것이다.

(1) 범 위

범위를 정하기 위해서는 다음과 같은 질문을 해야 한다.

첫째로, 고객그룹, 고객기능 또는 기술차원에서 제품-시장을 좁게 정의하거나 넓게 정의할 경우에 각각 고객이 얻는 잠재적인 편익은 무엇인가? 고객기능차원에서 보면 고객들은 여러 가지 기능을 모두 제공하는 완전한 시스템을 구입하길 원할 수도 있다. 고객그룹차원에서 보면 복수의 고객그룹에 판매함으로써 경험의 공유에 의한 편익을 얻을 수 있다. 고객은 또한 여러 가지 대안적 기술을 제공하는 기업을 선호할 수도 있다.

둘째로, 세 차원 중 어느 차원에서든 제품-시장을 넓게 정의하면 비용면에서 어떤 편익이 있는가? 이러한 비용면의 편익은 규모의 경제나 경험의 공유에서 발생할 수 있다. 고객그룹차원에서 사업을 넓게 정의하면 제조상의 능률을 달성할 수 있다. 한편 고객기능차원에서 넓게 정의하면 마케팅상의 능률을 달성할 수 있다.

셋째로, 마케팅, 제조, 연구개발, 서비스, 물류에 대한 요구가 각 차원에 따라 얼마나 다른가? 각 차원에 따라 필요한 경영활동이 매우 다르다면 넓게 정의할 수 없을 것이다.

넷째로, 사업을 넓게 정의할 경우 자기회사가 그러한 사업을 수행할 기술을 보유하고 있는가? 예를 들면 필요한 기술을 보유하고 있지 않기 때문에 사업을 기술차원에서 좁게 정의하지 않을 수 없는 경우도 있다.

(2) 세분화와 차별화

시장을 어떻게 세분할 것이며 자기회사의 제품이나 서비스를 각 세시장에서의 수요에 맞추어 어느 정도로 차별화할 것인가를 찾아내는 것은 전략수립에 있어서 창의성을 요하는 부분이다. 세분화와 차별화에는 편익과 비용이 따른다. 비용은 제품이나 서비스를 고객의 수요에 보다 정확하게 맞추어야 하기 때문에 발생한다. 편익은 고객들이 자기들의 욕구를 보다 정확하게 충족시키는 기업에게 보다 호감을 가지기 때문에 발생한다.

한 회사가 하나 또는 복수의 차원에서 사업을 넓게 정의하고 모든 세시장에 걸쳐 무차별적인 제품전략을 추구한다면 경영활동에서 효율성을 제고할 수 있다. 이는 저비용을 이용하여 경쟁우위를 확보하려는 전략이다. 이러한 전략을 추구하는 기업은 마케팅, 제조, 분배, 연구개발, 서비스 등을 표준화한다. 이러한 전략의 이점은 규모의 경제를 얻을 수 있고 표준화된 제품의 대량생산과 판매에서 오는 경험효과를 얻을 수 있다는 것이다. 이 전략을 채택하는 기업은 제품개량보다는 공정개선에 중점을 두는 경향이 있다.

반대로 기업이 사업을 좁게 정의하거나 자사의 제품이나 서비스를 각 세시장에서 차별화하면 고객의 수요를 효과적으로 충족시킬 수 있다. 이러한 전략을 추구하는 기업은 제품의 질, 기술지원이나 유통경로차별화 및 서비스제공과 같은 비가격적 편익을 강조하기도 하며 낮은 가격을 강조하기도 한다. 이러한 기업들이 경쟁기업에 비해 제품의 가격을 낮출 수 있는 것은 전문적인 틈새에서 지배적인 기업이 됨으로써 경험의 전문화로 비용상의 우위를 달성하기 때문이다.

기업은 무차별적이고 사업범위가 넓은 능률지향적 전략을 택할 것인가, 아니면 차별화되거나 전문화된 효과적인 전략을 택할 것인가는 다음과 같은 요인들을 감안하여 결정하여야 한다.

첫째로, 고객의 구매행위의 성격이 어떠한가? 고객은 비가격적 편익과 낮은 가격 중에서 어느 것을 더 선호하는가?

둘째로, 표준화하거나 또는 특정한 틈새에 전문화함으로써 지배적인 위치를 확보하여 비용상의 우위를 달성할 수 있는가? 또는 반대로 전문화나 표준화가 비용상의 불리를 초래하는가?

셋째로, 세분화와 차별화가 마케팅, 제조, 조사개발, 서비스상의 요구에 미치는 영향은 어떠한가? 세분화와 차별화전략을 추구하면 경영활동상에 너무 많은 변화가 필요하지 않은가?

넷째로, 회사가 세분화된 시장의 차별화된 수요를 충족시킬 수 있는 기술을 보유하고 있는가?

4. PIMS(Profit Impact of Marketing Strategy)프로젝트의 전략사업단위 구분

전략사업단위를 엄밀히 정의한다면 다른 사업들로부터 독립적인 경영이 가능한 사업단위이지만 현실적으로 기업이 하고 있는 사업들은 서로 어떤 형태로든지 연관을 맺고 있는 것이 일반적이다. 전략사업단위의 식별과 구분은 경영자의 의사결정에 있어서 중요한 사항임에는 틀림없지만 경영자의 자의적인 판단도 많이 개입하는 의사결정과정이다. 그럼에도 불구하고 전략사업단위의 효과적인 식별은 국제기업전략의 효율적인 수행에 대단히 중요한 사항이다. 따라서 전략사업단위 식별을 위한 구체적인 가이드라인을 제공한다는 측면에서 우리는 미국 SPI(Strategic Planning Institute)의 PIMS프로젝트에서 사용하는 전략사업단위 식별기준에 대해 간략히 알아보고자 한다.

PIMS프로젝트는 미국기업들로부터 전략사업단위별로 수집한 각종 자료들을 통계적 방법들을 이용하여 분석한 후 관련기업들에게 그 사업에 효과적인 전략적 대안들을 제시한다. 이 때 기업들이 PIMS프로젝트에 제공하는 정보는 회사차원의 포괄적인 정보가 아니라 전략사업단위별로 분류된 정보들이다. PIMS프로젝트는 참여기업들로부터 전략사업단위별로 자료를 얻기 위하여 참여기업들에게 전략사업단위 식별기준을 제시한다. 전략사업단위의 식별을 위해 PIMS프로젝트가 제시하는 기준은 크게 보아 두 단계로 나뉘어져 있다.

첫 번째 식별기준은 60%규칙이다. 예컨대 한 기업에 A와 B라는 두 부문이 있고 두 부문의 경영활동이 연관을 맺고 있다고 가정하자. 이 때 60%규칙이란 A와 B 두 부문에 비용배분이 불가피할 때 비용 중에서 생산량 등 인위적 기준에 의해 A와 B 부문에 배정되는 비용이 전체의 60% 미만이어야 두 부문이 별개의 전략사업단위가 될 수 있다는 것이다. 또 다른 60%규칙은 예컨대 A부문이 생산한 제품의 60% 미만이 B부문에 투입되어야 한다는 것이다. 따라서 A부문이 생산한 제품의 60% 이상이 B부문에서 사용된다면 A와 B부문은 별개의 사업단위로 분류하지 말고 하나의 사업단위로 묶어야 할 것이다. 이 60%규칙은 두 가지가 전부 충족되어야 두 부문이 별개의 전략사업단위로 분류될 수 있다.

전략사업단위의 두 번째 식별기준은 두 부문의 경쟁자, 시장지분, 그리고 성장률의 세 가지 중에서 두 가지 이상이 크게 달라야 한다는 것이다. 예컨대 A부문의 성장률은 20%이고 B부문의 성장률이 5%라면 두 부문의 성장률이 크게 다른 셈이다. 또한 A부문은 토시바사와 경쟁하고 있고 B부문은 톰슨사와 경쟁하고 있다면 경쟁자가 크게 다른 것이다. A부문의 시장지분은 40%이고 B부문의 시장지분은 5%라면 두 부문의 시장지분은 크게 다르다. 이 세 가지 중에서 두 가지 이상이 크게 다르면 두 부문은 다른 전략사업단위로 분류할 수 있다. 물론 이 기준은 먼저 60%규칙이 충족되었음을 전제로 하고 있다.

제 2 절 전략적 위치의 결정과 관리

전략사업단위의 전략적 위치의 결정과 관리에 사용되는 전형적 방법들로는 BCG(Boston Consulting Group)모델, GE모델 및 경제적 부가가치를 이용한 모델 등이 있다.

1. BCG모델

미국의 컨설팅회사인 BCG는 여러 산업을 대상으로 연구한 결과 한 기업이 특정한 제품이나 서비스에 대하여 가지는 누적생산 · 판매경험과 실질비용간에는 일정한 관계가 있다는 것을 발견하고 이를 경험곡선(experience curve)이라고 명명했다. BCG의 경험곡선은 다각화된 회사들이 전략계획을 수립하는 데 하나의 기초로 사용되고 있다.

경험효과란 누적생산 · 판매량이 큰 기업, 즉 생산 · 판매에 있어서 많은 경험을 축적한 기업의 생산 · 판매비가 그렇지 못한 기업의 생산 · 판매비에 비하여 낮다는 데서 발생한다. BCG에 의하면 제품이나 서비스의 누적생산량이 2배로 증가하면 단위당 비용은 일정한 율로 하락한다. 예를 들어 80% 경험효과를 상정한다면 20단위째 생산되는 상품의 단위당 생산비용은 10단위째 생산되는 상품의 단위당 생산비용의 80%로 하락한다.

[그림 6-2]는 이러한 누적경험과 비용의 관계를 log좌표에 표시한 것이다. 경험효과는 비단 생산비용에만 국한되는 것이 아니며 마케팅비용 등 기업경영의 여러 분야에서 발견할 수 있다. 경험효과는 또한 노동집약적 산업에서 기술집약적 산업에 이르기까지, 역사가 오랜 산업에서 첨단산업에 이르기까지, 모든 종류의 산업에서 발견할 수 있는 현상이다. 경험효과를 발생시키는 원인은 여러 가지가 있을 수 있다.

첫째로, 학습효과를 들 수 있다. 노동자가 특정한 물품을 계속 생산함에 따라 그 상품의 생산에 익숙해짐으로써 비용절감을 기할 수 있다는 것이 학습효과이다.

둘째로, 작업의 특화에 따른 비용절감효과를 상정할 수 있다. 경험이 늘어남에 따라 분업이 가능해지며 작업의 특화로 생산성이 향상된다.

셋째로, 제품디자인의 변경에서 오는 비용상의 이점을 상정할 수 있다. 오랜 경험이 보다 쉽게 생산할 수 있는 제품디자인상의 변화를 가져올 수 있다면 제품생산이 수월해져 비용의 절감을 기대할 수 있을 것이다.

넷째로, 제품의 표준화를 상정할 수 있다. 처음에는 제품의 표준화가 이루어지지 않아 공정 자동화 등이 어려우나 생산경험이 누적됨에 따라 제품의 표준화가 진행되면 생산비용상의 절감을 기대할 수 있다.

그림 6-2 경험곡선

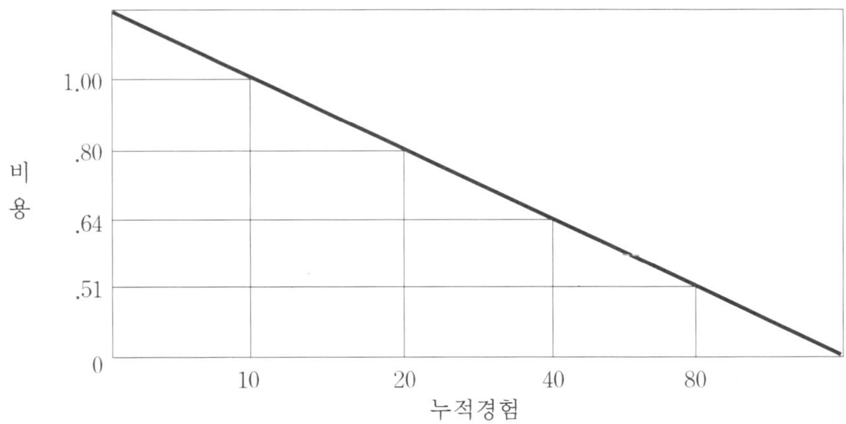

다섯째로, 투입원재료의 배합을 변경함으로써 오는 비용절감을 기대할 수 있다. 처음에는 경험의 부족으로 비싼 원재료를 쓸 수밖에 없었으나 차츰 경험이 늘어남에 따라 보다 저렴한 원재료로 투입품을 대체할 수 있기 때문이다.

그러나 경험효과는 누적경험이 증가한다고 해서 자동적으로 달성되는 것은 아니다. 철저한 비용관리와 구성원관리가 없으면 비용은 생산 · 판매량의 증가에 따라 늘어나게 마련이다. 따라서 경험효과란 가능성을 의미하는 것이며 자동적으로 달성되는 것이 아니다. 예컨대 구성원들의 자질이 낮다면 학습효과나 기타 효과를 기대하기 어려울 것이다. 또한 구성원에 대한 대우가 나빠서 이직률이 높다면 높은 누적생산 · 판매량에도 불구하고 축적된 경험은 미미할 것이다.

한편 경험효과와 비슷한 개념으로 규모의 경제가 있다. 규모의 경제란 예를 들어 공정산업에 있어서 규모가 2배인 공장을 건설하는 데에 소요되는 비용은 2배가 되지 않는다는 것을 말한다. 정유공장을 건설할 때 9천만톤의 원유처리능력이 있는 정유공장을 건설하는 데에 는 4천 5백만톤의 원유처리능력이 있는 공장을 건설하는 데 드는 비용의 1.5배만이 소요된다. 따라서 공장규모를 2배로 늘리면 시설단위당 비용은 약 25%가 절감된다. 규모의 경제는 물론 이와 같이 공장건설상의 규모의 경제에 국한되는 것은 아니다. 생산, 사무, 연구개발, 마케팅, 서비스 등 많은 분야에서도 규모의 경제가 발생한다. 예를 들면 한 지역에 30개의 점포를 가지고 있는 슈퍼마켓연쇄점의 광고비가 10개의 점포를 가지고 있는 슈퍼마켓연쇄점 광고비의 3배가 되는 것은 아니다. 이것은 마케팅상의 규모의 경제이다. 그 밖에도 대량구입시의 수량할인에 따른 구매상의 규모의 경제, 대량운송에 따른 운송상의 규모의 경제 등을 상정할 수 있다.

규모의 경제는 경험효과와 관계가 없는 것은 아니지만 경험효과와 별도로 발생할 수 있다. 예를 들어 한국의 포항제철은 대규모의 공장을 건설함으로써 원가절감에 성공하여 철강생산에 오랜 경험을 축적한 미국이나 일본의 제철공장과의 경쟁에서 승리할 수 있었다. [그림 6-3]은 누적경험과 제품가격 및 비용간의 관계를 보여준다. A회사의 누적경험이 C회사의 그것보다 크기 때문에 현재의 시장가격에서 A는 이익을 보고 있는 반면에 C는 손실을 보고 있다. 따라서 총비용의 상당부분이 규모의 경제나 누적경험에 의하여 감소하는 산업에서는 경쟁회사보다 생산·판매상의 경험을 빨리 축적함으로써 경쟁상의 우위를 확보할 수 있다. [그림 6-3]은 현재의 가격에서 A는 큰 이익을 보고 있고 B는 A의 이익보다 훨씬 작은 이익을 보고 있고 C는 손해를 보고 있음을 나타낸다. A가 공격적인 전략을 구사하여 비용절감에 비례하여 판매가격을 낮추면 소규모의 비능률적인 경쟁기업인 C를 그 산업에서 몰아낼 수 있을 것이다. A는 또한 판매가격 인하속도를 줄이고 이폭을 늘리는 전략을 추구할 수도 있다. 그러한 경우에는 경쟁기업들의 이폭도 개선될 것이며 경쟁기업들은 누적경험을 늘려 경영성과를 개선할 수 있는 여유를 찾게 될 것이다.

[그림 6-3]을 보면 산업의 선도기업이 산업의 수익률에 큰 영향을 미칠 수

그림 6-3 경험곡선과 경쟁상의 이점

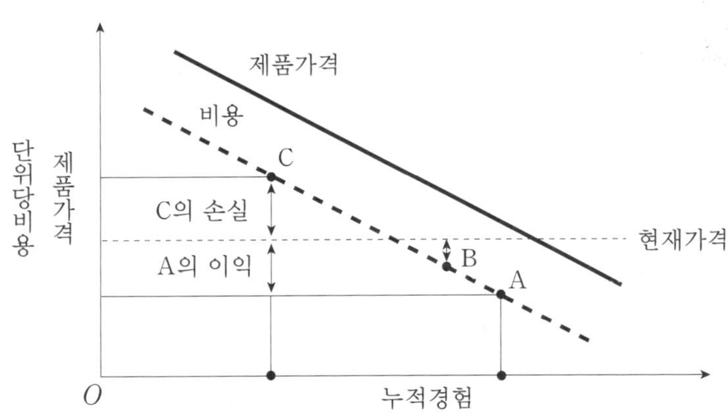

있다는 것을 알 수 있다. 따라서 다른 경쟁기업들은 그들의 비용절감률이 적어도 선도기업의 비용절감률에 뒤지지 않아야 수익률을 유지할 수 있을 것이다. 만약에 다른 경쟁기업들이 적극적으로 비용절감을 추구하지 않거나 그들의 성장속도가 선도기업의 그것보다 느리기 때문에 비용절감속도가 느리다면 그러한 기업들은 결국 경쟁에서 탈락하게 될 것이다.

한편 산업 내의 선도적인 위치는 누적경험이 두 배가 되는데 짧은 시간이 걸리는 산업의 초기단계에서 확보하기가 제일 쉽다. 예를 들면 누적생산이 20단위에서 2,000단위가 되면 누적경험이 100배로 증가하나 2,000단위에서 4,000단위가 되면 2배만 증가한다. 따라서 남보다 먼저 시작한 기업은 경쟁기업이 공격할 수 없는 비용상의 우위를 선점할 수 있고 산업 내의 판매가격도 마음대로 좌우할 수 있게 되기 쉽다.

기업이 어떠한 전략을 택하는 것이 가장 좋은가 하는 것은 여러 가지 요소에 달려 있으나 고려해야 할 가장 중요한 요소들 중의 하나가 시장성장률이다. 성장률이 높은 시장에서는 경험을 축적하기가 수월하다. 이러한 시장에서는 경쟁기업으로부터 고객을 빼앗아 오지 않아도 신규수요만 많이 확보하면 누적생산 · 판매량을 늘릴 수 있다. 따라서 성장률이 높은 시장에서는 공격적인 경영이 요구된다. 그러나 시장지분을 확대하는 전략은 단기적으로는 보통 비용이 많이 드는 전략이다. 시장지분(누적경험)을 늘리려면 가격을 낮추어 이폭을 줄여야 하고 광고와 판촉비용을 늘리고 신제품개발비용 등을 부담해야 한다. 어떤 기업이 시장지분확대에 투입할 자원을 충분히 보유하고 있지 못하고 매우 공격적인 기업과 경쟁하고 있다면 그 기업은 시장을 완전히 포기하거나 자기가 지배할 수 있는 세시장에 집중하는 것이 현명하다. 또한 성장이 전혀 없거나 성장속도가 느린 시장에서는 경쟁기업으로부터 시장지분을 빼앗아 온다는 것이 어렵고 경쟁기업보다 좋은 경영성과를 달성하는 데 소요되는 시간이 너무 오래 걸리고 비용도 너무 많이 들므로 공격적인 전략은 바람직하지 못한 것이 보통이다. 안정적인 시장에서는 최대의 시장지분을 가진 기업의 누적경험이 가장 큰 것이 보통이며 기업의 경험은 대략 시장지분에 비례하는 것이 보통이다.

(1) 성장률-시장지분 매트릭스

BCG는 기업의 현금흐름에 초점을 맞춰 현금흐름을 전략계획수립의 주요 요소로 보았다. 경험효과에 따른 비용절감이 기업에게 중요한 현금유입원이며 기업의 성장과 확대에 따른 투자가 기업의 중요한 현금유출원이다. [그림 6-4]의 성장률-지분 매트릭스는 기업의 순현금흐름에 영향을 미치는 시장지분과 성장률이라는 두 가지 중요한 요소들을 매트릭스로 나타내어 성장과 시장지분의 독특한 결합이 현금흐름에 미치는 영향을 표시한다. 종축은 제품이 판매되는 시장의 연간성장률인 산업성장률을 나타낸다. 중간지점은 대략 GNP성장률을 표시한다. 횡축은 각 전략사업단위가 속하는 산업에서 가장 규모가 큰 경쟁업체의 시장지분에 대한 자기회사의 시장지분 비율, 즉 상대적 시장점유율이다.

우측상단에 위치하는 사업들은 문제사업(question marks)이라 하며 시장지분이 상대적으로 작기 때문에 현금유입도 상대적으로 적다. 그러나 이러한 사업들의 성장률은 상대적으로 높기 때문에 투자에 따른 현금유출은 많다. 이러한 사업은 말하자면 도입기의 사업에 해당하는 셈이다. 좌측 상단에 위치하는 사업들은 스타사업(stars)이라 하며, 성장기에 해당하는 사업이다. 이러한 사업들은 성장률이 높기 때문에 현금유출이 많지만 시장지분도 크기 때문에 현금유입도 많다. 이러한 제품들의 현금유입과 유출은 균형을 이루는 것이 보통이다. 시간이 지나면 이러한 제품들의 성장률이 낮아지며 스타사업은 시장지분을 유지할 수 있다면 결국 현금창출사업(cash cows)이 된다. 만약에 시장지분을 유지하지 못하면 쇠퇴사업(dogs)이 될 것이다. 현금창출사업은 성숙기에 해당하는 사업이며 좌측 하단

그림 6-4 **성장률-지분 매트릭스**

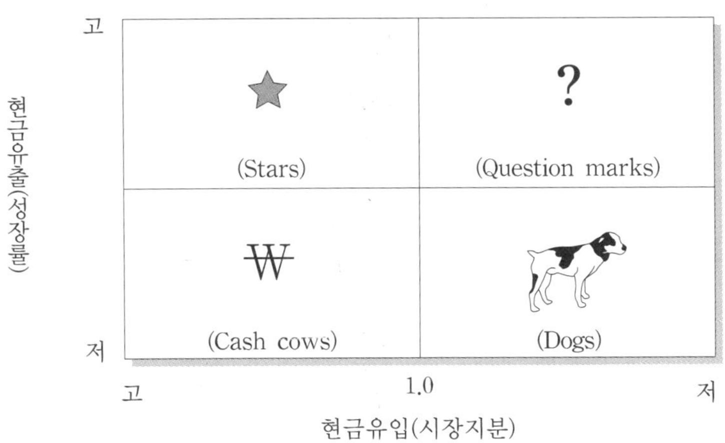

그림 6-5 바람직한 사업 포트폴리오

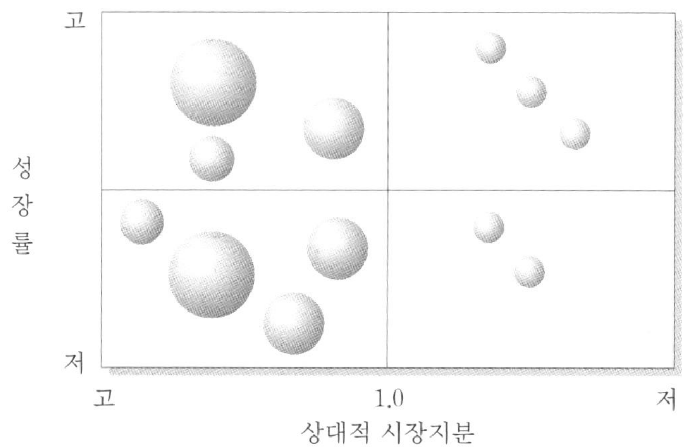

에 위치하는 사업들이다. 성장률이 낮기 때문에 현금유출도 적다. 그러나 시장지분이 크기 때문에 현금유입은 많다. 기업은 현금창출사업에서 나오는 현금으로 배당금을 지불하고 이자를 지급하며 간접비를 충당할 수 있다. 우측 하단은 사양기에 해당하는 쇠퇴사업이다. 쇠퇴사업은 성장률도 낮고 상대적인 시장지분도 작다. 쇠퇴사업에서는 현금유입보다 현금유출이 많은 경우가 보통이나 그렇지 않은 경우도 있다. 여하튼 쇠퇴사업은 가치 없는 사업이며 공연히 현금만 축내는 사업이다.

네 가지 유형의 사업들에서 문제사업이 글자 그대로 가장 문제이다. 문제사업들은 성장률이 높기 때문에 많은 현금의 투입이 필요하나 시장지분이 낮아서 현금창출은 적다. 과감한 투자 없이는 시간이 감에 따라 결국 쇠퇴사업으로 전락하게 되므로 대규모의 투자가 장기적으로 요망되는 사업이다. 그러나 대규모의 투자에도 불구하고 산업성장률이 낮아지기 전에 시장지분이 커지지 않으면 결국은 쇠퇴사업으로 전락하기는 마찬가지다. 또한 어떤 기업의 포트폴리오가 많은 문제사업들과 쇠퇴사업들로 구성되어 있는 반면에 성장사업과 현금창출사업은 소수에 불과하다면 그것은 좋지 않은 사업 포트폴리오이다. 최적 포트폴리오는 다수의 성장사업과 현금창출사업을 보유하고 소수의 문제사업과 쇠퇴사업을 보유하는 것이다. [그림 6-5]는 바람직한 포트폴리오의 예를 보여준다. 그림상의 원의 크기는 사업별 매출액 규모를 나타낸다.

(2) 전략적 관리

시장성장률의 변화는 대개 기업이 마음대로 할 수 없다. 물론 기업이 제품의 새로운 용도를 발견한다든가 제품의 구조를 바꾸어 제품의 성장률에 영향을 미치는 경우가 전혀 없는 것은 아니다. 여하튼 성장률-지분 매트릭스에서 수직방향으로의 움직임은 대체로 기업이 관리할 수 없는 사항이므로 기업이 전략적 행동을 취하고자 할 때에는 시장성장률의 변화를 어떤 형태로든지 예측해 보아야 한다. 예를 들어 기업이 특정한 사업에 현재의 시장지분을 유지할 정도의 투자만 한다면 그 기업이 취급하는 제품이 성숙기에 접어들어 시장성장률이 둔화되면 그 사업은 현재의 상대적인 지분의 크기에 따라 결국은 현금창출사업이나 쇠퇴사업 중의 하나로 귀착되는 것이다. 또한 성장기에 문제사업들에 충분한 투자를 하여 이 사업들을 스타사업들로 전환시키지 못하면 문제사업들이 종국에는 쇠퇴사업들이 된다. 스타사업들은 나중에 시장성장률이 둔화되고 투자수요가 줄면 현금창출사업들이 된다.

시장성장률을 기업이 관리할 수 없다면 포트폴리오분석은 결국 각 제품별로 시장지분전략을 결정하는 문제로 귀착하게 된다. 이러한 맥락에서 보자면 장기전략은 [그림 6-6]과 같이 현금창출사업들이 제공하는 현금을 자사의 경쟁력이 탄탄한 문제사업의 시장지분확대에 투입하는 것이다. 물론 경우에 따라서는 일

그림 6-6 현금흐름의 방향

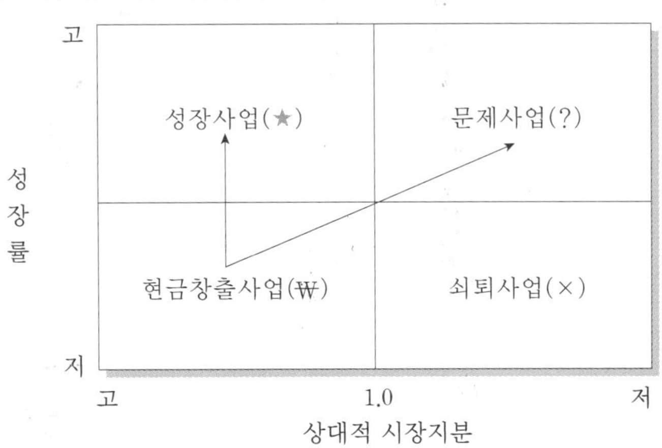

그림 6-7 **전략의 성공**

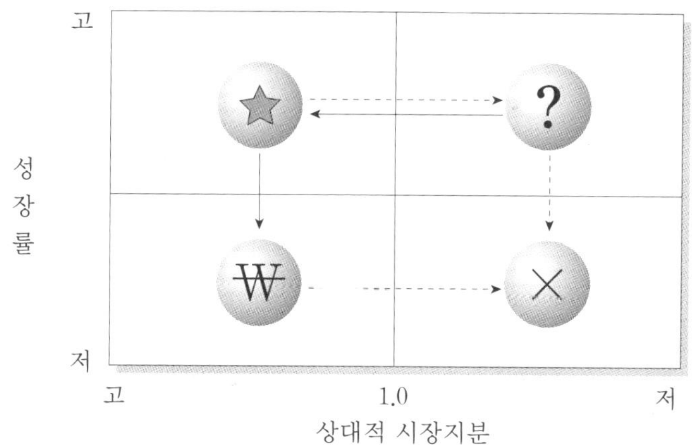

부 스타사업에 지원해야 하는 경우도 있을 것이다. 이 전략이 성공하면 새로운 스타가 탄생하며 미래에 시장성장률이 둔화되면 현금창출사업이 된다. 장기전략이 성공하면 [그림 6-7]의 직선으로 표시된 방향으로 포트폴리오의 이동이 있게 된다. 문제사업은 투자확대에 힘입어 성장사업이 되고 성장사업은 시간이 감에 따라 현금창출사업이 된다. 반대로 점선방향으로의 이동은 전략의 실패를 의미한다. 문제사업들 중에서 경쟁력이 약한 사업은 기업에게 부담이 되는 사업이며 새로운 현금의 투입이 없는 범위 내에서 유지되어야 한다. 이러한 사업들은 결국에는 쇠퇴사업이 되며 쇠퇴사업은 기업에 정(+)의 현금흐름을 제공하고 그 보다 나은 다른 사업대안이 없는 경우에 한해서 보유해야 한다. 어느 시점에서 쇠퇴사업은 정리되어야 할 것이다.

기업 중에는 성공적인 전략을 택하지 않고 점선방향으로의 실패전략을 택하는 기업도 적지 않다. 그러한 기업들은 안전하게 보이는 현금창출사업과 쇠퇴사업에 지나치게 투자하고 문제사업에는 충분한 투자를 하지 않는다. 문제사업은 스타사업이 되지 못하고 결국은 쇠퇴사업으로 전락하며 현재 보유하고 있는 스타사업도 후속투자의 부재로 지분을 상실하고 문제사업화한다. 이러한 기업들은 소수의 전략적인 사업들로부터 뛰어난 경영성과를 달성하려 하지 않고 희소한 자원을 너무 여러 가지 사업에 배분하는 경향이 있다. 따라서 전략이 성공하기 위해서는 [그림 6-8]과 같은 자원의 배분이 있어야 할 것이다. 자원의 배분이 대각선상에 있다면 성장률을 반영하는 일관된 자원배분이라고 할 수 있다. 대각선의 윗부분은 성장률에 비해 더 높은 비율의 자원이 배분되는 경우이고 아랫부분은 성장률보다 낮은 비율의 자원이 배분되는 경우이다. [그림 6-9]는 BCG모델에 따른 자원투입전략이다. [그림 6-9]의 수평축은 자사제품의 판매나 자사제품제조설비의 증가율을 표시하며 수직축은 시장성장률을 표시한다. 시장성장률과 같은 율로 성장하는 자사사업은 대각선상에 위치한다. 이 사업들은 시장지분을 유지한다. 대각선의 아랫부분에 있는 사업들은 시장지분을 늘리고 있고 윗부분에 있

그림 6-8 자원의 합리적 배분

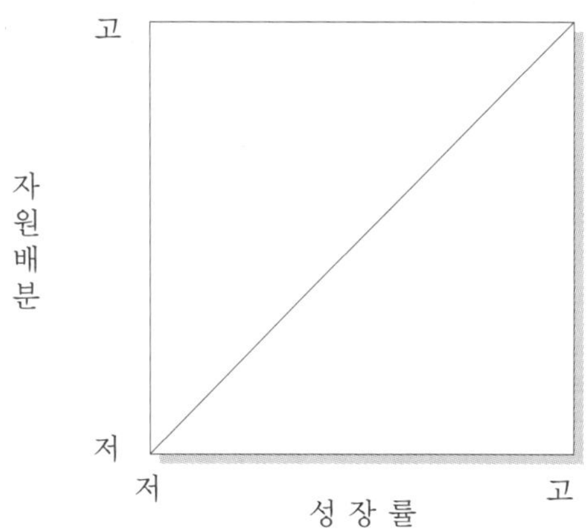

그림 6-9 시장전략

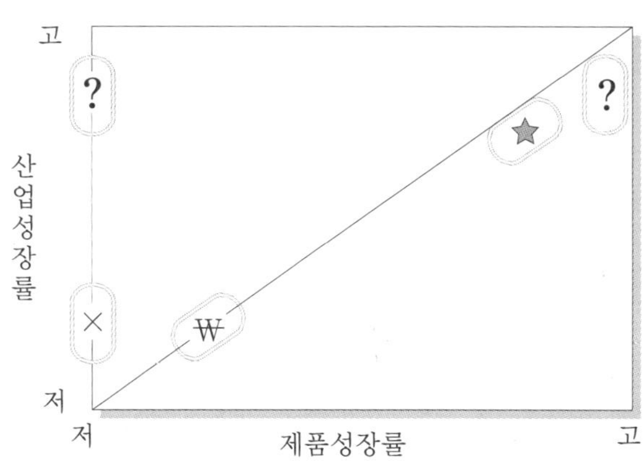

는 사업들은 시장지분을 잃고 있다. [그림 6-9]는 포트폴리오의 이상적인 관리방안을 제시한다. 쇠퇴사업은 시장성장률을 표시하는 왼쪽의 수평축 가까이에 위치하여야 한다. 설비의 증설이 있더라도 극히 작은 수준에 국한되어야 함을 의미한다. 현금창출사업은 대각선상에 위치하며 대체로 시장지분을 유지한다. 스타산업은 시장지분을 유지 내지는 확대하고 있으므로 대각선의 밑에 위치해야 한다. 문제사업들은 두 종류로 나눌 수 있다. 하나는 자원이 거의 투입되지 않는 사업들이고 다른 하나는 자원이 집중적으로 투입되는 사업들이다.

(3) 전략 유형

BCG모델에 의한 포트폴리오전략은 크게 보아 시장지분 확대전략, 시장지분 유지전략, 수확전략 및 철수전략의 네 가지로 나눌 수 있다. 어떤 전략을 채택하는 것이 적합한가는 자사제품의 시장 내 위치와 비용수준, 시장성장률과 제품수명주기상 자사제품의 위치, 경쟁자와 대비한 자사의 자원능력, 자사가 생산하는 다른 제품의 존재유무 및 경쟁기업의 반응에 대한 예상 등에 따라 달라진다.

1) 시장지분 확대전략

시장지분 확대전략은 경쟁력 있는 시장지분을 보유하고 있는 기업이 수익성을 높이기 위하여 시장지분을 확대하는 전략이다. 이 전략을 택하는 기업은 주로 누적경험의 증가와 더불어 비용이 하락함에 따라 제품가격을 인하함으로써 시장지분을 확대한다. 가격을 인하하면 기존시장에서 지분을 확대할 수 있을 뿐만 아니라 기존고객의 소득수준보다 낮은 소득수준의 새로운 고객들도 자사제품을 구입할 수 있게 된다. 시장지분 확대전략은 반드시 위와 같이 공격적인 성격을 띠는 것은 아니고 방어적인 성격을 띠는 경우도 있다. 대부분의 산업에 있어서 한 기업이 생존할 수 있으려면 최소한 일정 수준 이상의 시장지분을 확보할 필요가 있다. 최소한도의 시장지분을 확보하지 못하면 그 기업의 장기적인 전망이 불투명해진다. 따라서 이러한 경우에는 시장지분을 확대하든가 시장에서 철수해야 할 것이다. 시장확대전략을 추구하는 것이 적당한지 여부는 우선 시장성장률에 달려 있다. 시장성장률이 낮거나 오히려 부의 성장을 기록하는 시장에서는 시장지분을 확대하기가 어려울 뿐 아니라 어쩌면 비경제적일 수 있다. 반면에 시장성장률이 높고 경험효과나 규모의 경제가 크며 자사제품이 경쟁력도 보유하고 있고 충분한 인적 · 물적 자원을 동원할 수 있는 경우에는 시장확대전략이 타당하다. 특정한 제품이 제품수명주기상 성장률이 높은 단계에 있을 경우에는 아직 그 제품의 구매형태나 유통경로 등이 확정되어 있지 않기 때문에 시장지분을 확대하기가 비교적 쉽다. 그러한 경우 시장지분을 확대해도 경쟁기업의 지분에서 빼앗아 오지 않고 증가하는 수요를 많이 확보하면 되기 때문에 경쟁자의 저항도 적다.

그러나 시장지분을 크게 늘리려면 시간이 걸리기 때문에 장기적인 이익을 위해 단기적인 이익을 희생해야 한다. 기업의 조직구조가 단기이익을 중시하는 경우에는 시장확대전략을 추구하기가 어렵다. 한편 경쟁기업들이 단기이익에 집착하는 경우에는 시장지분 확대전략이 좋은 전략이다. 시장지분 확대전략은 물론 가격을 인하해서만 가능한 것은 아니다. 배달체계를 개선한다든지 품질을 개선하거나 특정한 세시장을 집중적으로 공략함으로써 시장지분을 확대할 수도 있다.

2) 시장지분 유지전략

시장지분 유지전략은 성숙기시장에서 큰 지분을 가지고 있는 기업에게 적합한 전략이다. 이 전략은 경쟁기업보다 큰 누적경험을 보유하기 때문에 비용수준이 낮고 수익률이 높은 기업에게 적합하다. 성숙기시장에서는 시장을 확대하는 비용이 매우 높고 시간도 오래 걸리기 때문에 시장유지전략이 바람직한 전략이다. 이러한 시장에서는 지분을 확대하려면 경쟁기업들로부터 지분을 빼앗아 와야 하기 때문에 경쟁자의 저항도 심할 것이다.

3) 수확전략

수확전략을 추구하는 기업은 자사의 시장지분이 하락하도록 일부러 내버려두며 단기이익과 현금흐름을 극대화한다. 이러한 전략은 쇠퇴기의 시장에서 경쟁력이 떨어지는 제품을 보유하는 기업에게 적합하다. 수확전략은 문제사업과 같이 성장률이 높은 산업에 속하나 자사의 경쟁력이 낮은 사업에도 선택적으로 사용될 수 있다. 수확된 현금은 보다 전망 있고 성장하는 사업에 투입되어야 한다.

4) 철수전략

자사제품이 생존에 필요한 최소한도의 시장지분도 보유하고 있지 못하기 때문에 경쟁기업에 비해 비용상의 불리가 뚜렷하고 경쟁기업을 따라 잡으려면 큰 희생을 치를 필요가 있을 경우에는 철수전략이 적합하다. 과거에 대한전선이 가전제품시장에서 금성사와 삼성전자에 크게 뒤떨어져 경쟁상의 불리를 극복할 길이 없게 되자 가전부문을 대우에게 매각하고 철수한 것이 좋은 예이다. 국제적으로 보면 RCA, GE 및 제록스 등은 최소한도의 시장지분도 보유하지 못하고 시장지분을 확대할 자원도 보유하지 못한 것으로 판명되자 1970년대에 컴퓨터시장에서 철수했다. 또한 21세기에 들어와 아남전자가 반도체사업에서 철수한 것도 같은 맥락이다.

2. GE모델

앞에서 살펴본 사업 포트폴리오분석은 특정한 제품이 가지는 주요한 특성들 중에서 상대적인 시장지분, 규모 및 성장률이라는 세 가지 특성을 골라 전략계획 수립에 이용하고 있다. 그러나 제품별로 경쟁전략을 결정하기 전에 여러 가지 다른 사항들도 고려되어야 한다. 산업에의 진입장벽, 기술변화, 사회적 · 법적 · 정치적 압력, 노동조합의 이념 및 철학, 자사가 보유하는 인적 요소의 양과 질, 경영능력, 판매의 주기성, 가동률 등의 사항들은 전략을 결정하기 전에 고려되어야 할 사항들이다. 예를 들면 특정한 회사가 원재료 공급원에 가까운 곳에 제조공장을 가지고 공장에서 만들어 낸 제품을 가까운 곳에 있는 고객에게 직접 인도하는 경우에는 그 회사의 시장지분이 작더라도 높은 수익을 올릴 수도 있을 것이다. BCG모델이 지니는 이러한 약점들을 개선하기 위하여 경영자들은 포트폴리오분석에 있어서 단순한 성장률 대신에 기업의 경쟁상의 위치를 사용하기도 한다. 한편 사업 포트폴리오관리에 매력도와 경쟁력이라는 개념을 처음 사용한 회사는 미국의 GE였다.

국제제품 포트폴리오를 분석하고자 할 때에는 특히 단순한 성장률과 상대적인 시장지분보다는 국제산업의 매력도와 자사가 산업 내에서 차지하는 경쟁상의 위치를 사용하는 것이 효과적이다. 그것은 예를 들면 국제무역과 국제직접투자에 관해서는 각국이 무역장벽을 쌓거나 외국인의 직접투자를 제한하는 등 여러 가지 제한을 가하고 있기 때문이다. 국제산업의 매력도에 영향을 미치는 요소에는 다음과 같은 것들이 있다.

(1) 산업의 매력도

산업의 매력도는 국제시장규모, 시장성장률, 정치적 요소 및 기타 요소들로 측정할 수 있다.

1) 국제시장규모

국제시장의 규모는 규모의 경제 및 경험효과와 밀접한 관련이 있다. 특정한 국제산업의 규모가 크면 클수록 국제기업은 규모의 경제와 경험효과를 적극적으로 이용할 기회를 가지게 된다.

2) 시장성장률

시장성장률이 산업의 매력도에 미치는 영향에 대해서는 이미 앞에서 설명한 바 있다. 그러나 국제경영은 국내경영과는 달리 정치적 요소의 영향을 많이 받기 때문에 단순히 성장률만 고려할 것이 아니라 특정한 시장에 영향을 미치는 정치적 요소도 고려하여야 한다.

3) 정치적 요소

특정한 국제산업의 성장률은 매우 높으나 그 산업에 대한 각국 정부의 규제수준이 높기 때문에 국제기업이 규모의 경제나 국제경영활동의 범세계적 통합을 이용할 수 없어서 그 산업의 매력도가 낮은 경우도 적지 않다. 세계적으로 자유무역이 신장되고 다국적기업의 국제적 진출이 본격화됨으로써 국가경제의 상호의존이 심화되어 각국의 경제가 외부의 요인에 의하여 영향을 받게 되자 산업에 따라서는 국제경영활동에 대한 각국 정부의 개입이 증가하는 경우도 있다. 예를 들면 국제텔레커뮤니케이션시장은 성장률이 빠른 시장이나 그 산업이 각국의 경제에서 차지하는 전략적 중요성 때문에 현지정부의 규제도 심하다. 규제는 여러 가지 형태를 취하지만 현지의 정부기관이 구매하는 장비나 부품에 대한 검사규정을 까다롭게 하는 것도 한 예이며, 제품의 규격을 달리하여 수입품이나 수입부품의 사용을 어렵게 만드는 것도 한 예이다. 정치적 고려가 중요한 또 하나의 산업은 컴퓨터산업이다. 컴퓨터산업은 성장률이 매우 높은 산업이지만, 각국의 정부가 전략적으로 매우 중요하다고 생각하고 있는 산업이므로 현지정부는 컴퓨터의 생산이나 컴퓨터생산과 관련된 기술을 어떤 형태로든지 지배하려고 시도하는 경우가 많다. 전략적으로 중요한 산업에 대해서는 개발도상국의 정부만이 규제하는 것이 아니라 표면적으로는 자유무역을 주창하는 개발국에서도 정부기관의 독점적 시장력이나 시장을 차별화하는 인위적인 법제도나 규정을 이용하여 산업을 규제한다.

4) 기 타

시장규모, 시장성장률, 정치적 요소 이외에 국제산업의 매력도에 영향을 미치는 요소들로는 제4장 미시환경분석에서 지적한 바 있는 잠재적 진출기업의 위협, 공급원과 구매처의 힘, 대체품의 존재 등이 있다. 잠재적 진출기업의 위협은 산업에의 진입장벽과 기존기업의 반응에 달려 있으며 공급원과 고객의 힘은 공급원과 고객이 속하는 산업의 집중도 등에 따라 달라진다. 대체품의 경쟁력 역시 특정한 국제산업의 매력도에 중요한 영향을 미친다.

(2) 자사의 경쟁상의 위치

BCG 모델에서는 시장지분만을 경쟁력의 척도로 사용하고 있다. 그러나 국제사업 포트폴리오의 관리에 있어서는 단순히 시장지분을 사용하는 것만으로는 부족하다. 예를 들면 국내시장의 경우에는 주요한 경쟁자라고 해야 3~4개의 회사에 불과한 경우가 대부분이나 국제산업에서 경쟁하는 기업의 수는 그보다 많은 경우가 보통이다. 뿐만 아니라 각국 정부의 규제 때문에 시장지분이 현금유입과 밀접한 관계에 있지 않는 경우도 많다. 따라서 국제사업 포트폴리오를 관리하기 위해서는 시장지분 이외에도 여러 가지 요소들을 고려하여 자기회사의 국제경쟁상의 위치를 결정하여야 한다. [표 6-1]은 시장지분 이외에 기업의 경쟁력평가에 있어서 고려해야 할 요소들을 보여주고 있다.

1) 지식-기술기반

지식-기술기반은 제품의 디자인, 생산, 조사개발, 마케팅능력 등을 포함한다. 이러한 능력은 국제기업의 전략적 능력 가운데에서도 가장 핵심이 되는 능력이며 경쟁기업과 비교하여 평가되어야 한다. [표 6-2]는 국제기업의 지식-기술기반을 경쟁기업과 대비하여 평가하는 방법을 보여주고 있다. [표 6-2]와 같은 매

표 6-1 국제경쟁력평가

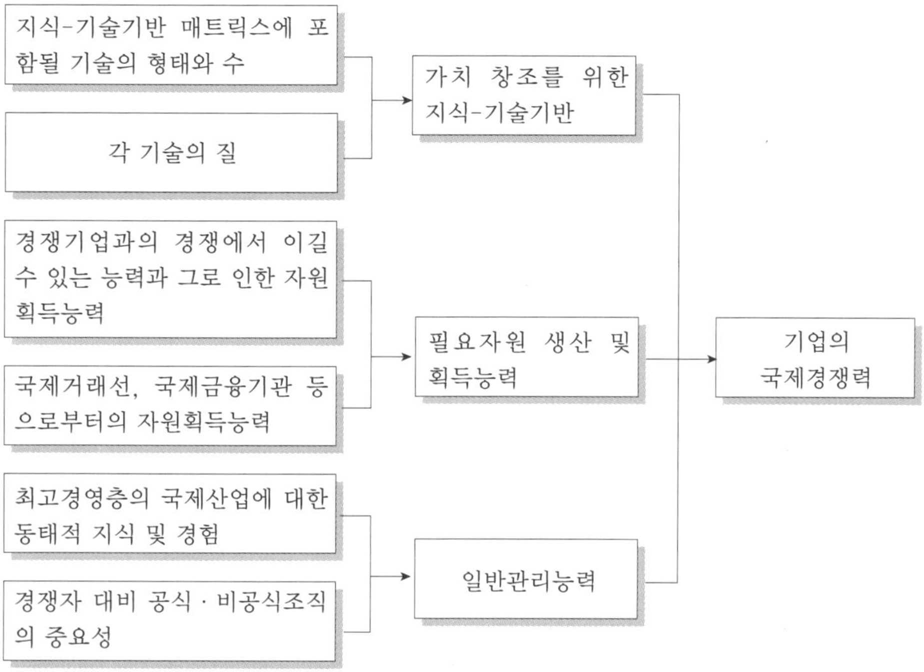

자료: Lenz. p. 232의 변형.

트릭스를 작성하여 경쟁자와 대비하여 자기회사의 지식-기술능력이 어느 정도인가를 측정함으로써 자사의 경쟁상의 위치를 결정하는 한 요소로 이용할 수 있다. 특히 국제기업의 경우에는 앞에서 언급한 여러 가지 경영활동을 분리하여 국제적으로 비교우위가 있는 지역으로 이전할 수 있으므로 각 기업이 지식-기술상의 우위를 확보하기 위하여 세부경영활동을 지리적으로 어떻게 배치하고 있는가도 살펴볼 필요가 있다.

[표 6-3]은 자기회사의 경쟁기업들이 경영활동을 어떻게 국제적으로 배치함으로써 지식-기술상의 비교우위를 확보하는가를 평가하는 데 사용될 수 있을 것이다. 국제기업에게는 경영활동이 이루어지는 장소가 경쟁우위를 제공하는 원천이 될 수 있다. 국제기업은 경영활동을 비교우위가 있는 곳에서 수행함으로써 경쟁우위를 확보할 수 있다. 비교우위의 장소는 경영활동의 종류에 따라 달라진다. 모든 경영활동에 대하여 비교우위를 제공하는 나라란 있을 수 없다. 컴퓨터를 예

표 6-2 지식-기술기반 대비표

지식-기술기반	주요 국제 경쟁기업			
	경쟁기업 A	경쟁기업 B	경쟁기업 C	……
조사개발				
디자인				
생산				
마케팅				
애프터서비스				
⋮				

표 6-3 경쟁기업의 경영활동 배치 매트릭스

세부경영활동 \ 지역	일본	미국	말레이시아	캐나다	……
조사개발					
디자인					
생산					
마케팅					
애프터서비스					
⋮					

로 들면 연구개발은 미국 캘리포니아주의 실리콘 밸리(Silicon Valley)가 비교우위를 가지며, 소프트웨어 생산은 인도가, 컴퓨터부품의 생산은 대만이 비교우위를 가진다. 따라서 국제기업이 경쟁자와 대비하여 자기회사의 지식-기술기반을 평가할 때에는 경쟁기업이 경영활동상의 비교우위를 어떤 나라들로부터 도출하고 있는가를 면밀히 평가할 필요가 있다.

2) 필요자원 획득능력

국제기업이 지식-기술기반을 성공적으로 확충하여 국제경쟁에서 승리하기 위해서는 필요한 자원을 기업의 내외부에서 획득할 수 있어야 한다. 국제기업이 필요로 하는 자원을 획득할 수 있는 능력은 두 가지 원천에 달려 있다. 하나는 일상의 국제경영활동으로부터 자원을 얻는 것이며 다른 하나는 기업 외부로부터 자원을 조달하는 방법이다. 기업 외부로부터 자금을 조달한다는 것은 국제자본시장에서 주식을 발행하거나 국제거래선으로부터 신용을 공여받거나 국제금융기관으로부터 채권의 발행 내지는 차입을 통하여 자원을 확보한다는 것을 의미한다. 따라서 필요자원 획득능력은 기업의 경쟁력을 평가하는 좋은 척도이다. 외부자원의 획득능력은 기업이 국제금융사회에서 얻은 신인도의 함수일 것이다.

3) 일반관리능력

일반관리능력이란 국제기업의 최고경영층과 일반관리자들의 능력과 기업의 관리조직의 능률성을 지칭하는 것이다. 일반관리능력을 평가한다는 것은 국제경영자가 자기사업에 어느 정도의 전문지식을 가지고 있으며 국제적인 사업환경을 분석하여 부족한 지식-기술기반을 파악한 후 필요한 자원을 확보하여 장기목표를 달성할 수 있는 능력을 어느 정도로 보유하고 있는가를 평가하는 것을 의미한다. 국제경영환경은 앞에서 지적하였듯이 보다 복잡하고 동태적이다. 변화하는 국제환경에 전략적으로 대응할 수 있는 국제경영자의 세련된 국제감각은 국제경영자의 일반관리능력의 중추를 이룬다. 변화하는 국제환경에 전략적으로 대응하는 국제기업의 공식 · 비공식조직의 효율성에 대한 평가는 일반관리능력을 측정하는 또 다른 요소이다.

4) 경쟁상의 위치

자기회사가 국제적으로 경쟁기업과 대비하여 어떠한 위치에 있는가를 정확히 평가하려면 앞에서 언급한 바와 같이 자기회사가 보유하는 가치창조를 위한 지식-기술기반이 어떠하며 자기회사가 필요로 하는 자원을 생산하거나 획득할 수 있는 능력은 어떠하고 자기회사의 일반관리능력이 어떠한지를 종합적으로 평가하여야 한다. 그러나 이 세 가지 요소들은 상호보완적인 관계에 있다. 따라서 탄탄한 지식-기술기반을 지니고 있는 기업은 필요한 자원을 생산하거나 획득하는 능력을 기를 수 있을 것이며, 이러한 자원을 이용하여 탁월한 일반관리능력을 개발할 수 있을 것이다. 반대로 일반관리능력이 탁월한 기업은 연구개발, 광고 등의 경영활동의 합리적인 배치를 통하여 경쟁에 승리할 수 있는 지식-기술기반을 확립할 수 있을 것이다. 이를 위해서는 물론 필요한 자원을 생산하거나 획득할 수 있는 능력이 필요할 것이다.

(3) 국제사업 포트폴리오관리

사업의 매력도와 각 산업에서 자기회사가 차지하는 경쟁상의 위치를 사용하여 국제사업 포토폴리오를 관리하기 위해서는 우선 사업의 매력도와 자사의 경쟁상의 위치를 전략 매트릭스에 나타낼 필요가 있다. 앞에서 본 바와 같이 사업의 매력도도 여러 가지 요소들을 고려하여 측정하여야 하며 경쟁력도 여러 가지 요소들을 고려하여 측정하여야 한다. 이와 같이 복수의 요소들을 결합하여 매력도와 경쟁력을 측정하여야 하는 경우에는 각 요소들을 특정한 기준에 따라 등급을 매기고 그 중요도에 따라 가중치를 부여하는 것도 한 방법이다.

1) 매력도와 경쟁력을 지수화하는 방법

국제산업의 매력도를 측정하는 기준으로는 국제시장의 규모, 시장성장률, 정치적 요소, 새로운 기업의 진출위협, 공급원과 구매처의 힘, 대체품의 존재 등이 있다고 하였다. 이 여섯 가지의 요소는 예컨대 다음과 같은 방법을 사용하여 지수로 표시할 수 있다.

① 국제시장의 규모

시장규모	등급
천만불 이상	10
⋮	⋮
1백만불 미만	0

② 시장성장률

시장성장률	등급
30% 이상	10
⋮	⋮
5% 미만	0

③ 정치적 요소

규제 정도	등급
전혀 규제가 없음	10

⋮	⋮
국제거래금지	0

④ 새로운 기업의 진입위협

진입위협	등급
진입위협 없음	10
⋮	⋮
진입위협 심각	0

⑤ 공급원과 구매처의 힘

공급원과 구매처의 힘	등급
공급원과 구매처의 힘이 매우 약함	10
⋮	⋮
공급원과 구매처가 다같이 강력함	0

⑥ 대체품의 존재

대체품	등급
대체품 없음	10
⋮	⋮
강력한 대체품이 있음	0

이와 같이 각 요소별로 등급을 매긴 후 각 요소의 중요성을 감안하여 각 요소에게 가중치를 부여한다. 각 요소의 가중치의 합계는 1이 된다. 그 다음에는 다음과 같은 공식에 의하여 매력도를 지수화할 수 있다.

$$y_j=\sum_{i=1}^{6} w_{ji}f_{ji}(j=1 \cdots\cdots n)$$

y_j는 j산업의 매력도를 나타내며 w_{ji}는 j산업의 매력도를 결정함에 있어서 i요소가 차지하는 중요도를 나타내며 f_{ji}는 j산업의 i요소의 등급을 표시한다. 모든 요소에서 등급 10을 받는다면 그 산업의 매력도는 10이다. 모든 요소에서 등급 0을 받는다면 그 산업의 매력도는 0이다.

국제산업에서 자기회사가 차지하는 경쟁상의 위치도 시장지분, 지식-기술기반, 필요자원의 획득능력, 일반관리능력 등을 위와 같은 방법으로 평가하여 결정할 수 있다. 이제 우리는 국제산업의 매력도와 그 산업에 있어서 자사의 경쟁력을 지수화하였으므로 전략 매트릭스를 구성하여 국제사업 포트폴리오를 관리할 수 있다.

2) 전략 매트릭스와 국제사업 포트폴리오관리

[그림 6-10]은 국제산업의 매력도와 경쟁력으로 대표되는 전략 매트릭스이며 사신을 친 부분은 BCG모델의 스타사업에 해당하는 사업들이다. 사업의 매력도가 높고 그러한 사업들에 있어서 우리 기업이 차지하는 경쟁상의 위치도 강력하다. 이러한 사업들은 장기적으로 유망한 사업들이므로 빨리 성장할 수 있도록 전사적인 지원이 요망되는 사업들이다. 최근의 반도체산업, 통신산업 등이 그 좋은 예이다. 이러한 산업들은 성장률이 높을 뿐만 아니라 전략적으로도 중요하다. 이 산업들을 지배하는 기업과 그러한 기업들을 거느리는 국가가 21세기를 지배하리라는 것이 일반적인 관측이다. 이러한 산업들은 대규모의 투자를 요구하므로 진입장벽도 높고 대규모의 세계적인 기업들이 포진하고 있으므로 기존기업의 보복위협도 높은 산업이다. 이 산업들은 또한 대단히 기술집약적인 산업이기 때문에 비교적 국제무역이 자유로운 산업들이다. 이러한 사업들을 키우려면 지식-기술기반을 대폭적으로 확충할 필요가 있으며, 이에 필요한 자원을 내부적으로 창출하던가 외부적으로 조달할 수 있어야 한다. 이를 위하여 일부 국가들은 이러

그림 6-10 전략 매트릭스

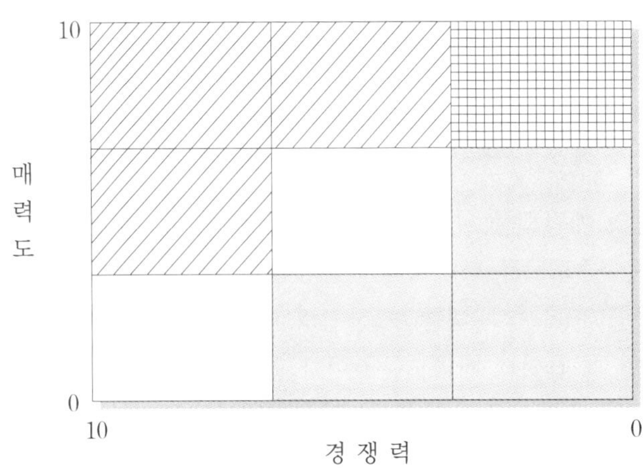

한 산업에서 경쟁하는 자국기업들의 합병을 유도하거나 공동연구개발계획을 추진하거나 장려하는 경향이 있다.

井字무늬의 사업들은 매력도는 높으나 우리 기업의 경쟁력이 낮은 사업들이다. 우주항공, 계측제어, 로케트, 유도탄 등의 산업에 있어서 한국기업의 위치가 여기에 해당한다. 이들 산업은 21세기를 대표할 사업으로 산업의 성장률이 높고 기술 · 자본집약적인 산업이므로 국제무역도 비교적 자유롭고 국제정치의 영향도 비교적 덜 받는 매력적인 산업들이지만 한국기업들의 경쟁력이 약한 산업들이다. 선진국, 특히 미국이나 일본의 기업들에 비하면 지식-기술기반도 취약하며 자원동원능력도 부족하다. 상대적인 기업규모의 영세성으로 내부자원의 창출도 어려울 뿐만 아니라 우리나라 기업에 대한 국제자본의 신인도도 낮아 자원의 외부조달도 어렵고 조달에 따르는 자본비용도 높다. 이 산업들은 말하자면 문제산업들이다. 왜냐 하면 이러한 사업들은 한국기업들이 꾸준히 그리고 빠른 속도로 경쟁력을 강화하지 않으면 대규모의 투자에도 불구하고 국제적인 경쟁회사들의 공세로 인하여 실패할 위험이 큰 사업들이기 때문이다.

LG와 삼성이 처음으로 DRAM을 대량으로 생산하기 시작할 때 일본기업들이 그 동안 자기들이 축적한 생산과 판매에 대한 경험을 이용하여 국제시장에서 DRAM을 덤핑하여 견제를 시도하였던 것이 좋은 예이다. 한 기업의 포트폴리오 내에 이러한 사업들이 많으면 문제가 복잡해진다.

사업의 매력도가 높기 때문에 자원을 대량으로 투입하여 국제경쟁력을 제고할 필요가 있으나 많은 문제사업들 중의 일부는 대량의 자원을 투입하여 경쟁력을 강화하는 데 드는 비용을 정당화하기가 어려운 경우도 있다. 특히 사업경력이 일천하고 선두기업과의 격차가 너무 커서 단독으로 사업을 확장하는 것이 무리인 경우에 그러하다. 이러한 경우에 흔히 채택할 수 있는 전략이 다른 국제기업의 지원을 이용하기 위하여 합작투자나 기타의 방법으로 제휴하는 것이다. 예컨대 프랑스의 컴퓨터 회사인 Compagnie Internationale pour L'informatique는 부족한 자원을 보충하는 방법으로 미국의 Honeywell사와 합작하여 Machine Bull을 설립하였으며 한국의 경우에도 LG는 네덜란드의 필립스사와 합작하여 LCD생산을 위한 LG필립스합작회사를 설립하였다. 그러나 경쟁력을 강화하기 위한 국제기업간의 제휴는 반드시 합작회사의 형태를 취할 필요는 없다.

일본기업들은 장래가 유망한 항공기사업을 강화하기 위하여, 미국의 보잉사와 협력사업(cooperative venture)을 체결하였다. 협력사업은 합작회사와는 달리 일정한 기간이 경과하면 협력이 끝나는 형태이다. 협력사업의 형태로 국제기업과 제휴하면 지식-기술기반이 낮은 동안에는 비교적 불리한 조건으로 국제기업과 협력하게 되지만 협력하는 동안에 지식-기술기반을 강화하여 다음 사업부터는 보다 동등한 협력관계를 확보할 수 있다는 장점이 있다. 한편 단독으로 자원을 대량으로 투입하여 경쟁력을 강화할 수 없거나 국제기업 또는 국내기업과의 제휴를 통하여 경쟁력을 강화할 수 없는 사업의 경우에는 그 사업으로부터 철수하여야 할 것이다.

[그림 6-10]에서 우측 하단의 검게 칠한 부분은 쇠퇴사업들이다. 성장률이 낮고 무역이나 직접투자에 대한 각국 정부의 규제가 높고 제품이나 서비스의 생산에 필요한 기술수준도 낮고 대체품도 많기 때문에 산업의 매력도도 낮을 뿐만 아니라 기업의 경쟁력도 뛰어나지 못한 사업들이다. 예를 들면 가발산업이 이에 해당한다고 볼 수 있다. 최근에는 급격한 원화절상과 후발개도국의 추격 가속화로 한국기업이 그 동안 경쟁우위를 축적해 온 많은 사업들이 쇠퇴사업으로 전락할 위기에 처해 있다. 이러한 사업들은 국제기업들과의 경쟁에서 승리하기 위하여 자원을 투입해도 시장 자체가 매력이 없기 때문에 기업의 성장과 현금흐름에 기여하지 못하는 경우가 보통이다. 이러한 사업들에는 원칙적으로 대규모의 자원을 투입할 필요가 없으며, 적극적인 원가절감이나 가격인상 등을 통하여 단기적인 현금유입의 극대화를 추구하는 것이 현명한 전략이라고 볼 수 있다. 이러한 사업들은 시장지분을 유지하고 성장기회를 포착하기 위하여 현금지출이 필요할 때에도 장기적인 관점에서 이를 포기하고 현금유입을 강화할 필요가 있는 사업들이다. 따라서 이러한 사업들은 폐쇄하거나 처분해야 할 경우도 있을 것이며 이때 사업의 폐쇄나 처분에서 나오는 현금은 보다 매력적인 사업들에 투자되어야 한다.

물론 쇠퇴사업이라고 해서 무조건 현금유입의 극대화만을 추구해야 하는 것은 아니다. 특히 단일사업을 경영하는 기업의 경우에는 국제적으로 수익성 있고 성장가능성이 높은 산업으로 성공적으로 사업전환을 할 수 있다면 다행이나 퇴출장벽이 높아 사업전환이 어려운 경우도 많을 것이다. 그러한 경우에는 부득이 저비용 고품질을 달성하여 쇠퇴산업에서 생존하는 전략을 추구하지 않을 수 없을 것이다.

한편 [그림 6-10]의 대각선상의 흰 부분은 현금창출사업들이다. 이 사업들은 대체로 산업의 매력도가 중간 정도이고 기업의 경쟁력도 중간 정도인 산업들과 시장의 매력도는 낮으나 그 시장에서 기업이 차지하는 경쟁상의 위치가 강력한 사업들로 구성되어 있다 철강, 신발, 섬유 등에 있어서는 한국기업들이 강력한 국제경쟁력을 가지고 있으나 이러한 산업들은 국제적으로 보면 사양산업에 속한다. 신발류와 섬유류의 국제적인 성장성은 컴퓨터나 정보통신산업의 그것보다 낮으며 이러한 상품들의 국제무역은 각국으로부터 수량제한, 자율규제 등 여러 가지 압력을 받고 있다. 한국기업들이 현재 주력하고 있는 사업들이 상당부분 이러한 산업들에 속한다. 이러한 산업들은 원칙적으로 현금유입을 목표로 전략적으로 관리하되 쇠퇴사업의 경우처럼 무자비하게 할 것이 아니라 시장지분을 유지하는 한도 내에서 제품차별화나 원가절감을 선택적으로 구사할 필요가 있다. 따라서 가격도 안정적으로 유지하고 국제마케팅활동도 적절히 수행하며 자본의 투입도 선별적으로 집행할 필요가 있다. 이러한 사업들로부터 나오는 현금흐름은 성장사업이나 문제사업의 확충에 투입되어야 한다.

3. 경제적 부가가치를 이용한 포트폴리오관리

지금까지 우리나라 경영자들은 매출액이나 시장지분의 확대에 큰 비중을 두고 경영해 왔다. 1960년대 초 이후 고도 성장기의 우리나라 경제에 있어서는 성장이 곧 기업의 양적 · 질적 확대를 확보할 수 있는 지름길이었다. 그러나 1990년대에 들어 대외개방의 확대로 국내외 기업 모두를 포함한 기업들간의 경쟁이 날로 치열해짐에 따라 매출액 중심의 양적 확대나 손익계산서 중심의 사고만으로는 더 이상 실질적인 성장이 불가능하게 되었다. 이러한 환경변화를 무시하고 무리하게 양적 확대만을 추구한 기업들은 경영위험의 증대로 생존을 위협받는 상황에 직면하기까지에 이르렀다.

손익 중심적인 경영의 대표적인 성과평가 지표는 경상이익이다. 경상이익은 매출액에서 매출원가 및 판매관리비, 금융비용을 차감한 것이다. 손익 중심적인 경영에서는 이익을 얻는 데 들어간 투자자금이나 자기자본에 대한 기회비용은 고려하지 않는다. 손익 중심적 경영에서는 매출증대를 통한 외형확대와 혁신활동을 통한 원가절감이 중요하다. 고성장 시기의 최우선 과제는 어느 기업이 얼마나 시장을 많이 선점하는가 하는 것이다. 시장 선점을 위한 대규모 투자는 그에 상응하는 이윤을 가져다 주며 이는 경쟁력의 원천이 된다. 시장이 포화되기 전에 매출액을 확대하면 규모의 경제를 통해 효율성이 확보되며 적정이윤이 보장된다. 기업들은 수직적 · 수평적 통합을 통한 사업다각화로 매출액 확대를 추구하는 과정에서 포트폴리오를 구성하는 각각의 사업이 진정한 가치를 창출하고 있는지 살펴볼 필요가 없었다.

고성장기의 핵심전략이 급속한 매출성장과 시장선점을 통한 외형중시경영이라면 저성장기의 핵심전략은 효율성과 수익성 제고를 통한 내실경영이다. 내실경영을 하기 위해서는 손익계산서 중심 경영을 대차대조표도 고려하는 가치중심 경영으로 전환해야 한다. 가치중심 경영에서 성과평가는 이익을 얻는 데 투자한 자금을 투자와 직접적으로 연관시켜 평가한다. 자산의 효율적 이용이 기업에게 있어서 매우 중요함에도 불구하고 이익을 획득하는 데 사용된 자산을 고려하지 않고 이익만을 기준으로 성과를 평가하면 결과는 경영성과의 왜곡으로 나타난다.

가치중심 경영의 대표적인 경영성과 지표는 경제적 부가가치(economic value added: EVA)이다. 경제적 부가가치는 기업이 본원적 사업활동에 투하한 자산이 얼마만큼의 이익을 창출하였는가를 나타내는 지표로서 투하자산 이익률에서 가중평균자본비용을 차감한 후 투하자산을 곱하여 산출한다([표 6-4] 참조).

투하자산 이익률은 다시 매출액 이익률과 투하자산 회전율로 구성된다. 즉, 가치중심 경영에서는 손익 위주의 평가기준인 매출액 이익률과 더불어 사업에 투하된 자산이 1년에 얼마만큼의 매출을 창출하는가를 측정하는 투하자산 회전율을 관리한다. 이제까지 우리나라 기업들은 투하자산 회전율을 소홀히 해 왔다. 예컨대 한국의 대기업과 미국 및 일본기업의 고정자산 회전율을 비교해 보면 많은 차이가 있다. 최근의 한 연구에 의하면 미국과 일본기업의 고정자산 회전율이 각각 3.2회전, 3.8회전인 데 비해 우리나라의 대기업의 고정자산 회전율은 2.1회전에 불과하다. 이는 우리나라의 대기업들이 미국 및 일본기업들과 비교할 때 동일한 매출을 올리기 위해서 훨씬 많은 투자를 하고 있음을 의미한다.

한편 자본비용의 경우에도 단지 타인자본에 대한 금융비용뿐만이 아니라 이제까지 간과해 왔던 자기자본에 대한 비용까지도 인식해야 경영성과를 올바르게 평가하는 척도를 마련할 수 있다. 기업은 자본시장으로부터 조달한 자본을 효율적으로 운영함으로써 최대한의 이익을 창출해야 한다. 타인자본이든 자기자본이

표 6-4 경제적 부가가치

경제적 부가가치(EVA)=(투하자산 이익률－가중평균자본비용)×투하자산
단, 투하자산 이익률=매출액 영업이익률×투하자산 회전율
매출액 영업이익률=영업이익/매출액
투하자산 회전율=매출액/투하자산
가중평균자본비용=(타인자본비용+자기자본비용)/투하자산
투하자산=순고정자산+운전자본+기타 사업용 자산

든 기업에게 자본을 투입하는 투자자들은 투자자본에 대해 일정 수준의 대가를 기대한다. 이 대가는 자본의 기회비용이며 자본비용은 조달된 자본이 벌어들여야 하는 최소한의 수익률이다. 예를 들어 어떤 기업의 자본비용이 10%라면 그 기업은 조달된 자금을 운영하여 10% 이상의 이익을 올려야 한다. 기업이 지속적으로 성장하려면 자본의 생산성이 자본비용을 초과해야 한다. EVA는 매출액 영업이익률에 투하자산 회전율을 곱한 투하자산 이익률과 가중평균자본비용을 동시에 고려한다는 점에서 기업의 가치를 잘 반영하는 척도라고 할 수 있다. 이러한 EVA를 전략사업단위의 평가에 이용하면 기업전략의 일환으로 이용할 수 있다. [그림 6-11]은 매출액 영업이익률과 투하자산 회전율을 가지고 사업 포트폴리오를 관리하는 방법을 보여주고 있다.

매출액 영업이익률이 높고 투하자산 회전율이 높은 사업은 EVA가 크므로 자원을 투입하여 사업을 확대해야 한다. 반면에 영업이익률이 낮고 투하자산 회전율이 낮은 사업은 EVA가 작은 사업이므로 철수를 고려해야 하는 사업이다. 가운데 있는 사업들은 영업이익률은 높은데 투하자산 회전율이 낮든가, 영업이익률은 낮은데 투하자산 회전율이 높은 사업이다. 이러한 사업들은 상황의 변화가 없는 한 현상유지가 적당한 사업들이다.

EVA와 비슷한 성과측정 방법으로 시장부가가치(market value added: MVA)방법이 있다. 이 방법은 기업의 시장가치와 장부가치의 차이로 경영성과를 평가하는 방법이다. 기업의 시장가치는 주식의 시장가격에 부채의 시장가치를 더한 값이다. EVA는 경영성과를 정확히 측정하는 방법이기는 하지만 사업의 미래 유망성을 반영하지 못할 수 있다는 결점이 있다. 예컨대 미래가 촉망되는 사업이나 현재는 투자만 이루어지기 때문에 투자회전율도 낮고 영업이익률도 낮은

그림 6-11 EVA를 이용한 포트폴리오관리

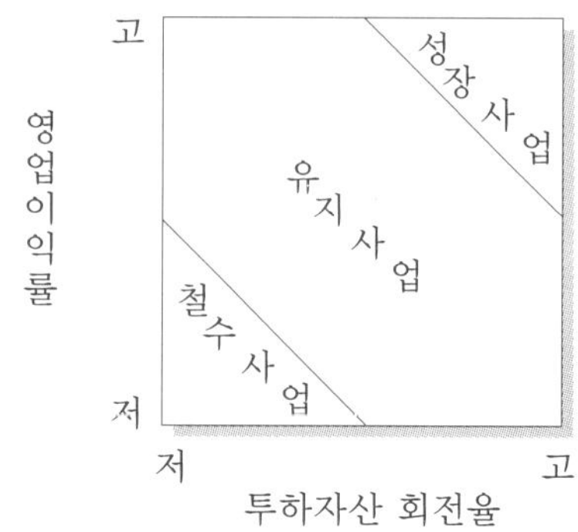

사업의 경우 EVA에 따르면 그 사업은 철수해야 하는 사업이다. 그러나 MVA를 이용하면 시장이 잠재력을 인정하는 사업은 철수의 대상에서 제외될 것이다. 그러나 MVA는 어떤 사업이 독립회사로서 주식시장에 상장되어 있을 때에만 사용 가능하다는 점에서 제약이 따른다.

4. 전략적 재평가

국제 포트폴리오관리가 성공하려면 사업 포트폴리오의 전략적 관리가 전략 계획의 수립, 전략적 재평가와 경영자의 관리를 통하여 계속적으로, 그리고 반복적으로 수행되어야 한다. 국제사업 포트폴리오의 전략적 관리는 국제사업 포트폴리오 내의 사업들의 전략적 위치를 결정하고 결정된 위치에 따라 사업들을 전략적으로 관리하는 것이다. 그러나 단순히 사업들을 스타산업, 쇠퇴산업 등으로 분류했다고 해서 문제가 해결되는 것은 아니다. 따라서 전략사업단위라는 개념이 성공하자면 다음과 같은 점들에 유의하여야 한다.

(1) 세부전략의 수립

전략사업단위들을 성장사업, 현금창출사업, 문제사업, 쇠퇴사업 등으로 분류하여 구분한다고 하여 성공적인 전략적 관리가 자동적으로 이루어지는 것은 아니다. 국제사업 포트폴리오관리가 성공하려면 사업전략, 직능전략 등과 같은 전략적 세부목표와 행동계획들을 수립하여 실시하여야 한다. 특정한 산업에서 국제경쟁자들과 어떠한 수단으로 경쟁해서 승리할 것인가에 대한 구체적인 계획 없이는 국제사업 포트폴리오관리가 성공할 수 없다. 따라서 국제기업은 각 사업을 둘러싼 산업환경, 산업 내의 기술변화, 산업 내 경쟁자의 동향 등을 면밀히 분석하여 주요한 성공요인과 주요한 위험요소들을 식별하고 이를 면밀히 분석하여 효과적인 전략을 수립하여야 한다.

(2) 전략적 재평가

사업의 매력도와 기업의 경쟁력은 시장상황이 변하거나 산업 내의 기술이 변하면 바뀔 수 있다. 국제자동차산업이 좋은 예인바, 국제자동차산업의 성장률이 낮아지고 자동차생산기술이 미국 등 서방 선진국들로부터 일본을 거쳐 한국, 말레이시아, 브라질, 유고 등으로 확산되자 미국의 자동차산업은 스타산업의 위치를 유지할 수 없게 되었다. 따라서 단 한 번 사업단위를 평가하여 전략적 위치를 선정하는 것만으로는 불충분하며 정기적으로 1년 또는 2년마다 변화하는 시장상황에 맞추어 각 사업단위에 대해 전략적 재평가를 실시하여야 한다.

(3) 경영관리

위에서 우리는 성숙산업은 현금유입을 목적으로 관리하여야 한다고 주장하였다. 그러나 융통성 없는 관리는 오히려 실패를 자초할 위험도 크다. 예를 들면 우리가 특정한 사업을 현금창출사업으로 지정하고 그 사업에는 새로운 투자도 아니하고 수확하려고만 한다면 그 사업부문 조직원들의 사기가 저상하고 실적이 나빠질 수 있다. 또한 위에서 언급한 전략적 관리는 제품의 수명주기를 가정하고 있다. 즉, 새로운 사업이 도입되어 성장하고 성숙기를 거친 후 쇠퇴하는 과정을 가정하고 있는 셈이다. 그러나 면방산업의 예에서 볼 수 있는 바와 같이 성숙산업이 수요의 변화로 성장산업화하는 가능성도 무시할 수 없다. 뿐만 아니라 성장률이 낮은 산업에서도 적절한 사업전략을 구사하여 평균 이상의 수익률을 올리고 있는 기업도 적지 않다. 따라서 성숙산업의 경우에도 혁신의 도입에 따른 수익성확보의 가능성을 간과해서는 안 되며 필요에 따라서는 적절한 투자를 허용함으로써 그 사업에 종사하는 조직원들의 사기를 진작시키고 기회가 오면 그 사업을 활성화할 수 있는 여지를 남겨둘 필요가 있다. 물론 모든 점을 고려했을 때 회생가능성이 없는 사업이면 수확전략의 추구가 불가피할 것이다.

또 하나 경영관리에 있어서 주의할 점은 전략사업단위 개념을 채택한 후에도 경영자에 대한 보상을 실적기준으로 한다든지 자금배분을 수익률에 따라서 한다든지 하면 성공할 수 없다는 것이다. 전략적 관리가 성공하려면 실적평가도 국제시장 매력도와 국제시장에서의 기업의 상대적 경쟁력을 종합적으로 고려한 표준을 정하고 실적이 표준과 대비하여 어떠한지를 평가하는 식으로 이루어져야 한다. 경영자에 대한 보상도 현재의 이익수준에 따라 지급할 것이 아니라 현재의 이익수준과 미래에 예상되는 이익수준을 적절히 평가하여 지급하여야 한다. 사업을 담당할 경영자의 배치 역시 합리적으로 이루어져야 한다. 예를 들어 현금창출사업에 저돌적인 사업확장형 경영자를 배치한다면 전략적 관리가 성공하기 어렵다.

국제사업 포트폴리오관리는 다각화된 국제기업들이 다양한 국제사업들을 관리하는 데 사용할 수 있는 강력한 수단이다. 그러나 국제기업의 사업다각화가 전세계적으로 주요한 추세인 것은 사실이나 대규모의 국제기업 중에서도 아직 사업다각화에 적극적으로 나서지 않은 기업도 많다. 이러한 단일산업기업들의 경우에는 국제사업 포트폴리오관리가 해당이 없는 것으로 생각하기 쉽지만, 이러한 기업들도 국제사업 포트폴리오 개념을 이용할 수 있는 방법이 있다. 한 가지 방법은 기존의 단일제품-시장을 새로이 세시장들로 분해하여 매력도가 높은 세시장에 자원을 집중하는 방법이다. 국제철강산업의 예를 들면 일반적으로 철강제품에 대한 수요 성장률은 낮으나 특수강수요의 성장률은 높다. 또 다른 방법은 단일제품사업에서 나오는 자원을 이용하여 새로운 스타사업을 개발하는 방법이다. 새로운 스타사업은 다른 기업을 흡수합병하여 개발할 수도 있고 내부적으로 개발할 수도 있을 것이다.

위에 언급한 방법들은 장점도 있지만 문제도 없지 않다. 예를 들면 시장 세분화에는 시간, 자금 그리고 경영기술이 투입되어야 한다. 그러나 단일산업에 종사하는 소규모 기업들은 시간과 자금 그리고 전략을 변경할 수 있는 기술을 동시에 보유하기가 어렵다. 시간과 자금 그리고 기술을 다 갖추고 있는 경우에도 새로운 사업의 개발보다는 익숙한 기존사업에 대한 재투자가 희소자원의 배분에 있어서 우선순위를 차지하는 경향이 있다. 성숙산업에서 경쟁하는 단일사업기업이 직면하고 있는 이와 같은 전략적 딜레마는 기업의 경영층과 사회가 다같이 대처해야 하는 중요한 도전인 셈이다.

제 7 장 신사업진출전략

국제사업 포트폴리오의 전략적 관리는 사업 포트폴리오에 포함되어 있는 사업들의 전략적 위치를 결정하고, 결정된 위치에 따라 사업들을 전략적으로 관리하는 것을 말한다. 그러나 이러한 국제사업 포트폴리오의 전략적 관리는 이미 포트폴리오에 포함되어 있는 사업들을 어떻게 전략적으로 관리할 것인가 하는 문제를 해결하는 데에는 도움이 되지만, 격변하는 국제환경 속에서 새로운 분야의 사업에 진출하는 데에는 별로 도움이 되지 않는다. 그러나 변화하는 기술과 수요에 부응하여 새로운 사업을 자체적으로 개발하든지 또는 다른 회사를 매입하거나 합병하여 신사업에 진출하지 않는다면 그 기업의 국제적 지위는 시간이 감에 따라 사업 포트폴리오가 성숙하고 결국은 쇠퇴하게 되어 경쟁기업들로부터 위협을 받게 된다. 따라서 기업의 최고경영층이 수행해야 할 중요한 임무 중의 하나가 새로운 사업을 개발하여 기존의 사업 포트폴리오의 균형을 유지시키고 지속적인 성장과 수익률의 개선을 기하는 것이다.

새로운 사업에 진출하는 방법은 여러 가지가 있다. 예를 들면 기존의 사업에서 축적한 핵심기술을 바탕으로 새로운 사업에 진출하는 내부개발형도 있고, 다른 회사를 매입하거나 합병하는 방법도 있다. 또한 다른 회사와 협력하여 합작회사의 형태로 새로운 사업에 진출하는 형태도 있다. 어떠한 형태를 취하든지 간에 새로운 사업으로의 진출은 주도자가 누구인가에 따라 정부주도에 의한 신산업진출과 기업 독자적인 신사업진출로 구분할 수 있으며, 진출내용에 따라서는 관련사업다각화와 비관련사업다각화로 구분할 수 있다. 우리나라 기업들, 특히 대기업들은 과거 정부의 주도하에 신사업으로 진출한 경우가 많으며, 또 그렇게 해서 새로운 사업에서 성공한 경우도 적지 않다. 정부주도에 의한 신사업진출과는 달리 독자적인 신사업진출은 기업이 정부의 지도를 받지 않고 신사업에 진출하는 것으로 정부의 금융지원이 따르지 않는 등 위험이 없는 것은 아니나 최근의 변화된 국제환경하에서는 앞으로 대부분의 신사업진출이 이러한 형태를 취해야 할 것이다.

한편 관련사업다각화란 컴퓨터기업이 정보통신산업으로 진출하는 것과 같이 기업이 이미 보유하고 있는 핵심기술을 연장하여 관련산업으로 진출하는 것이다. 비관련사업다각화는 기업이 현재 참여하고 있는 제품시장과 전혀 관계가 없고 요구되는 기술도 전혀 다른 분야로 진출하는 것이며, 예컨대 컴퓨터회사가 인스턴트식품산업으로 진출하는 것이 좋은 예이다. 관련사업다각화든 비관련사업다각화든 새로운 사업의 개발에 성공하려면 몇 가지 점에 유의하여야 한다.

본장에서는 우선 정부주도에 의한 신산업진출에 대해서 알아보고 독자적인 신사업진출을 위한 고려사항과 관련 · 비관련사업다각화로 신사업에 진출하여 성공하는 데 필요한 요소들에 대해 알아보고자 한다.

제 1 절 정부주도에 의한 신산업진출

지난 40여 년에 걸쳐 우리 경제는 높은 성장률을 기록했으며, 특히 제조업은 수출주도형 공업화전략에 따라 연평균 두 자리 수의 높은 성장을 기록하였다. 이와 같은 제조업의 성장에 힘입어 우리나라의 산업구조는 꾸준히 고도화되었으며, 특히 1970년대 중반 이후 정부에 의한 중화학공업의 적극적인 육성과 이의 수출산업화에 성공함으로써 우리나라의 산업구조와 무역구조는 크게 고도화되었다.

이러한 경제적 성장에 있어서 뚜렷한 특징의 하나는 정부주도에 의한 성장이었다는 것이다. 1960년대에 제 1 차 경제개발계획이 실시된 후 정부는 부족한 자연자원, 늘어나는 인구, 부족한 기술, 뒤떨어진 경영기법이라는 도전에 직면하여 국가의 생존이라는 기치를 내걸고 경제성장전략을 적극적으로 추진하였다. 경제성장은 국가의 생존과 번영이 걸려 있는 문제였기 때문에 공공부문과 민간부문을 포함하는 모든 국민에너지의 동원을 필요로 했으며, 따라서 정부주도에 의한 경제성장은 자연스러운 것이었다고 볼 수 있겠다.

그러나 정부가 추진한 정책 중에서 정부주도에 의한 신산업진출만큼 큰 논란의 대상이 된 것도 찾아보기 어렵다. 정부주도에 의한 신산업진출은 대내적으로는 소수 특정기업들에 대한 특혜시비를 일으켰고 대외적으로는 불공정경쟁이라는 비난과 함께 상계관세부과 등의 무역마찰을 야기시키는 계기도 되었던 것이다.

1. 정부주도에 의한 신산업진출

정부는 의식했든 안했든간에 국제경쟁력 있는 새로운 산업을 육성하고자 할 때에는 대략 [그림 7-1]에 나타나 있는 과정들을 밟았다. 정부는 기업들에게 앞으로 우리나라의 경제성장에 크게 기여할 잠재력이 있는 새로운 산업들을 제시함과 동시에 기업들에게 여러 가지 지원을 제공했다. 정부는 우선 무위험, 저리의 정책자금을 공급함으로써 새로운 산업에 참여하는 기업들이 직면하는 사업위험을 줄여 주었다.

기업이 사업을 함에 있어서 직면하는 위험에는 이익의 변동에서 오는 사업

그림 7-1 정부의 신산업육성과정

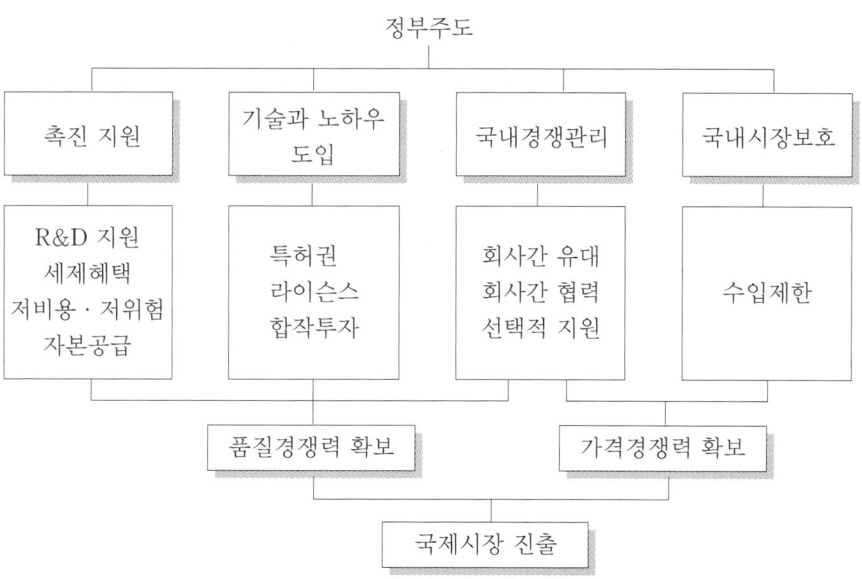

위험과 과도한 부채를 짐으로써 이자나 원금을 상환하지 못해 파산할지도 모른다는 데서 오는 재무위험이 있다. 재무관리이론에 의하면 사업위험이 높으면 부채를 줄여 재무위험을 낮추고 사업위험이 낮으면 부채를 늘려 재무위험이 높아져도 괜찮다. 예를 들면 매출이 비교적 안정적인 라면회사는 부채를 많이 져도 되지만 매출이 불안정한 첨단산업에 참여하려는 기업은 자기자본을 많이 가지고 시작해야 한다. 신사업은 말 그대로 새로운 사업이기 때문에 사업위험이 높으며 정부는 자기자본이 부족한 우리나라 기업들에게 준 자기자본적 성격의 정책자금을 공급함으로써 참여기업들의 재무위험을 줄여 주고자 했던 것이다.

정부는 또한 기업들에게 기술개발자금을 공급하고 외국으로부터의 기술도입과 외국기업과의 합작회사설립을 인가함으로써 산업능력의 개발을 뒷받침했다. 정부가 산업능력을 개발하기 위하여 취한 또 하나의 조치는 참여제한, 경쟁제한이다. 신산업에 참여할 기업을 소수로 제한하고 참여가 허용된 기업들을 각기 산업 내의 특정한 부분에 배치함으로써 정부는 중복투자 없이 빠른 시일 내에 산업능력을 배양하고자 했던 것이다. 정부는 이와 같이 정책금융 제공, 기술력 배양 및 경쟁제한을 통하여 기업들이 국제시장에서 경쟁할 수 있는 품질의 제품을 개발하도록 유도했다.

정부는 제품의 품질확보에만 힘썼던 것은 아니다. 관세·비관세장벽을 통한 수입제한으로 국내기업들에게 국내시장을 보장하고 참여기업 수의 제한을 통해 소수의 기업들만이 국내시장경쟁에 참여케 함으로써 기업들에게 규모의 경제를 이용한 비용절감으로 가격경쟁력을 배양할 기회를 제공했다. 이러한 과정을 통해 한국의 신산업과 신산업에 참여한 기업들은 국제경쟁력을 보유하게 된 것이다. [그림 7-1]은 이러한 정부주도에 의한 신산업진출 과정을 보여준다.

우리나라 정부가 주도한 이런 유형의 산업정책은 자동차산업, 철강산업, 조선산업 그리고 최근의 항공산업육성에서 그 예를 찾아볼 수 있다. 그러나 이러한 산업정책이 성공하려면 몇 가지 조건이 충족되어야 한다.

첫째로, 대량생산이 가능한 산업이어야 한다. 자동차산업을 예로 들면 세계적으로 매년 약 3천만 대 이상의 자동차가 생산된다. 따라서 자동차산업은 규모의 경제와 경험효과가 중요한 산업이다. 따라서 자동차산업에서는 수입제한을 통한 경험축적과 소수기업을 중심으로 한 최신식 대규모 공장의 건설이 국제경쟁력 배양에 상당히 중요한 역할을 할 수 있다. 그러나 민간항공기산업과 같이 1년에 전 세계적으로 생산되는 항공기의 대수가 몇백 대에 불과한 산업에서는 수입 제한이나 경쟁제한에 따른 규모의 경제 이용에는 한계가 있다.

둘째로, 시장가변성이 제한적이어야 한다. 시장수요의 진폭이 큰 사업은 우리나라와 같이 종업원 해고가 어려운 환경에는 잘 맞지 않는다. 예컨대 항공산업은 수요의 변동폭이 커서 고용불안전성이 대단히 높다. 보잉사의 예를 보면 민간 항공기 수요가 클 때에는 종업원의 수가 150,000여 명에 달하나 항공기산업이 불황에 빠지면 약 100,000명 정도를 해고하여 고용인원을 50,000명 정도로 줄인다. 고용불안정성이 이 정도로 높으면 그러한 산업을 육성한다는 것이 우리나라 실정에는 어울리지 않는 면이 많다.

셋째로, 신기술개발보다는 공정기술 혁신이나 투입품의 비용수준이 중요한 산업이어야 한다. 후발기업이 신산업에서 국제경쟁력을 가지려면 특정산업 내의 기술변화가 너무 빨라서는 선발기업을 따라 잡기가 어렵다. 그러나 노무비가 차지하는 부분이 크다든지 공정혁신을 통한 비용절감 경쟁이 중요한 산업이라면 임금이 낮은 국가의 후발기업들이 국제경쟁력을 갖게 될 가능성이 커진다.

2. 국내외 환경변화와 산업정책

우리나라 정부와 관리들은 그 잘잘못은 차치하고 과거에 소위 산업정책을 통하여 우리나라 경제와 우리나라 기업의 국제경쟁력 배양에 음으로 양으로 개입해 왔음은 부인할 수 없는 사실이다. 그러나 변화된 국제경영 환경하에서는 과거와 같은 정부의 개입방식이 더 이상 유효할 수 없다는 징후가 도처에서 나타나고 있다.

우선 경제·사회의 민주화가 진행되어 주택건설, 의료보험의 확대 실시 등 사회정책적 자금수요가 급증함에 따라 정부예산 중에서 기업의 국제경쟁력 배양에 배정할 수 있는 몫이 자꾸만 줄고 있다. 또한 정부의 재정규모에 대비해 볼 때 기업의 규모가 과거에 비해 엄청나게 커졌고 앞으로 시작해야 할 산업들은 반도체의 경우에서 보는 바와 같이 투자비가 천문학적인 숫자이기 때문에 정책자금 제공이 한계에 와 있다.

기술도입 역시 선진국들, 특히 일본이 우리나라에 대해 갖고 있는 경계심 때문에 과거와는 달리 여의하지 않다. 산업에의 참여제한 역시 민간기업의 규모가 커지고 민간주도경제로 이행함에 따라 이미 그 유용성을 상실한 지 오래다. 수입제한에 의한 국내시장보호는 GATT의 우루과이 라운드협상과 WTO의 출현, 선진국 특히 미국의 압력 때문에 이제는 가능한 일이 아니다. 이렇게 보면 여태까지 우리나라 경제와 우리나라 기업의 성공공식으로 작용해 왔던 정부의 역할은 환경의 변화로 인하여 전환을 강요받고 있는 셈이다. 현재 우리나라 경제와 우리나라 기업이 국제시장에서 고전하고 있는 것은 이미 과거의 성공공식은 효과를 잃었는데, 그것을 대체할 마땅한 다른 공식을 찾는 데 실패한 데에도 일부 원인이 있는 것이다.

그러면 새 시대에 정부가 해야 할 일은 무엇인가? 우선 정부는 정책금융을 대신해서 기업이 사업을 함에 있어서 느끼는 위험을 줄일 정책수단을 개발할 필요가 있다. 그 방법은 새로운 자금원의 개발보다는 정부정책의 일관성을 제고함으로써 기업이 정부를 믿고 사업을 추진할 수 있도록 하여야 할 것이다. 정부정책의 일관성을 제고하는 데에는 여러 가지 방법이 있겠으나 규제완화도 그 방법의 하나이다.

규제가 많으면 빈번한 규제의 변경 내지는 변경가능성과 규제실시를 맡고 있는 관료들의 자의성이 기업경영의 불안정성을 높인다. 정부는 또한 날로 어려워져 가는 외국기술도입에 의한 기술력 배양을 대신할 정책수단을 개발해야 한다. 그것을 위해서는 과학기술교육을 중점 지원하고 세계적 수준의 과학기술연구소의 설립과 육성에 노력해야 할 것이다.

정부는 또한 산업 내 경쟁을 제한하던 과거와는 달리 산업 내 경쟁을 촉진할 수단을 강구해야 한다. 우리나라 산업을 들여다 보면 국제경쟁력 있는 산업은 국내경쟁이 치열한 산업이다. 마지막으로 정부는 과거와는 달리 수입을 제한할 것이 아니라 과감히 국내시장을 개방함으로써 지구적 차원의 경쟁이라는 세계의 조류를 리드해야 한다. 쇄국이 얼마나 국가백년대계를 해치는 일인가는 지금의 북한, 그리고 쇄국정책으로 나라를 잃은 조선왕조가 웅변하고 있다.

제 2 절 독자적인 신사업진출

새로운 사업은 문자 그대로 새로운 사업이기 때문에 성공하기가 쉬운 일이 아니다. 기업이 독자적으로 새로운 산업에 진출하고자 할 때에는 다음과 같은 몇 가지 점들을 우선적으로 고려할 필요가 있다.

1. 신사업진출에 있어 고려할 점

(1) 사업의 매력도

앞에서 우리는 매력도를 측정하는 척도로 국제시장의 규모, 성장률, 무역규제 등의 정치적 요소, 진입장벽, 공급원과 구매처의 힘, 대체품의 존재 등을 열거하였다. 새로 진출하려는 산업의 국제시장규모가 크고 성장률도 빠르며 기술집약적이어서 각국의 정부로부터 무역규제를 덜 받으며 진입장벽이 높아 일단 진입한 기업은 평균보다 높은 수익률을 얻을 수 있으며 공급원과 구매처의 힘도 약하고 대체품이 존재하지 않는다면 매력적인 사업이라고 할 수 있다. 그러나 새로이 진출하려는 산업은 기업이 진출할 당시에 반드시 매력도가 높아야 할 필요는 없으며, 그 산업이 충분한 잠재력을 발휘하기 전에 진출하는 것이 오히려 진출하기도 쉽고 나중에 높은 수익률을 얻는 방법이 될 수 있다. 특히 자기회사가 새로이 그 산업에 진출함으로써 진입장벽을 높일 수 있다면 먼저 진출함으로써 산업의 매력도가 높아지게 될 것이다.

새로운 사업을 선정할 때에 매력이 없는 사업이지만 가격이 싸기 때문에 진출하는 것은 삼가야 한다. 그 이유는 다른 회사를 매입하여 새로운 사업으로 진출할 때에 저렴한 가격으로 회사를 매입한다고 하여도 거기서 오는 이익은 매입 당시의 이익에 국한되며 국제경쟁에서 생존하기 위해서는 결국 추가적인 자원을 투입하지 않을 수 없게 된다. 따라서 시간이 감에 따라 저렴한 매입가격에서 오는 이점은 없어지고 좋지 않은 국제산업구조와 국제경쟁환경에서 오는 불이익만 커진다. 또한 앞에서 언급한 여러 가지 요소들을 종합적으로 고려하여 산업의 매력도를 결정하지 아니하고, 하나 또는 몇 개의 요소들만 보고 특정한 산업의 매력도가 높다고 판단하고 진출하는 것도 좋은 방법은 아니다. 예를 들면 단순히 국제시장의 성장률이 높다고 어떤 산업에 진출하면 무역규제나 과당경쟁 때문에 평균 이하의 수익률을 올리게 되는 경우도 있을 것이다. 그 좋은 예가 국제비디오 테이프시장이다. 국제비디오 테이프시장은 한동안 성장률이 높은 시장이었지만 진입장벽이 낮고 공급원과 구매처의 힘이 강력하기 때문에 심한 가격경쟁이 일어나 매력없는 산업이 되고 말았다.

(2) 시장과 기술에 대한 지식

기업이 새로이 진출할 사업을 선택할 때에 자기회사가 그 사업의 시장과 그 사업의 성공에 필요한 기술을 이해하고 있는 산업에 진출하면 성공할 가능성이 높다. 포트폴리오분석에 있어서 사업의 전략적 위치는 단순히 시장의 매력도에 의해서만 결정되는 것은 아니며 스타산업이 되려면 매력도도 높고 경쟁력도 높아야 한다. 경쟁력을 구성하는 중요한 요소가 지식-기술기반임을 우리는 앞에서 보았다. 따라서 기업이 진출대상산업의 마케팅과 유통구조의 특성에 대하여 상세한 지식을 보유하고 있으며, 기존의 연구개발노력과 기술을 새로운 사업에 연장하여 적용할 수 있거나, 그러한 것들을 조금씩 변경하거나 개량하여 새로운 사업에 이용할 수 있다면 성공할 가능성이 높아진다. 새로이 진출할 사업의 시장이나 그 사업이 필요로 하는 기술 또는 시장과 기술 모두가 기업에게 생소한 것이라면 시장개발과 기술개발에 투입되는 비용이 너무 커서 성공하기가 어려워진다. 새로운 사업에 진출해서 상당한 기술개발에 성공한다 하더라도 기술을 상품화하기까지에 소요되는 비용 때문에 그 사업을 포기해야 하는 경우도 적지 않다.

물론 기업이 시장과 기술에 대한 지식을 보유하고 있다고 하여 새로운 사업에서 반드시 성공한다는 보장은 없다. 기업이 시장과 기술에 대하여 아무리 많은 지식을 가지고 있다고 하더라도 그 산업이 본질적으로 매력이 없는 산업이면 실패하기 쉽다. 따라서 현재 매력이 없는 사업들을 가지고 있는 기업은 새로운 사업을 시작할 때 현재의 시장이나 기술과는 전혀 관련이 없는 다른 분야로 진출하는 것이 보다 바람직할 수 있다. 최근에 섬유회사들 중의 일부가 전자산업에 진출했거나 진출을 모색하고 있는 것이 그 좋은 예이다.

(3) 적절한 진출비용

기업은 내부개발을 통하여 새로운 사업에 진출할 수도 있고 다른 회사를 매입하여 진출할 수도 있다. 어느 경우를 막론하고 새로운 산업에 진출하려면 인적·물적 자원이 투입되어야 한다. 그러나 진출비용이 너무 높으면 수익률이 높아도 성공하지 못할 가능성도 크다. 미국의 필립 모리스사는 높은 가격을 지불하고 Seven-Up Company를 매입하였으나, 결국은 그 회사를 처분하지 않을 수 없었다. 문제는 일반적으로 매력적인 산업에 새로 진출하는 데에는 많은 비용이 든다는 것이다. 매력적인 산업은 예컨대 진입장벽도 높고 기존의 기업들로부터 견제를 받을 가능성도 높다. 따라서 높은 진출비용을 부담하지 않을 수 없게 된다. 그러나 기업은 특정한 상황하에서는 진출비용을 줄일 수 있다. 예를 들면 새로운 산업에 진출하는 기업이 그 산업에 필요한 자산이나 기술을 기존의 사업으로부터 차용할 수 있거나 그 산업 내의 경쟁에서 승리할 수 있는 혁신적 기술이나 마케팅 능력을 새로이 개발할 수 있다면, 그 기업은 진출비용을 낮출 수 있다. 새로운 사업에 진출하는 기업 중에서 일부 기업은 세계적인 명성 때문에 기존기업들로부터 보복을 덜 받을 가능성도 있다. 그 이유는 새로 진출하는 기업이 규모가 크거나 많은 잉여자원을 보유하고 있거나 기존의 시장질서를 교란하지 않을 것이란 전제가 가능하기 때문이다.

(4) 기존의 사업 포트폴리오와의 적합성

앞에서 우리는 기존의 사업으로부터 새로운 사업으로 어떻게 지식과 기술을 이전하여 새로운 사업에 성공적으로 진출할 수 있는가 하는 문제에 대하여 알아보았다. 그러나 중요한 것은 새로운 사업이 기존의 사업을 보완하고 성장시킬 수 있는지 여부도 따져 보아야 한다. 만약에 새로운 사업이 기존의 사업을 침해하여 사업의 종류만 바뀔 뿐 기업 전체의 매출액과 성장률에는 별다른 변화가 없다면 새로운 사업에 진출하는 것을 재고해 볼 필요가 있다. 물론 기존의 산업이 새로운 산업에 의하여 대체되는 과정에 있다면 위와 같은 현상이 일어나도 새로운 산업에 진출해야 할 것이다. 그러나 기존사업과 신사업이 대체적인 관계에 있지 않다면 새로 시작하는 사업에서 얻은 지식과 기술이 기존의 사업을 보강하는 경우가 이상적이다.

본절에서 우리는 새로운 사업을 시작할 때에 고려할 점에 대하여 알아보았다. 그 밖에도 새로운 사업에의 진출은 한꺼번에 많은 사업에 새로이 진출할 것이 아니라 하나씩 시작하는 것이 성공할 가능성이 크다. 새로운 사업은 새로운 사업이기 때문에 많은 자원이 투입되어야 하며 습득해야 할 지식과 기술도 많으며 새로운 사업을 포용하기 위한 조직의 개편도 필요하게 된다. 이와 같이 복잡한 전사적 노력이 필요한 새로운 사업의 시작을 여러 분야에서 동시에 한다면 자원의 분산과 위험의 증가로 어느 하나의 사업에서도 성공할 가능성이 줄어든다.

특히 국제적으로 매력 있는 산업은 진입장벽도 높고 대규모의 국제기업으로부터의 견제도 크기 때문에 신중히 한 분야씩 진출할 필요가 있다.

2. 관련사업 다각화

기업의 다각화를 어떻게 분류할 것인가에 대해서는 여러 가지 의견이 많다. 기업이 성장을 추구하는 방법에는 여러 가지가 있을 수 있다. 기업이 취급하는 기존의 상품을 개량하거나 그 상품에 대한 판촉을 강화하여 시장점유율을 확대하는 것도 한 방법이고 기존상품의 새로운 시장을 국제적으로 개척해 나가는 것도 한 방법이다. 또한 새로운 상품을 개발하여 이미 확보하고 있는 시장에 공급하는 것도 한 방법이며, 새로운 상품을 개발하여 새로운 시장에 진출하는 것도 한 방법이다. 뿐만 아니라 수직적 통합을 통하여 기존의 사업라인에 원료를 공급하거나 기존의 사업라인의 다음 단계의 생산이나 유통으로 사업을 확장하는 것도 한 방법이다. 이 절에서 이야기하고자 하는 관련사업 다각화란 국제기업이 지금까지 자기가 취급해 온 상품과 직접적 또는 간접적으로 관계가 있는 사업분야로 업무를 다각화하는 것을 말한다.

(1) 관련사업 다각화와 기술이전

최근에 한국의 일부 대기업들이 국제적으로 관련사업 다각화를 모색하는 예가 늘어나고 있다. 삼성전자가 미국의 마이크로 파이브사를 인수한 것이 좋은 예이다. 삼성은 이 회사의 인수로부터 컴퓨터관련 기술개발 및 현지에서의 애프터서비스제공, 거래선에 대한 기술지원, 삼성상표 이미지 제고 등의 효과를 기대하고 있다. 관련사업 다각화가 가지는 장점의 하나는 경영활동에 관한 지식이나 기술을 관련된 사업간에 이전할 수 있다는 것이다. 예를 들면 컴퓨터산업에 새로 진출하는 가전기업은 과거에 가전사업경영에서 축적한 수출마케팅에 관한 지식을 컴퓨터사업에 이전할 수 있을 것이다. 또한 새로 진출한 컴퓨터사업에서 습득하거나 축적한 기술을 가전제품의 성능향상에 이용함으로써 두 사업의 시너지(synergy)를 극대화할 수 있을 것이다. 시너지를 이용할 수 있는 기회는 기업의 사업단위들이 고객이나 유통경로를 공유하거나 그러한 사업단위들이 수행하는 조달, 생산, 기술개발 등 여러 가지 경영활동간에 유사성이 큰 경우에 발생한다.

또한 시너지 기회는 사업단위들이 다 같이 저비용전략을 추구한다거나 차별화전략을 추구한다거나 집중전략을 추구할 때와 같이 비슷한 전략개념을 공유할 때에도 발생할 수 있다.

이와 같이 사업단위 상호간에 기술을 이전할 수 있다면 그 기업은 경쟁우위를 확보할 수 있을 것이다. 그러나 단순히 수행하는 경영활동이나 추구하는 경영전략이 비슷하다고 하여 경쟁우위를 확보할 수 있는 것은 아니다. 사업단위간의 기술이전을 통해 경쟁우위를 확보하자면 사업단위들이 수행하는 경영활동간의 유사성이 높고 사업단위들간의 기술이전이 경쟁우위에 영향을 미칠 만큼 중요해야 한다. 따라서 기업이 이미 보유하고 있는 제품이나 제조공정에 관한 핵심기술을 새로 설립하거나 매입한 사업단위에 이전할 수 있다면, 그 기업이 국제경쟁에서 우위를 확보할 가능성이 커진다. 따라서 관련사업 다각화를 통하여 국제경쟁상의 우위를 확보하려면 사업단위들이 수행하는 경영활동의 유사성이 높아야 할 뿐 아니라 기술이전이 가능한 경영활동들이 국제경영상의 우위를 확보하는 데 중요한 경영활동이어야 한다. 제품이나 제조공정에 관한 핵심기술의 이전은 새로운 사업의 성공에 중요한 영향을 미치지만 단순히 광고에 관한 지식을 이전하는 것은 그 제품의 생산 · 판매비용에 있어서 광고비의 비율이 높지 않는 한 그 기업의 국제경쟁력 향상에 큰 영향을 미치지는 않는다. 이는 새로운 사업에서 성공하려면 기존사업에서 이전되는 기술이 새로운 사업의 경쟁우위에 중요한 요소이어야 한다는 것을 의미한다.

(2) 경영활동의 공유

관련사업 다각화가 가지는 또 하나의 이점은 상호관련이 있는 사업들은 경영활동을 공동으로 이용할 수 있다는 것이다. 예를 들면 TV와 VTR은 같은 유통경로를 이용하여 제품을 마케팅할 수 있으며, 어느 일방의 광고에 따른 편익도 공유할 수 있다. 경영활동의 공유는 단순히 마케팅에만 중요한 것은 아니다. 관련사업 다각화를 추구하는 기업은 특정한 원료를 공동으로 구입함으로써 수량할인의 혜택을 받을 것이며, 제품기술과 공정기술을 공동으로 개발함으로써 연구개발상의 규모의 경제를 달성할 수 있을 것이다. 또한 여러 사업단위들이 경영활동을 공유하여 비용을 낮추거나 제품차별화의 정도를 높임으로써 경쟁우위를 확보하는 데 성공할 수도 있을 것이다.

그러나 경영활동을 공유하기만 하면 자동적으로 경쟁우위를 확보할 수 있는 것은 아니다. 경영활동의 공유를 통하여 경쟁우위를 달성하려면 경영활동의 공유에서 오는 편익이 비용보다 커야 한다. 경영활동의 공유에서 발생하는 비용 중의 하나는 여러 사업단위들이 공유하는 경영활동을 조정하는 데 드는 비용이다. 또한 경영활동을 공유함으로써 어느 한 사업을 위한 최적의 경영활동이 수행되지 못한다는 것도 비용 항목이다. 예를 들면 한 판매원이 두 사업단위가 생산한 제품, 즉 PC와 VTR을 동시에 판매한다면 PC와 VTR에 각각 가장 적합한 판촉활동을 수행하는 것이 불가능할지도 모른다. 또한 특정한 경영활동이 범위의 경제의 영향을 별로 받지 않는다면 경영활동의 공유에서 오는 비용이 편익보다 클 가능성이 높다.

위와 같이 경영활동의 공유에는 비용도 따르게 마련이지만 최근의 눈부신 기술발전과 국제기업간의 경쟁심화로 경영활동을 공유함으로써 경쟁우위를 확보할 기회가 증가하고 있다. 특히 전자공학을 이용한 정보체계의 발달로 관련사업단위를 경제적으로 연결할 수 있는 기회가 많아지고 있는 것이 현실이다.

3. 비관련사업 다각화

사업 다각화를 추진하는 기업은 관련사업 다각화를 통하여 기술을 이전하고 경영활동을 공유함으로써 경쟁우위를 확보할 수 있다. 그에 비하여 비관련사업 다각화는 핵심기술의 이전이 어렵거나 불가능하고 경영활동의 공유가능성도 적거나 없으며 설령 경영활동을 공유하는 경우에도 공유하는 경영활동이 기업의 비용에서 차지하는 비중이 낮은 것이 보통이므로 시너지효과를 기대하기 어렵다. 그러나 기존사업의 매력도가 낮은 경우에는 관련사업 다각화가 바람직한 전략적 선택이 될 수 없다. 물론 비관련사업 다각화는 주주의 입장에서 본다면 주주가 보유하는 주식의 포트폴리오를 다양화함으로써 달성할 수 있기 때문에 불필요한 것일지도 모른다. 피터 드러커와 같은 학자들은 비관련산업으로 다각화하는 기업, 즉 콩글로머릿(conglomerate)에 대하여 비판적인 견해를 가지고 있다. 그러나 비관련사업 다각화는 몇 가지 사항에 유의한다면 매력도가 낮은 산업에서 고전하고 있는 기업이 사업전환을 통하여 국제경쟁력을 강화하는 좋은 전략적 선택이 될 수 있다. 최근에 일부 섬유회사들이 중국의 출현 등으로 국제섬유

시장에의 진입장벽이 낮아지자 보다 유망한 자동차 부품산업, 전자산업 등으로 진출하고 있는 것이 좋은 예이다.

(1) 다각화사업의 수효

비관련사업 다각화의 경우에는 핵심기술을 이전한다든가 경영활동을 공유하는 데에서 오는 편익이 없거나 적기 때문에 다각화하는 사업의 수효를 줄일 필요가 있다. [그림 7-2]는 비관련사업 다각화의 범위와 경영성과를 나타낸 것이다. 과거의 연구에 의하면 비관련다각화 사업의 수효가 적을수록 그 기업의 경영실적이 우수하고(1/4분면) 비관련다각화 사업의 수효가 많을수록 경영실적이 저조하다(3/4분면)고 한다. 비관련사업 다각화에 필요한 지식과 기술이 각기 다르기 때문에 본질적으로 다른 여러 가지 사업에 노력이 분산되면 성공하지 못할 가능성이 커진다. 따라서 제조업으로만 다각화하는 기업은 제조업과 서비스업 양쪽으로 다각화하는 기업보다 성공할 확률이 높다. 그것은 제조업 경영에 필요한 지식과 기술이 서비스업 경영에 필요한 지식과 기술과는 다르기 때문이다. 또한 다수의 다양한 제조업에 다각화한 기업보다는 소수의 비관련사업에 다각화한 기업이 필요한 지식과 기술의 상이성에서 발생하는 비용에 노출이 덜 되며 매력도가 높은 산업에 다각화함으로써 얻는 편익이 다양한 사업을 경영할 때 발생하는 비용을 초과하기 쉽다.

그림 7-2 다각화의 범위와 경영성과

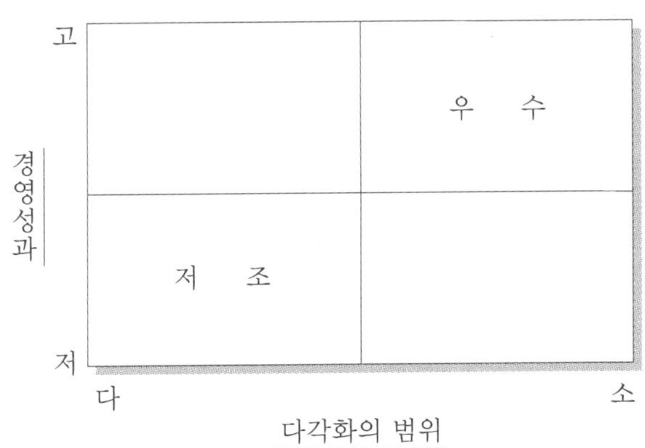

(2) 다각화하는 사업의 규모

그 기업이 보유하는 전체 포트폴리오에서 새로이 다각화한 사업이 차지하는 비중이 지나치게 클 경우 다각화한 사업이 경영상의 애로에 직면하게 되면 기업 전체의 경영실적이 악화된다. 사업 포트폴리오가 이와 같이 불균형상태에 있는 경우에도 관련사업 다각화를 추진한 기업은 다른 사업단위로부터의 기술이전 등을 통하여 다각화한 사업단위가 겪고 있는 문제들을 해결할 가능성이 있으나 비관련사업 다각화를 추진한 경우에는 이를 기대하기 어렵다. 따라서 비관련다각화기업의 중요한 사업단위가 애로에 직면하면 그 기업 전체가 기울이는 노력의 상당부분이 그 문제의 해결에 투입되지 않을 수 없게 된다. 이는 다각화를 통하여 위험을 줄이고자 하는 목적에도 위배된다. 다각화한 사업단위가 기업 전체의 포트폴리오에서 차지하는 비중이 그렇게 크지 않다면 다각화한 산업이 국제적으로 쇠퇴기에 진입하면 큰 부담이 없이 그 사업을 처분할 수 있을 것이다. 또한 사업을 처분하려 할 때에도 그 사업을 매입하려는 기업을 찾아내기도 비교적 쉬울 것이다.

(3) 다각화사업의 시장지위

비관련사업 다각화에 성공하려면 매입대상기업이 동업계에서 시장을 선도하는 지위에 있는 기업이어야 한다. 시장을 선도하는 기업은 수익률이 높을 뿐만 아니라 애로에 봉착할 가능성도 적다. 비관련사업이 애로에 봉착하면 기업이 그 분야에 이전할 기술이나 능력이 부족하므로 애로를 타개하는 데 어려움이 많으며 애로에 봉착한 사업이 기업 전체에서 차지하는 비중이 크면 기업 전체에 좋지 않은 영향을 미치게 된다.

여기서 문제가 되는 것은 업계에서 선도적인 지위에 있는 기업이 매입의 대상이 될 수 있는가 하는 문제와 선도기업을 매입할 수 있더라도 매입가격을 감안할 때 평균을 넘는 수익률을 올릴 수 있을까 하는 것이다. 효율시장가설을 인정한다면 매입하는 기업은 시장선도적인 기업의 매입에 높은 가격을 지불해야 하기 때문에 매입에 성공한다고 하여도 평균 정도의 수익률밖에는 얻을 수 없을 것이다. 효율시장가설이 성립하자면 매입대상기업이 사업을 매각하는 대신에 그 사업을 계속하는 선택권을 보유하고 있어야 한다. 물론 경우에 따라서는 사업을 즉시 처분해야 하는 특별한 사정이 있는 기업이 있을 수 있다. 그러나 매입대상기업이 자기의 사업을 계속하는 대안을 보유하는 경우에는 대상사업의 판매가격이 그 사업을 계속할 때 예상되는 현가를 초과하지 않는 한 매각하려 하지 않을 것이다. 이러한 경우에는 매입대상사업을 매입하기 위한 경쟁이 국제시장에서 발생하여 그 사업의 매입가격은 현가를 초과하는 수준에서 결정될 것이다. 따라서 유망한 사업을 성공적으로 매입한다는 것은 매우 어려운 일이다.

그러나 국제시장에서는 다양한 기업들이 매각되고 있으므로 유리한 가격으로 유망한 사업을 매입하는 것이 반드시 불가능한 것도 아니다. 예를 들면 매입대상기업이 새로운 유망한 산업으로 전환하기 위하여 자본을 급히 필요로 한다든가 그 기업의 중요한 경영자가 불의의 사고를 당했을 때 마땅한 후계자가 없는 경우에는 비교적 싼 값으로 매각하려 할 것이다. 또한 사업을 매각하려는 기업이 성장에 따른 자본의 제약을 느끼고 있거나 매각기업이 매입기업에 비해 경영상 약점을 지니고 있다고 느끼는 경우에도 싼 값으로 매각하려 할 것이다. 예를 들면 미국에는 많은 모험기업들이 있다. 이러한 기업들은 기업가적 정신과 창의력에 의존하여 창업된 기업들이다. 그러나 시간이 감에 따라 제품과 기술이 안정되고 대규모 생산이 필요하게 되면 성장을 위한 자본조달에 제약을 느끼며 대규모 사업에 따른 경영상의 애로를 느끼게 되어 사업의 매각을 결정하는 경우가 많다.

사업을 싼 값으로 매입하는 또 한 가지 방법은 경제상황이 좋지 않을 때 사업을 매입하는 것이다. 매입자가 매입대상사업의 미래에 대한 좋은 전망을 다른 기업들보다 빨리 입수할 수 있을 경우와 매각기업이 판매가격 극대화 이외의 것을 목적으로 사업을 매각하려 하는 경우에도 싼 값으로 기업을 매입할 수 있을 것이다. 예를 들면 매각기업이 사업을 매각한 다음에 매입기업이 기존의 종업원들을 어떻게 처우할 것이며, 기존의 경영층을 교체하려 할 것인가 등에 관심을 가지고 있다면 기업의 매매가격은 협상에 의하여 매입자에게 유리하게 결정될 수도 있을 것이다.

(4) 다각화의 방법

관련사업 다각화의 경우에는 핵심기술을 이전하거나 경영활동을 공유할 수 있기 때문에 내부개발에 의한 다각화가 가능하다. 그러나 비관련사업 다각화는 이러한 시너지효과를 기대하기 어려우므로 다른 기업을 매입하여 다각화하는 것이 바람직하다. 그러나 매입을 통하여 비관련사업 다각화에 성공하려면 몇 가지 사항에 유의하여야 한다.

첫째로, 매입대상사업이 직면하는 위험이 기업이 통제할 수 없는 위험이고 매입기업의 경영층이 어떤 조치를 취하기 어려운 위험인 경우에는 그러한 사업의 매입은 피하는 것이 바람직하다. 최근에 많은 기업들이 로봇제작, 항공기 부품생산 · 조립 등 첨단산업으로 진출하고 있다. 물론 첨단산업이라고 해서 모두가 위험한 것은 이니나, 기술수명주기가 짧은 첨단산업이 문제이다. 그러한 상황에서는 매입기업의 경영층은 매입대상산업에서 매입대상회사가 차지하는 경쟁상의 위치를 정확히 평가하기 어려우며, 매입대상사업의 경영성과가 나빠질 때 적절한 조치를 취하기도 어렵다. 이것은 매입기업이 비관련사업의 경영이 어려워질 때 이전할 수 있는 핵심기술이나 경영기법을 보유하고 있지 못하기 때문이다. 특히 경쟁기업들이 신제품이나 신기술 개발속도를 높이면 매입한 비관련사업은 급속히 경쟁력을 상실하게 되기 쉽다. 이와 비슷한 또 다른 위험은 서비스산업이나 첨단산업과 같이 인적 자원이 중요한 자원인 경우에 매입대상기업의 핵심기술진이나 경영진이 회사를 떠나는 경우이다. 그 산업에 대한 전문기술을 보유하지 못한 매입기업은 이직하는 인원을 대등한 능력을 갖춘 인원으로 보충할 능력이 없다.

둘째로, 비관련사업을 매입하고자 할 때에는 매입협상을 우호적으로 진행해야 한다. 비관련사업에 다각화하는 기업은 매입대상기업의 경영자와 기술자가 계속 남아 기업을 운영해야 성공할 수 있다. 그 이유는 앞에서 언급한 바와 같이 매입대상사업이 비관련사업이기 때문에 기존의 경영자와 기술자가 떠나버리면 대체할 인력을 구하기 어렵기 때문이다.

제 8 장 국제사업전략

사업전략이란 고객의 수요를 충족시키기 위하여 그 기업의 각 사업부서가 수행할 경영활동의 범위를 결정하고 특정한 사업부서의 목표와 목표를 달성하기 위한 행동계획을 수립하는 것이다. 사업전략이란 특정한 제품시장이나 산업 내에서 그 기업이 어떠한 방법으로 타사와 경쟁할 것인가, 즉 다른 경쟁기업들의 사업전략 등 환경적 제약요인들을 고려하여 매출액규모, 광고비지출, 신기술개발 투자 등 여러 가지의 경쟁수단에 어떻게 적절히 자원을 배분할 것인가를 결정하는 것이다. 따라서 기업전략은 그 기업이 참여할 사업의 종류를 결정하고 선정된 여러 가지 사업에 자원을 어떻게 배분할 것인가를 결정하는 것이고 사업전략은 선정된 산업 내에서 어떠한 경쟁무기를 가지고 그 산업 내의 다른 기업들과 경쟁할 것인가를 결정하고 여러 가지 종류의 경쟁무기를 어느 정도로 이용하면 최대의 경영성과를 올릴 수 있을 것인가를 결정하는 것이다.

제 1 절 국제시장과 경쟁전략

사업전략의 유효성에 대한 연구는 경영학의 여러 분야에서 있어 왔다. 그러나 이러한 연구들은 크게 세 가지로 분류할 수 있다. 하나는 기업이 특정한 산업 내의 경쟁에서 성공하려면 기업의 경쟁력에 영향을 미치는 그 산업에 있어서 공통적으로 중요한 몇 가지 전략변수에 초점을 맞추어서 관리해야 한다는 주장이다. 예컨대 제약산업에서 성공하려면 산업 내의 다른 기업들보다 광고를 많이 하고 R&D투자를 많이 해야 한다는 주장이 그것이다. 또 다른 주장은 위의 주장과는 정반대로 산업 내의 경쟁에서 성공하는 데에는 왕도가 없으며 각 기업은 제각기 독특한 방법으로 경쟁우위를 개발한다는 주장이다. 즉, 삼성은 삼성식으로 경쟁하고 LG는 LG식으로 경쟁한다는 것이다. 세 번째 입장은 특정한 산업에서 경쟁하는 기업들은 모든 면에서 각기 독특한 전략을 사용하는 것도 아니며 그 산업에 공통적으로 유효한 전략변수가 있는 것도 아니라는 것이다.

세 번째 입장에 의하면 산업 내에는 상호보완적인 전략요소들이 통합적으로 구성되어 있는 각기 다른 전략원형들을 사용하는 전략군들이 있으며 이들은 산업의 진입장벽을 공유하는 것이 아니라 각기 다른 이동장벽을 구축한다. 이 때 이동장벽이란 특정한 산업에의 진입을 어렵게 하는 진입장벽과는 달리 산업 내에 존재하는 세시장간의 이동을 저해하는 장벽을 지칭한다. 예컨대 현재의 자동차산업을 보면 우리나라 자동차는 국제자동차 시장에서 중소형 저가차 중심으로 경쟁하고 있으며 벤츠자동차는 고급차 중심으로 경쟁하고 있기 때문에 이들은 직접적인 경쟁관계에 있다고 보기가 어렵다. 우리나라 자동차가 경쟁하는 세시장과 벤츠가 경쟁하는 세시장간에는 이동장벽이 존재한다.

제 2 절 전 략 군

전략군 이론에 의하면 산업 내에서 경쟁하는 기업들은 모두 공통된 전략을 사용하는 것도 아니며 제각기 독특한 전략을 사용하는 것도 아니다. 일부 회사들의 전략간에는 유사한 면이 있으며 이와 같이 동질적인 또는 비슷한 전략을 사용하는 기업집단을 전략군이라고 부른다. 전략군들은 상호보완적인 전략요소들로 구성되어 있는 통합된 각기 다른 전략원형들을 사용한다. 전략군 이론에 의하면 한 산업 내에는 여러 가지 다른 전략을 사용하는 기업군들이 존재하며 이들은 산업의 진입장벽을 공유하는 것이 아니라 산업 내에 각기 다른 이동장벽을 구축한다.

국제사업전략에 대한 이러한 분류학적 접근법은 문제를 너무 단순화시킨다는 위험은 있으나 전략에 관한 이론을 형성하거나 전략을 체계적으로 연구하는 데에는 도움이 된다. 경영학에서 전략군 이론이 제기된 것은 비교적 최근의 일이다. 전략군에 관한 주장은 전략이론의 발달과정에서 자연스럽게 제기된 면도 있으나 그보다는 기업의 발달과정에서 자연스럽게 전략적 분화가 일어나며 그 결과 전략군이 출현한 것이다.

처음으로 경제개발에 착수한 나라의 기업들이 국제시장에서 효과적으로 경쟁하는 방법은 품질이 나쁜 제품을 남보다 값싸게 판매하는 방법밖에는 별다른 방법을 찾기 어렵다. 그러나 한 나라의 경제가 발전하면 여전히 가격경쟁력 중심으로 경쟁하는 기업군이 있는가 하면 개선된 생산 · 마케팅기법을 활용하여 차별화를 추구하는 기업들도 자연스럽게 출현할 것이다. 비교적 최근에 전략군의 존재가 주장되고 있는 것은 이와 같은 기업의 발전을 반영하고 있는 것이다. 한편 여러 학자들은 지금까지 여러 가지 기준으로 다양한 전략군을 제시하고 있다. 본 장에서는 그 중에서 널리 이용되고 있는 몇 가지 전략군 분류방법에 대해 알아보고 이를 한국기업들이 경쟁하고 있는 국제시장과 연결하여 검토하고자 한다.

1. 포터의 분류

포터(Porter) 교수는 사업전략을 [그림 8-1]에서 보는 바와 같이 저비용(cost leadership), 차별화(differentiation), 집중(focus)의 세 가지로 분류한다.

(1) 저비용전략

저비용전략이란 특정기업이 자기가 경쟁하는 산업에서 낮은 비용이라는 경쟁상의 이점을 이용하여 다른 기업들과 경쟁하는 전략이다. 저비용전략을 채택하는 기업은 산업 내의 여러 세시장에서 경쟁에 참여하며 경우에 따라서는 관련 산업에까지도 참여한다. 저비용의 원천은 여러 가지이며 산업에 따라 규모의 경제, 독점적 기술, 저렴한 원료원의 확보 등 여러 가지가 있을 수 있다. 자동차산업의 예를 들면 효율적 규모의 공장, 낮은 디자인 비용, 조립공정의 자동화, 지구적 판매에 따른 대규모 기술개발 투자비의 효율적 배분 등이 저비용의 원천이다. 저비용생산자는 표준화되고 필수적인 기능만을 수행하는 제품을 판매하는 것이 보통이며 규모의 경제를 확보하고 가능한 모든 원천으로부터 절대적인 비용상의 이점을 확보하는 것에 중점을 둔다.

특정한 기업이 저비용전략에 성공하여 자기가 생산한 제품을 산업의 평균가

그림 8-1 세 가지 유형의 사업전략

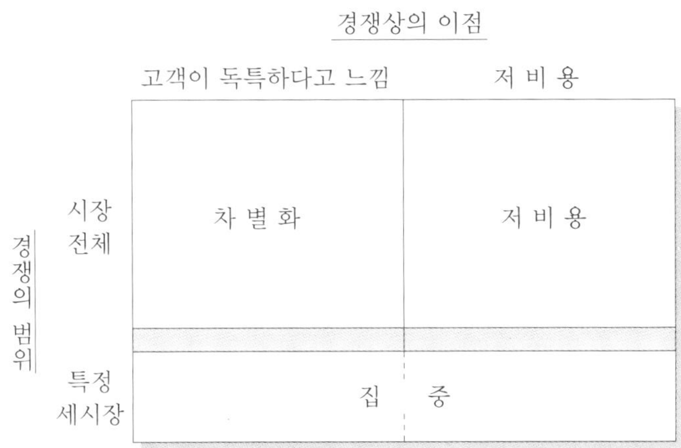

자료: Michael E. Porter, *Competitive Strategy*(The Free Press), 1980, p. 39.

격수준 또는 평균가격보다 약간 낮은 가격으로 시장에 팔 수 있다면 그 기업의 경영성과는 산업의 평균성과보다 높을 것이다. 그러나 저비용전략을 채택하는 기업이라고 해서 어느 정도의 제품차별화를 무시할 수는 없다. 만약에 저비용전략을 추구하는 기업이 생산한 제품이 구매자들이 보기에 여러 가지 면에서 경쟁기업의 제품보다 떨어진다고 느낀다면 그 기업은 제품을 판매하기 위하여 판매가격을 낮출 수밖에 없을 것이다. 그러한 경우에는 아무리 저비용을 달성했다 하더라도 경쟁상의 우위는 달성할 수 없을 것이다.

특정한 기업이 저비용전략에 성공하려면 최저비용생산자가 되어야지 최저비용생산자가 되려고 경쟁하는 기업들 중의 하나가 되어서는 안 된다. 이 점을 인식하지 못했기 때문에 실패한 회사들도 많다. 만약에 특정한 산업에 최저비용생산자가 되려는 기업이 둘 이상이면 시장지분 쟁탈전이 치열해진다. 그 중의 한 기업이 최저비용생산자의 위치를 확보하여 다른 기업들을 물리치지 않는 한 경쟁기업들간의 치열한 경쟁으로 모든 기업의 수익성이 심각한 타격을 입게 된다. 따라서 저비용전략에 성공하려면 남보다 앞서 시장확보에 나서는 것이 유리하다. 물론 남보다 앞선다고 해서 저비용전략에 성공한다는 보장은 없다. 예컨대 산업기술상에 주요한 변화가 일어나서 비용패턴이 갑자기 변한다면 신기술을 이용하여 새로이 산업에 참여하는 기업의 비용이 과거의 투자 때문에 변신이 어려운 선발기업의 그것보다 낮을 수 있기 때문이다.

(2) 차별화전략

차별화전략을 추구하는 기업은 자기가 생산하는 제품의 특성이나 특성들이 같은 산업 내 다른 기업들이 생산하는 제품의 그것보다 독특하다는 느낌을 고객들에게 줄 수 있어야 한다. 차별화전략을 택하는 기업은 고객들이 중요하다고 생각하는 제품의 속성이나 속성들을 정확히 파악하여 고객의 수요를 독특하게 충족시킬 수 있어야 한다. 이 전략에 성공한 기업은 제품의 독특성 때문에 자기가 생산한 제품을 산업의 평균가격 이상으로 팔 수 있게 된다. 차별화방법은 산업마다 다르다. 차별화의 원천은 제품 자체가 될 수도 있고 제품의 유통경로, 마케팅방법, 기타 여러 가지 요인이 될 수도 있다. 예를 들면 자동차산업의 경우에는 자동차의 내구성, 스타일, 수리시설, 부품의 적기공급, 제품 이미지 등이 차별화의 원천이 될 수 있다.

차별화에 성공한 기업은 자사제품의 가격이 산업평균가격을 초과함으로써 발생하는 가격프리미엄이 차별화를 위하여 부담한 추가비용을 초과하는 경우에 산업 내 평균기업보다 높은 경영성과를 올릴 수 있다. 따라서 차별화전략을 추구하는 기업은 차별화에 따른 비용보다 큰 가격프리미엄을 얻을 수 있는 차별화방법을 모색하여야 한다. 차별화전략을 추구하는 기업은 비용문제에도 신경을 써야 한다. 왜냐하면 비용이 너무 높으면 가격프리미엄이 있어도 소용이 없기 때문이다. 따라서 차별화전략을 택하는 기업은 차별화와 관련 없는 모든 분야의 비용을 절감하여 경쟁기업의 내용과 비슷한 비용으로 생산하되 제품의 독특성을 살려 가격프리미엄을 확보해야 산업평균 이상의 경영성과를 올릴 수 있을 것이다. 가격프리미엄을 고객으로부터 확보하려면 그 기업은 정말로 다른 기업의 그것과 구별되거나 고객이 다르다고 느끼는 속성을 개발해야 한다. 그러나 저비용전략은 저비용이라는 단 하나의 전략만이 있을 수 있으나 고객이 중요시하는 속성은 여러 가지이기 때문에 성공적인 차별화전략은 여러 가지가 있을 수 있다.

(3) 집중전략

이 전략은 산업 내 여러 세시장을 경쟁시장으로 하는 앞의 두 전략과는 달리 산업 내에서 경쟁범위를 좁게 선택하는 전략이다. 집중전략을 추구하는 기업은 산업 내 특정 세시장이나 소수의 세시장들을 선정한 후 이 시장의 수요를 다른 경쟁기업들보다 더 능률적으로 충족시킬 수 있는 전략을 구사한다. 집중전략을 채택하는 기업은 목표로 하는 세시장(들)에 가장 적합한 전략을 개발함으로써 산업 전체적으로는 경쟁상의 우위를 보유하고 있지 못하나 목표시장 내에서는 경쟁상의 이점을 확보하려 한다.

집중전략에는 목표시장에서 저비용으로 경쟁하는 저비용 집중전략과 목표시장에서 차별화로 경쟁하는 차별화 집중전략이 있다. 어떤 종류의 집중전략을 추구하든지간에 특정기업이 집중전략으로 성공할 수 있으려면 산업 내에서 그 기업이 목표로 하는 세시장과 다른 세시장들 사이에 차이가 있어야 한다. 따라서 목표시장 내 고객의 수요가 독특하다든가 목표시장의 수요를 가장 잘 충족시키기 위하여 기업이 보유해야 하는 생산시설이나 유통시설이 산업 내 다른 세시장들의 그것과 다를 때에만 집중전략이 성공할 수 있다. 세시장들간에 차이가 있으면 여러 세시장들의 수요를 동시에 충족시키는 기업보다는 특정한 또는 소수의 세시장의 수요를 충족시키는 기업이 그 시장의 수요를 보다 잘 충족시킬 수 있을 가능성이 높다.

집중전략을 택한 기업이 목표시장에서 지속적인 비용상의 우위를 확보하거나 차별화에 성공하고 동시에 목표시장구조가 경쟁에 유리하다면 그 기업은 그 산업에서 평균 이상의 경영성과를 올릴 수 있을 것이다. 이러한 경우 목표시장의 구조가 경쟁에 유리해야 되는데 이는 산업 내 특정한 세시장(들)은 다른 세 시장들보다 수익성이 높을 수 있기 때문이다. 대부분의 산업은 여러 가지 세시장을 가지고 있다. 고객의 수요가 다른 세시장이 있거나 최적생산시스템 또는 최적분배시스템이 다른 세시장이 있다면 그러한 시장은 집중전략의 대상이 될 수 있다.

2. 마일즈와 스노우의 분류

마일즈(Miles)와 스노우(Snow)는 전략군을 방어자(defenders), 개척자(prospectors), 분석자(analyzers)와 반응자(reactors)의 네 가지로 분류한다.

(1) 방 어 자

방어자는 좁은 제품시장을 정해 놓고 제품을 그 틈새에 경쟁적인 가격으로 공급하는 기업군이다. 방어전략을 채택하는 기업들은 틈새시장을 대상으로 가장 능률적으로 제품을 생산 · 공급하며 이들에게 있어서는 기술적 능률이 성공의 관건이다. 방어자는 환경분석을 소홀히 하고 새로운 사업기회에 소극적이기 때문에 시장환경의 변화에 신속하게 적응하지 못한다는 결함이 있다. 따라서 환경이 안정적이어야 방어자의 성공가능성이 높아진다.

(2) 개 척 자

틈새시장을 가장 효과적인 방법으로 서브하고자 하는 방어자와는 달리 개척자는 신제품, 신시장기회를 적극적으로 찾아내고 이용하는 기업들이다. 이들은 기술과 정보의 급속한 발전과 변화를 조기에 포착하고 기술혁신을 통하여 신제품을 개발한다. 개척자가 선정한 제품과 시장은 항상 유동적이기 때문에 이들은 환경분석을 철저히 하며 정보능력을 광범위하게 이용하여 남보다 앞서 잠재적 기회를 포착하여야 한다.

개척자는 기술과 경영조직을 융통성 있게 활용해야 하며 기회가 있으면 기존기술 이외에도 새로운 기술을 개발하거나 도입하는 민첩성을 갖추어야 한다. 따라서 개척자는 특정한 기술에 얽매일 필요가 없으며 최고경영층도 마케팅전문가나 R&D전문가가 맡을 필요가 있다. 개척자는 고도의 전문지식을 필요로 하며 분권적 조직, 수평적 커뮤니케이션이 필수적이다.

(3) 분 석 자

제품을 틈새시장에 가장 능률적인 방법으로 공급하는 방어자나 신제품, 신시장기회를 적극적으로 찾아내고 이용하는 개척자와는 달리 분석자는 제한된 범위의 방어전략과 개척전략을 혼합해서 사용한다. 분석자는 변화하는 기술 · 정보체계에 효과적으로 대응하는 동시에 전통적 사업에도 충실하고자 노력한다. 이들은 안정적인 제품시장에서는 합리적인 생산을 추구하여 최소의 비용으로 제품을 생산하거나 최고품질의 제품을 생산함과 동시에 새로운 기회에 부응하여 시장성 있는 신제품의 개발도 추진한다.

(4) 반 응 자

반응자는 적극적으로 환경을 개척하는 것이 아니라 환경변화에 뒤늦게 반응하는 기업군들을 지칭한다. 이 기업군은 한마디로 전략형성에 실패한 기업군이라고 할 수 있다.

3. 밀러의 분류

전략에 관한 분류학적 접근법과 관련하여 밀러(Miller)는 과거의 전략군 연구들을 검토하여 그 중에서 많은 연구들이 일관되게 강조한 네 가지 전략적 "차원"을 식별했다. Miller가 제시한 네 가지 전략적 차원이란 복잡한 혁신, 마케팅 차별화, 폭 그리고 보수적인 비용관리였으며 각 차원의 경쟁속성은 [표 8-1]과 같다. 이 네 가지 차원은 전략적 측면들을 넓게 포괄하는 개념이며 이미 국제전략 분야에서 이 개념을 도입한 연구가 이루어지고 있다.

표 8-1 밀러의 전략적 선택과 경쟁속성

전략적 선택	내 용	경쟁속성
복잡한 차별화	새로운 제품이나 서비스를 도입하는 정도	제품혁신 공정혁신 엔지니어링과 R&D 시장기회추적 독특한 제품개발
마케팅 차별화	고객의 특정한 욕구를 독특하게 충족시킴으로써 고객충성도 창조	경로통제 공격적/혁신적 마케팅 대 고객서비스 광고와 촉진 고가정책
보수적인 비용관리	비용상의 선도위치	간접비통제 단위당 저비용 강조 효율적 생산 높은 가동률 낮은 가격
폭	서브하는 시장의 범위	고객의 다양성 지리적 시장의 다양성 제품의 다양성

제 3 절　국제시장의 전략군

우리는 제 2 절에서 전략군을 상호보완적인 전략요소들로 구성되어 있는 통합된 각기 다른 전략원형들을 사용하는 기업군으로 정의했다. 이러한 정의에 따른 전략군은 보는 관점에 따라 다양하게 분류할 수 있지만 결국 시장에서 경쟁자와 대비하여 어떤 기능의 제품을 어떤 보조서비스와 함께 어떤 가격으로 공급하느냐 하는 문제로 귀착된다. 이 때 제품의 기능이란 제품의 성능과 품질 등을 가리키며 보조서비스란 제품의 이미지 배달, 애프터 서비스, 구입의 편리성 등 주로 마케팅적인 측면을 의미한다.

[그림 8-2]는 성능과 품질, 마케팅과 관련된 측면 등을 제품의 특성으로 수평축에 놓고 제품의 가격을 수직축에 놓아 국제시장에서 경쟁하고 있는 기업들을 6 개의 전략군으로 분류한다. [그림 8-2]의 분류가 전략군 분류에 보다 적합한 이유는 6 개의 전략군은 각기 별도의 세시장에 포진하고 있음을 시각적으로 보여주고 있기 때문이다. 수평축과 수직축은 이 세시장들이 이동장벽에 의하여 효과적으로 분리되어 있어서 각 전략군은 다른 전략군들과 직접적인 경쟁관계에 있지 않음을 시사한다.

그림 8-2　국제시장의 종류와 전략군

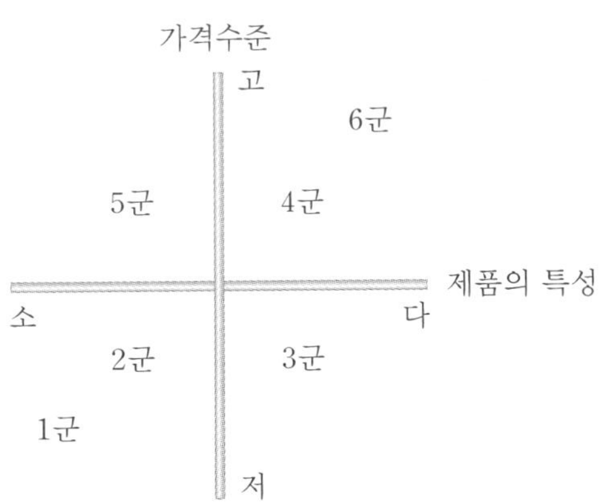

1. 제 1 군

제1군은 세계에서 가장 특징이 없는 제품을 가장 싼 가격으로 세계시장에 공급하는 기업들로 구성되어 있다. 예컨대 우리나라 섬유제품의 경우, 1960년대와 1970년대에 걸쳐 국제섬유시장에서 매우 낮은 가격으로 팔렸다. 미국시장의 경우에는 미국 내에서 가장 싼 물건이 전시되는 곳에서 판매되었던 것이다.

제1군은 대개 대외지향적인 경제개발에 착수하여 국제시장에 새로운 수출국으로 부상하고 있는 국가의 기업들로 구성되어 있다. 이들이 국제시장에서 갖는 경쟁력은 가격경쟁력이며 그들이 공급하는 제품의 가격경쟁력은 주로 자국의 노동자들에게 지급하는 저임금, 과소평가된 자국통화의 가치, 그리고 자국정부의 보조금 등에 기초한다. 제1군 기업들이 경쟁하는 시장은 이와 같이 주로 국가 비교우위가 중요한 시장이다.

기업이 가지는 국제경쟁력은 비교우위에 기초한 국제경쟁력과 경쟁우위에 기초한 국제경쟁력으로 대별할 수 있다. 비교우위에 기초한 국제경쟁력은 한 기업이 특정한 국가에서 생산 · 판매하기 때문에 얻게 되는 국제경쟁력이다. 이러한 경쟁력은 예컨대 한 국가의 임금수준이 다른 국가들의 그것보다 상대적으로 저렴하기 때문에 그 나라에서 상품을 생산하여 국제시장에 공급하는 것이 유리하기 때문에 발생한다.

경쟁우위에 기초한 국제경쟁력이란 임금수준이 낮다든지 그 나라의 통화가치가 저평가되어 있다든지, 정부의 수출지원제도가 다른 나라의 제도보다 유리하게 조직되어 있는 특정한 국가에서 생산하기 때문에 발생하는 국제경쟁력이 아니라 한 기업이 전략적 선택을 통하여 경영자원을 투입하여 개발해 내는 경쟁력이다. 예컨대 일본의 소니사의 국제경쟁력은 일본의 임금수준이 저렴하여 거의 자동적으로 발생하는 국제경쟁력이 아니며 그것은 소니가 제품혁신을 통한 국제경쟁력 확보라는 전략적 목표를 정하고 연구개발에 기업자원을 집중적으로 그리고 지속적으로 투입하여 스스로 개발해 낸 경쟁우위에 기초한 국제경쟁력이다.

제1군 기업들이 경쟁하는 시장은 최근에 특히 경쟁이 치열해지고 있는 시장인데, 그 이유는 최근에 새로이 과감한 대외개방을 통하여 경제개발에 성공하고 있는 국가들의 수가 늘어나고 있기 때문이다. 이 시장에는 한국, 대만, 홍콩, 싱가포르 등 기존의 신흥공업국들 이외에도 중국, 태국, 말레이시아, 인도네시아 등 새로운 신흥공업국들이 강력한 새로운 경쟁자로 부상하고 있으며 최근에는 인도, 파키스탄의 기업들도 참여하고 있다. 또한 미국, 캐나다와 북미자유무역협정을 체결한 멕시코를 위시하여 칠레, 아르헨티나 등 중남미국가들의 진입으로 이 시장에서의 경쟁은 더욱 치열해질 전망이다.

2. 제 2 군

제2군은 평균 이하의 특징을 가진 제품이 평균 미만의 가격으로 팔리는 시장에서 경쟁하는 기업들로 구성되어 있다. 이 기업군은 국제경쟁력의 원천이 저임금, 과소평가된 통화가치, 정부의 수출지원제도 등 단순한 비교우위가 아니라 규모의 경제라는 점에서 제1군과 대비된다. 제2군 기업들도 제1군 기업들과 마찬가지로 가격경쟁력을 중시하지만 그들이 중시하는 가격경쟁력은 과학적 관리에 기초한 규모의 경제이다. 제2군 기업들은 전문화된 대량생산시설을 설치하고 특징 없는 표준품들을 양산한다. 제2군 기업들이 규모의 경제를 이용하기 위하여 대량생산하는 표준화된 제품들은 특징이 없기 때문에 그 제품들의 가격도 평균 미만이다. 제2군 기업들이 경쟁하는 대량생산 · 대량판매시장은 미국기업들이 최초로 개발한 시장이다.

미국의 자동차 왕 포드는 그 당시까지 주문생산형태를 취하고 있던 자동차 산업에 표준품의 대량생산이라는 새로운 아이디어를 도입했다. 포드 이전의 자동차공장들은 고객의 주문이 있으면 수작업에 의하여 자동차를 한 대씩 생산하여 인도했다. 부품이 표준화되어 있지 않아서 호환성이 없었기 때문에 A가 주문한 자동차에 들어가는 부품은 B가 주문한 자동차에 쓸 수 없었다.

포드는 같은 차종이면 어떤 자동차에도 쓸 수 있는 호환가능한 부품이라는 아이디어를 자동차제작에 도입함으로써 자동차의 대량생산과 그에 따른 자동차 생산비용의 대폭적인 인하를 가능케 하였다. 이러한 자동차의 대량생산에는 컨베이어벨트가 중요한 역할을 했으나, 포드자동차회사가 처음부터 컨베이어벨트를 사용한 것은 아니었다. 포드공장에서 처음에는 자동차를 고정된 장소에 두고 근로자들이 호환성 있는 부품을 가지고 이동하면서 조립했다. 나중에 포드는 공장 내에 컨베이어벨트를 설치하여 근로자들이 고정된 위치에서 자동차를 조립할 수 있도록 했다.

포드의 대량생산체제와 함께 규모의 경제를 이용하는 미국식 생산체제의 확립에 기여한 것은 프레데릭 테일러의 과학적 관리였다. 경영의 효율성을 강조한 미국의 경영학자 프레데릭 테일러는 과학적 관리를 주창하고 근로자들에게 생각을 멈추고 경영자들이 정해 준 작업을 전문가들이 처방해 준 방법에 따라 수행할 것을 요구하였다. 미국경영의 특징을 나타내는 상징적인 구절은 "고장이 안 났으면 고치지 말아라(If it ain't broke, don't fix it)"라는 것이다. 이것은 근로자들에게 생각하지 말고 경영자들이 요구하는 작업을 처방된 방식에 따라 기계적으로 수행할 것을 요구하는 것이다.

과학적 관리의 덕분으로 제2차 세계대전을 전후하여 미국기업의 생산성이 비약적으로 증가하였으며 미국은 국제경쟁력에 있어서 세계제일의 국가가 될 수 있었다. 그러나 우리는 여기서 인간을 기계처럼 다루는 포드시스템과 과학적 관리가 성공할 수 있었던 이유를 잠깐 생각해 볼 필요가 있다. 제2차 세계대전을 전후한 세계는 물자의 풍부성이라는 측면에서는 오늘날의 세계와 많이 달랐다. 그 당시는 흑백텔레비전이 나오기 시작하고 있었으나 지금과 같이 정말로 다양한 여러 가지 물건들이 시장에 나오고 있었던 것은 아니다.

물론 통계는 없지만 현재의 인류가 지구에 나타나고 나서 100년 전까지 축적한 부의 규모는 지난 100년간 인류가 축적한 부의 크기와 같은 정도에 불과하다는 주장이 있다. 지난 30~40년간 인류가 만들어 낸 상품의 종류는 아마도 인류가 태어나서 그전까지 만들었던 상품의 종류에 필적할 정도일 것이다. 미국이 과학적 관리로 부를 축적하고 있었던 1940~60년대는 일반적으로 세계가 가난하였기 때문에 소비자들은 물건이 있으면 족했지 그 물건이 독특하고 개성적인지 여부를 묻지는 않았던 것이다. 또한 그 당시의 가난한 근로자들은 임금을 더 받기만 하면 자기가 하는 일이 극히 단조로운 기계적인 일인지 개인의 창의성을 요구하고 개인이 보람을 느낄 수 있는 흥미로운 일인지를 묻지 않았던 것이다.

그러나 오늘날에는 이 모든 것이 변했다. 우선 상품의 종류가 엄청나게 늘었으며 특히 국제무역의 자유화로 소비자들은 세계 여러 곳에서 생산된 상품들에 쉽게 접근할 수 있게 되었다. 그 동안 국제투자와 국제무역의 자유화로 기존의 부국은 더욱 더 부유하게 되었고 과거에 가난했던 많은 나라들은 새로운 부의 축적에 성공하여 신흥공업국 또는 후발개도국이라는 이름으로 불리게 되었다. 여러 나라에서 근로자들이 생활에 필요한 최소한도의 소득을 확보하게 되어 단순히 월급을 얼마 더 준다고 해서 기계적인 일을 기꺼이 수행하는 정도는 넘어서게 되었다.

1980년대에 미국이 국제경쟁에서 고전했던 이유는 기업경영을 둘러싸고 있는 여건이 이렇게 바뀌었는 데도 많은 기업들이 여전히 과거의 성공에 집착하여 과학적 관리를 고집하고 있었기 때문이었다. 따라서 미국의 문제는 사회간접자본의 확충이나 교육제도의 개선, 통상정책의 개편 등만으로는 해결될 수 있는 문제는 아니었으며 미국의 경영철학이 바뀌지 않고는 해결될 수 없는 문제였던 것이다.

3. 제 3 군

제 2 군 기업들이 과학적 관리와 소품종 다량생산에 따른 규모의 경제를 중시한다면 제 3 군은 다품종 소량생산과 범위의 경제를 중시하는 기업들로 구성되어 있다. 기업은 규모의 경제를 통하여서도 비용을 줄일 수 있으나 범위의 경제를 통해서도 비용을 줄일 수 있다. 그들은 범위의 경제를 통해서 비용절감을 달성할 수 있기 때문에 평균 이상의 특징을 가진 제품들을 평균 미만의 가격으로 시장에 공급할 수 있다.

범위의 경제란 여러 가지 제품을 여러 개의 기업이 각각 생산 · 판매할 때보다 한 기업이 생산 · 판매하면 생산 · 판매에 드는 비용이 감소하는 현상을 가리킨다. 예컨대 TV와 VCR을 두 회사가 각각 생산 · 판매한다면 사장월급도 두 사람에게 지급해야 하고 대리점도 각기 운영해야 하기 때문에 대리점비용도 더 든다. 그러나 한 회사가 두 제품을 같이 생산 · 판매하면 사장월급을 두 배로 주지 않아도 되고 대리점비용도 두 배가 드는 것이 아니다.

그러나 경영활동의 공유에서 오는 범위의 경제는 비용절감에만 유효한 것은 아니다. 범위의 경제를 이용하기 위한 노력은 다품종 소량생산을 전제로 하기 때문에 앨빈 토플러가 말하는 정보화사회에서의 경쟁에 보다 적합한 개념이다. 따라서 제 3 군 기업들은 시장세분화에 뛰어난 기업들이다. 시장을 세분화하면 불가피하게 규모의 경제와 경험효과는 어느 정도 훼손되게 마련이다. 왜냐하면 규모의 경제와 경험효과는 같은 제품의 누적적인 대량생산과 판매를 전제로 하기 때문이다. 그러나 시장을 세분화하면 범위의 경제를 이용하여 규모의 경제와 경험효과의 상실에서 오는 불이익을 상쇄할 수 있다.

제3군 기업들을 시장세분화를 통한 범위의 경제를 중시하기 때문에 혁신을 중요시한다. 기업이 경쟁에서 승리하려면 무엇보다도 고객이 원하는 제품을 고객이 감당할 수 있는 가격으로 경쟁자보다 빨리 시장에 공급하여야 한다. 한 기업이 고객이 원하는 제품을 고객이 감당할 수 있는 가격으로 경쟁자들보다 빨리 시장에 공급한다면 그 기업은 혁신성이 뛰어난 기업이라고 할 수 있다.

우리는 보통 혁신이라고 하면 에디슨의 전기발명이나 퀴리부인의 라듐발견과 같이 획기적인 발명이나 발견만을 생각하는 경향이 있으나 사실 혁신에는 두 가지 종류의 혁신이 있다고 할 수 있다. 하나는 앞에서 얘기한 것같이 현재 우리가 가지고 있는 지식이나 기술과는 단절된, 또는 현재의 지식이나 기술을 무용지물화하는 혁신이며 다른 하나는 현재의 지식이나 기술을 개량하는 소위 창조적 모방이 그것이다. 세계사를 둘러보면 단절의 혁신도 중요하지만 창조적 모방, 즉 차세대제품의 공급도 중요하다는 것을 쉽게 발견할 수 있다. 제3군 기업들은 단절의 혁신의 중요성을 무시하는 것은 아니지만 국내외 경쟁에서 승리하기 위하여 무엇보다도 창조적 모방, 즉 차세대제품의 공급을 대단히 중요시하는 기업들로 구성되어 있다. 그러면 창조적 모방에 뛰어난 제3군 기업들은 어떠한 특징들을 가지고 있는가?

우선, 제3군 기업들은 고객의 원하는 바를 고객이 인식하기 전에 미리 알아내어 시장에 공급한다. 이와 관련하여 세상에는 세 가지 종류의 기업이 있는 것 같다. 하나는 고객에게 물어 고객이 원하는 제품을 시장에 공급하는 기업이다. 그러나 그러한 제품이 시장에 공급될 때에는 이미 고객은 그 제품을 원하고 있지 않을 가능성이 크다. 또 하나는 고객이 원하지 않는 제품을 여러 가지 판촉수단을 동원하여 억지로 사게 하는 기업이다. 그러한 억지는 오래 가지 못한다. 또 다른 하나는 고객이 무엇을 원하는가를 미리 알아내어 경쟁자보다 먼저 시장에 공급함으로써 경쟁에 승리하는 기업이 있으며, 이러한 기업들은 불황국면에서조차도 시장지분을 늘리고 평균 이상의 수익률을 올릴 수 있다.

둘째로, 제3군 기업들은 혁신이 기업경영전략상 최우선순위에 있음을 사내외에 분명히 한다. 대부분의 기업들은 혁신은 중요한 것이기 때문에 조직의 모든 구성원들이 알고 있을 것으로 가정하고 혁신을 경영전략의 최우선순위에 놓고 강조하지 않는 경향이 있다. 그러나 혁신에 뛰어난 기업들은 혁신이 기업경영의 최우선순위에 있음을 사내외에 분명히 함으로써 조직구성원들로 하여금 혁신의 중요성을 항상 깊이 인식하도록 한다.

셋째로, 제3군 기업들은 혁신의 목표와 기준을 분명히 제시한다. 소니와 더불어 일본의 혁신기업을 대표하는 캐논의 개인용 복사기개발 일화가 혁신과 관련하여 우리에게 시사하는 바가 크다. 캐논의 경영진은 개인용 복사기를 개발할 때 개발팀에게 다음과 같은 구체적인 목표와 기준을 제시했다. 복사의 질은 IBM이 제조판매하는 사무용 복사기의 것과 같고 가격은 그 당시 시중에서 가장 싼 복사기 가격인 U$3,000의 반 값인 U$1,500수준이고 무게는 그 당시 시중에서 가장 가벼운 복사기 무게인 35kg보다 가벼운 20kg여야 한다는 것이었다.

넷째로, 제3군 기업들은 조직의 구성원들을 비용으로 보지 않고 자산으로 본다. 결국 차세대제품의 개발은 조직구성원들의 창의성에 달려 있으며 구성원들의 창의성발휘는 조직구성원들을 임금이라는 비용항목으로 처리하는 기업에게서는 기대할 수 없다. 기업이 조직구성원들을 자산으로 본다면 그 기업은 자산의 가치를 올리기 위하여 구성원들에게 투자할 것이며 그 결과 구성원들의 창의성은 더욱 높아질 것이다.

마지막으로, 제3군 기업들은 생산하는 기업에 그치지 않고 생각하는 기업이 되고자 노력한다. 현대와 같은 정보화사회에서는 기업을 생산하는 기업과 생각하는 기업으로 분류할 필요가 있다. 생산하는 기업의 대표로는 과학적 관리와 규모의 경제를 중시한 과거의 미국기업을 꼽을 수 있다. 이에 비해 생각하는 기업의 시조로는 다품종 소량생산과 범위의 경제를 추구하여 성공한 일본기업들을 들 수 있다.

생산하는 기업에 비해 생각하는 기업은 몇 가지 특징들을 가지고 있다. 우선 생각하는 기업은 자기의 경험으로부터 배울 뿐 아니라 남의 경험, 특히 업계 최우량기업, 나아가서는 국내 최우량, 그리고 세계 최우량기업으로부터 배운다. 오랫동안 세계 최우량기업이었던 미국의 IBM이 한때 경영상의 어려움을 겪은 중요한 이유는 과거의 성공에 도취하여 자기의 경험에만 의존하고 환경이 바뀔 때 다른 우량기업으로부터 배우려 하지 않은 결과다.

또한 생산하는 기업은 대량생산을 위해 거대한 기계장비를 사용하고 표준화·경직화된 작업을 실시하며 엄격한 작업감독으로 근로자들에게 생각할 기회를 주지 않는 데 비해 생각하는 기업은 조직구성원들이 생각하는 여유를 가지도록 기계의 규모를 줄이고 구성원에 대한 감독을 줄이고 각자가 맡은 바 책무를 창의성을 발휘하여 수행하도록 지원한다. 따라서 생산하는 기업에 있어서 목표란 구성원들이 달성해야 할 최대한도인 데 비해 생각하는 기업의 목표는 뛰어 넘어야 할 최소한도이기 때문에 목표달성 후에도 구성원들은 성과개선을 위해 끊임없이 아이디어를 제시하고 응용하려고 노력한다.

생각하는 기업은 또한 근로자들의 자발적인 개선노력이 가능하도록 팀제도의 도입 등을 통해 자율경영을 강조하며 필요한 권한을 직접 경영활동이 수행되고 있는 하부로 이양한다. 세계적으로 성공을 거두고 있는 한 호텔은 종업원들에게 U$10의 범위 내에서 고객을 위해 돈을 쓸 수 있는 권한을 부여하고 있다. 예컨대 호텔투숙객이 호텔 로비의 책방에서 어떤 책을 구할 수 없을 경우 종업원은 고객을 위해 그 책을 길 건너 책방에서 사서 고객에게 건네준다. 종업원의 그러한 서비스를 받은 고객이 다음번에 그 도시에 들렀을 때 다른 호텔을 찾아든다는 것은 상상하기 어렵다.

4. 제 4 군

제 4 군은 평균 이상의 특징을 가진 제품들을 평균 이상의 가격으로 공급하는 기업들로 구성되어 있다. 제 4 군 기업들이 산업 내의 경쟁에서 성공하려면 자기가 생산 · 판매하는 제품의 특성이 같은 산업 내의 다른 기업들이 생산 · 판매하는 제품의 그것보다 독특하다는 느낌을 고객들에게 줄 수 있어야 한다. 이 시장에서 경쟁하는 기업들은 그 산업의 고객들이 중요하다고 생각하는 제품의 속성을 정확히 파악하여 고객의 수요를 독특한 방법으로 충족시킬 수 있어야 한다. 이러한 전략이 성공하면 기업은 자기가 공급하는 제품의 독특성 때문에 산업의 평균가격 이상으로 제품을 판매할 수 있다.

차별화에 성공한 기업은 자사제품의 가격이 산업평균가격을 초과함으로써 발생하는 가격프리미엄의 차별화를 위하여 투입한 추가비용을 초과하는 경우에 산업 내 평균기업들보다 높은 경영성과를 올릴 수 있다. 따라서 차별화전략을 추구하는 기업은 차별화에 따른 비용보다 큰 가격프리미엄을 얻을 수 있는 차별화 방법을 모색하여야 한다. 차별화전략을 추구하는 기업은 비용문제에도 신경을 써야 한다. 왜냐하면 비용이 너무 높으면 가격프리미엄이 있어도 소용이 없기 때문이다.

따라서 차별화전략을 택하는 기업은 차별화와 관련이 없는 모든 분야의 비용을 절감하여 경쟁기업의 비용을 크게 초과하지 않는 비용으로 생산하되 제품의 독특성을 살려 가격프리미엄을 확보해야 산업평균 이상의 경영성과를 올릴 수 있을 것이다. 고객으로부터 가격프리미엄을 확보하려면 그 기업이 생산 · 판매하는 제품이 정말로 다른 기업의 그것과 구별되거나 고객이 다르다고 느끼는 속성을 가지고 있어야 한다.

차별화방법은 산업마다 다를 수 있다. 차별화방법은 제품의 품질과 같은 제품 자체가 될 수도 있고 유통구조, 마케팅방법 등 기타 여러 가지 요인이 될 수 있다. 자동차산업을 예로 들면 내구성, 스타일, 수리서비스, 부품의 적시공급, 제품의 이미지, 상표와 디자인 등이 차별화의 원천이 될 수 있다. 그러나 제 4 군 기업들은 상표의 명성과 디자인의 독창성, 유통경로에의 직접적 개입 등 마케팅 차별화를 특히 강조한다.

일본의 전자제품회사인 소니사의 회장인 아키오 모리타에 의하면 소니의 초창기였던 1950년대 중반에 소니사는 미국의 유명회사인 블로바社로부터 소니의 1년 생산분에 해당하는 라디오를 OEM(주문자상표 부착생산)으로 공급해 달라는 주문을 받았다. 모리타 회장은 오랜 고민 끝에 그 주문을 거절하고 소니라는 고유상표로 수출하는 것을 고수했다. 그는 또한 소니사의 제품이 싸구려 세일품목이 되는 것을 방지하기 위하여 유통경로에 소니사가 직접적으로 개입하는 정책을 추구했다. 만약에 1950년대 중반에 소니가 손쉬운 수출방법인 OEM을 받아들였다면 오늘의 소니는 없었을 것이다.

자기이름을 고집한 소니사의 컬러텔레비전은 우리나라 가전 3사의 제품보다 규격에 따라 가격면에서 200불 이상 차이가 난다. 그러나 적어도 20인치 이하의 컬러텔레비전에 관한 한 회사에 따라 약간의 차이는 있으나 한국과 일본제품간에 품질상의 차이는 거의 존재하지 않는다는 것이 시장조사결과이다. 그렇다면 소니의 컬러텔레비전과 우리나라의 가전제품간에 존재하는 가격 차이는 유통경로에의 직접개입, 상표에 의한 차별화 등에 의해서 설명이 가능할 것이다.

상표가 평균 이상의 가격을 받는 데 중요하다는 증거는 도처에서 찾아볼 수 있다. 예컨대 우리나라는 리복, 나이키 등 세계 최고수준의 운동화를 국제시장에 공급하는 나라이지만 우리나라 기업 자체가 보유하고 있는 세계적인 상표는 매우 드물다. 그 동안 우리나라의 유수기업들은 자사상표의 인식도를 높이기 위한 노력을 많이 했으나 몇몇 기업의 경우를 제외하고는 성공한 예는 많지 않은 것 같다. 상표인식도가 낮다는 것은 품질이나 성능 그리고 신뢰성을 인정받지 못해서 그 기업의 제품이 특색이 있다고 해도 높은 가격을 받지 못한다는 것을 의미한다.

상표이미지를 개선하는 한 가지 방법은 해외시장에서 광고와 판촉을 강화하는 것이다. 그러나 광고와 판촉을 통해서 상표이미지를 개선하는 데에는 한계가 있는 것 같다. 우리나라의 일부 가전회사들은 미국시장에서 저가품의 이미지를 벗어 나기 위하여 광고에 많은 투자를 했다. 그러나 우리나라 가전회사들의 광고가 미국시장에서 뚜렷한 효과를 보았다는 증거는 많지 않다.

상표이미지를 개선하는 다른 방법은 일본의 마츄시타전기가 했듯이 기존의 상표 이외에 새로운 상표를 도입하거나 일본의 산요와 싱가포르의 Singatronics가 한 것처럼 외국의 유명상표를 매입하는 것이다. 일본의 산요는 국제시장에서 광고를 통한 상표이미지 개선 노력이 효과를 보지 못하자 미국의 유명한 오디오 브랜드인 피셔를 매입하였다. 싱가트로닉스 역시 자사제품의 이미지를 개선하기 위하여 미국 타이멕스사의 헬스첵(Healthcheck)상표를 인수하였다.

상품디자인의 개선도 상표이미지를 개선하는 효과적인 방법이다. 운동화를 공급하는 리복사와 나이키사는 거의 동시에 펌프(pump)슈즈를 시장에 내놓았다. 그러나 처음에 나온 리복사 제품은 운동화의 혀 부분을 누르면 운동화에 공기가 공급되게 디자인된 반면에 나이키사의 제품은 별도의 펌프가 부착되어 있었다. 경쟁의 결과는 자명했다. 리복사의 완전한 승리였던 것이다. 리복은 고객이 원하는 디자인의 펌프슈즈를 개발함으로써 과거에 자사보다 훨씬 앞서 있었던 나이키를 따라 잡을 수 있었다. 리복에서 펌프슈즈를 디자인한 사람은 조카이라는 사내 디자이너였다. 이것은 제 4 군 기업들의 경우에는 사내에 자체 디자인센터를 운영할 필요가 있음을 시사한다.

디자인이 차별화에 중요하다는 것은 신발산업에서뿐만 아니라 가전산업 등 여러 산업에서 증명된 사실이다. 최근에는 전 세계적인 기술의 확산으로 제품품질상의 차이는 급속히 줄어들고 있다. 이에 반비례하여 디자인의 중요성은 더욱 커지고 있다. 따라서 지금과 같이 제조기술의 평준화가 가속된다면 앞으로 상표와 디자인의 중요성은 더욱 커질 전망이다.

5. 제 5 군

제5군은 평균 미만의 특징을 가진 제품을 평균 이상의 가격으로 국제시장에 공급하는 기업들로 구성되어 있다. 이러한 기업군은 실제로 존재하지만 오래 계속될 가능성은 희박하다. 그 이유는 기업은 고객을 일시적으로는 기만할 수 있겠지만 장기간 계속적으로 기만한다는 것은 불가능하기 때문이다. 특정기업이 평균 미달의 제품을 평균 이상의 가격으로 공급하면 경쟁기업들은 그 기업이 공급하는 제품의 품질이나 기능, 또는 그 모두가 평균 미달이며 따라서 자사의 제품이 그 기업의 제품에 비해 우수하다는 것을 광고 등을 통해 소비자들에게 알리고자 노력할 것이다.

그러나 우리가 여기서 주의해야 할 것은 위와 반대의 현상, 즉 평균 이상의 특징을 가진 제품을 공급하는 기업이 소비자들에게 그 제품의 특징을 커뮤니케이트하는 데 실패하여 고객이 평균 이하의 가격만을 지불하고자 하는 경우이다. 그러한 경우는 경쟁기업들이 나서서 소비자의 오해나 무지를 해소하려고 노력할 하등의 이유가 없다. 해당기업이 효과적인 광고 등을 통하여 소비자에 대한 커뮤니케이션을 개선하지 않는 한 그러한 현상은 오래 지속될 것이다. 물론 그러한 경우는 기업이 경쟁전략적 차원에서 의도적으로 평균 이상의 특징을 가진 제품을 평균 이하의 가격으로 공급하는 것과는 구분되어야 한다.

기업이 국제시장에서 경쟁력을 가지는 데에는 필요한 기본적인 조건이 있다. 우선 기업이 생산 · 판매하는 제품이나 서비스가 고객에게 제공하는 가치가 그 제품이나 서비스를 획득하기 위하여 고객이 지불해야 하는 가격보다 커야 한다. 또한 기업이 생산 · 판매하는 제품이나 서비스의 가격은 그 제품이나 서비스를 생산 · 공급하기 위하여 투입된 비용보다 커야 한다. 만약에 제품의 가치가 가격보다 작으면 고객은 그 기업의 제품을 구입하지 않는다. 또한 만약에 제품의 가격이 제품의 생산 · 판매비용보다 낮다면 그 제품을 생산 · 판매하는 기업은 적자를 보게 되며 그러한 현상은 오래 계속될 수 없다.

어느 기업이나 의도적으로 제5군 기업이 되려는 기업은 없다. 대부분의 경우 잘못된 전략적 선택이나 경쟁환경의 악화로 자기도 의식하지 못하는 사이에 제5군 기업으로 전락하는 것이 보통이다. 그러나 과거 한국기업의 경우와 같이 문제의 핵심을 인식하고 있음에도 불구하고 사회적 압력이나 추세에 떠밀려 제5

군 기업으로 전락하는 경우도 적지 않다.

우리나라 기업들의 경우 1980년대 말의 격변기 이후 임금상승, 노사분규 등으로 제품생산 · 판매비용은 급상승하였으나 경쟁제품을 공급하는 중국, 태국, 말레이시아, 인도네시아 등 후발개도국의 추격으로 국제시장에서 제품가격은 인상하기 어려웠다. 그 결과 많은 기업들이 적자를 보고 도산하거나 서둘러 해외직접투자에 나서 생산장소를 저임국으로 이전하였다.

그러나 우리나라 기업들이 그 시기에 제품판매가격을 전혀 인상하지 않있던 것은 아니다. 우리나라 기업들은 상승한 비용을 국제시장에서 소비자들에게 전가하지 않을 수 없었으며 특히 원화가치 상승에 의한 환율하락으로 외화표시 판매가격을 인상하지 않을 수 없었다. 부득이한 가격인상에도 불구하고 우리나라 기업들이 국제시장에 공급한 제품의 가치는 노사분규의 여파에 따른 품질하락으로 가격인상 이전의 수준도 유지하지 못했다. 가격인상률보다 높은 비용상승률, 가치하락과 가격인상이 맞물려 우리나라 기업들이 생산 · 판매하는 제품들은 국제시장에서 급속히 경쟁력을 상실해 갔던 것이다. 그 결과 우리나라의 국제수지는 흑자에서 적자로 돌아 섰으며 외환위기 · 경제위기를 겪고 기업도산이 크게 늘어났던 것이다.

6. 제6군

제6군은 세계 최고의 특징을 가진 제품을 세계 최고의 가격으로 판매하는 기업들로 구성되어 있다. 제6군 기업들이 공급하는 제품의 품질과 서비스는 세계 제일이다. 제6군 기업은 유럽에 많으며 그 이유는 제6군 기업이 되려면 품질과 서비스도 중요하지만 그 이외에 오랜 기간에 걸쳐 쌓아 온 명성이 있어야 하기 때문이다. 제6군 기업의 예로는 시계의 롤렉스, 자동차의 벤츠와 BMW, 향수의 샤넬 No.5 등을 들 수 있다. 이 기업들은 오랜 기간 동안 제품의 품질면에서 세계의 부유한 고객들의 수요를 충족시키려 노력해 왔으며 그에 상응하는 서비스의 제공에도 게을리 하지 않았다.

최근에 제6군 기업의 시장에서 일어나고 있는 재미있는 변화는 오랫동안 유럽과 미국의 기업들이 차지하고 있던 시장에 일본기업들이 진출을 시도하고 있으며 또한 일부 산업에서는 일본기업들의 그러한 시도가 성공하고 있다는 것이다. 그 좋은 예가 세계의 고급자동차시장에서 독일의 벤츠를 압박하며 시장지분을 늘려 가고 있는 일본자동차회사 토요다이다.

토요다는 렉서스라는 차종을 가지고 세계 고급차시장에 성공적으로 진입했다. 토요다는 고급차시장에 진입하기 위하여 렉서스의 판매를 기존의 토요다자동차 판매상들에게 맡기지 않고 렉서스 판매만을 위한 딜러망을 구축했다. 토요다자동차가 기존의 딜러망을 사용했더라면 범위의 경제를 이용할 수 있었을 것이나 고급차시장에 진입하기 위하여 범위의 경제를 포기하고 특별한 서비스망을 구축했다.

토요다는 미국에서 최고품질의 렉서스를 렉서스만을 취급하는 딜러를 통해 최고의 서비스를 부가하여 고객들에게 판매했다. 토요다는 예컨대 IBM의 전국 컴퓨터 네트워크와 연결하여 고객들에게 가장 효과적인 애프터 서비스를 제공했다. 고객이 렉서스를 운전하여 미국을 여행중 어떤 곳에서 고장이 나서 렉서스 딜러를 찾아가면 미국의 어느 곳에서 그 렉서스를 구입했든지간에 그 차의 과거 수리경력이 그대로 컴퓨터화면에 떠 오른다. 딜러는 컴퓨터에 입력된 정보를 이용하여 가장 효과적인 방법으로 고장난 부분을 수리한다. 이러한 방법을 통하여 렉서스는 제6군에 성공적으로 진입할 수 있었던 것이다.

제 4 절 국제시장 내 전략군 이동

1. 국제사업전략의 동태성

국제시장에서 경쟁하는 국제기업들은 위에서 본 바와 같이 여섯 가지 시장에서 경쟁하는 6개의 전략군으로 분류할 수 있다. 어느 시점을 기준으로 해서 보면 기업은 이 6개의 전략군 중의 어느 하나에 속해 있다고 볼 수 있다. 그러나 기업의 전략은 시간이 지나 경영자원이 축적되고 환경이 변하면 변화하게 마련이다. 또한 경영자원의 변화나 환경의 변화가 없는 경우에도 기업은 전략적 선택을 통하여 기존의 전략을 변경할 수 있다. 본절에서는 우리의 전략군 분류를 국제사업전략의 동태적 추진이라는 측면에서 어떻게 활용할 수 있는가 하는 문제에 대해 알아보고자 한다.

2. 전략군 이동을 통한 우량 기업군 진입

최근에 안팎으로 어려운 환경 속에서도 21세기까지는 세계 우량 기업의 대열에 들겠다는 목표를 정하고 노력하는 우리나라 기업들이 늘고 있다. 모 전자회사는 세계 5대 전자회사의 반열에 들겠다는 뜻에서 global five라는 캐치 프레이즈를 내걸었고 모 모피회사는 한때 세계 10대 모피회사의 하나가 되겠다는 취지에서 global ten이라는 캐치 프레이즈를 내걸었다. 목표를 높게 잡는 기업만이 세계적으로 유수한 기업이 될 수 있었다는 과거의 경험에서 보면 우리나라의 몇몇 기업들이 이와 같이 의욕적인 목표를 제시하고 그것을 달성하기 위하여 전사적인 역량을 배양한다는 것은 매우 의미 있는 일이다.

예컨대 어떤 기업이 중국기업을 경쟁상대로 정하고 그 기업을 이기기 위한 노력을 경주한다면 그 기업은 아무리 해 보아야 중국기업의 수준에 머물고 말 것이다. 그 반면에 어떤 회사가 자기분야에서 세계 제일의 기업을 추월하는 것을 목표로 정하고 전사적 노력을 경주한다면 기간의 장단이야 있겠지만 어느 정도의 시간이 지나면 세계 제일의 기업은 못 되어도 적어도 그 비슷한 회사라도 되어 있을 것이다. 따라서 기업경영에 있어서는 항상 목표를 올려 잡고 그것을 초월하기 위하여 노력하는 것이 우량기업이 되는 첩경이다.

그러나 기업의 역사를 가만히 들여다 보면 세계 최우량기업은 무작정 목표만 높게 정해서 되는 것은 아닌 것 같다. 한 기업이 세계 최우량기업이 된다는 목표를 달성하기 위해서는 일정한 단계를 밟아서 체계적으로 접근하지 않으면 안되며, 그렇지 않을 경우 높게 정한 목표가 하나의 허황된 꿈으로 끝나는 경우를 우리는 많이 알고 있다.

최근에 우리나라 기업들이 선진국 기업들과 어깨를 나란히 하여 경쟁하기 위해서는 무엇이 필요한가에 대해 여러 가지 제안들이 나오고 있다. 그 중에서 많이 언급되는 처방이 우리나라 상품의 상표지명도를 높임으로써 주로 OEM방식으로 수출되는 우리나라 상품에 얼굴을 찾아 주자는 것이다. 우리나라 상품이 고유상표로 수출되면 국제시장에서 제값을 받을 수 있고 외국 바이어들에게 매달리는 형태의 수출에서 벗어 날 수 있다는 것이다.

그러나 우리나라 상품이 국제시장에서 제대로 대우를 받지 못하는 것은 상표가 국제적으로 널리 알려져 있지 않기 때문이기도 하지만 근본적으로는 우리나라 상품의 신뢰도와 정확도가 수준 미달인 측면이 있기 때문이다. 신뢰도와 정확도가 떨어지는 상품은 광고나 기타의 판촉활동을 아무리 많이 한다고 해도 기껏해야 일시적인 효과 이상을 기대하기가 어렵다.

한 나라가 경제개발에 착수하고 그 나라의 기업이 사업을 시작할 때에는 기술수준도 낮고 상표도 알려져 있지 않기 때문에 가격경쟁력에 의존하여 국제시장에서 경쟁하지 않을 수 없다. 국제경쟁에 새로이 참여한 기업들은 자국의 저렴한 인건비나 각종 금융 · 비금융 특혜 내지는 과소평가된 자국화폐의 가치에 의존하여 저가격으로 국제시장 내의 경쟁에 임하는 제 1 군에 합류한다.

제 1 군 기업으로 진입하여 약간의 국제경쟁력을 축적하게 된 기업은 라이슨싱형태의 단순기술도입과 국제자본조달을 통한 대량생산설비의 도입에 의존, 소위 규모의 경제를 활용하여 가격경쟁력을 배양하는 제 2 군에 진입한다. 대부분의 우리나라 기업들은 아직도 이와 같은 제 1, 2 군에 속해 있다.

그러나 제 1, 2 군 기업들은 몇 가지 약점 때문에 다음 단계인 제 3 군으로 진입하지 않으면 국제시장 내의 경쟁에서 탈락하게 된다. 그 약점들이란 우선 경제개발과 소득증대에 따른 민주화가 진행됨에 따라 인건비가 오르며 각종 특혜가 사라지고 외국기업의 경계심이 증가함에 따라 기술도입이 어려워진다는 것이다. 기업은 이 단계에서 저가격에 의존하는 국제경쟁력이 크게 손상되며 제 3 군으로 도약하지 않는 한 위기에 직면하게 된다.

제 3 군에 진입하는 데 가장 필요한 것은 제조와 엔지니어링기술의 배양이다. 제조와 엔지니어링기술에 뛰어난 기업은 제품혁신과 공정혁신을 통한 차세대제품의 신속한 공급과 비용절감에 성공할 수 있기 때문에 국제시장에서 평균 미만의 가격으로 평균 이상의 특징을 가진 제품을 공급할 수 있다. 3 단계에 진입한 기업들은 평균 이상의 특징을 가진 제품을 평균 미만의 가격으로 공급하기 때문에 경쟁자의 수도 많지 않아서 높은 시장지분을 확보하여 평균 이상의 수익을 올릴 수 있다.

그러나 기업이 높은 신뢰도와 정확도를 포함하여 평균 이상의 특징을 가진 제품을 평균 이상의 가격으로 국제시장에 공급할 수 있으려면 제 4 군에 진입하지 않으면 안 된다. 제 4 군 시장에서 중요한 것은 상표, 디자인, 현지유통경로의 확보 등 마케팅 차별화이다. 미국자동차시장에서 판매되는 일본 혼다 어코드의 값이 현대 소나타의 값보다 비싼 중요한 이유 중의 하나는 상표지명도의 차이이며 독일의 폭스바겐사가 현재 생산 · 판매하는 아우디의 값이 과거의 폭스바겐 소형차 값의 몇 배에 달하는 가장 큰 이유 중의 하나는 디자인의 차이이다.

세계 최우량기업을 목표로 하면 궁극적으로 제6군에 진입하여야 한다. 제6군 기업들은 세계 최고품질의 제품을 세계 최고의 가격으로 시장에 공급하는 기업들을 일컫는다. 세계 최우량기업은 그들이 생산하는 제품이 신뢰도와 정확도가 높아 비할 나위 없는 품질을 가지고 있으며 확립된 상표와 정교한 디자인, 유통경로와 서비스망의 직접적인 운영 등을 통하여 고객에게 최고의 만족을 주는 기업들을 지칭하는 것이며, 세계 최우량기업이 되려면 이와 같이 단계적이고 순차적인 과정을 거쳐야 한다.

전략군의 이동을 통하여 성공적으로 제6군에 진입한 기업들의 좋은 예는 일본의 자동차회사들이다. 일본의 혼다는 혼다 오토바이로 제1, 2군에 진입한 후 혼다 시빅이라는 소형차로 제3군에 합류한다. 혼다는 어코드로 제4군에 진입한 후 어큐라로 제6군에 진입했다. 전략군 이동에 성공한 회사들 중에는 일본회사들이 많다.

우리나라 기업들이 세계적인 우량기업이 되기 위해서는 우선 지금 대부분의 기업들이 경쟁하고 있는 제1, 2군 시장에서 제3군으로 이동하기 위하여 노력해야 할 것이다. 그러나 앞에서도 지적하였듯이 우리나라 기업들은 제품생산 · 판매비용의 상승, 제품품질의 불량 등으로 오히려 제5군으로 밀려 올라 가는 경향을 보이고 있다. 이로써 성공적인 전략군 이동이란 자동적인 것이 아니며 그러한 노력이 성공할 가능성도 높지 않음을 시사한다.

선진국이란 경영적인 측면에서 보자면 세계적인 우량기업을 많이 보유하는 나라들이다. 미국이 선진국인 이유는 미국에 마이크로 소프트, 모토롤라, IBM, 보잉 등 초일류 기업들이 많이 있기 때문이다. 일본이 경제적으로 선진국인 이유 역시 일본에 NEC, 소니, 토요다, 마츄시타 등 세계적인 초일류 기업들이 많기 때문이다. 이들은 모두 성공적인 전략군 이동을 통해 세계적인 우량기업들이 되었다. 그 과정에서 이들이 속한 국가들도 선진국에 진입하게 된 것이다. 성공적인 전략군 이동이 대단히 어렵다는 것은 엄밀한 의미에서 과거 100여 년간에 세계 20대 부국에 새로이 진입한 국가로는 일본과 싱가포르밖에 없다는 사실로부터도 찾아볼 수 있다.

제 5 절 국제사업전략상의 제 문제

본절에서는 최근에 국제사업전략과 관련해 제기되고 있는 제반 문제에 대해 알아보고자 한다. 그것은 국제사업전략의 성공과 실패, 그리고 컴퓨터와 인터넷으로 대표되는 정보사회에서 발생하고 있는 전략군간의 거리 축소 문제이다.

1. 국제사업전략의 성공과 실패

우리는 앞에서 국제시장 내의 전략군, 그리고 전략군의 동태성에 대해 알아보았다. 대부분의 기업들은 처음에 제1군으로 출발하여 비교우위를 이용한 경쟁을 하다가 그 나라의 경제가 고도화되고 기업의 경쟁능력이 개선되면 다음 단계의 전략군으로 진입한다. 우리나라의 현대자동차도 포니와 엑셀로 제1, 2군에 진입한 후 소나타 등으로 제3군 진입을 시도하고 있다.

그러나 한 기업이 제3군과 제4군에 진출하기 위해서는 제조와 엔지니어링 기법을 혁신하고 상표와 디자인을 개발하고 확립해야 한다. 이를 위해서는 조사개발비와 제조비용의 상승이 따르게 되고 판매비와 일반관리비의 상승이 따르게 마련이다. 이 때 부적절한 전략이 사용되면 자사제품의 가격이 비용상승을 따라가지 못하게 되며 그 결과 기업은 전략군 이동에 실패하게 된다.

만약에 제품의 개발에 투입된 연구개발비와 판매비, 일반관리비는 높은데 제품의 가격이 낮으면 이폭도 낮아져 신제품 · 신공정을 개발하기 위한 연구개발활동, 현대식 공장의 건설, 시장개척활동 및 종업원훈련과 동기부여에 대한 투자가 충분히 이루어지지 못하게 된다. 그렇게 되면 그 기업의 제품과 기술은 경쟁기업의 그것들에 비해 낙후하게 되고 공장은 노후화된다. 그 결과 자사제품의 시장입지는 약화되며 구성원의 사기는 저하된다. 이와 같은 과정을 거쳐 국제시장에서 경쟁력이 저하된 기업은 판매량과 공장가동률을 유지하고 시장지분을 방어하기 위해 가격인하를 단행하게 된다. 그 결과 이윤은 더욱 줄어들며 이윤의 감소는 위와 같은 악순환의 반복을 강요한다.

[그림 8-3]은 이러한 악순환의 과정을 보여준다. [그림 8-3]은 기업이 효과적인 전략군 이동에 성공하려면 장기적으로 만족할 만한 이익을 얻어야 하며 만

그림 8-3 국제사업전략의 실패

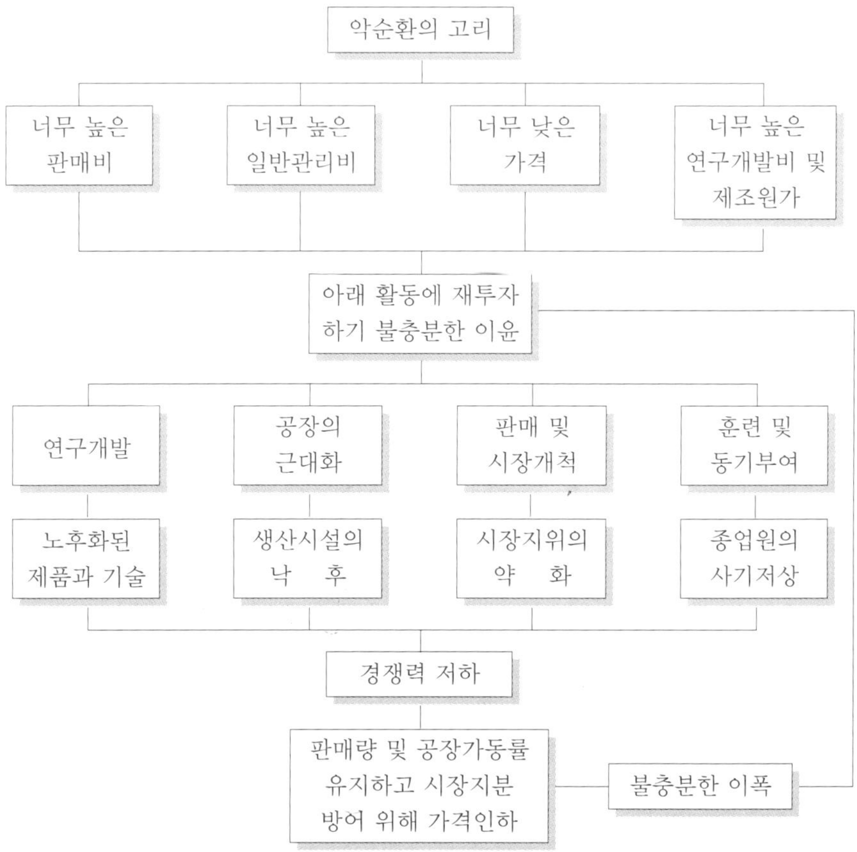

족할 만한 이익을 얻는 데 필요한 합리적인 원가구조와 이익구조를 가져야 한다는 것을 시사한다.

2. 전략군간의 거리 단축

정보통신기술의 발달과 인터넷 혁명은 국제시장에서 앞에서 언급한 전략군들 사이의 거리를 축소하고 있으며 그에 따라 전통적인 국제사업전략의 유효성이 감소하고 있다. 과거에는 저비용전략이나 차별화전략 중에서 하나에 성공하면 국제시장에서 경쟁력을 확보할 수 있었다. 그러나 컴퓨터와 인터넷으로 대표되는 정보화사회에서는 차별화된 제품에도 낮은 가격을 매기는 것이 중요하게 되었다. 과거에는 예컨대 신제품에 낮은 가격을 설정하는 것이 급한 일이 아니었다. 그러나 컴퓨터와 인터넷으로 대표되는 신경제에서는 얘기가 다르다. 신경제에서는 차별화전략을 추구하는 기업들도 다수의 고객을 재빨리 창출할 수 있는 가격으로 차별화된 제품과 서비스를 공급해야 경쟁에 이길 수 있는 상황이 빈번히 발생하고 있다. 그 이유는 신경제의 성격상 빠른 시일 내에 대량의 매출을 달성해야 경쟁에서 승리할 수 있기 때문이다.

빠른 시일 내에 대량의 매출을 달성하는 것이 매우 중요하게 된 이유는 두 가지이다. 우선 기업들은 보다 많은 사업들에서 대량판매가 과거보다 더 높은 수익을 창출한다는 것을 발견하고 있다. 이는 요즘 제품의 성격이 보다 지식집약적으로 되어 감에 따라 기업들이 제조비용보다 제품개발비용을 훨씬 더 많이 부담하기 때문이다. 예컨대 마이크로소프트사가 윈도 2000을 개발하는 데에는 5천만 불이 넘는 돈이 들었지만 프로그램 디스켓을 하나 더 만드는 데에는 3불 정도만 추가로 들 뿐이다. 따라서 일단 개발비용만 회수하면 매출액은 모두 이익이 된다. 둘째로 일부 기업들의 경우에는 초기에 대중시장을 붙잡는 방법 이외에는 달리 방법이 없기 때문이다. 예컨대 벤처기업인 주식회사 옥션이 경영하는 온라인 경매와 같은 제품이나 서비스가 고객에게 주는 가치는 그것을 사용하는 사람의 수와 밀접한 관련이 있다. 이는 고객들이 다른 사람들이 사용하고 있지 않다고 생각하는 제품이나 서비스는 사지 않기 때문이다. 소위 네트워크 외부경제라는 이러한 현상 때문에 많은 제품이나 서비스는 전부 아니면 전무라는 입장에 서지 않을 수 없게 된다. 즉 단번에 수 백만 개를 팔든가 아무 것도 팔 수 없게 되는 것이다.

따라서 기업이 제품에 대해 설정하는 가격은 고객을 대규모로 유치할 수 있는 가격이어야 할 뿐 아니라 한번 유치한 고객은 놓치지 않도록 도와주는 가격이어야 한다. 우리는 그것을 전략적 가격설정이라고 부른다. 차별화 전략은 모방에 극히 취약하다. 예컨대 온라인 옥션 거래나 할인점인 E-마트와 같은 개념은 특허로 보호받을 수 없는 아이디어들이다. 그 경우 고객을 잡아두려면 모방기업이 자사보다 좋은 가치를 제공할 수 없다는 것을 고객들에게 설득할 수 있어야 한다. 기업은 사업개시 즉시 좋은 평판을 얻어야 하는데 그 이유는 오늘날의 브랜드 이미지 확립은 네트워크로 연결된 우리 사회에서 급속히 확산되는 구전에 의한 추천에 크게 의존하고 있기 때문이다. 따라서 기업들은 고객들이 거절할 수 없는 조건을 가지고 시작해야 한다.

정보화사회에서 제품차별화와 저비용이 어떻게 공존하는가를 잘 보여주는 예가 미국기업들 중에서 가장 혁신적인 기업들 중의 하나인 할인 증권브로커 찰스 슈왑사이다. 슈왑사가 처음 도입한 혁신은 전화와 인터넷을 통해 온라인으로 증권을 거래하는 고객들을 안심시키는 일이었다. 미국 내 대부분의 증권 브로커들이 차별화된 서비스나 가격만으로 경쟁하고 있을 때 슈왑사는 온라인 증권거래 고객들은 온라인 증권거래의 안정성에 대해 관심이 있나는 것을 인식했다. 슈왑사는 증권거래가 일어나는 즉시 컴퓨터로 거래를 확인해 주어 고객의 우려를 불식시켜 주었다.

슈왑사는 더 나아가 고객의 증권거래를 더 편리하게 만들어 주었다. 대부분의 증권 브로커들은 정상적인 업무시간에만 영업을 했는데 그 시간대는 고객들이 짬을 낼 수 없는 시간대였다. 고객들은 증권거래 대금을 거래은행으로부터 이체해야 하는데 은행의 영업시간은 브로커들의 영업시간보다 더 제한이 많고 고객의 요구에 대한 반응도 은행은 무척 느렸다. 슈왑사는 영업시간을 24시간으로 연장하고 영업일자도 일주일 내내 무휴로 연장하고 자유롭게 자금을 인출할 수 있는 "슈왑 원"이라는 현금관리구좌를 신설하여 고객의 불편을 덜어 주었다.

슈왑사가 그 다음에 도입한 혁신은 증권거래의 단순함과 편리를 증진시키는 혁신이었다. 슈왑사는 고객들이 자신들의 뮤츄얼 펀드 투자 현황을 추적하는 것이 매우 복잡하다는 데 착안했다. 고객들은 보통 여러 뮤추얼 펀드들과 거래하는데 각 회사들로부터 거래명세서를 따로 받아 그것을 종합해 투자성과를 계산하고 있었다. 슈왑사는 고객이 자사를 통해 구입한 모든 뮤츄얼 펀드 투자를 종합한 거래 명세서를 월말에 보내주는 서비스인 "원소스"라는 서비스를 시작했다. 인터넷 비즈니스는 그 성격상 저비용 사업이다. 그러나 슈왑사는 계속 새로운 혁신을 도입하여 서비스 차별화에 있어서도 미국 증권업계를 앞지르고 있었다. 슈왑사의 성공은 저비용과 차별화가 이제는 상호배타적인 전략이 아님을 보여주는 좋은 예이다.

차별화전략을 추구하는 기업들은 비용을 줄이는 데 어려움을 겪으며 그 결과 전략적으로 보아 현명하다고 판단되는 수준 이상으로 제품가격을 높게 책정하는 경향이 있다. 그러나 성공적인 차별화전략을 추구하는 기업들은 결코 비용이 가격을 결정하도록 내버려 두지 않는다. 그런 기업의 경영자들은 비용을 시장지향적인 전략적 가격에 맞춤으로써 조직구성원들이 재료, 디자인 및 제조에 관한 거의 모든 가정에 대해 의문을 제기케 하며 그러한 경영자들의 자세는 흔히 놀라운 결과를 가져온다. 좋은 예가 시계 제조회사인 스위스의 스워치사이다. 창업자인 니콜라스 헤이엑 씨는 처음부터 시계의 목표가격을 40불로 정해 놓고 그 가격에 목표이익을 실현할 제품을 만들 것을 요구했다. 스위스의 높은 임금수준을 감안하면 스워치사는 제품과 생산방법에 획기적인 변화를 주지 않고는 창업자가 제시한 목표를 맞출 수가 없었다. 예컨대 스워치사는 시계에 전통적으로 사용되던 금속이나 가죽 대신에 플라스틱을 사용했다. 스워치사의 엔지니어들은 시계 내부 디자인을 단순화하여 시계 제조에 들어가는 부품 수를 150개에서 51개로 줄였다. 마지막으로 스워치사의 엔지니어들은 보다 비용이 적게 드는 새로운 시계조립 기법을 개발했다. 예컨대 그들은 시계케이스를 나사를 사용해 봉하는 대신에 용접함으로써 비용을 절감했다. 디자인과 제조공법상의 변화를 통해 스워치사는 총비용에서 직접노무비가 차지하는 비중을 30%에서 10% 미만으로 줄였다. 결국 스워치 제조에 드는 총비용이 홍콩에서 만드는 경쟁제품의 제조비용보다 거의 30%나 낮게 되었다. 이러한 비용 혁신으로 스워치사는 지금까지 저임금을 무기로 아시아 제조업체들이 지배하던 대중시계시장에서 기존의 제품과는 차별화된 제품으로 이익을 보면서 경쟁할 수 있게 되었다.

차별화와 저비용을 동시에 달성하기 위해 조직의 비대화를 회피하는 기업들이 늘고 있으며 대신 그들은 다른 기업들과 제휴하거나 다른 기업들을 매입하여 부족한 역량을 보충한다. 그렇게 함으로써 그들은 빠르게 움직일 수 있고 저비용으로 차별성을 확보할 수 있다. 그러나 아무리 조직을 재구축해도 그리고 어떤 제휴관계를 맺어도 요구되는 전략적 가격으로는 차별화된 제품과 서비스를 공급하는 것이 불가능하게 보이는 경우도 생긴다. 그런 경우에는 경영자들이 제품이나 서비스 가격이 결정되는 방법에 대해 너무 많은 가정을 수립하는 함정에 빠졌을 가능성이 높다. 예컨대 영화 비디오테이프가 처음 시장에 나왔을 때의 가격은 80불 정도였다. 아무도 한 비디오를 두 번이나 세 번 이상 보는 것을 기대하지 않았기 때문에 비디오 하나에 80불을 지불하려는 사람은 거의 없었다.

차별화와 저비용을 동시에 확보하는 데 성공한 기업들은 제품가격을 정하는 방법이 단 한 가지밖에 없다는 가정은 결코 하지 않는다. 예컨대 블럭버스터 비디오사는 비디오 가격 결정 모델을 비디오 판매로부터 비디오 대여로 바꿈으로써 비용-가격 딜레마를 극복했다. 비디오 한 번 대여에 2~3불 정도를 받음으로써 가정용 비디오 시장은 폭발적으로 성장했다. 블럭버스터사는 비디오 하나를 80불을 받고 고객에게 팔아 버리는 대신에 똑같은 80불짜리 비디오를 여러 번에 걸쳐 대여함으로써 더 많은 돈을 벌었다.

가격이라는 개념 자체를 버리는 기업까지도 나오고 있다. 그런 기업들은 고객에게 자사의 제품을 제공하고 그 대가로 고객의 사업에 대한 지분을 받는다. 예컨대 휴릿패커드사는 고성능서버를 실리컨 밸리의 벤처회사들에게 제공하고 벤처회사 수익의 일부를 받는다. 고객은 핵심역량을 즉각 입수할 수 있고 휴릿패커드는 기계 가격보다 훨씬 더 많은 보상을 받는다. 이들이 목표로 하는 것은 정보화사회에서 저비용과 차별화를 동시에 달성하기 위해 새로운 가격 모델을 이용하는 것이다.

제 9 장 전략과 환경의 적합

효과적인 국제전략을 수립하기 위해서는 환경을 정확히 분석하는 것이 대단히 중요하다. 그러나 아무리 기업이 환경을 정확히 분석했다 할지라도 그러한 분석을 기초로 수립된 전략이 환경에 적합하지 않다면 전략의 유효성은 크게 떨어질 것이다. 효과적인 전략은 또한 기업이 보유하는 자원과도 조화를 이루어야 하고 기업의 조직과도 조화를 이루어야 할 것이다. 만약에 기업이 수립한 전략이 정확한 환경분석에 기초하고 있고, 또 환경에 적합한 것이라 할지라도 그것이 기업의 자원과 조직에 의해 뒷받침되지 않는다면 그 유효성은 크게 감소할 것이다.

기업이 수립한 전략이 성공하려면 기업이 직면하는 모든 환경을 분석할 필요가 있지만, 그 중에서도 특히 고객과 경쟁자 그리고 기술을 철저히 분석할 필요가 있다. 고객은 기업존립의 기초이며 경쟁자는 전략수립의 상대이며 기술은 지식으로서 앨빈 토플러가 말하는 정보화사회에 있어서 가장 중요한 요소이기 때문이다. 그러나 고객과 경쟁자, 기술을 정확히 분석하여 수립된 전략이 성공하자면 고객과 경쟁자 그리고 기술환경에 적합하여야 한다. 기업은 환경분석을 통하여 수립한 전략이 고객, 경쟁자, 기술환경과의 적합한 정도를 검토함으로써 전략실행의 성공을 보장받을 수 있다.

제 1 절 전략의 고객 적합성

기업이 수립한 전략이 고객과 조화를 이루기 위해서는 고객이 원하는 바를 정확히 알아야 할 뿐만 아니라 고객의 욕구가 어떻게 변하는가를 예측할 수 있어야 한다. 고객이 제품이나 서비스로부터 원하는 것은 크게 보아 세 가지로 구분할 수 있다. 하나는 제품의 품질이나 성능, 또는 그 제품을 사용함으로써 얻게 되는 위신 등 제품을 실제로 사용하는 데에서 나오는 효용이다. 예컨대 어떤 제품은 품질이 좋아 고장이 거의 없다든지 어떤 제품은 설치비용이 적게 든다든지 하는 경우이다. 또한 자동차의 벤츠나 시계의 롤렉스 같이 그것을 사용하는 사람의 위신이 올라가는 경우도 있다.

고객이 제품으로부터 원하는 또 하나는 구입상의 편리함, 유리한 구입 조건, 우수한 애프터 서비스, 신속한 배달 등과 같은 보조서비스들이다. 예컨대 어떤 회사의 제품은 그 회사가 운영하는 직영점과 대리점의 수가 많아서 어디서든지 편리하게 구입할 수 있고 매입 후 고장이 나는 경우 손쉽게 수리를 받을 수 있다. 신속한 배달은 시 테크라는 용어가 유행하고 그것이 경영에 직접적으로 반영되는 현재와 같은 상황에서는 고객에게 중요한 효용을 가진다. 배달은 또한 배달 그 자체만 중요한 것이 아니라 품질의 배달도 수반되는 것이 중요하다. 예컨대 배의 경우를 보면 배를 나무에서 따는 시점에서의 배의 품질은 우리나라의 배가 좋지만 배가 미국에 수출되어 미국의 슈퍼마켓 등 소매점에 배달된 시점에서 보면 일본 배가 우리나라의 배보다 품질이 좋다고 한다. 그것은 운송중 배의 품질을 유지시키는 기술에 있어서 일본 기업들이 우리나라 기업들보다 앞서 있기 때문이다. 할부금융기간이 보다 장기라든지 할부금리가 상대적으로 낮다든지 하는 금융조건도 고객들이 제품이나 서비스를 구입할 때 중요시하는 사항들의 하나이다.

끝으로 고객들은 일반적으로 가격이 싼 제품을 선호한다. 물론 성능과 품질이 더 좋고 보조서비스가 우수한 제품에 대해서 고객들은 보다 높은 가격을 지불할 용의가 있다. 그러나 그러한 면에서 차이가 없을 경우에 고객들은 상대적으로 저렴한 상품을 선호한다. 설혹 품질과 보조서비스에 있어서 큰 차이가 있다고 할지라도 가격의 차이가 너무 크면 고객은 그러한 제품을 외면하게 된다. 그 동안 우리나라 시장에서 고품질을 내세워 고가정책을 사용해 왔던 우리나라의 유수 전자회사들과 외국전자회사들의 한국자회사들이 얼마 전에 앞다투어 가격인하를 단행한 것이 그 좋은 예들이다.

고객이 원하는 것을 이와 같이 제품의 성능, 품질, 위신과 같은 주요 기능, 애프터 서비스, 배달, 구입조건 등과 같은 보조서비스 그리고 가격으로 분류한다면 가장 좋은 전략은 고객의 이 세 가지 욕구를 동시에 가장 잘 충족시키는 것이다. 즉, 고객에게 가장 적합한 전략이란 좋은 성능과 품질을 가진 제품이나 서비스를 가장 저렴한 가격으로 고객에게 가장 편리한 곳에서 가장 유리한 조건으로 품질을 손상함이 없이 신속히 배달하는 것이다. 그러나 위와 같은 조건은 기업이 지향하는 최선의 방향이지만 실제로는 충족시키기가 거의 불가능하다. 기업은 자기가 생산한 제품이나 서비스가 위에 언급한 조건들 중에서 적어도 어느 하나는 경쟁사들의 제품이나 서비스보다 뛰어나도록 전략을 수립할 필요가 있다. 이 경우에도 다른 두 가지 조건들이 적어도 고객의 최소한의 요구는 충족시킬 수 있는 수준은 되어야 할 것이다.

고객의 특정한 욕구를 충족시킴으로써 성공한 기업의 예로 IBM을 들 수 있다. IBM은 보조서비스에 뛰어났기 때문에 상당기간 동안 세계 우량기업의 하나로 남아 있었다. IBM의 모토는 "IBM means service"이다. IBM은 여러 가지 종류의 컴퓨터를 생산하지만 얘기를 PC에 국한해 본다면 PC는 이미 혁신제품이 아니기 때문에 각 회사의 제품별로 성능 차이가 크지 않다는 것이 정설이다. 그럼에도 불구하고 IBM PC가 일반 PC제품들보다 높은 가격을 받을 수 있었던 것은 IBM의 철저한 서비스에 힘입은 바 컸다. IBM PC는 성능이 다른 제품들보다 월등히 뛰어나지는 않았지만 애프터 서비스 등 보조서비스가 좋고 구입하기도 편리했고 구입조건이 좋고 배달도 신속히 해 주었기 때문에 평균 이상의 값으로 팔릴 수 있었다. 물론 IBM이라는 이름도 평균 이상의 가격으로 IBM PC가 팔리는 데 큰 역할을 했다는 것은 부인할 길이 없다.

1. 시장세분화

기업이 고객의 요구를 잘 충족시킬 수 있는 전략을 수립하려면 위에 언급된 고객의 욕구 중에서 특정한 욕구 내지는 욕구들을 충족시키는 데 집중할 필요가 있다. 특정한 제품을 놓고 볼 때, 모든 고객이 그 제품으로부터 똑같은 것을 기대하는 것은 아니다. 예컨대 고객이 차를 살 때 어떤 고객은 가격에 불문하고 성능이 뛰어나고 그 차를 탐으로써 신분과시를 하고자 하는 고객도 있을 것이고, 어떤 고객은 성능이나 위신보다는 할부금융에 관심이 많은 고객도 있다.

고객의 욕구를 성공적으로 충족시키자면 기업은 시장세분화에 관심을 가져야 한다. 시장세분화가 중요한 이유는 기업의 자원이 유한하기 때문이다. 기업의 자원이 무한하다면 기업은 모든 종류의 고객욕구를 충족시키는 전략을 추구할 수 있을 것이다. 그러나 기업의 자원은 유한하기 때문에 기업은 그러한 유한한 자원을 특정한 고객을 위하여 집중적으로 투입함으로써 산업 내 경쟁에서 유리한 위치에 설 수 있다. 독특한 방법으로 시장을 세분한 기업의 예로 과거의 파스퇴르우유를 들 수 있다. 파스퇴르우유는 창사 초기에 저온살균법이라는 그 당시 사용되던 공정과 차별화된 공정을 사용하여 건강에 관심이 많은 고객층을 파고듦으로써 선발주자인 기존의 우유회사들을 압박하고 시장에서 우월한 위치를 점할 수 있었다.

시장을 세분하는 방법은 여러 가지가 있을 수 있다. 지역을 기준으로 세분하는 방법, 나이를 기준으로 세분하는 방법, 성별을 기준으로 세분하는 방법 등 여러 가지가 있을 수 있으나 중요한 것은 경쟁회사들이 사용하는 방법들과는 다른 독특한 방법으로 시장을 세분하는 것이다.

기술이 변한다든지 고객의 기호가 바뀐다든지 함으로써 환경이 변하면 기업은 새로운 시장세분화를 시도하여야 한다. 환경이 변하였는 데도 과거의 방식을 고집하면 새로운 방식으로 시장을 세분하고 그 세시장에 적합한 제품과 서비스를 공급하는 경쟁자의 출현으로 기업은 위기에 직면하게 된다. 미국의 오토바이회사인 할리-데이빗슨(Harley-Davidson)은 혼다 등 일본 오토바이회사들이 새로운 방식으로 시장을 세분하여 고객의 욕구를 보다 성공적으로 충족시키기 전에는 미국 제일의 오토바이회사였다. 그러나 혼다가 미국에 진출하여 과거에 거친 사람들이 주로 타는 것으로 인식되어 오던 미국의 오토바이시장을 스포츠용품시장으로 재정의하자 경쟁에서 탈락하는 위기에 몰렸던 것이다.

시장세분화와 관련하여 또 하나의 중요한 사항은 새로이 시장에 진출하는 기업은 시장을 보다 좁게 세분할 필요가 있다는 것이다. 새로이 시장에 진출하는 기업은 인적 · 물적 자원이 부족한 것이 보통이다. 기존의 대기업이 생소한 시장에 진출하는 경우에도 마찬가지이다. 대기업이지만 그 시장에는 처음이기 때문에 고객의 신뢰를 얻기가 어렵다. 이러한 경우에는 우선 목표로 하는 좁은 시장에서 성공하고 그 성공을 발판으로 산업 내의 다른 세시장으로 세력을 확대해 나가는 것이 현명한 전략이다. 예컨대 일본자동차회사들의 미국시장진출을 보면 일단 미국자동차회사들이 소홀히 하고 있던 소형차시장에 진출하여 명성을 쌓고 그 명성을 이용하여 중형차, 대형차시장으로 영역을 넓혀 나갔던 것이다. 일본자동차회사들이 소형차시장에서 경험과 명성을 쌓고, 판매량과 유통경로, 기술을 확보한 후 중형차 그리고 고급차시장까지를 공략하자 미국회사들은 곤경에 빠졌던 것이다.

2. 고객욕구의 변화예측

고객이 제품이나 서비스로부터 기대하는 것은 성능이나 품질, 보조서비스, 저렴한 가격 등이다. 그러나 고객이 원하는 것, 또는 고객이 원하는 내용물의 상대적 중요도는 시간이 감에 따라 변한다. 따라서 고객의 욕구를 성공적으로 충족시키기 위해서는 고객의 욕구변화를 면밀히 추적하여 경쟁자보다 앞서서 그 욕구를 충족하여야 한다.

고객의 욕구변화를 정확히 측정하는 것이 경쟁에서 승리하는 첫걸음이지만 변화를 정확히 예측한다는 것은 쉬운 일이 아니다. 고객욕구의 변화를 정확히 예측하려면 우선 고객이 왕이라는 의식과 변화를 받아들이는 기업문화를 정착시켜야 한다. 세계에는 고객지향을 대외적으로 선언하는 기업들이 무수히 많다. 그러나 진정으로 고객을 위하는 기업은 많지 않으며 고객지향을 표명한 기업들의 경영행태를 가만히 들여다 보면 오히려 조직내부의 관리상의 편익만을 추구하는 경우가 허다하다. 고객이 왕이라는 의식의 개혁 없이는 고객지향적인 경영이란 한낱 모토에 지나지 않을 뿐이다.

고객욕구의 변화를 정확히 예측하여 그것을 제품과 서비스에 반영하려면 그 기업의 문화가 변화를 받아들이고 더 나아가서는 변화를 추구하는 것이 되어야 한다. 보수적인 기업문화를 가진 기업은 변화를 싫어하며, 따라서 고객이 원하는 바가 바뀌어도 기업경영은 변화하지 않으려 한다. 기업문화의 보수성은 기업이 수행하는 경영활동의 성격과도 밀접한 관련이 있다. 예컨대 미국기업들은 분업에 의한 규모의 경제를 극대화하기 위하여 전문화된 대량생산 기계를 많이 사용한다. 대량생산 기계는 고가이어서 가동을 중단하면 발생하는 손실이 크기 때문에 기업은 어떠한 변화의 도입도 꺼리게 된다. 변화 없는 계속적인 작업에 익숙해진 근로자들 역시 변화를 싫어하게 되어 기업 전체의 분위기가 변화를 회피하는 보수성을 띠게 된다. 그 반면에 범용성이 높은 기계를 사용하여 다품종 소량생산을 하는 기업의 경우에는 변화 자체가 일상성을 띠게 되며 작업은 계속적인 도전이 된다. 그러한 작업환경하에서는 경영층과 근로자 모두 고객의 욕구변화에 관심을 갖게 되고, 그러한 변화를 기업경영에 반영하려고 노력하게 된다. 이는 고정금리로 대출하는 은행이 보수적인 반면에 끊임없는 주가변동에 일상적으로 노출되는 증권회사가 진취적인 이유이기도 하다.

기업이 고객의 원하는 바를 정확히 측정하는 또 하나의 방법은, 직영점을 경영하는 등의 방법으로 고객의 욕구변화에 민감하게 대처할 수 있는 수단을 확보하는 것이다. 1970년대 초반 금강제화가 국제시장개척에 나설 때 금강제화는 미국 뉴욕시 맨하탄의 렉싱턴 애비뉴에 구두직판점을 설치하여 국제적인 구두패션의 변화를 추적할 수 있었다.

그 밖에 기업이 고객의 수요변화를 예측할 수 있는 장치들로는 고객과 공동으로 제품개발을 한다든지 고객의 불만에 귀를 기울인다든지 하는 것들이 있다. 제품이나 보조서비스의 개발에 고객을 참여시키면 고객의 수요변화를 리얼 타임으로 제품 등에 반영할 수 있으며 제품에 대한 고객의 불만에 귀를 기울이면 장차 기업이 지향해야 할 제품과 서비스의 개발방향을 알 수 있다. 철강산업의 선두주자는 유 에스 스틸, 베들레헴 스틸 등 미국기업들이다. 그러나 미국철강회사들은 새로운 철강생산방법이 철강산업에 도입되었을 때 신기술을 외면했다. 그러나 일본철강회사들은 철강의 소비자들인 자동차회사들과 함께 자동차산업에 필요한 철강제품들을 개발하는 과정에서 신기법을 받아들이고 신제품을 개발함으로써 철강산업에서 국제경쟁력을 갖게 되었던 것이다.

기업이 국제경쟁력을 가지려면 고객수요의 변화를 정확히 예측하는 것도 중요하지만 그보다도 더 중요한 것은 고객수요의 변화를 정확히 예측할 필요성을 줄이는 것이다. 이탈리아의 베네통사는 세계 의류업계의 선두주자 중의 하나이다. 베네통사가 세계 의류업계의 선두주자가 된 것은 의류패션변화에 기민하게 대처할 수 있는 경쟁우위를 보유하고 있기 때문이다. 의류산업은 유행에 민감한 산업이며 의류업계에서 예측하기 어려운 유행의 하나는 다음 시즌에 유행할 의류의 색상이다. 다음 시즌에 유행할 것으로 예상되는 색상의 의류를 대량으로 제작하였다가 그 예측이 빗나가면 기업은 큰 손실을 보게 된다. 따라서 의류산업에서는 염색기술이 중요한 경쟁우위를 구성한다. 의류를 염색하는 방법의 하나는 실을 염색하여 염색된 실로 옷을 만드는 것이다. 또 다른 방법은 프린트라고 하며 옷을 만든 후 그 위에 프린트하는 방법이나 그러한 의류는 고가로 팔리지 않는다. 또 다른 하나의 방법은 옷을 만들어 놓고 그 시즌에 유행하는 색상을 확인한 후 염색하는 소위 후염색방법이다. 베네통사는 후염색에 강하기 때문에 마지막까지 기다렸다가 유행하는 색상을 확인한 후 염색을 할 수 있었다. 그만큼 베네통사는 고객의 수요를 예측할 필요를 줄였던 것이다.

고객수요의 변화를 예측할 필요성을 줄인 또 하나의 예로는 적시(JIT: just-in-time)관리제도를 들 수 있다. 적시관리를 통하여 필요한 것을 필요한 만큼 수요에 맞춰 생산 · 공급하는 기업은 수요예측에 대한 부담이 그만큼 줄어든다. 수요를 예상하여 대량생산한 후 주문에 따라 재고품을 배달하는 기업과는 달리 적시관리를 택한 기업은 소비자나 구매상이 원하는 제품을 원하는 시기에 원하는 양만큼 생산 · 공급하기 때문에 수요예측의 필요성을 크게 줄일 수 있다.

제 2 절 전략의 경쟁 적합성

전략이 경쟁에 적합한 정도란 전략이 기업의 경쟁우위개발에 기여하고 경쟁자의 공격에 효과적인 방어수단으로 작용하며 경쟁자와의 격돌을 피할 수 있는 수단으로 작용하는 정도를 말하는 것이다.

1. 경쟁우위의 개발

기업이 경쟁자에 대하여 가지는 경쟁우위는 결국 고객의 욕구를 경쟁자보다 더 잘 충족시키는 데에서 나온다. 기업이 가지는 경쟁우위의 요체는 제품, 보조서비스 그리고 가격상의 우위이다. 기업이 경쟁자와 비교하여 위의 세 가지 점에서 모두 우위에 있다면 그 기업은 그 산업을 압도할 수 있다. 예컨대 1980년대에 일본기업들이 미국기업들을 많은 산업에서 압도할 수 있었던 이유는 미국기업들은 좋은 제품은 가격이 비싸야 한다는 입장이었고 그 반면에 일본기업들은 좋은 제품이란 품질이 좋을 뿐 아니라 가격이 저렴해야 한다는 입장이었기 때문이다. 품질이 좋고 가격이 싼 제품이 품질은 좋으나 가격이 비싼 제품보다 더 잘 팔린다는 것은 명약관화한 일이다. 뿐만 아니라 일본자동차회사들이 일본제 자동차를 미국에 도입할 때 보여 준 바와 같이 일본회사들은 미국자동차회사들보다 장기의 상품하자 수리기간을 제공했으며, 보다 자유로운 반품서비스를 제공했다. 이와 같이 일본회사들이 제품, 가격, 보조서비스 세 가지 모두에서 미국회사들을 압도했기 때문에 경쟁에서 성공할 수 있었던 것이다.

일본이 과거 100여 년간에 선진국에 진입한 두 나라 중의 하나인 이유도 이러한 일본기업들의 전략적 압도가 원동력이 되었다. 그러나 한 기업이 제품, 보조서비스, 가격 등 모든 측면에서 경쟁자들을 압도한다는 것은 쉬운 일이 아니다. 그러나 기업이 국제시장에서 국제경쟁력을 가지려면 적어도 세 가지 중에서 어느 하나는 뛰어나야 한다. 일본 전자산업의 예를 보면 소니는 제품혁신을 통한 신제품의 공급에 뛰어나다. 그에 반해 마츄시타는 대리점과 직영점을 많이 보유하고 있어서 소비자들에게 제품구입의 편리성, 애프터 서비스제공 등 보조서비스제공에 있어서 경쟁자보다 뛰어나다. 한편 산요는 끊임없는 공정혁신을 통해 경쟁자들에 비해 싼 가격으로 제품을 공급한다.

물론 기업이 제품, 보조서비스, 가격 중 어느 하나에서만 뛰어나고 다른 것들은 수준 이하라면 경쟁우위를 가질 수 없다. 기업이 경쟁우위를 가지려면 뛰어난 부분을 제외한 다른 부분들도 수준급은 되어야 한다. 한 기업이 제공하는 제품이 뛰어나다고 해도 그 기업이 제품공급과 관련하여 제공하는 보조서비스와 가격이 수준급이 아니면 그 기업은 경쟁우위의 개발에 실패한 것이다. 많은 모험기업들이 혁신제품의 개발에 성공하고도 수명이 길지 못한 이유의 하나도 그들이 제품공급과 더불어 제공하는 보조서비스가 불충분하고 가격이 너무 높다는 데 있다. 보조서비스를 공급하기 위한 유통체계와 수리서비스 제공망의 구축에는 많은 투자가 필요하며 가격인하를 위해 규모의 경제와 범위의 경제를 확보하는 데에도 많은 투자가 필요하다.

2. 공격에 대한 효과적 대비

기업이 개발한 사업전략이 유효하려면 경쟁자의 공격에 효과적으로 대처할 수 있어야 한다. 기업은 우선 새로운 전략적 선택을 통하여 대체품을 도입함으로써 경쟁자의 공격에 효과적으로 대처할 수 있다. 기업이 현재의 제품을 대체할 제품을 도입하면 기존제품을 생산하고 있는 경쟁자는 공격을 자제할 가능성이 크다. 경쟁기업의 입장으로서는 경쟁적으로 대체품을 도입하면 자신이 현재 차지하고 있는 시장이 줄어들 것이기 때문이다. 이 때 가장 공격을 자제하는 경쟁자는 기존제품시장에서 시장지분이 가장 큰 시장 내 선도기업일 가능성이 크다. 즉 대체품을 도입하는 기업은 시장지배력이 큰 가장 두려운 경쟁기업의 반격을 무력화시킬 수 있는 것이다. 새로운 전략적 선택을 통하여 대체품을 도입하여 경쟁에 성공한 예는 많다. 컴퓨터산업에 PC를 도입하여 상당기간 IBM의 공격을 무력화할 수 있었던 애플사도 좋은 예이며 합성섬유를 도입하여 면제품 생산회사들을 무력화한 한일합섬도 좋은 예이다.

기업이 전략적 선택을 통하여 경쟁자의 공격을 방어하는 또 다른 방법은 우리의 전략을 공격하기 위해 경쟁자가 치러야 할 희생을 극대화하는 것이다. 예전에 우리나라의 한 회사가 참치통조림시장에 진출할 때 사용한 전략이 좋은 예이다. 이 회사는 저가격을 전략적 무기로 사용하여 통조림시장에 진출하였다. 경쟁회사는 참치통조림시장에서 큰 시장지분을 가지고 있었기 때문에 이 회사의 저가전략에 효과적으로 보복을 가할 수가 없었다. 왜냐 하면 저가격으로 새로 진입하는 회사는 판매량이 적어 가격을 내려도 큰 손해를 보지 않지만 판매량이 큰 경쟁자는 가격을 조금만 내려도 수익이 대폭적으로 감소하기 때문에 경쟁자의 저가전략에 대한 대응을 자제할 수밖에 없었다.

기업은 또한 시장을 석권함으로써 경쟁자의 공격을 효과적으로 저지할 수 있다. 그 좋은 예가 섬유린스시장이다. 섬유린스시장의 총규모는 500억원 정도이다. 그리고 이 시장에서 최대의 시장지분을 가지고 있는 회사는 대기업이 아니라 중소기업이다. 대기업의 입장에서 보자면 500억원의 시장은 사세를 동원해 전면전을 벌일 시장이 아니며 자금이 있다면 보다 큰 시장의 개척에 투입하는 것이 기회비용 측면에서 보다 현명한 선택이다. 이와 같이 자사가 특정한 시장을 석권하면 경쟁관계의 다른 회사들은 반격을 주저하게 된다. 따라서 기업은 시장을 석권하기 위하여 일시에 대규모의 자본을 투입하는 것이 불가피하게 될지도 모른다. 그 경우에도 기업은 시장을 현명하게 세분함으로써 필요한 투자규모를 자사의 투자능력의 범위 내로 제한할 수 있을 것이다.

기업이 경쟁자의 반격을 효과적으로 제어하는 또 하나의 방법은 경쟁자의 움직임에 대해 일관성 있게 보복을 가하는 방법이다. 과거에 법정관리를 신청한 동성반도체의 경우에서 보는 바와 같이 일본기업들은 우리나라 기업들이 자사가 제조하는 상품을 개발하면 거의 어김없이 가격인하 등을 통하여 보복을 시도했다. 이 때 일본기업들이 출혈을 무릅쓰고 보복을 하였는지, 그 때까지 축적한 경험효과를 이용하여 과거에는 제품가격인하 여력이 있었지만 인하하지 않고 있던 가격을, 신규 경쟁자의 출현에 맞춰 인하함으로써 보복을 가하였는지는 확실하지가 않다. 아마도 일본기업들은 경쟁자가 출현하기 이전까지는 높은 가격을 유지하여 평균 이상의 수익률을 실현하고 있다가 한국에서 경쟁자가 출현하면 즉각 경험효과로 인한 비용절감을 가격에 반영하는 듯하다. 보복을 통하여 경쟁자의 반격을 저지하려면 과거로부터 일관되게 보복함으로써 경쟁자에게 잊혀지지 않는 교훈을 주는 것이 효과적이다. 비지속적인 보복은 경쟁자로 하여금 기회를 보는 마음을 갖게 하기 때문이다. 보복이 설득력을 갖는 데에는 기업이 보유하는 자원의 크기도 도움이 된다. 기업이 현금이나 즉각적으로 현금화할 수 있는 유동성 자산을 다량으로 보유하고 있거나, 즉각적으로 가동을 개시할 수 있는 잉여설비를 대량으로 보유하고 있다면 보복위협이 더욱 설득력을 가질 수 있다.

경쟁자의 반격을 효과적으로 저지하는 또 다른 방법은 장벽을 설치하는 것이다. 미국에서 제일 큰 백화점은 월 마트(Wal-Mart)이다. 과거에는 시어스가 가장 큰 백화점이었으나 월 마트는 새로운 전략적 선택으로 미국 최대의 백화점으로 부상했다. 월 마트가 초기에 성공할 수 있었던 중요한 원인 중의 하나는 이 회사가 다른 백화점들이 관심을 갖지 않았던 소도시들을 성공적으로 공략한 데 있다. 월 마트가 미국의 작은 마을에 대형매장을 차리면 그 지역은 월 마트 하나로 공급이 충분하게 되어 다른 백화점들은 진출할 길이 막히게 되었던 것이다. 그 외에도 원료원과 유통경로에 투자하거나 이들을 장기계약 등으로 선점하는 것 등도 경쟁자의 보복을 막는 장벽을 설치하는 또 다른 방법들이다. 또한 특허권을 취득하여 경쟁자의 반격을 저지할 수도 있을 것이다.

3. 충돌회피

손자병법에 의하면 싸우지 않고 이기는 것이 가장 좋은 방법이라고 한다. 일본자동차들이 처음으로 미국자동차시장을 공략하던 패턴을 보면 일본회사들은 손자병법을 경영전략에 많이 이용했던 것 같다. 일본기업들은 제너럴 모터스, 포드, 크라이슬러 등 미국의 3대 자동차회사들이 홀대하던 소형 오토바이시장과 소형 승용차시장을 공략함으로써 미국자동차시장에 거의 무혈입성할 수 있었다. 미국자동차회사들은 그 당시 소형차 생산은 생산비만 많이 들고 차 값은 저렴했기 때문에 중대형차 생산에만 관심이 있었다. 소형차는 그 당시 미국회사들에게는 미운 오리새끼의 신세였던 것이다. 그러한 상황에서 일본자동차회사들이 저가격으로 미국의 소형차시장에 진입하자 미국자동차회사들은 거의 손 한 번 써보지도 않고 소형차시장을 일본기업들에게 넘겨 주었다. 이와 같이 경쟁자가 홀대하고 있는 시장에 진출하면 충돌을 회피하면서 소기의 목적을 달성할 수 있다.

소형 자동차시장뿐만 아니라 미국의 소형 냉장고시장도 똑같은 경로를 밟아 일본가전회사들에게 넘어 갔다. 미국의 냉장고회사들은 미국의 식생활패턴을 반영하여 대형 냉장고생산에만 관심을 가지고 있었다. 이러한 미국시장에 일본가전회사들은 독신생활자들을 목표로 우수한 성능의 소형 냉장고들을 미국회사들의 저항을 거의 받지 않고 성공적으로 공급할 수 있었다. 일본회사들은 소형 냉장고시장에서 축적한 미국냉장고시장에 관한 지식을 활용하여 나중에는 대형 냉장고시장까지 공략하기에 이르렀다.

경쟁자와의 충돌을 회피하는 또 다른 방법은 경쟁자들과 협력하는 방법이다. VTR을 먼저 상용화한 기업은 일본의 소니사였다. 소니의 베타멕스방식의 VTR은 마츄시타의 VHS방식보다 비디오 카세트의 크기도 작고 화질도 좋았다. 그러나 세계 VTR시장을 석권한 것은 마츄시타의 VHS방식이었지 소니의 베타멕스가 아니었다. 소니는 VTR시장을 독점하기 위하여 경쟁회사들에게 라이슨싱형식으로 기술을 공여하지 않은 반면에 마츄시타는 우리나라의 LG, 삼성전자를 포함하여 많은 경쟁자들에게 로열티를 받고 VHS방식을 라이슨싱으로 제공했다. 그 결과 VHS방식의 제품공급이 증가하자 VTR용으로 영화를 만드는 회사들도 VHS방식에 맞는 소프트웨어들을 생산했다. VTR은 그 자체로서는 의미가 없으며 소프트웨어가 있음으로써 그 가치를 발휘한다. 많은 프로그램들이 VHS방식에 맞춰 개발되자 소니의 베타멕스는 우수한 품질과 소형임에도 불구하고 결국 소비자들을 끄는 데 실패하였다. 위의 예에서 볼 수 있는 바와 같이 시장을 독점하려 하면 작은 시장을 독점할 수도 있을 것이다. 그러나 시장을 경쟁자들과 협력하여 키우면 그 시장을 경쟁자들과 분할한다 하더라도 협력 없이 혼자서 독점할 때보다 더 큰 매출규모를 달성할 수 있다.

제 3 절 전략의 기술 적합성

새로운 전략이 효과적인 것이 되려면 기술환경과도 적합해야 한다. 전략이 기술과 적합해야 한다는 것은 신전략이 핵심기술을 창조하는 수단이 되고 기술의 경쟁적인 개발을 배려하며 기술요소들의 상호의존을 고려해야 한다는 의미이다.

1. 핵심기술개발

핵심기술이란 기업이 그 기술을 확보하면 앞으로 10년 내지 20년은 산업 내 경쟁에서 경쟁우위를 확보할 수 있는 기술을 의미한다. 예컨대 일본의 토시바는 과거 디스플레이기술을 핵심기술로 확보하고 있었기 때문에 그 기술을 이용하여 자동차 대쉬보드의 시계, 계산기 화면, 소형 텔레비전과 노트북 컴퓨터의 화면 등에 있어서 경쟁우위를 차지할 수 있었다. 미국의 보잉사는 우주항공기술을 민간항공기에 응용하는 데 있어서 타의 추종을 불허했기 때문에 오랫동안 국제항공기시장을 석권할 수 있었다. 일본 아지노모토사는 아미노산기술을 핵심기술로 정해 그 기술을 아미노산을 식물에서 추출하는 것으로부터 화학적 합성을 통해, 그리고 발효를 통해 얻는 기술로 발전시켰다.

핵심기술은 여러 가지가 있을 수 있다. 제품과 관련된 기술이 핵심기술인 기업도 있고 생산기술이 핵심기술인 기업도 있고 유통과 관련된 보조서비스가 핵심기술인 기업도 있다. 무엇이 핵심기술이 되어야 하는가는 기업의 전략에 따라 다를 것이다. 제품관련기술을 핵심기술로 하는 기업은 그 산업에서 신제품개발을 선도하는 기업이다. 반면에 선도기업을 추종하는 기업은 생산기술이나 유통기법을 핵심기술로 할 것이다. 어떤 기술을 핵심기술로 하든지간에 핵심기술만 뛰어나면 모든 것이 잘 되는 것은 아니다. 기업이 산업 내 경쟁에서 성공하려면 경쟁자와 대비하여 핵심기술을 보유하고 있을 뿐 아니라 기타 다른 기술에 있어서도 수준급이 되어야 한다. 예컨대 아무리 뛰어난 제품기술을 보유하고 있다고 하더라도 생산기술이 수준 이하이면 불량품생산과 비용상승으로 효과적인 경쟁력을 확보하는 데 실패할 것이다.

2. 기술의 경쟁적 개발

주식투자의 위험을 줄이는 효과적인 방법은 분산투자를 통해 보유주식을 다양화하는 것이다. 기업위험을 줄이는 효과적인 방법은 관련 · 비관련사업 진출을 통해 사업을 다각화하는 것이다. 단일 사업을 하는 기업에 비해 재벌이 보다 안정적인 것도 같은 이유에서이다. 기술개발도 이와 마찬가지로 하나의 목적을 위해 여러 가지 다양한 방법으로 접근하는 것이 기술개발에 따른 위험을 줄이는 방법이다.

기술을 효과적으로 개발하는 방법은 기존기술의 개선을 위한 노력과 기존기술을 무용지물화할 돌파기술 개발노력을 병행하는 것이다. 이와 같이 두 가지 기술을 동시에 개발하고자 노력하면 기존기술은 돌파기술에 의해 파괴되지 않기 위하여 개량속도가 빨라질 것이며, 돌파기술은 날로 개선되 가는 기존기술을 추월하기 위하여 개발속도가 빨라질 것이다. 이와 같이 기존기술 개선과 돌파기술 개발이 상호 경쟁하는 관계에 있게 되면, 두 가지 기술 모두 개선 · 개발속도가 빨라질 것이다. 뿐만 아니라 이왕에 기존기술이 무용지물화할 것이라면 경쟁자에 의해서가 아니라 스스로 개발한 기술에 의해서 무용지물화되는 것이 기업에게 유리하다.

경쟁적 기술개발이 일어나는 산업의 대표적인 예가 반도체산업이다. 반도체 기업들은 신제품이 출하되자마자 차세대제품개발을 위한 기술개발에 나선다. 그 결과 반도체 기억소자의 기억용량은 1년 내지 2년마다 4배씩 증가한다. 이러한 신제품개발과정에서 차세대제품개발의 선두주자는 빈번히 바뀐다. 선두 개발주자는 경험효과의 축적을 통하여 신제품판매에서 우위를 차지하게 되지만 기존제품의 성공적인 판매에 집착하다 보면 차세대제품의 개발에서는 다른 회사에 뒤지는 경우가 자주 발생한다. 기억소자시장에서는 기존제품을 무용화하는 차세대제품을 생산하는 기업이 경쟁우위를 확보하게 되며 기존제품을 무효화하는 기술을 개발하는 기업이 자사이면 그 기업은 그 제품시장에서 확고한 지위를 구축할 수 있다.

따라서 기업은 기술추세에 맞추어 꾸준히 R&D 투자와 시설투자를 늘려가야 하며 무슨 이유로든지 그러한 투자를 일시적으로도 중지하면 경쟁자를 추격하기가 어려워진다. 호·불황을 불문하고 R&D 투자와 시설투자를 꾸준히 계속함으로써 국제경쟁력을 확보한 좋은 예가 한국과 일본기업들이었다. 미국기업들은 투자수익률에 집착하기 때문에 불황이 오면 시설을 감축하고 종업원을 해고하여 수익률방어에 나선다. 비용이 감소함에 따라 미국기업의 수익률은 늘어난다. 그러나 경기는 순환되게 마련이며 호황이 되어 수요가 늘게 되면 그 동안 R&D투자와 시설투자를 계속해 온 한국과 일본기업들만이 늘어난 수요를 충족시킬 수 있는 시설과 신제품을 보유하게 된다. 그 결과 불황에도 시장지분을 확보하기 위해 수익률의 감소를 감수한 한국과 일본기업들이 생산하는 제품의 국제시장지분은 호경기에 상승하게 된다. 이들 기업들은 이러한 전략을 추진하기 위하여 불황기에는 불황카르텔을 결성하여 기업별로 생산과 수출을 할당하며 불황에 대처하기도 하였다.

3. 기술의 상호의존성

기술은 단일체가 아니며 여러 가지 세부기술들로 구성되어 있는 복합체이다. 자동차를 예로 들면 자동차는 20,000여 개의 부품으로 구성되어 있다. 좋은 자동차가 생산되려면 엔진도 좋아야 하지만 제너레이터, 워터펌프, 배터리 등 모든 부품의 품질과 성능도 좋아야 한다. 좋은 자동차를 생산하려면 제조기술만 뛰어나면 되는 것은 아니다. 신차 개발기술도 뛰어나야 하며 마케팅기법 역시 뛰어나야 한다. 이와 같이 기술은 여러 가지 구성요소들로 구성되어 있기 때문에 기술요소 상호간의 균형이 중요한 의미를 갖는다.

기술은 어떤 면에서는 가장 약한 기술요소만큼 강하다. 이는 쇠로 만든 줄의 강도는 약한 부분만큼 강한 것과 마찬가지 이치이다. 그런 면에서 우리나라의 현대자동차와 유고슬라비아의 유고자동차가 미국에 진출할 때의 에피소드가 시사하는 바가 크다. 현대와 유고는 같은 시기에 미국시장에 소형 승용차를 수출했지만 현대는 자금력을 포함해서 마케팅능력이 있는 현대자동차전용 딜러를 모집하여 차를 미국시장에 판매했다. 그러나 유고는 중고차딜러를 통해 차를 판매하였기 때문에 미국소비자들이 유고차를 중고차와 같은 취급을 하게 되었다. 미국시장에서의 마케팅 실패로 유고차의 대미수출은 얼마 가지 못하고 중단되었다.

기술은 이와 같이 약한 부분만큼 강하기 때문에 기업은 어느 한 기술 요소가 강하더라도 다른 부분도 수준급이 되도록 노력해야 한다. 조립산업에서 조립단계를 담당하는 대기업들이 부품들을 공급하는 중소하청기업들을 기술면에서 지원해야 하는 이유도 여기에 있다. 우리나라 자동차산업이 세계수준에 못 미친 중요한 이유 중의 하나는 중소부품제조업체들의 기술수준이 낮고 자금력이 부족하기 때문이었다. 대기업이 중소기업지원에 적극적이어야 하는 이유는 대기업의 중소기업에 대한 자선심에서가 아니라 이와 같이 이기적인 측면이 더욱 강조되어야 한다.

기술의 또 다른 측면은 기술이 이와 같이 여러 가지 요소들로 구성되어 있기 때문에 구성요소의 하나가 변하면 다른 것들도 변해야 한다는 것이다. 따라서 기술은 본질적으로 변화를 두려워 하며 현상유지를 고집하는 경향이 있다. 이러한 경향이 조직구성원, 특히 근로자들의 보수성과 결합하면 결국 국제경쟁력의 저하로 나타난다. 미국의 경우 근로자의 업무내용은 노동조합과 회사간에 체결된 단체협약에 의하여 엄격히 규정되어 있다. 이 경우 새로운 기술이 도입되면 업무가 변해야 하며 근로자들은 업무의 변화에 따른 직장의 상실을 우려하게 된다. 따라서 근로자들은 신기술의 도입에 보수적이며 경영자 역시 단체협약에 얽매어 신기술도입에 신중하다. 반면에 일본기업, 특히 일본의 대기업들은 과거에 종신고용제를 택하고 있었기 때문에 근로자들이 신기술도입을 반대하지 않았다. 오히려 신기술이 도입되어 생산성이 향상되면 임금인상의 가능성이 커지게 되므로 신기술도입을 환영했던 것이다. 만약에 일본의 기업제도가 미국과 같았더라면 제2차 세계대전 후에 일본기업들이 활발한 신기술도입을 통하여 지금과 같이 국제경쟁력 있는 기업들로 부상하기가 어려웠을 것이라는 관측이 지배적이다.

기술은 여러 가지 요소들로 구성되어 있기 때문에 기술을 발전시키려는 기업은 우선 기술의 한 부분부터 발전시킬 필요가 있다. 기업의 자원은 제한적이기 때문에 기술의 모든 요소를 동시에 발전시킨다는 것은 불가능하지는 않다 할지라도 대단히 어려운 일이다. 그러나 기술은 앞에서도 지적하였듯이 약한 부분만큼 강하기 때문에 하향평준화 경향이 짙다. 따라서 기술발전을 시도하는 기업은 기술이 상향평준화되도록 각별한 관리노력을 기울여야 한다. 기술의 한 요소가 발전되면 기업은 다른 요소들도 한 단계 발전되도록 힘을 모아야 한다. 즉 한 부분에서의 기술혁신이 다른 분야의 기술혁신으로 이어질 수 있도록 기업은 기술개발을 철저히 관리해야 현상유지와 하향평준화라는 기술의 속성을 극복하고 기술발전을 이룩할 수 있다.

제 4 절 전략의 자원 적합성

신전략이 성공하려면 신전략이 고객에게 적합하고 경쟁에 효과적이고 기술 적합성을 확보하고 있을 뿐만 아니라 기업의 자원과도 적합한 것이어야 한다. 우선 신전략이 성공하려면 기업 내에 신전략의 추진을 뒷받침하기에 충분한 자원이 있어야 한다. 충분한 자원에 의하여 뒷받침되지 못하여 실패하는 기업의 예는 무수히 많다. 최근에 인건비상승과 노사분규의 확산으로 자동화 붐이 일고 있다. 그러나 자동화에는 성공하였지만 기업이 파산하는 경우가 많이 발생하고 있다. 자동화에 대규모의 자금이 투입되어 자금난을 겪게 되고 그것이 증권시장 등을 통해 시중에 알려지면 자금조달이 어려워지고 급기야는 파산에 이른 경우가 비일비재하다.

신전략이 충분한 자원에 의해 뒷받침되지 않는 이유는 여러 가지가 있을 수 있다. 앞의 예와 같은 경우는 자동화 이후의 자금사정을 정확히 예측하지 못함으로써 자동화라는 세부목표는 달성했지만, 기업의 생존이라는 장기목표의 달성에는 실패한 경우이다. 기업이 자기자신이 보유하고 있는 자원을 과대평가하는 경우도 있다. 섬유산업이 인건비상승, 노사분규, 3D업종을 기피하는 사회풍조의 확산, 중국 등 저임국가의 국제시장진출 등으로 어려워지자 많은 수의 섬유기업들이 자동차부품산업이나 전자산업으로 다각화하거나 업종전환을 시도했다. 그 과정에서 성공한 기업도 있으나 실패한 기업도 많다. 실패한 기업들은 자동차부품산업이나 전자산업에서 필요한 기술과 경영노하우가 섬유산업과는 다르다는 것을 너무 안이하게 간과했기 때문이다. 즉 그들은 자동차부품산업이나 전자산업도 섬유산업과 같이 제조업이겠거니 하고 안이하게 생각하는 과정에서 자기자신을 과대평가하였던 것이다.

그러나 신전략이 충분한 자원에 의해서 뒷받침되지 않는 가장 보편적인 이유는 기업이 신전략이 필요로 하는 자원을 주의깊게 분석하지 않는다는 데 있다. 신전략은 신전략이기 때문에 필요로 하는 자원도 다르다. 만약에 기업이 신전략을 수립할 때 이러한 신전략을 추진하기 위해서는 어떠한 추가자원이 필요한 것인가를 주의깊게 분석한다면, 자원의 불충분으로 신전략이 실패하는 경우는 크게 줄어들 것이다. 신전략의 수행에 필요한 자원을 주의깊게 분석하는 효과적인 방법은 앞에서 언급한 전략수립과정을 철저히 밟아감으로써 경쟁자대비 우리의 강·약점을 정확히 파악하는 것이다.

신전략이 성공하려면 충분한 자원에 의해 뒷받침되어야 할 뿐 아니라 기업이 현재 보유하고 있는 자원을 효과적으로 이용할 수 있어야 한다. 완전히 활용되지 않는 자원은 비용상승 등으로 기업의 국제경쟁력을 약화시킨다. 예컨대 여름옷만 만드는 기업은 사계절 옷을 만드는 기업에 비해 가동률이 떨어지며 그 결과 여름옷의 가격경쟁에서 불리한 위치에 서게 된다. 뿐만 아니라 경쟁기업의 겨울옷이 인기를 얻는다면 그 기업은 겨울옷의 인기를 이용하여 여름옷의 판매를 증대할 수 있을 것이다. 이러한 시너지 효과는 여름옷만 만드는 기업은 누릴 수 없는 이점이다. 따라서 신전략이 최대한의 성과를 거두기 위해서는 기업이 보유하는 잠재력을 최대한으로 이용할 수 있도록 신전략이 수립되어야 한다.

신전략이 최대한의 효과를 거두려면 충분한 자원에 의해 뒷받침되고 기업이 보유하는 자원을 최대한으로 이용하는 것만으로는 불충분하다. 신전략이 성공하려면 신전략의 추진으로 기업 내에 새로운 자원의 축적이 일어나야 한다. 새로운 자원의 축적은 여러 가지 형태로 이루어질 수 있으나, 무엇보다도 무형자산의 축적이 중요하다. 신전략이 성공하여 신전략에 따라 기업이 시장에서 제공한 제품이 고객들에게 호감을 얻게 되면 기업은 그 제품에서 얻은 성과를 차세대제품이나 기업이 생산하는 다른 제품에 이용할 수 있다.

일본의 소니는 트랜지스터 생산판매에서 얻은 명성을 텔레비전, CD 등 차세대제품에 순차적으로 이전할 수 있었다. 우리나라 자동차의 대미진출이 한동안 지속적인 성공을 거두지 못했던 이유는 최초의 성공적 진출을 새로운 자원의 축적으로 연결하는 데 실패했기 때문이었다. 처음 미국에 수출한 자동차는 값에 비해 가치가 높은 자동차였으나, 그 이후 노사분규의 와중에서 불량품의 발생이 속출하여 우리나라의 자동차산업은 세계 최대의 자동차 시장인 북미에서 한때 고전을 면하지 못했다. 그에 반해 일본의 자동차산업은 오토바이와 소형자동차의 북미수출에서 미국이라는 광대한 시장에서 필요한 생산기술과 마케팅기법을 효과적으로 축적함으로써 중간에 큰 시련 없이 고급차시장에까지 성공적으로 진출했다.

제 5 절 전략의 조직 적합성

신전략이 성공하는 마지막 조건은 신전략이 조직구조에 적합하게 수립되어야 한다는 것이다. 신전략이 조직구조에 적합해야 한다는 의미는 신전략이 조직구성원들에게 뚜렷한 목표를 제시하고 추진력을 제공하며 창조적 긴장감을 불어넣어야 한다는 의미이다. 신전략이 조직구성원들에게 뚜렷한 목표를 제공할 수 있으려면 우선 신전략이 단순하고 분명할 필요가 있다. 예컨대 어떤 기업이 표방한 컴퓨터와 커뮤니케이션에 있어서 세계제일이 되겠다는 목표는 조직구성원들에게 기업이 중요시하는 것이 무엇이며 기업이 앞으로 나아갈 방향을 분명히 제시한다.

신전략이 조직구성원들에게 뚜렷한 목표를 제공할 수 있으려면 자원배분에 의하여 뒷받침되어야 한다. 목표를 제시하고 그것을 뒷받침할 자원이 배분되지 않는다면 그 목표는 조직구성원들간에 신뢰를 잃게 되고 신뢰를 상실한 목표는 더 이상 목표로서의 역할을 할 수 없게 된다.

또한 신전략이 성공하려면 신전략이 조직구성원들에게 추진력을 제공하는 것이어야 한다. 신전략이 조직구성원들에게 추진력을 제공할 수 있으려면 무엇보다도 신전략을 추진하는 초기에 조그만 성공이라도 거둘 필요가 있다. 이것은 흡사 상륙작전에서 교두보를 확보하는 것과 같다. 교두보의 구축은 군대의 사기를 높이며 향후에 이루어질 작전의 성공에 추진력을 공급한다. 혼다가 일본 내에서는 제일의 자동차생산기업이 아니지만, 북미에서 경쟁력이 강한 이유는 오토바이로 북미시장을 공략하여 구축한 교두보를 발판으로 북미시장을 효과적으로 공략했기 때문이다. 오토바이의 성공적인 북미시장진출이 혼다의 경영진과 근로자들에게 하면 된다는 신념을 주었으며, 효과적인 북미시장공략의 추진력을 제공했던 것이다.

전략이 조직에 적합하려면 전략이 조직의 자만심을 깨뜨리는 역할을 수행하는 것이어야 한다. 지금 세계에는 과거의 성공에 집착하다가 어려움을 겪었던 기업들이 무수히 많다. IBM이 그렇고 GM이 그렇다. IBM과 GM은 과거 반세기 동안 컴퓨터와 자동차의 대명사였다. 그러나 IBM은 대형컴퓨터의 성공에 집착하여 소형컴퓨터를 등한시했고 GM은 과거의 생산방식에 집착하여 적시관리 등 경영혁신을 받아들이지 않고 기존경영과정의 자동화에 대규모의 자금을 낭비하여 한때 적자기업으로 전락했다. 이들은 자만심이 기업경영에 얼마나 치명적인가를 극명하게 보여주는 좋은 예들이다.

따라서 신전략이 성공하려면 신전략이 조직의 구각을 뒤흔드는 측면이 있어야 한다. 우리나라의 모 재벌기업이 지금까지 집중적으로 추구해 온 음식료품 위주의 경영에서 중공업에 진출함으로써 논쟁의 초점이 되었다. 음식료품 위주의 섬세한 기업이 거친 중공업에 맞지 않다는 것이 이유였다. 그러나 그 기업은 중공업에 효과적으로 진입했으며 국제시장에서 경쟁력을 확보해 가고 있다. 이 예에서 우리가 얻는 교훈은 기업은 항상 새로운 제품, 새로운 시장에 진출함으로써 기업 내에 긴장감을 유지해야 한다는 것이다. 그러나 여기에서 주의해야 할 점은 새로운 제품, 새로운 시장이 기존의 전략과 너무나 동떨어진 것이어서는 안 된다는 것이다.

앞에서도 언급했듯이 많은 섬유기업들이 자동차부품산업과 전자산업, 비디오, 오디오 테이프산업으로 진출하는 과정에서 실패하여 대규모의 적자를 보고 파산했다. 그러나 앞에서 예로 든 기업의 중공업 진출은 그 그룹의 한 계열사가 기계사업을 하고 있었다는 점에서 조직구성원들에게 아주 생소한 진출은 아니었다. 즉 신전략이 조직구성원들에게 창조적 긴장감을 주려면 구습을 반복하는 것이어도 안 되지만, 전혀 생소한 것이어도 안 되며 조직구성원이 받아들일 수 있는 최대한의 한계지점에 위치하는 것이어야 한다.

제 10 장 기업의 국제화단계

국내경영에 머물던 기업이 국제화에 나서는 것은 어떻게 보면 대단한 모험이라고 볼 수 있다. 그 이유는 국제경영에 나서는 기업은 소위 "외국비용"(costs of foreignness)을 부담해야 하기 때문이다. 외국비용이란 기업이 환경이 생소한 외국에서 경영함으로써 현지기업은 부담하지 않아도 되지만, 외국기업이기 때문에 부담해야 하는 추가적인 비용을 말한다. 예컨대 우리나라 기업이 중국에서 경영활동을 수행하는 경우에는 중국기업과는 달리 중국의 수요패턴이나 법제도 등을 알기 위해서 추가적인 비용을 지출해야 한다. 국제경영학이론에 따르면 이와 같이 국제경영에는 외국비용이 존재하기 때문에 국제경영에 나서는 기업은 기업특유의 이점, 즉 현지기업이 보유하고 있지 않은 독점적 수익성 자산을 보유하고 있어야 한다.

그러나 실제로 일어나고 있는 현상을 보면 반드시 기업특유의 이점이 있어야 국제경영에 나서는 것은 아닌 것 같다. 예컨대 우리나라의 모 전자회사는 미국의 실리콘 밸리에 현지법인을 세우고 현지에서 반도체전문가들을 고용하여 반도체 제작기술을 습득한 후 그 기술을 국내로 이전하였다. 그 회사는 미국에서 이전받은 반도체제조에 관한 기술을, 국내에서 더욱 발전시켜 국내공장이 개발한 진보된 기술을 미국의 현지공장으로 이전하는 단계에까지 이르렀을 뿐 아니라, 반도체산업의 특정분야에서는 최고의 국제경쟁력을 갖춘 회사가 되었다. 이는 정태적으로만 보면 기업은 기업특유의 이점을 보유하고 있어야만 국제진출이 가능하지만, 동태적으로는 국제진출 자체가 기업특유의 이점을 창출하는 계기가 될 수 있음을 시사한다.

따라서 기업이 국제경영에 나서면 외국비용을 부담해야 하지만 외국비용의 부담을 꺼려해서 국내에 안주하는 태도는 국제경쟁에서 패배를 가져오기 쉽다. 손자병법에 의하면 싸움은 적지에서 해야지 자기 나라에서는 가능한 한 싸우지 말아야 한다. 미국기업과 일본기업간에 있었던 과거의 경쟁양태를 들여다 보면 손자병법의 얘기가 맞는 것 같다.

일본기업은 20세기 중반 대담하게 자기 나라보다 기술과 경영이 앞선 미국시장에 진출해서 미국기업들을 공격했다. 미국기업들은 손자병법에 따라 수출능력을 늘려 전장을 일본으로 확대하는 대신에 미국시장에서 일본기업들과 경쟁했다. 미국기업들은 일본이라는 생소한 시장에서 일본기업들과 경쟁하는 데 승산이 없다고 판단했기 때문이었다. 결과는 미국시장의 상당부분이 일본기업들에게 잠식되었으며, 미국은 일본에 대해 엄청난 규모의 무역수지 적자를 보게 되었다.

국제진출이 기업이 국제적인 경쟁우위를 개발하는 데 도움이 되는 것은 틀림없지만 외국비용의 존재 때문에 막바로 전면적으로 국제진출을 시도하는 기업은 많지 않은 것 같다. 따라서 기업의 국제화에는 일정한 단계가 있는 것 같으며 본장에서는 기업의 국제화를 자극하는 요인들과 단계별로 중요한 전략적 지렛대, 그리고 중요한 의사결정사항들에 대해 알아보고자 한다.

제 1 절 국제화 첫 단계

기업의 국제화는 외국비용의 존재 때문에 국제화를 유도하는 자극을 필요로 하며, 국제화단계마다 중요한 전략적 지렛대가 있으며 중요한 의사결정사항들이 존재한다. 기업은 회사의 내외로부터 오는 다음과 같은 자극에 따라 국제화에 나서는 경향이 있다.

1. 자극요인

기업의 국제화를 자극하는 요인들로는 국내시장에서의 공급과잉, 기업내부 자원의 과잉보유, 고객의 해외진출, 위험분산 욕망, 유리한 원재료 · 부품조달기회의 식별, 외국 경쟁기업의 국내시장진출, 국제시장에서의 기술변화, 정부의 지원과 종용, 운송과 통신수단의 발달 등을 들 수 있다.

국내시장이 포화상태여서 국내기업들간에 무한경쟁이 벌어지고 있다면 기업은 일단 국제진출을 고려하게 된다. 1960년대 우리나라의 경제개발 초기에는 국내수요가 적었다. 그러나 우리나라 기업들은 그 당시 외국으로부터 대량생산기계를 경쟁적으로 도입하여 국내시장에서 공급과잉상태가 야기되자 수출에 나섰다.

기업내부자원의 보유가 과다하게 되는 것도 기업의 국제화를 유인하는 요인이다. 기업이 잉여자원을 보유하고 있으나 국내수요에 한계가 있을 때 기업은 두가지 선택이 가능하다. 하나는 잉여자원을 다른 업종의 사업에 투자하는 것이고 다른 하나는 보다 넓은 시장을 찾아 국제진출을 하는 것이다. 그러나 신규업종에 참여하여 성공적으로 경쟁한다는 것이 반드시 쉬운 일은 아니다. 이 경우 국제진출을 통하여 기존사업의 경영에서 축적한 노하우를 해외에서 이용하는 것이 국내에서 신규업종을 개발하는 것보다 매력적인 선택이 될 수 있다.

기업이 자원을 과다하게 보유하게 되는 또 다른 경우는 시설개체나 신규공장의 건설이 있을 경우이다. 기존의 수요는 신규설비로 충족할 수 있을 때 기업은 낡은 설비를 해외에 이전함으로써 국제진출을 시도한다. 최근에 우리나라 기업들이 인건비의 상승 등으로 경영사정이 악화되자 국내공장에 자동화기계를 설치하고 기왕에 사용하던 구식기계를 동남아나 중국 등지로 이전하여 해외생산에 나서고 있는 것이 기업의 잉여자원을 활용하는 좋은 예들이다.

기업의 해외진출을 자극하는 또 다른 계기는 자기가 공급하고 있던 고객기업의 해외진출이다. 자동차의 제조에는 약 20,000가지의 부품이 필요하다. 따라서 자동차회사가 해외생산에 나서면 부품업체들도 해외생산에 나서는 경우가 많다. 예컨대 일본의 토요다자동차가 영국에 자동차 조립공장을 세우자 토요타자동차에 배터리 등의 부품을 공급하는 니폰 덴쇼 역시 영국에 부품공장을 건설했다.

자기가 제조 · 판매하는 제품에 대한 수요가 불안정하다는 것도 기업의 해외진출을 자극한다. 지금은 난방시설이 훌륭하여 겨울에도 아이스크림이 잘 팔리지만 과거에는 아이스크림은 여름철 상품이었다. 그와 같은 경우 아이스크림을 생산 · 판매하는 기업은 극심한 매출변동에 노출된다. 이 때 그 기업이 우리나라와는 계절이 정반대인 지구의 남반부에 있는 나라에 아이스크림을 수출한다면 안정적인 매출을 확보할 수 있다. 일반적으로 세계 각국의 경기는 동시에 호황과 불황을 겪지 않는 것이 보통이므로 국제진출은 경영위험을 분산하는 좋은 선택이 될 수 있다.

여러 가지 부품을 사용하여 제품을 조립하는 기업에게는 부품의 가격과 품질이 중요한 관심사이다. 만약에 해외에서 보다 나은 품질이나 보다 저렴한 부품을 조달할 기회를 발견한다면, 그 기업은 국제진출을 시도할 것이다. 이 때의 국제진출방법은 외국기업으로부터의 부품수입이나 하청 생산, 또는 해외직접투자에 의한 해외생산 등 여러 가지 형태를 취할 수 있다.

동종산업에서 경쟁하는 외국기업의 국내시장진출도 기업의 해외진출을 자극한다. 만약에 외국기업이 국내에 진출했을 때, 국내기업이 상대국시장에 대한 진출을 시도하지 않는다면 경쟁은 국내시장지분 확보경쟁으로 고착된다. 이 경우 외국기업은 자국 내의 시장지분은 우리나라 기업의 도전 없이 확보하게 되며 경쟁기업 수의 증가로 우리나라 기업의 국내시장지분은 감소한다. 앞에서도 지적하였듯이 국경이 없는 지구적 경쟁이 일어나는 현재의 상황하에서는 국제경쟁에 의미 있는 시장지분은 국제시장지분이지 국내시장지분은 아니다.

국제시장에서의 기술변화 역시 기업의 국제진출을 자극한다. 반도체산업의 예를 보면 1970년대 들어 세계 반도체산업은 LSI(대규모집적회로) 시대에 접어들자 전자제품을 생산하는 국내기업들의 대외의존도가 점차 높아 갔다. 국내전자산업이 지속적이고 안정적인 발전을 이루기 위해서는 반도체 생산방식의 일대변혁이 불가피해졌다. 변화된 반도체생산기술을 따라 잡기 위하여 국내 유수의 전자회사는 1983년에 세계 반도체혁신의 산실인 미국 캘리포니아주의 실리콘 밸리에 64KD램 개발을 위한 현지법인을 설립했다.

정부의 지원 역시 기업의 해외진출을 자극하는 중요한 요인이다. 사실 우리나라 기업들의 경우에는 정부지원이 기업의 해외진출을 자극한 가장 중요한 요인이라고 해도 과언이 아니다. 정부는 수출을 통한 경제발전을 목표로 세우고 직·간접적인 지원을 동원하여 기업의 해외진출을 독려했다. 정부정책에 부응하여 국제진출을 적극적으로 추진한 기업들은 나중에 재벌기업으로 발돋움했고 국내시장에 안주한 기업들은 재계 랭킹에서 탈락했던 것이다.

운송과 통신수단의 발달 역시 기업의 해외진출을 자극한다. 운송수단의 발달과 그에 따른 수송비 인하로 국제거래비용이 감소하여 과거에는 국제교역의 대상이 아니었던 상품들이 국제무역의 대상으로 부상했다. 대표적인 것이 쌀, 밀

등의 농산물이다. 통신수단의 발달 역시 기업의 해외진출을 가속화시켰다. 전화, 텔렉스, 팩스, e-mail, 위성통신 등의 발달로 국내 지사, 자회사의 관리나 해외 거점의 관리나 큰 차이가 없어졌다. 과거에는 효과적인 통제를 위하여 국내에 거점을 마련하지 않을 수 없었던 기업들도 통신혁명을 이용하여 해외진출이라는 선택이 가능해졌다.

2. 전략적 지렛대

위와 같은 요인들에 의해 해외진출을 처음으로 시도하는 기업들은 무엇보다도 해외로 진출할 때에 부담해야 하는 외국비용을 줄이는 것에 관심이 많게 마련이다. 해외진출 경험이 많은 기업은 축적된 해외진출 경험을 이용하여 다른 새로운 국가에 진출할 때에도 외국비용을 줄일 수 있다. 그러나 해외진출 경험이 전무한 기업의 경우에는 외국비용의 감축이 제일의 관심사가 아닐 수 없다.

처음으로 국제진출에 나서는 기업들은 외국비용을 줄이기 위하여 기존의 상품을 판매할 수 있는 해외시장을 모색한다. 즉 그들은 해외시장들 중에서 현재 자기가 취급하고 있는 상품과 같거나 비슷한 상품을 수요하는 시장을 선택하여 진출하려 하며 시장의 특성도 가급적이면 국내시장과 유사한 시장을 선호한다. 그들에게 있어서는 추가적인 큰 부담 없이 진출할 수 있는 시장이 첫 해외진출대상으로서 가장 적합하다.

해외진출에서 이들이 이용할 수 있는 전략적 지렛대는 규모의 경제이다. 그들은 지금까지 자원을 투입하여 개발한 효율적 생산방법, 상표의 저명도, 효과적 경영기법들을 유사한 시장에 연장 사용함으로써 규모의 경제를 이용할 수 있다. 예컨대 국내시장에만 판매하는 기업보다 같은 상품을 해외시장에까지 수출하는 기업은 규모의 경제를 이용한 비용절감효과를 기대할 수 있다.

3. 주요 의사결정사항

진출시장의 선택, 진출타이밍, 진출방법의 결정 등이 국제화의 첫 단계에서 기업이 내려야 할 주요 결정사항들이다. 해외진출의 첫 단계에서 진출대상 시장을 선택할 때에는 앞에서도 지적하였듯이 익숙한 정도가 중요한 기준이다. 미국기업은 캐나다를 해외진출의 첫 대상시장으로 선정하는 경향이 있으며, 영국은 과거 식민지 국가들이었던 영 연방국가들에 먼저 진출하는 경향이 있다. 이것은 해외진출을 할 때에 불가피하게 부담해야 하는 외국비용을 줄이기 위한 시도의 일환이다.

타이밍은 진출속도와 관계가 있다. 즉 기업은 단기간에 여러 나라의 시장으로 진출할 수도 있고, 한 시장씩 시간을 두고 진출할 수도 있다. 물론 장기적으로 보면 두 가지 진출방법이 동일한 결과를 가져 올 수 있다. 단기간에 여러 시장에 진출한 기업은 시간이 지남에 따라 부득이 잘못 선택한 몇 개의 시장들로부터는 철수하지 않을 수 없을 것이다. 또한 신중하게 서서히 해외로 진출한 기업도 시간이 지나고 보면 세계시장 곳곳을 커버하는 해외거점망을 구축하기에 이른다.

해외진출의 타이밍은 기업이 공급하는 상품의 판매신장형태, 각 시장에서의 수요성장률, 판매의 안정성, 경쟁기업의 반응, 파급효과, 제품과 커뮤니케이션의 변경이 필요한 정도, 해외경영활동에 관한 통제욕구, 기타의 제약조건들에 달려 있다.

기업이 공급하는 제품이 초기에는 약간의 시장개척비만 투입해도 판매가 대폭적으로 신장되지만, 일정한 판매량에 도달하면 판매신장률이 급속히 하락한다면 그 기업은 단기간에 빠른 속도로 국제화할 필요가 있다. 반면에 기업이 공급하는 제품의 판매가 이루어지려면 장기간에 걸쳐 많은 자원을 투입해야 하지만, 일단 판매가 본궤도에 올라 같은 수준의 자원을 투입해도 판매가 급신장한다면 그 기업은 서서히 해외로 진출할 필요가 있다. 전자의 경우에는 제한된 시장개척비를 많은 시장에 널리 투입함으로써 큰 효과를 볼 수 있다. 후자의 경우에는 제한된 자원을 소수의 시장에 집중해야만 효과를 볼 수 있다.

기업이 공급하는 제품에 대한 수요가 해외 각 시장에서 빠른 속도로 증가하고 있다면, 기업의 해외진출 속도는 느려질 것이다. 반면에 각 시장에서의 수요성장률이 낮다면 해외진출 속도를 빨리 할 필요가 있다. 왜냐하면 각 시장에서의 수요성장률은 낮지만 많은 시장에 빨리 진입하면 수요의 합계는 빨리 늘어날 것이기 때문이다.

해외시장에서의 판매가 안정적인 정도도 기업의 해외진출 속도에 영향을 미친다. 만약에 각 시장에서 우리 기업이 공급하는 제품에 대한 수요가 불안정하다면 해외진출 속도를 빨리 할 필요가 있다. 기업이 해외진출 속도를 빨리하여 시장다각화에 성공하면 세계 전체로 보아 안정적인 매출을 달성할 수 있을 것이다. 그것은 마치 다양한 주식에 분산투자함으로써 주식투자에 따르는 위험을 관리가능한 수준까지 감소시킬 수 있는 것과 마찬가지이다.

경쟁기업의 반응도 기업의 해외진출에 영향을 미친다. 만약에 우리 기업이 해외진출을 시도할 때 경쟁기업도 즉각적으로 그러한 움직임에 반응한다면 진출속도를 빨리 해야 할 것이다. 반면에 경쟁기업의 반응이 늦다면 우리 기업은 경쟁기업의 반응을 보아 가면서 진출속도를 조절하는 여유를 가질 수 있다.

만약에 우리 기업이 특정한 국가에 진출할 때, 그 효과가 다른 국가들에게도 자연스럽게 파급된다면 우리 기업은 해외진출 속도를 빨리 할 수 있다. 이 경우 우리 기업이 최초의 해외시장 이외의 시장에서 시장개척 노력을 하지 않더라도 자연스럽게 우리 회사가 공급하는 제품이 인근국가들에게 알려지게 되므로 추가적인 시장개척비용을 상당히 절감할 수 있기 때문이다.

해외진출에 따라 기업이 기존의 제품과 커뮤니케이션을 많이 변경해야 할 필요가 있으면 해외진출 속도는 느려질 수밖에 없다. 왜냐하면 제품과 커뮤니케이션의 변경에는 많은 자원이 투입되어야 하며 기업이 보유하는 자원은 제한적이기 때문이다. 반면에 해외진출에도 불구하고 제품과 커뮤니케이션을 변경할 필요가 적다면 기업은 많은 추가자원을 투입하지 않고도 해외로 진출할 수 있을 것이다.

해외경영활동에 관한 통제욕구도 기업의 해외진출 속도에 영향을 미친다. 기업이 해외활동을 통제하는 정도는 해외진출형태와 밀접한 연관이 있다. 기업이 해외활동을 가장 많이 통제할 수 있는 해외진출형태는 해외직접투자이다. 반면에 라이슨싱이나 경영계약형태의 해외진출은 기업의 통제능력을 상대적으로 감소시킨다. 한편 라이슨싱이나 경영계약형태의 해외진출에 비해 직접투자형태에 의한 해외진출은 많은 자원의 투입을 요구한다. 따라서 해외활동을 강력히 통제하고자 하는 기업은 해외진출 속도를 늦출 수밖에 없으며, 통제욕구가 약한 기업은 진출속도를 빨리 할 수 있을 것이다.

그 밖에도 기업의 해외진출 속도에 영향을 미치는 요인들이 많다. 기업이 동원가능한 국제경영자의 수가 적으면 진출속도를 늦추어야 한다. 국내에서 성공하는 경영자가 반드시 해외에서도 성공하는 것은 아니다. 재무자원의 제약도 해외진출을 제한하는 요인이다. 상대국의 법령이나 제도도 기업의 해외진출 속도에 영향을 미친다.

끝으로 해외진출방법의 선택도 기업이 해외로 진출할 때 내려야 할 주요 의사결정사항이다. 해외진출방법은 기업이 해외에서 직면하는 환경, 기업의 전략, 기업이 보유하는 자원의 성격 등에 영향을 받는다. 해외진출방법의 종류와 해외진출방법을 결정하는 요인들에 대해서는 다음 장에서 상세히 논의하고자 한다.

제 2 절 국제화 2 단계

기업의 국제화가 시작되어 일정한 기간이 지나면 새로운 자극이 발생하며 이에 따라 새로운 전략적 지렛대의 개발이 시도되고 새로운 의사결정문제들이 대두된다.

1. 자극요인

기업의 첫 단계 해외진출이 완료되면 기업국제화를 가일층 심화시키는 자극들이 발생한다. 우선 새로운 시장에 보다 깊숙이 침투하기 위한 제품과 커뮤니케이션의 적응 내지는 신제품개발의 문제가 발생한다. 1단계에서는 규모의 경제를 전략적 지렛대로 이용하기 위하여 기존의 제품과 커뮤니케이션을 해외시장에 연장 적용하려고 시도하지만, 새로운 시장에서 기존기업들과의 경쟁에 효율적으로 대처하기 위해서는 제품과 커뮤니케이션의 현지적응이 불가피해진다.

첫 단계 해외진출이 완료되면 현지경영층의 이니셔티브와 동기유발을 자극해야 한다는 문제도 제기된다. 기업국제화가 가져 오는 중요한 이점들은 범세계적 차원에서 규모의 경제를 이용할 수 있다는 것과 더불어 현지 수요의 독특한 점이나 현지경영의 우수한 점을 구체화하여 범세계적으로 이용하는 것이다. 현지수요의 독특성이나 현지경영의 우수성을 현지경쟁이나 국제경쟁에서 이용하기 위해서는 현지경영진의 이니셔티브와 동기유발을 확보하는 것이 중요한 과제가 된다. 그러한 과제에 효과적으로 대처하려면 현지경영진의 제품 · 커뮤니케이션 변경 요구나 신제품개발 아이디어를 경영전략에 적극적으로 반영해야 한다.

첫 단계 해외진출이 완료되면 진출한 시장에 이미 투입된 현지자산을 보다 효과적으로 이용하는 문제도 발생한다. 예컨대 현지에 대한 지식과 현지에서의 경험은 기업이 자원을 투입하여 습득한 귀중한 자산이다. 현지에서의 경쟁은 기업이 이미 투입한 이러한 자원을 활용하여 제품단위당 비용을 줄이려는 시도를 유발한다.

2. 전략적 지렛대

2단계의 전략적 지렛대는 범위의 경제이다. 해외시장에 이미 진출한 기업은 기존의 투입자원을 활용하여 최소의 추가비용을 부담하면서 범위의 경제를 이용할 수 있다. 예를 들어 TV를 가지고 해외진출한 기업은 그 시장에 VTR을 도입할 때에는 여러 가지 측면에서 범위의 경제를 이용할 수 있다. 그 기업은 TV로 해외시장에 진출할 때 이미 그 시장에 관한 지식을 얻기 위하여 많은 인적 · 물적 투자를 했다. 나중에 그 기업이 VTR을 그 시장에 도입할 때에 그 시장에 관한 지식을 얻기 위하여 부담해야 하는 추가적인 지출은 극히 미미할 것이다.

기업이 2단계에서 이용할 수 있는 범위의 경제는 비단 시장지식을 얻기 위한 비용지출에 국한되지 않는다. 기업은 TV와 VTR을 같은 유통경로를 사용하여 공급함으로써 마케팅비용상의 범위의 경제를 이용할 수 있다. 또한 해외직접투자형태로 해외생산을 하고 있다면 생산시설의 공동이용에서 오는 범위의 경제도 이용할 수 있다. 그 밖에도 상표와 기업이미지를 공유하는 데서 오는 범위의 경제도 이용할 수 있을 것이다. TV를 통한 상표광고와 기업이미지광고, 그리고 TV의 성공적인 판매를 통하여 구축한 좋은 기업이미지 등은 추가적인 비용지출을 극소화하면서 VTR의 현지시장 도입을 가능하게 할 것이다.

3. 주요 의사결정사항

해외진출 2단계에서 기업이 내려야 할 주요 의사결정사항들로는 이미 진출한 시장에서 성장을 모색하기 위하여 새로이 도입할 제품이나 제품라인을 결정하고, 이미 도입된 제품을 현지수요에 맞게 변경하는 문제들이 있다. 해외직접투자하여 현지에서 제품이나 서비스를 생산하는 경우에는 범위의 경제를 이용하기 위하여 이미 진출한 시장에서 관련제품을 생산하는 문제도 주요한 의사결정사항이다.

현대자동차는 엑셀의 수출로 미국시장에 진출했다. 엑셀의 미국시장 첫 진출은 대성공을 거두어서 엑셀은 미국의 수입차 중에서 첫 해에 가장 많이 팔린 수입차가 되었다. 현대자동차는 엑셀의 성공을 바탕으로 소나타, 엘란트라를 순차적으로 미국에 수출했다. 결국 현대자동차의 전략은 성공했다고 보기 어렵지만 제품라인의 확대를 통하여 범위의 경제를 이용하려는 시도는 2단계 해외진출의 공통적인 특징이다.

만약에 현대자동차가 엑셀 다음에 소나타가 아니라 엘란트라급의 자동차로 미국시장을 공략했다면 2단계전략이 성공했을 가능성이 크다. 제품라인의 확대에 있어서 지나친 비약으로 실패한 좋은 예가 애플사의 리사컴퓨터이다 애플은 애플PC의 도입으로 성공을 거둔 후 애플PC보다 가격이 월등히 비싼 리사기종을 시장에 내놓았다. 그러나 시장은 그러한 비약을 받아들일 준비가 되어 있지 않았다. 결과적으로 리사는 실패했으며 애플사는 리사보다 저렴한 맥킨토시를 시장에 내놓음으로써 실패를 만회할 수 있었다.

그에 비해 일본의 자동차회사 혼다는 오토바이로 미국시장에 진출한 후 혼다 시빅이라는 소형차를 도입했고, 시빅의 성공을 바탕으로 한 단계 위급인 어코드를 미국시장에 내놓았다. 이는 범위의 경제와 새로운 세시장 개척을 위한 제품라인 확대에 있어서 지나친 비약은 오히려 약점으로 작용할 수 있음을 시사한다.

기존제품과 관련 커뮤니케이션의 현지적응도 2단계 주요 의사결정사항이다. 제품과 커뮤니케이션은 여러 가지 형태의 적응이 가능하다. 제품은 그대로 두고(제품연장) 커뮤니케이션을 현지수요에 적응시킬 수도 있고 커뮤니케이션은 그대로 두고 제품을 적응시킬 수도 있고 제품과 커뮤니케이션을 다같이 적응시킬 수도 있을 것이다. 경우에 따라서는 적응이 불가능하여 신제품개발이 불가피한 경우도 있을 것이다.

연장과 적응 중 어떤 것을 택할 것인가는 제품의 사용조건과 기능이 국내시장과 해외시장에서 상이한 정도에 달려 있다. 제품의 사용조건과 기능이 해외시장에서도 같다면 제품과 커뮤니케이션의 연장사용이 가능하다. 만약에 해외시장에서 제품의 사용조건은 같으나 기능이 다르다면 제품연장은 가능하나 커뮤니케이션은 현지수요에 적응시켜야 할 것이다.

또한 해외시장에서 제품의 사용조건은 다르지만 제품이 수행하는 기능이 같다면 제품을 적응시키고 커뮤니케이션은 연장사용할 수 있을 것이다.

만약에 해외시장에서 두 가지가 모두 다르다면 제품도 적응시키고 커뮤니케이션도 적응시켜야 할 것이다.

제 3 절 국제화 3 단계

1단계 국제화는 기업으로 하여금 여러 가지 환경적 요소들과 그에 따른 외국비용의 존재를 고려하게 하지만, 1단계 국제화는 기업의 경영전략적 차원에서 보자면 본질적으로 국내경영활동의 국제적 연장에 불과하다.

2단계 국제화는 기업의 국제전략적 차원에서 보면 현지중심경영, 즉 소위 다국적(multidomestic)경영의 단계이다. 이에 반해 3단계 국제화는 기업이 범세계적 차원에서 경영활동을 통합 · 조정함으로써 시너지를 극대화하고 경영활동에 관한 지식을 지구적 차원에서 학습하고 이를 자신의 범세계적 네트워크에 확산 · 이용하는 것을 의미한다. 따라서 3단계 국제화는 기업이 지구적 차원에서 경영전략을 수행하는 것을 의미한다. 2단계 국제화를 통해 해외에 진출한 기업이 진출한 각각의 해외시장에서 현지적응과 범위의 경제를 이용하려는 노력은 결국 여러 가지 부작용을 발생시킨다. 각각의 해외시장에 별도로 접근하는 2단계 국제화를 추진하던 기업들은 다음과 같은 자극들에 직면하여 3단계 국제화에 나서게 된다.

1. 자극요인

기업이 지구적 차원의 시너지를 감안하지 않고 각 해외시장에 지사, 자회사를 배치하여 독립적으로 운영하면, 우선 노력의 중복과 비용증가가 발생한다. 예를 들어 멕시코에 투자하여 북미대륙 전체에 공급할 수 있음에도 불구하고 멕시코와 미국에 별도의 공장을 운영한다면 노력의 중복과 비경제적인 규모 때문에 경쟁자에 비해 원가면에서 불리한 위치에 서게 된다. 이러한 현상은 WTO출현 등으로 지구적 차원에서 경영전략을 추진하는 글로벌기업들의 수효가 늘어남에 따라 그렇지 않은 기업들에게는 3단계 국제진출을 모색하게끔 하는 자극이 된다.

지구적 고객의 출현도 기업의 3단계 국제진출을 자극한다. 경쟁의 지구화는 고객의 지구화를 의미한다. 지구화된 고객은 공급자에게 지구적으로 통합 · 조정된 제품과 서비스를 공급할 것을 요구한다. 예를 들어 전 세계적으로 통합운영되는 네트워크를 가진 기업은 공급자가 자기의 네트워크에 속한 자회사들에게 공급하는 제품과 서비스의 가격, 품질, 규격이 지구적 차원에서 통일적이기를 요구한다.

정보기술의 발달, 통신혁명, 수송혁명 등이 또한 경영활동의 지구적 통합에 기여한다. 과거에는 본사와 해외의 자회사, 그리고 자회사 상호간에 의견을 진달하거나 조정하여 지구적 차원에서 경영활동을 조정하는 것이 불가능하거나 가능하다고 해도 많은 시간과 비용이 들었다. 그러나 최근 20~30년간에 일어난 이 분야의 기술혁신으로 이제는 국제네트워크를 국내네트워크 관리수준에서 관리하는 것이 가능한 세계가 되었다.

2. 전략적 지렛대

현지차원에서 범위의 경제를 이용하는 것이 2단계 국제진출에 있어서 전략적 지렛대라면 3단계 국제화에서는 아비트라지, 경영활동의 지구적 통합과 조정을 통한 지구적 차원에서의 규모의 경제와 범위의 경제의 이용 등이 전략적 지렛대이다.

현지중심의 2단계 국제화기업과는 달리 3단계 국제화기업은 이미 진출해 있는 해외시장들에서 임금 등 생산요소 가격의 변화, 실질환율의 상대적 변화, 세율을 포함한 경제제도의 변화 등을 아비트라지할 수 있다.

예를 들어 스리랑카와 중국에 생산시설을 가지고 있는 기업은 중국의 임금이 상대적으로 상승하면, 중국공장의 생산량을 줄이고 스리랑카공장의 생산량을 늘림으로써 국제적인 비교우위의 변화를 이용하여 경쟁우위를 확보할 수 있다. 또한 과거 1980년대 말에 환율이 하락하여 우리나라 원화의 가치가 상승했을 때 우리나라 기업들이 국제화 3단계에 있었다면, 한국 내에서의 생산을 줄이고 해외생산을 늘림으로써 원화가치 상승에 효과적으로 대처할 수 있었을 것이다. 세율변동의 경우에도 3단계 국제화를 이룩한 기업은 이전가격을 조정하여 세율이 상대적으로 하락한 나라에 있는 자회사로 이익금을 이전함으로써 최적의 현금흐릅을 확보할 수 있을 것이다.

이와 같은 아비트라지 기회를 이용하는 데에는 비용도 따른다. 생산을 조절하려면 각 해외공장에 잉여설비를 유지해야 할 것이며, 또한 생산량 증대에 따른 초과근무수당을 지급하는 문제도 따른다. 대부분의 나라에서 초과근무수당은 정규노동시간에 대해 지급되는 임금보다 훨씬 높은 수준이다. 따라서 아비트라지가 의미를 가지려면 생산을 비롯한 경영활동의 국제적 조정에서 오는 편익이 조정에 드는 비용보다 커야 할 것이다.

경영활동의 지구적 조정과 통합을 통한 규모의 경제와 범위의 경제도 3단계 국제화기업들이 이용할 수 있는 전략적 지렛대이다. 예를 들어 기술력이 높은 국가에 위치한 자회사에서 집중적으로 기술집약적인 부품을 개발 · 생산하고, 저임의 노동력이 풍부한 국가에서 노동집약적인 부품을 생산하여 조립한다면 각 시장에서 완성품을 별도로 생산하는 것에 비해 집중적인 생산에 따른 규모의 경제를 이용할 수 있다. 또한 상표나 기술을 지구적 차원에서 개발하여 사용하는 기업은 범위의 경제를 이용할 수 있다.

3. 주요 의사결정사항

환율, 임금, 세율변화 등의 환경변화를 이용하여 생산을 비롯한 경영활동의 국제적 아비트라지에 성공하려면 본사에 의한 중앙집권적 통제구조를 확립해야 한다. 본사는 자회사에 관한 정보와 환경변화에 관한 상세한 정보를 보유하고 있어야 하며 환경변화에 따라 본사, 자회사, 지사 등으로 구성된 국제적 네트워크를 효율적으로 조정 · 통합해야 한다. 규모의 경제와 범위의 경제를 지구적 차원에서 이용하기 위해서도 중앙집권적 통제가 불가피하다. 지구적 차원에서 최적 경영활동 시스템을 구축하기 위해서는 본사가 각 자회사들에게 수행할 임무를 부여해야 하며, 각 자회사는 기업의 국제시스템 전체의 효율을 위하여 주어진 임무를 수행해야 한다.

본사가 내려야 할 주요 의사결정사항들로는 조사개발, 생산, 마케팅 등 경영활동의 조정과 통합, 제품별 · 경영활동단계별 통합, 제품 등 경영활동의 지구적 표준화, 지구적 시장세분화 등이다. 3단계 국제화기업이 경영활동을 조정 · 통합하는 좋은 예로는, 미국의 유수한 복사기 생산기업의 조사개발활동을 들 수 있다. 그 미국기업은 지구적 차원에서 조사개발활동을 최적화하기 위해서 대형복사기의 조사개발은 대형복사기에 대한 수요가 많은 미국본사가 담당하고 중형복사기에 대한 조사개발은 중형복사기에 대한 수요가 많은 유럽 자회사에 맡겼다. 한편 소형복사기에 대한 조사개발활동은 소형복사기 수요가 많은 일본 자회사가 담당했다. 이와 같이 조사개발활동을 지구적 차원에서 조정함으로써 그 기업은 지구적 차원에서 규모의 경제와 범위의 경제를 이용하고 있다. 제품별 통합 역시 소형 저가제품은 동남아 자회사에서, 대형 고가제품은 북미 자회사에서 맡는 식이다. 단계별 통합이란 예를 들어 생산단계별로 분류하여 부품생산, 완세품조립 등을 별도의 자회사들에게 맡기되 이를 통합함으로써 소수 품목의 집중적 생산에 따른 규모의 경제를 이용하는 것을 의미한다.

제 4 절 국제화 4 단계

3단계 국제화에 성공한 기업은 지구적 차원의 규모의 경제와 범위의 경제를 이용할 수 있다는 이점에도 불구하고, 중앙집권화에 따른 해외네트워크의 사기저상, 창의성 상실이라는 문제에 직면하게 된다. 3단계 국제화에 성공한 기업은 다음과 같은 자극들에 의해 4단계 국제화에 나선다.

1. 자극요인

3단계 국제화는 기업이 지구적 차원에서 규모의 경제와 범위의 경제를 이용하기 위하여 지구적 전략을 수립하고 본사의 경영자들이 주요한 의사결정사항들을 통합·조정하는 중앙집권적인 조직구조를 요구한다. 왜냐하면 3단계 국제화는 기업자원을 범세계적으로 통제하여 자회사와 지사로 하여금 본사가 제시하는 지구적 전략을 현지에서 충실히 수행하도록 조정하는 것을 의미하기 때문이다. 그러나 본사가 모든 경영활동을 일방적으로 통제하면 현지경영자들은 창의성을 상실하게 되며 그 결과 현지경영자들의 경영혁신 의욕과 사기가 저상된다.

혁신의 세계적 확산도 4단계 국제화를 유도하는 계기가 된다. 과거, 특히 제2차 세계대전을 전후한 상당기간 동안은 신제품의 개발을 포함하여 거의 모든 혁신이 미국에서 일어났다. 텔레비전, 지게차, 조립식 총, 세탁기 등 혁신적인 제품의 생산뿐 아니라 사업부제 조직, 과학적 관리, 컨베이어 벨트를 이용한 조립생산 등 경영관리 혁신도 미국에서 일어나 세계로 확산되었다.

그러나 그 후 일본과 유럽의 재건으로 혁신의 장소도 국제적으로 확산되었다. 일본에서는 제품의 소형화와 에너지절약적인 혁신으로 소형텔레비전, 소형차, 소형잔디깎는 기계 등이 생산되었고, 독일에서는 자원절약적인 혁신으로 플라스틱 등이 생산되었다. 그 후 세계경제에서 한국 등 신흥공업국들이 부상했으며 최근에는 태국, 중국 등 후발개도국들이 부상하고 있다. 이들 역시 시간이 지나면 혁신제품과 혁신적인 경영방법을 세계에 제시할 수 있을 것이다. 최근에 우리나라의 한 회사가 개발한 새로운 항생제, 또 다른 한 회사가 만들어 낸 아라미드섬유 등이 그러한 가능성을 보여 주는 좋은 예들이다.

이와 같이 혁신이 지리적으로 확산되는 시대에 있어서는 본사의 중앙집권적인 통제에 의한 현지경영자들의 창의성 상실은 국제경쟁에서 핸디캡이 안 될 수 없다. 이미 적지 않은 수의 국제기업들이 현지자회사의 독창적인 아이디어를 자사의 지구적 네트워크를 통해 광범위하게 이용함으로써 지구적 경쟁에서 우위를 점하고 있다. 혁신의 지리적 확산은 4단계 국제화를 유도하는 강력한 자극이 된다.

2. 전략적 지렛대

4단계 국제화기업은 아비트라지의 이용과 지구적 차원의 규모의 경제를 이용하는 것 이외에도 지구적 학습기회를 가진다. 지구적 학습이란 세 가지 의미를 가진다. 우선 4단계 국제화기업은 본사, 자회사, 지사 등에서 개발한 경영활동에 효과적인 지식을 다른 자회사, 지사, 본사 등에 이전함으로써 국제경쟁력을 강화할 수 있다. 예를 들어 한 자회사가 새로운 효과적인 생산기술을 개발한다면 4단계 국제화기업은 그것을 자기의 네트워크 전체에 확산시킬 수 있을 것이다.

지구적 학습의 또 다른 의미는 자회사나 지사가 활동하는 현지에서 찾을 수 있는 독특한 암묵적인 지식을 국제적으로 활용할 수 있는 지식으로 구체화하여 그것을 지구적 차원에서 이용하는 것을 의미한다. 예를 들면 일본기업은 제품의 미니화에 뛰어난 기업이다. 일본기업이 소형제품의 개발과 생산에 뛰어난 이유는 일본의 국토가 좁고 따라서 가옥구조가 협소하기 때문이다. 일본은 또한 에너지의 거의 대부분을 수입에 의존하기 때문에 에너지 절약적인 소형제품에 관한 수요가 많다.

일본시장에 진출한 외국기업들은 이러한 일본인들의 수요를 일본시장에만 국한된, 따라서 국제적으로 이용할 수 없는 수요로 간주해 버릴 수도 있다. 그러나 외국기업들 중에서 통찰력 있는 기업들은 이러한 일본의 독특한 면을 소형제품의 세계적 보급이라는 혁신의 계기로도 이용할 수 있을 것이다. 이 때 통찰력 있는 외국기업들은 현지에서 발견된 뚜렷하게 정의되지 않은 지식을 지구적 차원에서 이용할 수 있는 지식으로 구체화하여, 이를 지구적 차원의 혁신으로 승화시킴으로써 국제경쟁력을 고양할 수 있을 것이다.

지구적 학습의 세 번째 의미는 4단계 국제화기업은 지구적 네트워크를 통하여 고식적 경영에서 탈피하고 변화를 받아들이는 계기를 갖게 된다는 것이다. 세계에는 영원한 선진국이 없듯이 영원한 우량기업도 없다. 수십 년간 세계 우량기업의 지위를 지켜온 미국의 IBM, GM, 시어즈 백화점들도 경영위기를 겪은 바 있거나 현재 겪고 있다. 그렇게 된 데에는 여러 가지 이유가 있겠지만 그 중에서도 그들의 자만심 내지는 과거의 성공에 집착하는 태도가 큰 이유 중의 하나이다. 개인, 국가, 기업을 불문하고 성공은 현상유지 경향을 부추기며 변화를 싫어하게 한다. 그러나 변하는 환경에 적응하지 못하는 기업은 결국 경영이 악화되며 급기야는 도산에 이른다.

지구적 기업의 지구적 네트워크는 이러한 경영의 진부화를 방지하는 데 큰 역할을 할 수 있다. 자회사 · 지사를 통하여 수집되는 새로운 정보와 다양한 인적 구성이 제기하는 다양한 의견제시, 본사 · 자회사 · 지사간에 수평적으로 이동되는 정보를 통하여 4단계 국제화기업은 과거의 성공요건에 대한 끊임없는 도전에 노출된다. 이 마지막 학습이야말로 우량기업으로 하여금 영원한 우량기업으로 남을 수 있는 계기를 마련해 줄 수 있다.

3. 주요 의사결정사항

4단계 국제화에서 중요한 의사결정사항은 지구적 차원에서 이용할 수 있는 규모의 경제와 범위의 경제를 훼손함이 없이 자회사 · 지사가 경영활동을 수행하는 현지의 독특한 환경에 기초한 혁신을 자사의 지구적 네트워크를 통해 지구적 경쟁우위로 승화시키는 방법을 찾아내는 것이다. 이러한 목적을 위해 국제기업들은 지역본부(regional headquarters)제도를 도입하거나 자회사들에게 WPM(world product mandate)을 부여한다.

지역본부란 다국적기업이 세계시장을 몇 개의 지역으로 분류한 후 각 지역에 본국의 본사에 해당하는 기능을 갖도록 설립한 조직이다. 세계 유수의 다국적기업들은 예컨대 미국 뉴욕에 미주지역의 자사 업무를 총괄하는 미주본부를, 영국 런던에 구주지역의 업무를 총괄하는 구주본부를, 그리고 동경에 아시아지역의 업무를 총괄하는 아주본부 등을 두고 있다. 이 지역본부들은 해당 지역에서 자사를 대표하는 조직이며, 다른 지역본부와의 이해관계를 조정하며, 해당 지역 내 공통업무 사항들을 처리한다. 따라서 지역본부들은 대부분 지역 내 자사이미지 홍보와 지역 내 자사 자회사 · 지사들의 인사, 복리후생, 연수와 교육훈련, 경리, 재무, 세무, 법무 업무 등을 통할한다. 지역본부는 또한 지역 내 정보시스템을 운영하며 지역 내에서 자사의 자회사 · 지사가 수행하는 각종 사업활동들을 모니터하고 조정하는 기능도 수행한다.

지역본부가 수행하는 기능을 구체적으로 보면 우선, 자회사 · 지사들간의 역내기능을 통합함으로써 시너지효과를 창출한다. 예컨대, 지역본부는 자금의 공동조달을 통하여 이자율과 자금조달에 따르는 각종 수수료를 절감하며, 인력의 공동채용과 연수로 자사 역내인력의 수준과 교육훈련의 질을 향상시키며, 물품의 공동수집과 배송을 통해 마케팅능력을 향상시킨다. 둘째로, 지역본부는 통합된 지역전략을 수립함으로써 자사의 자회사 · 지사들이 동일한 과오를 반복하는 것을 방지하며, 자회사 · 지사가 갖고 있는 지식과 경험을 공유하는 장을 마련한다. 셋째로, 지역본부는 여러 가지 경영활동을 현지화함으로써 현지실정에 맞는 디자인을 개발하는 등 현지실정에 맞는 경영체제를 강화한다. 이러한 플러스적인 기능에도 불구하고 지역본부는 본국본부와 지역본부가 병존함으로써 명령이 이원화되는 결함을 갖고 있다. 또한 우리나라 기업들은 그 지역에서 일상적 경영활동이 가장 활발한 대규모의 자회사를 지역본부로 지정하는 소위 "운영본부" 형식으로 지역본부를 운영하고 있다. 이는 지역본부를 일상적 경영활동과는 분리된 전략적 본부로 운영하는 선진국 다국적기업들의 경우와는 다른 운영방법이다.

한편 WPM이란 다국적기업의 특정한 자회사가 특정한 제품이나 제품군의 개발, 생산, 마케팅에 대해서는 전 세계적인 책임을 지는 제도이다. WPM을 부여받은 자회사는 그 제품에 관한 한 다른 자회사뿐 아니라, 본사에도 우선하여 전 세계적으로 그 제품과 관련된 제반 경영활동들을 관장하고 조정 · 통제한다. WPM을 부여받는 자회사는 대개 세계의 중요한 시장에 위치하고 있으며, 그 제품에 관한 한 그 회사의 지구적 네트워크 안에서 가장 뛰어난 능력을 보유하고 있다.

WPM은 이와 같이 자회사에 대해서도 제품에 대한 전 세계적인 책임을 부여하므로 외국인투자를 받아들이는 현지정부도 여러 가지 혜택을 공여하면서 이를 유치하려 한다. 캐나다와 같은 선진국들까지도 자국 내의 자회사에 WPM을 부여하는 외국인투자를 크게 환영하여 금융 · 세제상의 각종 혜택을 주고 있다.

그러나 4단계 국제화는 지역본부를 설치하거나 자회사에게 WPM을 부여하는 것으로 끝나는 것은 아니다. 4단계 국제화의 궁극적인 형태는 본사와 자회사, 그리고 자회사 상호간에 수평적 커뮤니케이션이 활발히 이루어져 기업조직의 한 곳에서 일어나는 혁신이 네트워크 전체에 확산될 수 있는 조직구조를 갖는 것이다. 따라서 4단계 국제화의 주요한 의사결정사항은 본사와 자회사, 그리고 자회사의 경영자들간에 의사소통이 원활히 이루어져 조직 전체가 지구적 차원의 학습을 할 수 있는 국제경쟁력 있는 조직구조를 만드는 것이다.

제 11 장 기업의 해외진출형태

해외시장에 진출하려는 기업에게는 어떤 형태로 진출할 것인가가 중요한 문제이다. 기업이 해외진출에 있어서 택하는 가장 보편적인 형태는 수출, 라이슨싱, 합작투자, 단독투자 등의 네 가지 형태이다. 물론 그 밖에도 경영계약, 계약생산 등 여러 가지 해외진출형태가 있다. 기업이 일단 어떤 형태로든 해외로 진출하고 나면 그 기업의 상당한 인적 · 물적 자원이 이미 투입되어 있기 때문에 나중에 그 형태를 바꾸고자 하면 많은 시간과 돈이 낭비되는 결과가 초래될 수 있다. 따라서 진출형태의 결정은 해외진출기업에게는 중요한 의사결정사항 중의 하나이다.

기업이 어떤 형태로 해외에 진출할 것인가는 진출에 따르는 위험과 수익률의 트레이드-오프라고 볼 수 있다. 기업의 목적은 일정한 수익률이 주어지면 위험을 극소화하고 일정한 위험이 주어지면 수익률을 극대화하는 것이다. 따라서 합리적인 기업을 가정한다면 기업은 위험으로 조정한 수익률이 가장 높은 해외진출형태를 취할 것이다. 그러나 기업의 행동을 잘 들여다 보면 기업이 해외진출에 있어서 어떤 형태를 택하는가는 자원의 이용 가능성과 해외경영활동에 관한 통제욕구에 의해서도 영향받는 것 같다. 예를 들면 소규모 기업은 단독투자형태로 해외에 진출하는 것이 가장 높은 위험조정수익률이 기대되는 경우에도 이용가능한 자원의 부족으로 라이슨싱 형태로 해외에 진출하기도 한다.

자원이용가능성이란 특정한 해외시장에 제품이나 서비스를 공급하는 데 필요한 재무자원과 경영인력 등을 가리킨다. 통제란 기업이 당해 해외시장에서 자회사나 지사의 제도와 경영방법, 그리고 의사결정에 영향을 미치고자 하는 욕구를 가리킨다. 통제는 그 기업의 경쟁력을 개선하고 기업이 보유하는 자산과 기술을 활용하여 얻는 수익률을 극대화하는 데 기여한다. 해외사업에 대한 통제력은 소유권 비율에 비례하는 경향이 있다. 그러나 소유권 비율이 높으면 의사결정에 대한 책임도 더 많이 져야 하고 자원도 더 많이 투입해야 하기 때문에 위험도 더 많이 부담한다.

따라서 기업이 선택하는 해외진출형태는 이와 같이 수익률, 위험, 자원의 이용가능성, 그리고 통제라는 네 가지 요소의 트레이드-오프라고 할 수 있다. 예컨대 수출은 해외진출에 있어서 자원의 투입 정도가 낮으나 해외 현지시장에서 마케팅에 관한 통제력이 약하기 때문에 낮은 위험과 수익률이 기대되는 형태이다. 단독투자는 자원의 투입 정도가 높아 높은 위험과 수익률이 기대되고 투자기업이 높은 수준의 통제권을 가지는 형태이다. 합작투자는 단독투자에 비해 상대적으로 자원투입수준이 낮고 그에 따라 위험, 수익률, 통제력도 상대적으로 낮은 형태이다. 마지막으로 라이슨싱은 자원의 투입 정도가 낮고 위험과 수익률도 낮으며 통제력도 다른 형태에 비해 가장 낮은 진출형태이다.

제 1 절 해외진출형태에 영향을 미치는 요소

과거 여러 분야의 연구들이 수익률, 위험, 통제, 자원 등에 영향을 미치는 기업특유의 요소들과 시장특유의 요소들을 사용하여 기업의 해외진출형태를 설명하려고 시도했다. 최근에는 이러한 연구들을 종합한 절충이론이 해외진출형태를

그림 11-1 기업의 해외진출에 영향을 미치는 요소

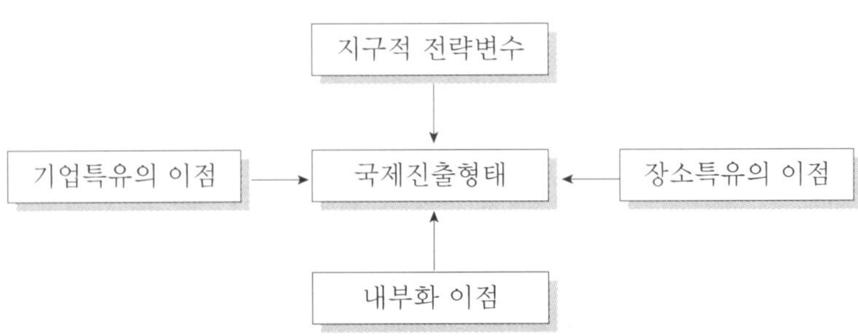

설명하는 이론으로 개발되었다. 절충이론은 기업특유의 이점, 장소특유의 이점, 내부화 이점이 수익률, 위험, 통제, 자원 등에 영향을 미쳐 해외진출형태를 결정한다고 주장한다. 그러나 기업의 국제진출을 들여다 보면 위의 세 가지 이점 이외에도 기업의 전략적 선택이 진출형태의 결정에 영향을 미친다는 것을 알 수 있다. 앞의 [그림 11-1]은 기업의 해외진출에 영향을 미치는 요소들을 보여주고 있다.

1. 기업특유의 이점

한 기업이 해외시장에 진출하여 그 시장에서 현지기업들과 경쟁하기 위해서는 그 기업이 생소한 해외시장에서 부담해야 하는 외국비용을 커버하고도 이익을 남길 수 있게 해 주는 수익성 있는 독점적 자산을 보유해야 한다. 한 기업이 보유하는 독점적 자산으로는 차별화된 제품을 개발할 수 있는 기술, 뛰어난 마케팅능력, 기업의 규모, 다국적경영경험 등이 있다. 한 기업이 차별화된 제품을 개발할 수 있는 능력을 갖고 있을 때에 그러한 능력을 라이슨싱과 같은 형태로 현지기업과 나누어 가지면 장기적으로는 그 능력을 상실할 위험에 처할 수 있다. 따라서 차별화된 제품을 생산할 수 있는 능력을 보유한 기업은 보다 높은 통제력을 갖는 단독투자나 합작투자를 선호한다.

한편 기업은 국제적으로 경영활동을 확대하고 현지기업들과의 경쟁에서 승리하기 위해서도 독점적 자산을 필요로 한다. 현지에서 마케팅활동을 수행하고, 현지기업이 특허권과 계약을 준수하게 하며, 지구적 차원에서 규모의 경제를 달성하는 데에는 많은 비용이 들며 그러한 높은 비용을 커버하는 데에는 자원이 필요하다. 기업의 규모는 기업이 보유하는 자원의 크기를 나타낸다. 따라서 규모가 큰 기업은 규모가 작은 기업보다 해외진출에 있어서 직접투자형태를 선호하는 경향이 있다.

기업이 보유하는 또 다른 형태의 자산은 다국적경영경험이다. 해외시장경험이 없는 기업은 해외경영을 관리하는 데 있어서 더 큰 문제에 봉착할 가능성이 높다. 해외경영경험이 없는 기업은 해외경영에서 직면할 수 있는 위험은 과대평가하는 반면에 해외경영에서 얻을 수 있는 이익은 과소평가하는 경향이 있다. 따라서 그러한 기업들은 해외투자 대신에 수출이나 라이슨싱을 선호한다.

2. 장소특유의 이점

해외시장진출에 관심을 가진 기업들은 상대적으로 보다 높은 수익률을 얻을 수 있는 매력적인 시장을 선호한다. 시장의 매력도는 새로운 기업의 진출위협, 경쟁자의 존재 등 여러 가지 미시환경에 따라 달라지지만 여기서는 해외시장의 규모와 성장률로 대표되는 시장잠재력과 투자위험을 중심으로 살펴보고자 한다.

해외시장의 잠재력이 크면 기업은 보다 높은 장기수익률을 얻기 위하여 라이슨싱이나 수출보다는 직접투자를 선택한다. 시장잠재력이 큰 해외시장에서는 진출기업이 규모의 경제를 달성함으로써 한계생산비를 줄일 수 있기 때문에 보다 높은 수익률을 기대할 수 있다. 만약에 규모의 경제가 중요치 않을 경우에도 기업은 그 시장에 진출함으로써 장기적으로 그 시장을 커버할 수 있는 근거를 마련할 수 있기 때문에 직접투자형태로 진출한다.

진출기업이 해외시장에서 직면하는 투자위험은 진출대상국의 정치적 · 경제적 현상과 현지정부의 현 정책이 앞으로도 계속될지 여부에 대한 불확실성을 반영한다. 그러한 불확실성은 그 나라에서 경영활동을 수행하는 기업의 생존과 수익성에 중요한 영향을 미친다. 예컨대 현지정부의 정책이 바뀌면 이익금의 본국송금이 어려워질 수도 있으며, 상황이 매우 나빠지면 공장 등 자산의 몰수도 일어날 수 있다. 한 국가의 외국인투자에 대한 정책이 규제 일변도이면 외국인투자는 감소하며 규제를 무릅쓰고 진출하는 기업들도 직접투자보다는 수출이나 라이슨싱형태를 선호한다.

3. 내부화 이익

해외진출을 계획하는 기업은 자기가 보유하는 수익성 있는 독점적 자산을 크게 보아 두 가지 방법으로 이용할 수 있다. 하나는 독점적 자산을 시장을 통한 거래를 통하여 제3자에게 대가를 받고 파는 것이고, 다른 하나는 자기가 직접 사용하여 스스로 생산 · 판매하는 것이다. 라이슨싱에 의한 해외진출은 전자의 대표적인 방법이고 수출, 직접투자 등은 후자의 방법이다.

그러나 두 방법은 다같이 비용이 수반된다. 라이슨싱의 경우에는 소위 거래비용(transactions cost)이 개재한다. 예컨대 기술을 보유한 기업이 라이슨싱형태로 해외에 진출하려면 기술을 적절한 대가를 받고 현지기업에 팔아야 한다. 그러나 기술을 보유한 기업이 기술에 대해 적절한 값을 받으려면 그 기술의 내용에 대해 기술구입자에게 상세히 설명해 주어야 한다. 그러나 기술구입기업은 잠재적인 기술제공자가 아주 상세히 기술의 내용을 설명해 주면 그 기술을 살 필요가 없어진다. 왜냐하면 기술구입기업은 잠재적인 기술공여기업의 상세한 설명 때문에 그 기술을 완전히 알 수 있게 되기 때문이다.

그러한 어려움을 극복하고 기술의 매매가 이루어진 경우에도 기술구입기업이 라이슨싱계약을 충실히 이행한다는 보장도 없다. 기술구입기업이 계약조건대로 제품을 생산 · 판매하지 않으면 기술공여기업은 법적 소송을 통해 시정을 시도해야 되며 그러한 조치를 취하는 데에는 비용이 든다. 이러한 거래비용의 존재는 해외진출기업으로 하여금 라이슨싱형태보다는 수출이나 직접투자형태의 해외진출을 선택하게 한다.

수출이나 직접투자형태의 해외진출도 비용이 따른다. 기업이 시장을 통한 거래를 하지 않고 시장을 내부화하여 자기가 직접 생산 · 판매하는 위계(hierarchy)형태로 운영할 때에도 비용이 발생한다. 예컨대 자동차회사는 자동차를 조립하는 데 필요한 엔진을 시장을 통하여 구입할 수도 있고, 자기가 자체적으로 제작할 수도 있다. 만약에 자동차회사가 시장을 통하여 엔진을 산다면 많은 엔진생산자들을 경쟁시켜 가장 품질이 좋은 엔진을 가장 저렴한 가격으로 공급받을 수 있다. 그러나 자동차회사가 엔진을 자체적으로 제작한다면 엔진제작을 담당하는 부서에 일을 지시하고, 결과를 감독하고, 일의 성과를 평가하여 상응하는 보상을 지급하여야 한다. 이러한 일에는 비용이 든다. 또한 엔진이 회사 내에서 제작되면 엔진제작부서는 다른 부서가 자기부서에서 제작한 엔진을 싫든 좋든 사용한다는 것을 알기 때문에 시장을 통해 경쟁적으로 공급받는 엔진보다 성능이 떨어지는 엔진을 시장가격보다 비싼 가격으로 공급할 가능성도 높다. 또한 위계형태가 가져오는 관료적 불이익도 클 것이다.

따라서 기업은 통제력이 낮은 라이슨싱형태로 해외에 진출하면 많은 경우에 규모의 경제를 이용하는 동시에 경영활동의 통합에서 오는 관료주의적 불이익을 회피할 수 있다. 그러나 현지기업과 맺는 라이슨싱계약에 자사가 원하는 것을 반영하기 어렵거나 해외시장에 라이슨싱계약의 대상이 될 후보기업들의 수가 소수여서 여러 가지 경쟁적인 대안들이 제공될 수 없다면 직접투자와 같이 통제력이 높은 형태로 진출하는 것이 보다 유리해진다.

4. 지구적 전략변수

위의 논리를 요약하면 기업의 해외진출형태는 기업특유의 이점, 장소특유의 이점, 그리고 내부화 이점에 의하여 결정된다. 기업이 해외에 진출하고자 할 경우에는 어떤 형태로 진출하든지간에 기업특유의 이점, 즉 수익성 있는 독점적 자산을 보유하여야 한다. 만약에 기업특유의 이점만 있고 장소특유의 이점과 내부화 이점이 없을 때에는 라이슨싱으로 해외에 진출한다. 또한 기업특유의 이점과 내부화 이점이 있고 장소특유의 이점이 없을 때에는 시장을 내부화할 이유는 있으나 해외에서 생산하는 이점은 없으므로 수출을 선택한다.

이러한 논리는 이론적으로는 정연하지만 몇 가지 문제가 없는 것도 아니다. 예컨대 기업특유의 이점은 장소에 따라 달라질 수 있다는 것이다. 우리나라 기업이 보유하고 있는 기술은 미국 등 선진국시장에서는 독점적 수익성자산이 될 수 없지만, 우리보다 기술 정도가 낮은 후발개도국에서는 기업특유의 이점이 될 수 있다.

그러나 위의 논리가 간과하고 있는 보다 더 중요한 사실은 오늘날과 같이 경쟁이 지구적 차원에서 일어나고 있는 상황하에서는 해외진출을 한 시장씩 따로 떼어 평가하지 않고 지구적 네트워크의 구성이라는 전략적 관점에서 접근하는 기업의 수가 늘어나고 있다는 것이다. 따라서 기업의 해외진출을 보다 정확히 파악하려면 기업특유의 이점, 내부화 이점, 장소특유의 이점뿐만 아니라 국제기업이 지구적 경쟁에서 필연적으로 고려하지 않으면 안 되는 지구적 전략변수도 포함시켜야 한다.

최근의 국제기업들은 해외의 한 시장에서 서로 경쟁할 뿐 아니라 여러 시장에서 동시에 경쟁하고 있다. 이러한 경우에는 국제기업이 어떤 한 해외시장에서 행한 전략적 선택이 다른 시장들에도 영향을 미친다. 따라서 해외진출을 지구적 네트워크의 구축이라는 차원에서 접근하는 기업은 어떤 한 자회사가 잘 되는가 하는 문제보다는 기업 전체적인 입장에서 성공하고 있는가에 관심을 갖게 된다. 그와 같은 경우에 기업은 어떤 한 해외시장에서 이익을 얻기 위해서가 아니라 수요의 변화를 감지하기 위하여 또는 잠재적 경쟁자의 전략을 무효화시키기 위하여 해외로 진출할 수도 있다.

(1) 지구적 집중

국제시장을 가만히 들여다 보면 여러 시장에서 소수의 경쟁자들이 동시에 경쟁하고 있는 경우가 많다. 예를 들면 세계 자동차 타이어시장에서는 미쉘린, 굿이어, 브리지스톤 등이 미국, 유럽, 아시아 등에서 동시에 경쟁하고 있다. 국제시장에서 이와 같이 과점적 경쟁이 벌어지면 특정기업이 한 시장에서 취하는 행동이 다른 시장에도 영향을 미쳐 과점적 균형이 깨질 수 있다. 그 좋은 예가 미쉘린의 미국자동차 타이어시장진출 시도이다.

미쉘린은 프랑스국적의 기업으로서 유럽시장에서 판매액이 높다. 굿이어는 미국국적의 회사로서 북미시장에서 시장지분이 크다. 미쉘린은 미국시장진출을 확대하기 위해 미국 자회사를 통해서 공급하는 타이어가격을 인하했다. 미쉘린은 굿이어의 북미시장지분이 크기 때문에 굿이어가 미쉘린을 따라서 타이어가격을 인하하지 못하리라고 예상했다. 왜냐하면 가격을 인하하면 절대적인 이익감소 규모가 굿이어의 경우에 훨씬 클 것이기 때문이었다. 굿이어는 북미시장에서 판매되는 타이어가격은 인하하지 않았다. 그러나 굿이어는 판매량이 상대적으로 적은 미쉘린의 본거지인 유럽 내 타이어가격을 인하했다. 그 결과 미쉘린의 수익은 감소했으며 미쉘린은 북미 판매가격을 원래의 수준으로 환원하지 않을 수 없었다.

앞의 예에서 보는 바와 같이 국제과점시장에서 경쟁하는 기업들은 경쟁자의 움직임이나 수요의 변화에 전략적으로 대응할 필요가 크다. 한 시장에서의 상황변화를 상쇄하기 위해서 다른 시장에서 기동성 있게 대응하려는 국제기업은 해외거점에 대한 보다 높은 통제를 원한다. 기업이 해외경영에 대해 높은 통제력을 가지면 한 자회사의 행동이 그 자회사 하나만 떼어 놓고 보면 유리하지만, 그 행동의 결과로 다른 시장들에서 더 큰 손실을 보는 경우를 방지할 수 있다. 또한 해외경영에 대해 높은 통제력을 가진 기업은 앞에서 본 바와 같이 한 해외거점이 경쟁기업과 싸우고 있을 때 다른 해외거점이 싸움을 거들 수 있게 할 수 있다. 따라서 한 산업이 지구적 차원에서 집중도가 높으면 높을수록 국제기업은 높은 통제력을 행사하려 할 것이며, 그러한 산업에서 경쟁하는 기업은 다른 조건들이 같다면 직접투자형태로 해외진출을 모색할 가능성이 높다.

(2) 지구적 시너지

국제기업의 연구개발, 마케팅, 제조활동 등 핵심적인 활동들이 공유되거나 공동으로 이용되면 지구적 시너지가 발생한다. 시너지의 대표적인 형태인 범위의 경제를 본다면 혼다는 오토바이생산에서 개발한 소형엔진 생산기술을 소형잔디깎는 기계, 소형자동차 등에 추가적인 비용을 거의 들이지 않고 이용해 이 제품들을 세계 여러 나라 시장에 성공적으로 판매했다. 혼다의 경우에는 소형엔진을 다양한 제품에 이용하는 혁신력이 국제경쟁력의 핵심이다.

이와 같이 시너지가 중요한 경우에는 시장을 통한 거래가 위험이 많기 때문에 기업은 위계를 선택하는 경향이 있다. 앞에서 본 바와 같이 시너지를 이용하자면 핵심적인 요소들을 공동으로 이용하여야 한다. 핵심적인 요소를 서로 독립적인 기업들이 공동으로 이용하는 경우에는 각 회사가 어느 정도로 기여했는지를 구분하기가 어려워지며, 따라서 각 회사가 기여한 정도를 측정할 필요가 생긴다. 그러나 기여 정도의 측정에는 재량이 개입되며 재량이 개입되면 기회주의적 행동의 가능성도 높아진다. 예컨대 혁신을 위한 공동연구개발에서 한 회사는 자원을 상대적으로 적게 투입하면서 다른 회사가 혁신하기를 기대하고 활동을 하지 않고 있다가 다른 회사가 혁신에 성공하면 그 열매를 나누려 할 가능성이 발생한다.

따라서 지구적 시너지가 중요하면 시장을 통한 독립회사간의 거래보다는 위계가 보다 적합한 방법이 되며 다른 조건들이 같다면 라이슨싱형태의 해외진출보다는 직접투자형태의 해외진출이 선택된다.

(3) 기타 전략적 동기

경쟁이 지구적 차원에서 일어나는 현 상황에서는 기업의 해외진출형태가 반드시 경제적 효율성에 의해서만 결정되는 것은 아니다. 국제기업은 조기경보체제를 구축하기 위해서 미래의 해외거점 구축기반을 다지기 위해서, 또는 새로운 산업에 진출하는 데 필요한 기술을 얻기 위해서 등의 전략적 동기를 고려하여 해외진출형태를 결정한다. 따라서 해외진출의 전략적 동기란 특정한 시장에서가 아니라 기업 전체적인 차원에서 효율극대화나 혁신력 강화를 목적으로 해외로 진출하는 것을 의미한다.

예를 들어 우리나라의 모 전자회사는 반도체산업에 진출하기로 목표를 정하고 미국의 캘리포니아주에 직접투자하여 현지자회사를 설립했다. 그 회사는 미국현지법인을 이용하여 미국 내 한국인 반도체전문가들을 스카웃하여 반도체생산능력을 개발했다. 그 후 그 회사는 미국에서 개발한 능력을 국내로 이전하여 추가적인 자원의 투입을 통하여 기술력을 크게 향상시켰으며 지금은 세계 메모리 반도체산업에서 제 1 위의 시장지분을 달성했다. 이와 같은 경우는 기업특유의 이점이 있는가, 또는 내부화 이점이 있는가 하는 문제보다는 새로운 산업에 진출하기 위한 전략적 목적의 달성에 통제력이 높은 직접투자가 가장 적합했던 것이다.

일본기업들이 미국의 실리컨 밸리에 많은 현지법인들을 보유하고 있는 이유도 전략적 동기 때문이다. 미국의 실리컨 밸리는 첨단산업의 메카이다. 일본기업들은 이러한 곳에 현지법인을 설치 · 운영함으로써 세계 첨단산업의 흐름을 모니터하는 조기경보체계를 구축하고 있는 것이다.

제 2 절 국제진출대안

기업은 제 1 절에서 본 바와 같이 기업특유의 이점, 내부화 이점, 장소특유의 이점, 그리고 전략적 요소들을 고려하여 국제진출형태를 결정한다. 본절에서는 이와 같은 요소들을 고려하여 결정되는 기업의 국제진출형태에 구체적으로 어떤 대안들이 있는가 하는 문제와 각 대안이 어떤 장점과 단점을 가지고 있는가 하는 문제에 대해 알아보고자 한다.

기업이 해외로 진출함에 있어서 구체적으로 선정할 수 있는 대안으로는 수출, 직접투자, 합작투자, 협력사업(cooperative venture), 라이슨싱(licensing), 프랜차이징(franchising), 경영계약(management contract), 계약생산(contract manufacturing), 턴키(turn-key operations), 카운터 트레이드(counter-trade) 등이 있다.

1. 수 출

제조업체가 해외시장에 진출하기 위하여 활용할 수 있는 가장 오래되고 기본적인 전략대안은 국내에서 생산된 제품을 해외에 판매하는 수출방법이다. 수출을 기본적 전략이라고 할 수 있는 이유는 기업이 처음으로 해외시장에 진출할 때 가장 많이 사용하는 방법일 뿐만 아니라, 다른 해외시장진출전략을 택할 경우에도 수출전략을 동시에 활용하는 경우가 대부분이기 때문이다.

기업이 수출을 하려는 이유는 여러 가지가 있다. 국내수요의 한계로 과잉생산품이나 유휴생산시설이 있는 경우, 수출을 통하여 과잉생산품을 판매할 수 있을 뿐만 아니라 유휴생산시설을 완전가동함으로써 간접비의 흡수 등 원가절감도 가능하다. 또는 시장규모나 경쟁조건면에서 국내보다 해외시장이 더 유리한 경우 수출을 함으로써 보다 높은 기업성장과 이익을 실현할 수 있는 이유 등이다. 기업이 어떠한 이유로 수출을 하든간에 기업이 수출을 할 수 있는 방법은 크게 간접수출방법과 직접수출방법으로 나눌수 있다.

(1) 간접수출

간접수출이란 수출업자, 수출대리상, 수출조합 등을 통하여 수출하는 것으로, 수출과 직접적으로 관련되는 주요 기능을 제조업체 스스로 수행하지 않고서도 해외시장에 제품을 수출하는 가장 간편하고 소극적인 수출방법이다. 이러한 간접수출방법은 수출활동을 직접 수행하는 데 소요되는 인적 · 물적 자원을 투입하지 않고서도 제품을 수출할 수 있다는 면에서는 좋으나, 수출활동을 직접 통제할 수 없기 때문에 창의적이고 능동적인 수출활동을 전개하는 데는 많은 제한이 있다. 기업의 간접수출을 지원하는 업체들 중에서 대형업체는 종합상사들이며 중소형업체는 오퍼상들이다.

일반적으로 간접수출방법은 처음으로 수출하기 때문에 수출에 대한 전문적 지식이나 경험이 부족하거나, 수출하려는 기업의 규모가 작거나, 총판매액에서 수출액이 차지하는 비중이 얼마되지 않거나, 또는 시장규모가 크지 않은 나라에 수출할 경우에 활용할 가치가 있는 해외시장진출방법이라고 할 수 있다. 반면에 적극적으로 수출시장을 개척하고 확대해 나가려면 다음의 직접수출방법을 활용할 필요가 있다.

(2) 직접수출

직접수출은 해외시장조사와 해외고객과의 접촉, 수출가격의 책정, 유통경로의 선정과 같은 국제마케팅 기능뿐만 아니라, 수출에 필요한 서류의 작성에 이르기까지의 수출관련 주요 업무를 타인에게 의뢰하지 않고 제조업체 스스로 수행하는 것을 의미한다. 따라서 직접수출을 하게 되면 제조업체 내에 수출을 전담하는 인원이나 부서가 필요하게 되며 자연히 수출활동과 관련된 비용 및 자금부담도 늘어나게 된다. 그러나 수출활동을 직접 담당함으로써 전술한 바 있는 간접수출의 한계성을 탈피할 수 있으며, 이에 따라 일반적으로 수출액과 수출에 따른 이익을 증가시킬 수 있는 여지도 커진다고 할 수 있다.

직접수출에는 수출활동을 수행하기 위한 제조업체 자체의 조직체계와 해외시장에 있는 현지수입상 및 판매업자의 활용 여하에 따라 여러 가지 방법이 있다. 수출을 위하여 제조업체는 수출액의 크기, 수출의 상대적 중요성, 그리고 수출업무의 복잡성에 따라 한 사람의 직원으로 하여금 수출을 전담케 할 수도 있으며, 수출과, 수출부, 수출본부 또는 별도의 수출전담기업을 설립할 수도 있다.

더 나아가 해외에 현지지사나 또는 현지 마케팅 자회사를 설립할 필요도 있다. 해외지사나 마케팅 자회사는 현지에서의 단순한 연락이나 수출입업무만 할 수도 있으나 수출된 제품을 보관하기 위한 창고, 소매상과 같은 현지 판매기구를 매입하거나 신설하여 이를 운영하는 등, 현지 마케팅활동에 광범위하게 참여하는 방법도 있다. 또한 필요에 따라 현지에 있는 수입중간상 또는 판매업자를 활용할 수도 있고, 또는 이들을 거치지 않고 직접 최종소비자 혹은 사용자에게 판매할 수도 있다.

특정기업의 입장에서 어떠한 직접수출방법을 택할 것인가 하는 문제는, 그 기업이 얼마나 많은 인원과 자금을 투입하여 수출활동을 전개하는 것이 가장 효율적인가 하는 관점에서 결정되어야 한다. 왜냐하면 직접수출방법의 선택에 따라 수출의 성과도 결정되지만 수출활동에 투입되어야 할 인적 · 물적 자원의 양도 달라지기 때문이다.

예를 들면 해외시장정보를 현지에서 신속하게 파악하고 마케팅활동을 현지에서 직접 수행함으로써 적극적으로 수출을 확대해 나가려면 현지 마케팅 자회사의 설립이 가장 바람직하다. 그러나 이것은 또한 다른 직접수출방법과 비교하여 가장 많은 자금과 인원의 투입이 필요한 방법이므로 그만큼 위험부담도 커진다는 문제점이 있다.

어떠한 직접수출방법을 택할 것인가는 문제의 본질상 직접수출을 할 것인가 또는 간접수출을 할 것인가에 관한 의사결정문제와 크게 다를 바가 없다. 따라서 직접수출의 중요성, 기업규모, 제품의 특성, 목표시장의 규모 및 제반환경 등을 종합적으로 고려하여 결정하는 것이 바람직하다.

2. 직접투자

간접수출이든 직접수출이든간에 수출을 통한 해외시장진출방법은, 제품의 생산활동은 국내에서 하고 제품만을 해외에 판매한다는 점에서는 마찬가지다. 즉 수출은 국내에서 생산된 제품으로 해외시장에 진출하는 방법이다. 그러나 경우에 따라 이러한 수출방법이 불가능하거나 또는 가능하다고 하여도 경영전략적인 측면에서 매우 바람직하지 못할 수도 있다.

예를 들면 특정제품에 대하여 수입금지를 한 나라에는 그 제품을 국내에서 생산하여 수출할 수 있는 방법은 없다. 또한 관세가 아주 높은 나라에는 수출은 가능하다고 하여도 현지에서 생산된 제품과의 경쟁에서 가격상 불리한 입장에 놓이게 된다. 이러한 경우에는 국내에서 제품을 생산하여 해외에 판매하는 수출방법 대신에 현지에서 직접 제품을 생산하여 현지에서 판매하는 해외시장진출전략을 고려하여야 한다. 이는 수출만을 통하여 해외시장에 진출한다는 한정된 전략적 테두리에서 볼 때는 관세 · 비관세 무역장벽이 큰 장애요인이 되지만, 현지생산 · 현지판매라는 대안의 측면에서 볼 때는 무역장벽 자체가 사실상 외부로부터의 경쟁을 제한시켜 주기 때문에 오히려 바람직한 것으로도 볼 수 있기 때문이다.

수출은 제조활동을 국내에서 집중해서 행하고 제품만을 해외에서 판매하는 방법이므로, 집중적인 제조활동에 다른 원가 및 품질관리면에서의 이점이 있다. 반면에 해외에서도 제품생산을 하게 되면 자연히 제조활동이 분산수행되어야 하므로, 집중적인 제조활동에 따른 이점은 사라질 수도 있다. 그러나 경우에 따라서는 현지생산에 따른 제조원가상의 이점이 이러한 불리점을 상쇄하고도 남을만큼 클 수도 있다. 예를 들면 해외에서 아주 저렴하게 원자재, 부품, 에너지 등을 확보할 수 있거나 또는 현지의 실질임금이 국내보다 낮을 경우가 있기 때문이다. 또한 공장부지의 값과 공장건설비가 저렴할 수도 있으며, 현지에서 생산하면 현지시장수요의 변화에 민감하게 제조활동을 적응시킬 수도 있다.

기업이 해외시장진출을 위하여 현지생산을 하는 동기는 관세의 절감과 무역장벽을 뛰어넘고 이를 적극 이용하기 위한 목적과 생산관리상의 이점 이외에도 여러 가지가 있을 수 있다. 부피와 무게가 많이 나가는 제품의 경우에는 현지에서 생산함으로써 수출에 따르는 수송 및 저장비용도 많이 절약할 수 있다. 때로는 공장부지의 값과 공장건설비가 저렴할 수도 있다. 수출하는 경우와 비교하여 현지에서 생산하게 되면 현지기업으로도 인식될 수 있으므로 판매에 대한 현지인의 저항감도 감소될 수 있을 뿐만 아니라, 법적으로는 현지기업이므로 정부기관 등에 납품하는 것도 가능해질 수 있다. 또한 현지국 정부가 부여하는 여러 가지의 금융 및 조세상의 혜택을 활용할 수도 있음은 물론이다.

기업의 현지생산 · 현지판매라는 해외시장진출전략을 구사하기 위해서는 생산시설에 대한 투자와 이의 경영에 직접적으로 참여하기 위한 해외직접투자가 필요하므로, 이를 해외시장진출을 위한 직접투자방법이라고 할 수 있다. 이러한 직접투자를 통한 해외시장진출에는 많은 자본과 인력이 투입되어야 하므로, 해외시장에 대한 개입 정도가 가장 높은 방법이며, 그만큼 기업의 위험부담도 높게 마련이다. 더구나 정치적으로 불안정한 나라에 직접투자를 한 경우, 국유화의 위험 등 정치적 위험에도 노출될 수 있다. 또한 해외 제조공장의 직접 운영에는 언어와 관습의 차이 등에 따른 어려움이 뒤따르며, 이에 따라 경영관리도 복잡해진다는 문제점이 있다.

해외시장진출에 있어 수출이 유리한가 또는 직접투자가 보다 바람직한가는 경우에 따라 달라질 수 있다. 다만 여기서 강조하고 싶은 것은 국내에서 제품을 생산하여 해외로 판매하는 수출방법이 항상 최선의 해외시장진출방법이 될 수는 없다는 점이다. 엄격히 말한다면 특정 해외시장에 제품을 공급할 수 있는 생산기지로서, 현지국 또는 제3국을 포함하여 세계에서 자기 나라가 가장 유리한 경우는 오히려 매우 드문 것이 상례라 할 수 있다. 따라서 국내에서 제품을 생산하여 해외로 판매하는 수출방법에만 지나치게 의존하는 것은 바람직하지 못하며, 필요한 경우 현지국 또는 더 나가서 제3국에서 제품을 생산하여 해외로 진출할 수 있는 방법도 폭넓게 검토하여야 한다. 실제로 오늘날 해외시장진출에 앞선 기업들은 전통적인 수출전략을 과감히 탈피하여 제조원가의 국제적 차이 등 최적생산기지의 선정에 영향을 줄 수 있는 모든 요소들을 종합적으로 비교 · 분석하여 세계 각국 시장에 가장 유리하게 진출할 수 있는 방법을 모색하고 있다.

직접투자에 의한 해외생산방법은 부품 또는 원료는 국내에서 생산하고 이를 해외에서 가공 · 조립 또는 배합하는 단순한 제조활동만 하는 방법과 원료나 부품의 생산에서부터 가공 · 조립 · 배합에 이르기까지의 광범위한 제조활동을 해외에서 전개하는 방법으로 나눌 수 있다. 자동차나 농기계 같은 산업의 경우, 국내에서 생산된 부품을 해외로 수출하여 현지에서 조립 · 판매하는 방법을 많이 활용하고 있다. 이는 완제품의 상태로 수출하는 것보다 부품의 상태로 수출하게 되면 운송비도 많이 절감할 수 있을 뿐만 아니라, 완제품과 비교하여 부품에 대한 관세율이 일반적으로 낮기 때문이다. 이와 같은 이유로 제약산업의 경우는 제약원료를 해외로 수출하여 현지에서 가공 · 배합 · 포장하여 판매하는 방식을 많이 활용하고 있다.

이러한 해외에서의 가공 · 조립 또는 배합의 생산단계를 거쳐 원료나 부품까지도 현지에서 생산하는 단계로 이행하는 것이 일반적이며, 이에는 많은 자금과 인력이 투입되어야 한다. 그러므로 현지에서의 생산활동에 대한 경험과 지식을 축적한 후에 본격적인 생산단계로 진입하는 것이 그만큼 해외직접투자에 따른 위험부담을 감소시킬 수 있다. 직접투자에 의한 현지생산방법은 또한 현지인 또는 제3국인과의 합작 여하에 따라 합작투자와 단독투자 방법으로 나눌 수 있다.

3. 협력사업

협력사업은 합작투자와 유사하지만 사업의 기한이 정해져 있다는 점에서 합작투자와 다르다. 협력사업은 둘 이상의 기업들이 특정한 프로젝트의 완성을 위해서 협력하고 그 사업이 완료되면 협력이 종결되는 형태를 취한다. 협력사업에서 참여기업들간에 수익과 비용을 배분하는 방법은 여러 가지 형태가 있는바, 수익과 비용의 배분형태를 중심으로 협력사업을 구분하면 대체로 세 가지 형태로 구분할 수 있다. 첫 번째 형태는, 둘 이상의 기업들이 비용을 공동으로 부담하고 제품이나 서비스의 개발에 성공하면 수익도 비용부담비율에 따라 나누는 형태이다. 유전탐사가 대표적인 경우이다.

두 번째 유형은, 둘 이상의 기업들이 특정한 제품의 개발을 위해 협력하되 제품의 원형을 개발하기까지만 협력하고 제품의 상업적 생산은 각자가 책임지는 형태이다. 과거에 우리나라 전자산업의 세 회사와 생산기술연구소가 차세대 반도체개발을 위해 협력한 것이 좋은 예이다. 세 회사가 생산기술연구소와 협력하여 차세대 반도체의 원형개발에 성공한 후 각사는 각기 약간씩 다른 방법으로 제품의 상업적 생산에 착수했다. 이러한 유형의 협력사업에서는 제품의 원형을 개발하기까지 투입되는 비용은 참여기업들이 공동으로 부담한다. 그러나 제품의 상업적 생산에서 나오는 수익은 각사의 상업화 성과에 따라서 달라진다. 이 점이 비용과 수익을 공동으로 부담하고 배분하는 첫 번째 유형의 협력사업과 다른 점이다.

협력사업의 세 번째 유형은, 협력사업을 주도하는 기업이 협력사업에 참여하는 다른 기업들과의 협상을 통하여 부품별 제작비용의 상한을 정해 준다. 만약에 한 참여기업이 그 비용 이하로 자기가 담당한 부품을 제작하면 그 차액은 그 기업의 이익이 되며 반대로 비용이 합의된 금액을 초과하면 그 초과분은 부품제작 담당기업이 부담해야 한다. 이익은 완성품의 판매로부터 발생하며 완성품의 판매는 협력사업을 주도하는 기업이 담당하는 것이 보통이다. 제3유형의 협력사업의 좋은 예가 미국의 비행기제작회사인 보잉사와 미쓰비시 중공업, 가와사끼 중공업을 비롯한 일본의 여러 기업들이 신형 여객기의 개발을 위하여 협력한 것이다. 보잉사는 엔진 등 주요 부품의 제작을 담당하고 일본회사들은 동체 등을 개발하여 보잉사가 조립하는 사업이었다.

협력사업이 이루어지는 이유는 각 참여기업이 협력사업을 통하여 달성하려는 목적은 다르나 상호협력을 통하여 각사가 이익을 볼 수 있기 때문이다. 위의 신형 여객기개발에 참여한 일본기업들은 협력사업을 통하여 여객기제작에 필요한 기술을 축적할 수 있었다. 보잉사는 일본기업들과 협력함으로써 일본기업들이 유럽의 중요한 경쟁사인 에어버스와 협력할 가능성을 줄일 수 있었고, 일본시장에 여객기를 공급하는 데 있어서 유리한 위치에 설 수 있었다. 물론 보잉사는 일본기업들과 협력함으로써 중요한 여객기 제조기술이 일본기업들에게 유출될 위험을 부담했다.

협력사업에 시한이 정해져 있다는 것은 기술수준이 낮은 기업에게는 유리한 면도 있다. 기술수준이 낮은 상태에서 협력사업에 참여하는 기업은 처음에는 중요치 않은 부분만을 담당할 가능성이 크다. 그러나 협력사업을 수행하는 과정에서 기술을 축적해 감으로써 다음 협력사업부터는 한 차원 높은 과업을 협력상대에게 요구할 수 있게 된다. 특히 최초의 협력사업이 성공적으로 완료되면 주도기업이 다른 협력사업의 파트너를 선정할 때에 기존의 협력상대를 선택할 가능성이 높다. 왜냐하면 과거의 협력관계에서 이미 상당한 시행착오를 거쳤기 때문에 양 기업간에는 커뮤니케이션비용의 감소 등 효율성의 증대를 기대할 수 있기 때문이다.

4. 라이슨싱(licensing)

수출과 해외직접투자방법 이외에도, 기업은 라이슨싱계약을 통하여 해외시장에 진출할 수 있다. 라이슨싱계약이란 특정기업이 소유하고 있는 특허권, 상표권, 저작권과 같은 산업소유권 또는 제품이나 공정에 대한 노하우(know-how) 등을 타 기업이 특정지역 내에서 일정한 조건하에서 활용할 수 있도록 필요한 기술지원 및 정보를 제공하고 이에 부수되는 여러 가지 권리를 부여하는 것이며, 그 반대급부로 로열티(royalties) 등 각종 대가를 지불받기로 약정하는 것을 의미한다. 이러한 권리를 제공하는 기업을 라이슨서(licensor)라고 하며, 이를 제공받는 기업을 라이슨시(licensee)라고 한다.

기업은 해외라이슨싱을 통하여 특정제품에 대하여 이미 보유하고 있는 산업소유권과 노하우를 외국기업으로 하여금 활용토록 하여 제품을 생산·판매하게 할 수 있고, 그에 따라 별도의 투자 없이도 제품의 판매액이나 생산액 또는 이익의 일정비율을 로열티로 받을 수 있다. 뿐만 아니라 라이슨싱의 계약조항에 의하여 해외의 라이슨시가 제품을 생산하는 데 필요로 하는 원료·중간재·부분품·기계·장비 등을 수출할 권리도 가질 수 있다. 더 나아가 해외의 라이슨시가 현지에서의 제품생산과정에서 부딪친 문제점을 해결하기 위하여 개발한 관련기술도 흡수할 수 있다. 또한 직접투자방법과 비교하여 해외시장에 보다 빨리 진출할 수 있으며, 현지에서 마케팅활동을 직접 수행하지 않고서도 자기제품의 시장잠재성과 기타 필요한 시장정보를 파악할 수 있다. 때로는 외국기업에게 라이슨싱을 해주는 것이 현지에서 라이슨서의 산업소유권을 보호할 수 있는 가장 효과적일 경우도 있다. 이는 외국라이슨시가 자신의 이익을 위해서라도 라이슨서의 산업소유권을 적극 보호하려고 할 것이기 때문이다.

그러나 해외라이슨싱은 외국의 라이슨시로 하여금 현지에서의 생산 및 마케팅활동을 대신 수행토록 한다는 의미에서 매우 제한적인 해외시장 진출방법이라고 할 수 있다. 따라서 해외에서의 제조활동과 마케팅활동을 진접 수행할 경우 생길 수 있는 이익을 포기한다는 문제점이 있다. 이 뿐만 아니라 라이슨서는 해외라이슨싱을 통하여 스스로 경쟁자를 육성하는 결과를 초래할 수도 있다. 즉 해외의 라이슨시가 라이슨싱 계약기간 동안 필요한 기술을 완전 흡수하고 더 나아가 이를 개량함으로써, 현지시장에서는 물론 다른 나라의 시장에서도 라이슨서의 유력한 경쟁자로 등장할 수 있다. 라이슨싱의 또 하나의 문제로는 라이슨시의 활동이 불만족스러운 경우에도 이를 통제하거나 계약기간중에 라이슨시를 교체하는 데는 많은 어려움이 뒤따른다는 점이다. 예를 들면 라이슨시가 제품의 생산이나 판매를 소홀히 한다거나 품질관리를 제대로 하지 않으면 라이슨서의 로열티수입도 적어지고, 라이슨서의 상표를 사용하는 경우 라이슨서에 대한 좋지 않은 이미지가 형성될 수 있지만, 이를 시정하기가 그리 쉽지만은 않다. 물론 라이슨싱계약에 라이슨시의 의무를 명시할 수 있지만 이를 강제 이행시키려면 대부분의 경우 복잡한 법적 절차를 거쳐야 하기 때문이다.

일반적으로 해외라이슨싱은 시장규모가 작은 나라이거나 또는 해외직접투자의 여력이 부족한 소규모기업의 경우 많이 활용할 수 있는 해외시장 진출방법이다. 나라에 따라 직접투자형태의 자본도입은 상당히 제한하고 있는 반면, 라이슨싱을 통한 기술도입에 대해서는 제한을 두지 않거나 혹은 그 제한의 정도가 약하다. 이러한 정책을 채택하고 있는 나라에 있어서는 해외직접투자가 불가능하거나 바람직하지 못하므로, 라이슨싱을 통한 현지시장진출방법을 적극 활용할 필요가 있다.

5. 프랜차이징(franchising)

라이슨싱의 한 형태라고 할 수 있는 프랜차이징을 통하여서도 기업은 해외시장에 진출할 수 있다. 국제프랜차이즈협회(International Franchise Association)는 프랜차이징을 프랜차이저(franchisor)가 프랜차이지(franchisee)에게 사업을 할 수 있는 허가된 특권을 제공함과 동시에 조직, 훈련 등 경영 측면에서도 도움을 주고 그 반대급부로 프랜차이지로부터 대가를 받는 지속적인 관계라고 정의하고 있다.

프랜차이징은 주유소, 카-렌탈, 호텔, 패스트 푸드 레스토랑, 청량음료산업 등에서 자주 사용되는 해외진출방법이다. 프랜차이저와 프랜차이지의 관계는 수직통합과 유사하다. 콜라를 예로 들면 미국의 코카 콜라사가 현지에 원액을 공급하면 그것을 물과 혼합하여 병에 넣은 후 현지유통경로에 공급하는 것은 현지회사들이 담당한다.

6. 턴키(turn-key)계약

시공자가 공장이나 시설물에 관한 공사를 일괄 수주받아 가동준비가 완료된 시점에서 발주자에게 공장이나 시설물을 인도하기로 약정하는 계약으로서, 산업기계, 건설, 엔지니어링 회사 등이 턴키계약의 시공자가 되는 경우가 많다. 일반적으로 턴키계약에 대한 공사대금은 공사진척도에 따라 단계적으로 지불된다.

7. 계약생산(contract manufacturing)

기업은 해외기업과의 계약생산을 통하여 해외시장에 진출할 수 있다. 계약생산을 통한 해외시장진출방법은 진출대상국가에 있는 기존의 제조업체로 하여금 계약조건에 따라 제품생산을 대신하도록 하는 반면, 현지에서의 마케팅활동은 직접 수행하는 방법을 뜻한다. 따라서 계약생산방법은 비록 타 기업에 의하여 제품생산이 이루어진다 하여도 현지에서 생산된 제품을 현지시장에서 마케팅하는 방법이므로, 해외생산에 필요한 시설투자 없이도 해외직접투자에 따른 이점을 어느 정도 살릴 수 있는 방법이라고 할 수 있다.

그러나 해외시장의 현지기업 중에 계약생산코자 하는 제품을 좋은 품질로 충분히 생산할 수 있는 능력을 가진 기업이 없는 경우도 많다. 또한 계약생산을 하면 제조활동에 따른 이익은 현지기업에 귀속되게 마련이므로 그만큼 이익이 줄어들게 된다. 따라서 계약생산방법은 해외시장에 진출하려는 기업의 비교우위가 제품의 생산보다는 마케팅 측면에 있는 경우에 보다 활용가치가 큰 해외시장진출방법이라고 할 수 있다.

8. 경영계약(management contract)

기업은 일정기간 대가를 받고 외국기업의 경영을 도와주거나 또는 이를 대신해 주는 경영계약을 통해서도 해외에 진출할 수 있다. 국제경영계약을 통하여 기업이 수출하는 것은 경영서비스라는 용역이지만 외국기업의 경영에 직접 · 간접으로 참여함으로써 원료 · 중간재 · 부분품 · 기계 · 장비 등도 부수적으로 수출할 수 있는 기회가 많아지게 된다.

어느 나라의 기업이 그 나라에서는 최초로 새로운 업종에 진출하게 되면 자국 내에서는 경험 있는 경영자를 찾을 수 없으므로, 이러한 경우 외국기업은 경영계약을 통한 현지진출이 가능하다. 또한 호텔과 같은 특수 서비스업종에서는 전 세계적인 서비스망을 구축하여야 경쟁상 유리하며, 이를 위하여 경쟁상 국제적인 제휴가 필요한 경우에는 국제경영계약이 많이 활용될 수 있다. 이 밖에도 나라에 따라 외국인의 투자지분율을 제한하는 경우에는 소유권만으로 합작기업체에 대한 경영통제권의 확보가 불가능하며, 이 때에 편법으로 경영계약을 사용하기도 한다.

9. 카운터 트레이드(counter trade)

물물교환형태의 국제무역인 카운터 트레이드는 최근에 그 이용이 크게 늘어나고 있다. 카운터 트레이드는 고대부터 있어 왔던 바터(barter)거래의 변형이며, 개도국들과 과거 사회주의 국가들을 중심으로 그들의 희소한 외환보유고를 사용하지 않고 국제무역자원을 마련하는 방안으로 널리 사용해 왔던 방법이다. 그러나 최근에는 개발국들도 그들의 정치적 목적을 달성하고 자국의 하이-테크 산업이나 군수산업을 육성하기 위한 목적에서 카운터 트레이드를 이용하는 사례가 늘어나고 있다.

카운터 트레이드는 수출상이나 수출상을 대리하는 제 3 자가 수입상으로부터 상응하는 구매를 적어도 일부는 현물로 하는 조건으로 수입상이 수출상으로부터 물품을 구매하는 무역이라고 정의할 수 있다. 카운터 트레이드는 크게 여섯 가지 종류로 구분한다. 전통적인 바터는 수출상과 수입상간에 상품을 직접 교환하는 것이다. 예컨대 우리나라 수출상이 대만에 사과를 수출하고 대만으로부터 상응하는 금액의 바나나를 수입하는 것이 바터거래이다.

카운터 퍼쳐스(counter-purchase)는 상품을 판매하는 수출상이 그 대가를 수입상으로부터 자기가 생산 · 판매하는 품목과는 무관한 여러 가지 상품으로 여러 해에 걸쳐 상환받는 거래이다. 미국의 비행기제작회사인 맥도널 더글러스가 유고슬라비아 항공사에게 비행기를 수출하고 그 대금의 일부는 현금으로, 그리고 나머지 일부는 햄, 포도주, 채소, 송전탑 등 여러 가지 물품으로 10여 년에 걸쳐 받은 거래가 카운터 퍼쳐스의 좋은 예이다.

바이-백(buy-back)은 수출상이 공장을 지어주고 그 대가는 그 공장에서 생산되는 물품으로 여러 해에 걸쳐 상환받는 방법이다. 이는 해외직접투자의 대안이라고도 볼 수 있는바, 과거에 독일 등 서방의 수개 국이 구소련에 가스파이프라인 건설자재와 장비를 판매하고 대금은 그 파이프 라인을 통해 공급되는 가스로 상환받은 바 있다.

스위치 무역(switch trade)은 쌍무청산계정을 이용하는 거래로 예를 들어 캐나다회사가 루마니아에 수출하면 그 대금은 루마니아의 청산계정에 입금된다. 청산계정은 캐나다달러나 기타 다른 통화로 표시될 수도 있지만 청산계정상의 잔액은 루마니아상품을 구매하는 데에만 사용될 수 있다. 수출상은 루마니아에서 자사의 사업과 무관한 물품을 구입할 수도 있고 청산계정상의 채권을 낮은 가격으로 루마니아로부터 물품을 구입하려는 제3자에게 매각할 수도 있다.

생산분배란 자원개발 등에 흔히 사용되는 해외진출방법으로 한 기업이 자본, 기술, 경영기법 등을 공급하고 상대방은 광산, 유전 후보지 등을 제공하여 이를 개발하는 것이다. 투자기업은 생산물의 일부분을 공급받음으로써 투자된 자본, 기술, 경영기법 등에 대해 보상받는다. 이 경우 공급받는 생산물은 처음부터 수량으로 정할 수도 있고 제공된 자본, 기술, 경영기법의 평가금액을 생산물을 인도받을 당시의 국제시세로 나눈 수량으로 정할 수도 있다.

인더스트리얼 오프셋(industrial offset)은 수입상이 수출상으로부터 물품을 수입할 때 일부는 완제품으로 수입하고, 일부는 수입국 내에서 수입상이 라이슨싱으로 생산하는 것이다. 수입상은 또한 수입대금의 일부를 완제품의 조립에 사용될 부품을 수출상에게 공급함으로써 결제하기도 하며 수출상에게 수입상이 생산한 물품을 수출할 것을 요구하기도 한다. 우리나라는 미국으로부터 전투기를 구매하면서 미국의 수출상에게 전투기의 국내조립, 부품구매, 전투기제작기술의 이전 등을 요구하고 있다.

제 12 장 해외직접투자전략

해외직접투자란 해외에 진출, 경영에 직접적으로 참여하여 제품과 서비스를 생산 · 공급한다는 점에서 다른 해외진출방법들과 구분된다. 해외직접투자는 단독투자와 합작투자로 구분할 수 있으며, 합작투자는 지분비율을 기준으로 다수지분투자와 동등지분투자, 그리고 소수지분투자로 구분한다. 다수지분투자란 자사가 50%를 초과하는 지분을 소유하는 것이며, 동등지분투자란 합작파트너들이 같은 비율의 지분을 소유하는 것이며, 소수지분투자란 자사가 50% 미만의 지분을 소유하는 경우를 말한다. 해외직접투자는 또한 신설과 합병 · 인수(merger and acquisition: M&A)로 구분할 수 있다. 신설은 자사가 해외에 회사를 새로이 설립하는 것이고 M&A는 기존 현지회사를 합병하거나 매입하는 것을 의미한다. 본장에서는 해외직접투자의 의미와 해외직접투자를 설명하는 이론과 투자대상국가의 선정방법, 그리고 그 국가 내 투자지역 선정방법, 투자방법 및 투자타이밍 등에 대해 알아본다.

제 1 절 해외직접투자, 경쟁우위 및 경영성과

우리는 제 1 장에서 기업의 경쟁우위는 기업이 보유하는 자원에 경영자의 선택인 기업의 전략이 작용하여 창출되며, 경쟁우위를 가진 기업은 경쟁자보다 나은 경영성과를 거둘 수 있음을 보았다. 기업의 해외직접투자는 전략이 작용할 수 있는 기업의 자원기반을 넓혀준다는 측면에서 기업의 경쟁우위 및 경영성과와

그림 12-1 해외진출, 경쟁우위와 경영성과

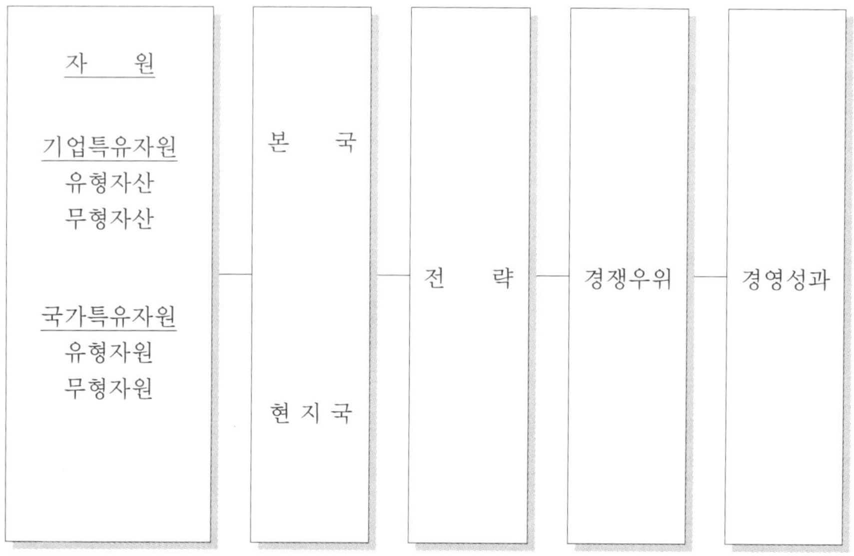

밀접히 연관되어 있음을 [그림 12-1]이 보여주고 있다. 국내경영만 하는 기업은 두 가지 자원기반을 경영에 활용할 수 있다. 하나는 기업특유의 자원으로서 기업이 보유하는 유형자산과 무형자산으로 구성되어 있다. 여기서 유형자산이란 건물, 기계설비 등을 지칭하며 무형자산은 특허권, 노하우, 상표, 기업의 평판 등을 지칭한다. 기업은 그러한 유형자산과 무형자산에 대한 소유권이 있기 때문에 독점적 사용권을 행사한다. 그러나 기업이 사용 가능한 자원기반은 기업이 직접 소유하는 유·무형의 자산만은 아니다. 기업은 자기가 소재하는 국가의 유·무형 자원도 사용할 수 있다. 예컨대 우리나라에 소재하는 기업은 산학협력을 통해 우리나라 대학이나 연구소 등에 근무하는 연구인력을 자원으로 활용할 수 있다.

[그림 12-1]은 해외에 투자하는 기업은 본국의 자원뿐 아니라, 현지국의 자원도 활용할 수 있음을 보여준다. 예컨대 미국에 진출한 우리나라 기업은 미국자회사나 지사의 인적 · 물적 자원을 사용할 수 있을 뿐 아니라, 미국대학이나 연구소의 인적 · 물적 자원도 보다 더 잘 활용할 수 있는 기회를 가진다. 기업의 해외투자가 확대되면 기업이 활용할 수 있는 기업 내·외부의 자원의 양은 더욱 늘어나게 된다. 이렇게 확충된 자원기반에 경영자의 적절한 전략적 선택이 가해진다

면 그 기업은 경쟁우위를 강화할 수 있으며, 그 결과 그 기업의 경영성과는 개선될 것이다.

제 2 절　해외투자이론

해외직접투자를 설명하기 위한 이론들은 많으나 여기에서는 제품수명주기이론, 시장불완전성과 관련된 이론, 기업관련이론, 절충이론, 국민경제적 접근이론으로 나누어 논의하기로 한다.

1. 제품수명주기이론

제품수명주기라 함은 하나의 제품이 신제품으로 개발되어 처음으로 시장에 알려지고 판매되는 도입기를 거쳐 판매량이 급속히 증가하는 성장기, 제품수요의 증가율이 둔화되는 성숙기를 지난 후에는 사양품목이 되어 궁극적으로는 시장성이 없게 되기까지의 시간의 흐름에 따라 일개 제품이 거치는 판매량의 변화과정을 의미한다. 제품수명주기이론에 의하면 기술 등 생산요소, 산업 및 수요구조면에서 제품수명주기의 각 기별로 상당한 차이가 있으며, 이에 따라 최적생산입지가 달라질 수 있기 때문에 제품수명주기의 초기단계에 제품을 수출하던 기업은 후기단계가 되면 해외직접투자를 하게 된다는 것이다.

제품수명주기의 각 기별 특징을 보면 제품의 도입기에는 도입된 신제품의 성능과 기존의 대체품과의 가격 차이에 따라 시장수요가 영향을 받기도 하지만, 제품이 갖는 독점적 성격으로 수요의 가격탄력성이 낮은 반면에 수요의 소득탄력성은 높다. 그러나 제품이 성장기에 접어들게 되면 수요의 가격탄력성이 점차 증가하기 때문에 기업간의 경쟁으로 가격이 하락하며, 또한 제품에 대한 정보도 널리 확산되기 시작한다. 이러한 과정을 거쳐 성숙기가 되면 수요의 가격탄력성이 높아지는 반면에 수요의 소득탄력성은 낮아지게 된다.

신제품, 특히 고소득자를 목표로 하거나 전기세탁기 등 노동절약적인 신제품을 개발하고 이를 시장에 도입하는 데는 미국과 같은 개발국의 기업이 가장 유리한 여건을 갖고 있다. 이는 첫째, 도입기제품의 생산에는 기술의 변화가 빈번하므로 과학자 및 엔지니어의 역할이 상대적으로 제일 중요하며 둘째, 제품의 도입기에는 일반적으로 국민소득수준이 높은 나라에 잠재수요가 크며 셋째, 잠재수요를 제품계획 등을 통하여 실제로 상품화하는 문제도 잠재적 소비자가 존재하는 국가에서 훨씬 수월하기 때문이다.

개발국의 기업이 자국시장의 잠재수요를 충족시키기 위하여 시장에 도입한 신제품이 다른 개발국 등에 알려지게 되면, 이들 국가에서도 수입수요를 유발하여 그 기업은 도입기제품을 수출하게 된다. 그러나 시간이 흐름에 따라 기술이 타 기업에게 알려지게 되고 제품이 도입기의 후기나 성장기에 접어들게 되면, 기술모방기업이 자국 내에서 출현하여 수출시장에서 경쟁하게 된다. 그 뿐만 아니라 다른 개발국의 기업들도 자국 내의 소비증가에 따른 수입대체를 위하여 제품생산을 개시할 가능성이 커진다. 이렇게 되면 처음 제품을 개발한 기업은 기존의 수출시장을 방어하기 위하여 기업의 목표, 규모와 경영능력, 요소비용 및 운송비 등 입지경제에 영향을 줄 수 있는 제 변수와 시장규모, 현지국 정부의 수입제한 정도, 현지의 기업환경 등을 종합적으로 고려하여 타 개발국에 라이슨싱 등 기술이전계약을 통한 기술수출이나 해외직접투자를 하게 된다.

일반적으로 국제경영활동 경험이 많고 규모가 커서 해외직접투자를 할 수 있는 능력이 있는 기업이나 국제적인 생산의 합리화와 범세계적인 마케팅전략을 구사하는 기업, 그리고 아직도 중요한 기술적 우위를 확보하고 있어 타 기업으로의 기술확산을 두려워하는 기업일수록 기술이전계약을 통한 기술수출보다는 전부 소유 또는 최소한 과반수 이상의 소유권을 확보한 해외직접투자를 선호한다. 이러한 기업들은 상당히 높은 기술대가를 지불받거나 또는 이전될 기술의 활용에 관해 매우 제한적인 조건을 첨부하지 않고 보유하고 있는 기술만을 수출하는 경우는 많지 않다. 더구나 경쟁기업이 해외직접투자를 하게 되면, 자신의 상대적인 위치를 유지하기 위해서도 해외직접투자를 하지 않을 수 없는 기업도 있다.

제품이 성숙기에 들어가면 특정제품을 개발 · 도입한 기업의 기술상의 우위는 거의 없어지게 될 뿐만 아니라, 제품생산에서 기술적 요소가 차지하는 중요성도 많이 줄어들게 된다. 이렇게 되면 저임의 미숙련 내지 반숙련 근로자가 풍부한 개발도상국이 생산입지로서 우위성을 갖게 된다. 성숙기제품의 경우 높은 수요의 가격탄력성으로 가격경쟁이 심화되므로 저원가 생산입지를 확보할 필요성이 크다. 따라서 제품을 현지나 제3국에 판매도 하고, 또한 본국으로 역수입하기 위하여 개발국의 기업은 성숙기제품의 생산을 위하여 개발도상국에 직접투자를 하게 된다.

이상에서 살펴본 바와 같이 제품수명주기이론에 의하면 신제품을 처음으로 개발 · 도입한 기업은 제품수명주기 초기에는 기술로 인한 독과점적 지위를 향유하게 되며 이들 기업의 해외진출전략은 주로 제품수출단계에 머물게 된다. 그러나 시간이 흐름에 따라 제품이 성장기나 성숙기단계로 접어들면, 그러한 기업들은 자신이 가지고 있는 경쟁우위를 되도록 장기간 유지하기 위하여, 수출단계를 탈피하여 라이슨싱 등을 통한 기술수출이나 해외직접투자에 나서게 된다.

2. 시장불완전성과 관련된 이론

해외직접투자를 설명하는 이론들 중 시장불완전성과 관련된 이론으로는 독점적 우위이론, 과점적 경쟁이론, 이자율격차이론, 자본시장불균형이론, 통화가치우위이론 등이 있는바, 이를 차례로 설명하고자 한다.

(1) 독점적 우위이론

외국기업이 현지에 직접투자하여 경영활동을 할 때, 외국기업은 현지기업과는 달리 외국비용(costs of foreignness)을 부담한다. 외국비용의 종류는 여러 가지이다. 예를 들면, 현지국의 독특한 법률제도, 사회관습, 소비자기호 등과 해외경영에 따르는 추가적인 수송비용과 통신비, 그리고 현지주민이나 공공기관으로부터 받게 되는 차별대우, 기타 현지사정에 대한 여러 가지 지식부족 등이 외국비용을 구성한다. 이러한 외국비용 때문에 해외직접투자를 한 외국기업은 현지기업에 대하여 이러한 외국비용을 상쇄할 수 있는 기업특유의 경쟁우위를 가져야 한다.

외국기업이 보유하고 있는 독점적 우위는 기업 내부에 축적되어 있는 우수한 지식이나 규모의 경제, 우수한 경영조직 등을 의미한다. 기업 내부에 축적되어 있는 우수한 지식은 그 기업특유의 성격을 가지는 지식이며 기술, 마케팅 노하우, 경영기법 등을 가리킨다. 독점적 우위이론은 교차투자(cross investment)현상을 설명하는 데에도 이용될 수 있다. 독점적 우위란 국가특유의 것이 아니라 기업특유의 것이다. 따라서, 양국의 두 기업이 각기 기업특유의 독점적 자산으로 상대국시장에 접근한다면, 국제적으로 동일한 산업에 속하는 각기 다른 국적의 두 기업이 각각의 시장에 교차투자할 수 있을 것이다.

(2) 과점적 경쟁이론

과점적 경쟁이란 특정한 산업 내에서 제한된 수의 기업들만이 경쟁하는 불완전경쟁을 의미한다. 과점산업에 속하는 기업들은 경쟁기업의 행동에 민감하게 반응하여 과점기업들간의 상호의존성은 과점적 경쟁이라는 과점산업 특유의 기업행태를 낳는다. 과점산업에서는 한 기업이 신제품을 도입하거나 새로운 시장을 개척하거나 새로운 원료원을 확보함으로써 경쟁우위를 확보하려고 하면 경쟁기업은 그에 상응하는 행동으로 대처하려 한다. 그렇게 하지 않으면 선도기업이 경쟁상의 우위를 차지하게 되어 다른 기업들은 시장에서의 위치를 잠식당하거나 성장기회를 상실하는 위험에 직면할 수 있다.

따라서, 과점산업에서 경쟁하는 기업의 제일의 목표는 이익극대화라기보다는 최소한 경쟁기업과 동일한 속도로 성장하여 과점적 균형을 유지하는 것이라 할 수 있다. 따라서, 과점기업은 시장점유율을 위협하는 경쟁기업의 행위에 극도로 민감하게 대처하게 되며, 심지어는 전체 시장의 규모가 확대되어 기업의 절대적인 이익과 판매량이 증가하는 경우에도 상대적인 시장지분의 하락을 경계하게 된다.

과점기업의 이와 같은 행태는 해외투자에도 투영되어 과점산업에 속하는 한 기업이 해외에 직접투자하면 경쟁기업들도 같이 직접투자함으로써 시장에서의 위치를 방어하고자 한다. 이 결과 과점산업에서는 해외직접투자가 단기간 내에 집중적으로 이루어지는 현상이 나타난다. 과점산업에 속하는 기업들은 이와 같은 방어적 투자에 나섬으로써 선도기업이 해외에서 입수한 새로운 지식이나, 기술 또는 저렴한 원료를 이용하여 과점적 균형을 자기에게 유리하게 변경하는 것을 막을 수 있으며, 설혹 해외생산에서 실패하더라도 그 비용을 다같이 소비자에게 전가할 수 있기 때문에 과점적 균형을 유지할 수 있다.

(3) 이자율격차이론

이자율격차이론은 국가간의 자본의 한계생산성, 즉 자본의 한계수익률 차이 때문에 국제적인 자본이동이 발생한다고 주장한다. 자본은 한계수익률이 낮은 곳에서 높은 곳으로 국제간에 이동하여 그 결과 투자국과 피투자국의 국민소득은 다같이 상승하게 된다. 자본은 이자율이 낮은 자본잉여국으로부터 이자율이 높은 자본부족국으로 이동하며, 이러한 자본의 이동은 두 나라의 자본의 한계생산성이 같아질 때까지 계속된다. 이 이론은 국제증권투자를 설명하는 데는 유용하다고 할 수 있으나, 자본이동에 수반하여 기술, 경영기법, 상표 등의 국제적 이동뿐만 아니라, 기업 자체가 해외에 진출하는 현상인 해외직접투자를 설명하는 데는 부적합하다.

(4) 증권투자대체이론

투자자는 투자에 관한 의사결정을 할 때에 수익률이 일정하면 투자에 따른 위험을 극소화하려 하며, 위험이 일정하다면 수익률을 극대화하는 투자를 선택한다. 자본시장이 완전경쟁시장이라면 국제증권투자가 해외직접투자보다 더 효율적인 해외투자방법이다. 왜냐하면, 해외직접투자에는 해외의 제반 환경에 익숙하지 못하고 원거리경영을 하지 않으면 안 되는 데 따르는 외국비용이 수반되기 때문이다.

그러나 국제증권투자는 증권을 매입하는 것이므로 개발도상국과 같이 자본시장이 미발달되어 있는 지역에서는 불가능하다. 또한 개발도상국은 자본시장이 발달되어 있다고 하여도 여러 가지 제약 때문에 시장이 불완전하다. 뿐만 아니라 이러한 시장에서는 시장정보의 부족과 시장규모의 왜소성으로 인하여 증권투자에서 기대되는 수익률과 위험이 기업경영활동에서 기대되는 수익률과 위험을 효과적으로 반영하지 못하여, 증권투자자가 직면하는 위험은 해외지접투자자가 직면하는 위험보다 커질 수 있다. 불완전한 자본시장에서는 직접 기업을 경영하는 경우와 증권을 매입하는 경우에 각기 다른 수익률과 위험에 직면하게 된다. 즉, 직접 기업을 경영하는 경우는 증권을 매입하는 경우와 비교하여 동일한 위험을 부담하더라도 더 높은 수익률을 올릴 수 있거나 동일한 수익률을 올리면서 보다 적은 위험을 부담할 수 있다. 이 이론은 각국이 시행하는 자본이동에 대한 제약, 그리고 각국의 증권시장의 비효율성 때문에 국제증권투자로는 외국시장에 침투하는 것이 불가능하거나 불리한 경우 그 대안으로서 해외직접투자가 일어난다는 주장이다.

(5) 통화가치우위이론

일국의 교역재 생산비를 현재의 환율로 환산했을 때 다른 나라들의 생산비보다 높다면 그 나라의 통화는 과대평가되어 있다고 할 수 있다 이와 같은 경우에 투자자는 저평가되어 있는 통화로 표시된 자산을 보유하면 외환시장의 균형이 회복될 경우 자본이득을 볼 수 있는 기회가 발생한다. 이는 과대평가되어 있는 통화로 통화가 저평가되어 있는 국가의 자산을 구입하여 국제교역재의 생산장소를 통화가 저평가되어 있는 국가로 이전하는 것이 유리하다는 것을 의미한다. 그러나 이 이론에 따르면 균형환율이 회복되면 해외투자가 끝나야 하며, 이 경우 해외투자기업은 현지 공장 등의 자산을 매각하여 자본이득을 실현한 후 철수해야 한다.

이 이론은 미국달러가 과대평가되어 있었던 1950년대와 60년대에 미국기업들의 집중적인 대유럽직접투자를 설명하는 데에 유용하게 사용되었다. 그러나 그 이후의 해외투자는 이 이론이 주장하는 바와는 다르게 이루어지는 경우도 많았다. 따라서 환율은 해외직접투자를 결정하는 데 있어서 고려되는 많은 요인들 중의 하나이며 환율은 해외투자 자체의 결정요인이라기보다는 해외투자를 행하는 시기의 선택에 영향을 미친다고 볼 수 있다.

3. 기업관련이론

(1) 내부화이론

시장의 불완전성 때문에 발생하는 거래비용을 회피할 수 있거나 또는 기업 내에서 거래를 낮은 비용으로 수행할 수 있다면 기업은 시장을 대신하여 거래를 내부화하며, 이를 내부거래(internal transaction)라고 한다. 내부화이론에 따르면 다국적기업은 외부시장을 통하여 이루어지는 여러 가지 거래들을 내부화하기 위하여 내부시장을 창조하게 되는데, 이러한 내부시장의 창조가 국제적으로 일어나면 해외직접투자가 발생한다. 내부화이론은 특히 기술과 같은 지적자산 등의 중간재시장은 불완전하기 때문에 이익극대화를 추구하는 기업은 그러한 거래를 내부화하여 해외직접투자를 하는 경향이 있다고 주장한다.

시장의 불완전성은 자연적 시장불완전성과 인위적 시장불완전성으로 구분할 수 있다. 자연적 시장불완전성이란 구매자 불확실성, 품질관리문제, 그리고 거래계약체결의 어려움으로 집약할 수 있다. 구매자 불화실성이란 구매자가 상품에 대한 정보를 충분히 획득할 수 없기 때문에 발생하는 불확실성을 말한다. 예컨대 기업이 외국기업에 중간재의 하나인 기술을 매각하려 한다면 기업은 외국기업에게 그 기술의 전부를 알려주고 매각할 수는 없다. 만약에 기술의 전부를 외국기업에게 알려준다면 그 외국기업은 그 기술을 전부 알게 될 것으므로 매입할 필요가 없게 된다. 따라서, 기술을 매각하는 기업은 기술의 전부를 외국기업에게 알려 줄 수 없으며, 외국기업들은 기술에 대한 부분적인 지식만 가지고 그 기술을 매입하기 때문에 불확실성에 직면하며, 공여되는 기술에 대해 충분한 대가를 지급하길 주저한다.

품질관리문제는 만약에 외국기업에게 기술을 판매하였을 때, 외국기업이 그 기술을 사용하여 생산한 제품의 품질이 조악하면 기술제공기업은 여러 가지 문제에 직면한다. 기술에 대한 대가를 매출액의 일정비율로 받기로 한 경우에 품질이 조악하면 판매가 부진하여 기술제공기업은 기대했던 정도의 대가를 받지 못하게 된다. 또한 기술과 상표를 동시에 제공했다면, 기술도입기업이 생산한 제품의 조악성 때문에 기술제공기업의 명성이 훼손을 당하게 되며, 이를 바로 잡는 데에는 소송의 제기 등 여러 가지 비용이 발생한다. 또한, 소송을 제기한다고 하더라도 반드시 승소한다는 보장도 없다.

계약체결의 어려움은 기술매매 당사자간에 계약이 체결된다 하더라도 쌍방은 각기 상대방이 과연 계약대로 거래를 실행할 것인가에 대해 불안감을 가지는 데에서 나온다. 계약이 체결되더라도 쌍방 또는 어느 일방이 기회주의적으로 행동함으로써 계약을 제대로 이행하지 않을 가능성은 항상 있게 마련이며, 따라서 계약체결 자체도 어려워진다.

인위적 시장불완전성은 정부의 개입으로 인해 특정한 형태의 거래가 어렵게 되는 상황을 가르킨다. 예를 들면, 관세와 비관세장벽으로 인하여 수출이 위협을 받게 되는 상황으로 이를 극복하기 위해서 기업은 직접투자에 나서게 된다.

(2) 행태이론

이 이론은 기업의 해외투자현상을 기업조직 내부의 의사결정과정과 기업행태적 현상으로 설명하고 있으며, 해외직접투자가 반드시 경제적이고 합리적인 동기에 의해서 이루어지는 것은 아니라고 주장한다. 이 이론에 의하면 최초의 해외투자는 해외시장에 대한 조직적인 조사의 결과에 의하여 이루어진다기보다는 최고경영층의 관심, 외국정부나 고객으로부터의 권유, 해외경쟁자의 출현 내지는 국내경쟁기업의 해외진출 등 외부적인 자극에 의하여 이루어진다고 한다. 이 이론은 해외투자에 관한 의사결정 역시 조직의 목표에 따라 체계적으로 이루어지기보다는 최고경영자의 개인적 목표에 의해 좌우될 가능성이 크다는 점과, 투자의 타당성을 조사하는 경영자는 조사과정에서 그 일에 대해서 깊은 관심과 이해를 갖게 되며, 자신의 승진과 이익을 위해서 투자가 이루어지도록 조사의 결론을 유도하게 된다는 점, 그리고 타당성 평가기준도 이윤의 극대화라기보다는 여러 가지 목표의 만족이 사용된다는 점 등 경영자의 행태적 측면에서 해외투자현상을 설명하고 있다.

이 이론이 다른 해외투자이론과 구별되는 특징은 다른 이론들이 해외직접투자를 경제적인 관점에서 합리적으로 설명하려고 시도하는 데 반해, 이 이론은 해외직접투자를 현상적응적인 경영자들의 행태로 파악하고 있다는 데 있다. 이 이론은 해외직접투자가 일어나는 동기와 과정의 일면을 설명하고 있으며, 다른 이론들의 경제적 접근방법을 보완한다는 측면에서 의의가 있다고 본다.

(3) 기업성장이론

이 이론은 해외직접투자를 기업조직의 발전이라는 측면에서 파악하여, 기업의 경영활동이 단계적으로 확대됨에 따라 기업의 해외진출형태가 변한다고 주장한다. 즉, 이 이론에 의하면 기업은 1단계인 제품의 수출, 그리고 2단계인 현지판매 및 저장시설확충을 거쳐, 3단계로 해외직접투자에 의한 현지생산에 나섬으로써 조직을 확대·발전시킨다. 기업은 환경변화에 적절히 적응해야 생존이 가능하며, 적응에 실패하면 도태된다는 점을 중시하여 환경변화에 적응하는 속도가 빠른 기업은 국제화도 빨리 진전되며, 반대로 환경변화에 대한 적응속도가 느린 기업은 국제화의 진전속도도 느리다는 점을 지적하고 있다. 이 이론은 해외투자를 기업의 장기적인 경영전략의 일부로 파악하는 것으로 기업이 어떻게 외국비용을 극복할 수 있는가는 설명하지 못하고 있다.

4. 절충이론

더닝(John H. Dunning)은 독점적 우위이론, 내부화이론 및 입지이론을 포괄하여 해외직접투자, 수출, 라이슨싱을 동시에 설명하기 위한 이론을 제시한 바

표 12-1 우위요소와 해외진출방법

우위요소 / 해외진출방법	기업특유 우위	내부화 우위	입지특유 우위
해외직접투자	있 음	있 음	있 음
수 출	있 음	있 음	없 음
라 이 슨 싱	있 음	없 음	없 음

있는데, 이를 절충이론이라고 한다. 기업특유의 우위가 있고 내부화의 이점이 있다고 하여도 진출대상국이 입지특유의 우위를 갖고 있지 못하면 그러한 국가에 해외직접투자를 할 필요가 없다. 이는 진출대상국의 생산입지면에서의 우위가 국내보다 낮다면 국내에서 생산하여 수출하는 것이 해외직접투자보다 유리하기 때문이다. 따라서, 기업특유의 우위, 내부화의 이점과 더불어 진출대상국이 입지특유의 우위를 갖고 있는 경우에 한하여 해외투자가 바람직하다. 기업특유의 우위와 내부화의 이점은 있으나 진출대상국이 입지특유의 우위를 갖고 있지 않으면, 수출이 가장 바람직한 해외진출방법이 된다. 기업특유의 우위만 있고 내부화의 이점과 진출대상국의 입지특유의 우위가 없으면 라이슨싱이 가장 유리한 해외진출방법이 된다. 해외진출방법과 우위요소와의 관계를 도표로 정리해 보면 [표 12-1]과 같다.

한편 입지특유의 우위를 결정하는 중요 요소로는 투자대상국의 노동력, 원료, 에너지 등 투입요소의 가격과 품질, 사회간접자본의 발달 정도, 정부정책, 수송비 및 통신비용, 언어와 문화의 차이 등의 문화적 거리감, 연구개발이나 마케팅면에서의 경제성 등이 있다.

5. 국민경제적 접근

고지마(小島 清)는 해외직접투자가 미시적인 기업의 관점에서 이윤극대화를 목적으로 이루어지면 투자국과 투자수용국간의 갈등을 심화시키며 무역을 축소시키는 쪽으로 작용한다고 주장하고, 해외직접투자는 개별기업의 차원에서가 아니라 국민경제적 차원에서 이루어져야 한다고 강조한다.

그에 따르면 일본의 해외직접투자는 일본의 중소기업에 의하여 주도되었으며, 전 소유자회사형태보다는 현지기업과의 합작투자형태를 취했다는 점에서 독과점기업들이 주도하고 있는 유럽과 미국기업들의 해외투자와는 유형을 달리한다고 주장한다. 그는 일본의 해외직접투자는 국내경영구조의 변화, 생산요소의 부족, 환경적인 제약, 자원공급의 불확실성 등에 대응하여 일어나는 거시경제적 현상인 데 반하여, 미국과 유럽의 다국적기업에 의한 해외직접투자는 독점적 우위를 활용하거나 무역장벽을 회피하기 위하여 일어나는 것이 대부분으로, 역무역지향적이며 투자국의 비교우위를 약화시키고 국제수지의 악화, 고용감소 등 투자국의 산업구조를 왜곡시키게 된다고 주장한다. 그에 의하면 일본의 해외직접투자는 국민경제활동의 일환으로 일본이 필요로 하는 자원의 확보, 개발도상국에 대해 일본이 비교우위를 갖고 있는 기계설비, 반제품 등 생산재의 수출촉진과 일본의 노동력 부족, 고임금 등으로 비교우위를 잃어가는 섬유, 잡화산업 등의 개발도상국으로의 이전 등을 통해 세계무역을 확대하는 방향으로 이루어졌다고 한다. 이 이론에 의하면 해외직접투자는 투자국의 비교우위를 보완시켜 주며 투자수용국의 비교우위를 이용함으로써 산업구조를 고도화시켜 양국간의 무역을 증진하는 방향으로 이루어지며, 그 경우 국제분업론에 입각하여 투자국에서는 상대적으로 비교열위에 있지만 투자수용국에 이전됨으로써 비교우위를 누릴 수 있는 산업에서 해외직접투자가 일어난다.

이 이론은 해외투자 초기의 일본적인 현상을 설명하는 데에는 기여하고 있으나 해외직접투자 전반을 설명하지는 못하며, 해외직접투자의 동태성을 충분히 설명하지 못한다는 한계가 지적되고 있다.

제 3 절 투자대상국 평가

직접투자형태로 해외에 진출하고자 하는 기업은 어디에, 어떠한 형태로, 언제 투자할 것인가 하는 문제를 해결해야 한다. 본절에서는 우선 투자대상국가를 선정하는 문제를 알아보고, 다음 절에서는 지역선정 문제를, 그리고 5절과 6절에서는 투자형태에 관한 문제와 투자시기에 대한 문제를 알아보고자 한다. 기업이 투자대상국가를 선정하는 데 있어서 사용할 수 있는 평가방법으로는 재무적 접근법, 포트폴리오 접근법 그리고 지구적 접근법이 있다.

1. 해외직접투자에 관한 재무적 접근방법

해외직접투자를 평가할 때 흔히 사용되는 방법의 하나가 재무적 접근방법이다. 재무적 접근방법은 전통적 해외투자 평가방법으로서 수식에 익숙한 우리들에게 가장 잘 이해되는 방법이기도 하다. 그러나 재무적 접근방법은 정도의 차이는 있으나 모두 하나의 해외직접투자를 그 자체로만 평가할 뿐이지 기업자원의 국제적 배치를 전략적 측면에서 평가하는 것은 아니다. 국제직접투자의 재무적 평가방법은 여러 가지가 있으나, 여기서는 흔히 사용되는 몇 가지 방법에 대해 알아보고자 한다.

(1) 가 부 법

이것은 경영자가 하나 또는 몇 가지 해외투자의 특징을 검토한 후에 특정해외투자의 실시 여부를 결정하는 병법이다. 주로 투자대상국 선정에 이용되는 방법인바, 예를 들어 현지통화의 대외가치가 급속히 하락할 것으로 예상되어 환손실이 우려되는 나라에 대한 투자를 삼가한다든가 하는 방법이다.

그러나 이 방법은 의사결정을 하는 회사의 자산 · 부채관계나 해외투자의 득실에 관하여 상세한 분석을 하는 것은 아니기 때문에 이처럼 단순한 결정이 최선의 방법이라고는 보기 어렵다. 가부법은 해외투자평가시에 많은 조사를 함으로써 많은 비용이 투입되는 것을 방지하는 데는 도움이 되겠으나, 한두 가지의 특징만 보고 해외투자의 추진 여부를 결정하는 것은 극히 단순한 방법이므로 좋은 투자기회를 간과한다는 결정적인 결함이 있다.

(2) 리스크 프리미엄법

이 방법은 가부법에서 한 단계 진보한 방법인바, 투자환경이 좋지 않은 나라에 투자할 경우에는 높은 투자수익률을 최저용납수익률로 하고, 투자환경이 좋은 나라에 투자할 때에는 낮은 투자수익률을 요구하는 방법이다. 예를 들어 개발국의 사업에 투자할 때는 10%의 수익률을 요구하고 비슷한 사업이라도 개도국에 투자할 때에는 15%를 요구하는 방법이다. 극단적인 경우는 국별로 각기 다른 최저용납수익률을 정할 수도 있다. 리스크 프리미엄법의 결점은 투자대상국의 투자환경이 투자목적사업에 미치는 영향은 사업의 종류에 따라 달라진다는 데에 있다. 예를 들어 투자대상사업이 현지수요충족을 목적으로 한다면 제3국시장을 목적으로 하는 사업보다 관세장벽 등의 무역보호환경에 더욱 민감할 것이다. 이 방법의 또 다른 결점은 특정 국가에 대한 리스크 프리미엄을 산정함에 있어서 리스크 프리미엄의 크기가 투자사업의 전 기간에 걸쳐 일정하다고 가정하는 것이다. 그러나 일반적으로 보면 사업의 리스크는 매년 달라지는 것이 보통이다. 또한 해외사업의 제1차년도에 바람직하지 못한 사건이 발생한다면 그 사건이 해외사업의 순현가나 수익률에 미치는 영향은 그 사건이 예를 들어 제3차년도에 일어나는 경우보다 더욱 심각하므로 해외사업의 전 기간에 걸쳐 동일한 리스크 프리미엄을 사용한다는 것은 불합리하다. 이론적으로 보자면 위와 같은 문제는 해외사업의 전 기간에 대하여 매년 적당한 할인율을 사용함으로써 해결할 수 있을 것이다. 그러나 실제로는 그러한 할인율을 정확히 측정한다는 것은 지극히 복잡하며 또한 무리하여 할인율을 정한다 하더라도 자의적인 것이 되기 쉽다.

그러나 이러한 결함들에도 불구하고 리스크 프리미엄법은 선진국의 경영자가 많이 애용하고 있는 방법인바, 이는 주로 리스크 프리미엄법이 단순하여 쓰기에 편리하고 미래에 대하여 복잡한 예측을 정확히 한다는 것이 지극히 어려운 일이기 때문이다. 그러나 해외사업평가가 불확실성이 크다고 하여 해외사업에 영향을 미치는 여러 가지 요인을 가능한 한 정확히 예측하려는 노력을 포기할 수는 없는 것이기 때문에 보다 세련된 평가방법을 모색하지 않을 수 없다.

(3) 추정치의 범위법

보다 세련된 방법 중에서 가장 단순한 방법이 추정치의 범위법이다. 이 방법을 쓰고자 하는 경우, 경영자는 우선 해외사업의 수익성에 영향을 미칠 수 있는 여러 가지 요인에 대하여 최선의 예상치를 구하려고 노력한다. 이를 위하여 경영자는 중요한 변수들을 식별하고 미래의 여러 시점에 있어서 이 변수들의 값이 어떻게 바뀔 것인가를 가능한 한 정확히 예상하며, 이러한 예상에 기초하여 소득의 흐름을 가능한 한 정확히 추정한다. 이러한 과정이 끝나면 경영자는 이들 변수들에 대한 예상을 여러 가지로 바꾸어 보고 각 변수에 대한 예상이 바뀔 때 소득의 흐름이 얼마나 민감하게 변하는가를 살펴본다. 그 다음에 경영자는 해외사업의 수익성에 가장 큰 영향을 미치는 변수들을 뽑아 그 변수집단에 대한 예상을 바꾸어 본다. 이렇게 함으로써 경영자는 소득의 흐름이 어떠한 범위 내일 것인가를 추정할 수 있게 된다.

경우에 따라서는 수익성분석시에 고려대상이 되는 여러 가지 변수에 대하여 비교적 정확한 추정을 할 수도 있다. 즉, 특정한 해외투자와 관련된 변수들 중에서 다수의 변수가 일정기간 동안 안정된 상태를 유지하여 왔다면 앞으로도 그러한 변수들은 안정된 상태를 유지하리라고 예상해도 좋을 것이다. 나라마다 다르겠지만 비교적 안정된 상태를 유지하는 변수의 예로는 소득세율, 감가상각률, 여신의 규모와 금리, 관세율, 외환관리 등이 있다.

한편 가변적이어서 보다 예측하기 어려운 변수로는 통화가치변화나 정치적·경제적 안정성 등을 들 수 있다. 예를 들어 통화가치의 변화를 정확하게 예측하자면 경영자는 일국의 국제수지를 면밀히 검토하여야 할 뿐 아니라 앞으로의 사태진전도 예상하여야 할 것이다. 따라서 과거 수 년간의 환율변경횟수, 외환보유고수준의 변화방향, 보유고수준의 변화도, 수출입추세, 연간수출입의 증감 정도 등을 면밀히 검토하여야 할 것이다.

경제적 안정성을 추정하는 데는 과거의 물가상승률이나 미래에 예상되는 물가상승률과 같이 수량적으로 측정할 수 있는 요소들을 이용할 수 있다. 정치적 안정성을 평가하기 위해서는 압력단체와 같은 투자대상국에 존재하는 여러 가지 질적 요인들을 고려하여야 한다. 이 모든 것은 대단히 어려운 과정이나, 보다 정확한 예측을 위해서는 반드시 거쳐야 하는 과정이다.

추정치의 범위법을 사용할 경우에는 두 가지 점을 주의하여야 한다. 첫째로, 경영자는 서로 다른 방향으로 움직임으로써 상호상쇄효과를 내는 변수가 없는가 항상 주시하여야 한다. 둘째로, 어떠한 경우에도 동일방향의 예측(비관적인 예측이든 낙관적인 예측이든간에)을 무차별하게 한꺼번에 사용하는 것을 피하여야 한다. 그렇지 않으면 예상이 실제 결과보다 훨씬 더 낙관적이거나 비관적이 되기 때문이다. 위와 같은 위험에도 불구하고 추정치의 범위법은 해외투자의 결과가 어떻게 될 것인가 하는 추정의 범위를 제시할 수 있으므로 리스크 프리미엄법보다는 우월한 방법이라고 할 수 있다.

(4) 위험분석법

위험분석법은 확률이론을 광범위하게 이용하는 방법인바, 여러 가지 사상의 있음직한 결과에 대하여 추정하는 방법이다. 평가절하의 경우를 예로 들면 우선 각 기간(예를 들어 1년)에 있어서 평가절하가 발생할 확률과 평가절하폭에 대한 확률을 추정한다. 따라서 제1차년도에 평가절하가 있을 확률이 예를 들어 0.100이라고 추정하고 평가절하가 발생할 경우 그 폭이 15%가 될 확률이 0.025, 20%가 될 확률이 0.050, 25%가 될 확률이 0.025라는 식으로 추정해 나간다.

디시전 트리(decision tree)를 사용하여 위험을 분석하는 방법도 있다. 해외투자시에는 현지정부가 해외투자를 국유화할 위험이 항상 따르는바, 이러한 국유화 위험의 분석에 디시전 트리를 이용하는 방법을 살펴보면 다음과 같다.

[그림 12-2]에 의하면 제1차년도에 현지정부가 붕괴할 확률이 50%이다. 그러나 현지정부의 붕괴 여부에 불구하고 해외사업의 국유화가 일어나지 않을 확률이 81%나 된다(0.500+0.160+0.150). 또한 해외사업이 현지국 정부에 의하여 국유화되지만 그 사업의 가치에 상응하는 충분한 보상을 받을 확률은 3.4% (0.030+0.004)이다. 국유화될 경우 불충분한 보상에 그칠 확률은 6.1%(0.045+0.016)이며 아무런 보상도 받지 못하고 철수해야 할 확률은 9.5%(0.075+0.020)이다.

만약에 이러한 예상이 해외사업의 제1차년도에 국한될 것이 아니라면 제2

그림 12-2 디시전 트리를 이용한 위험분석

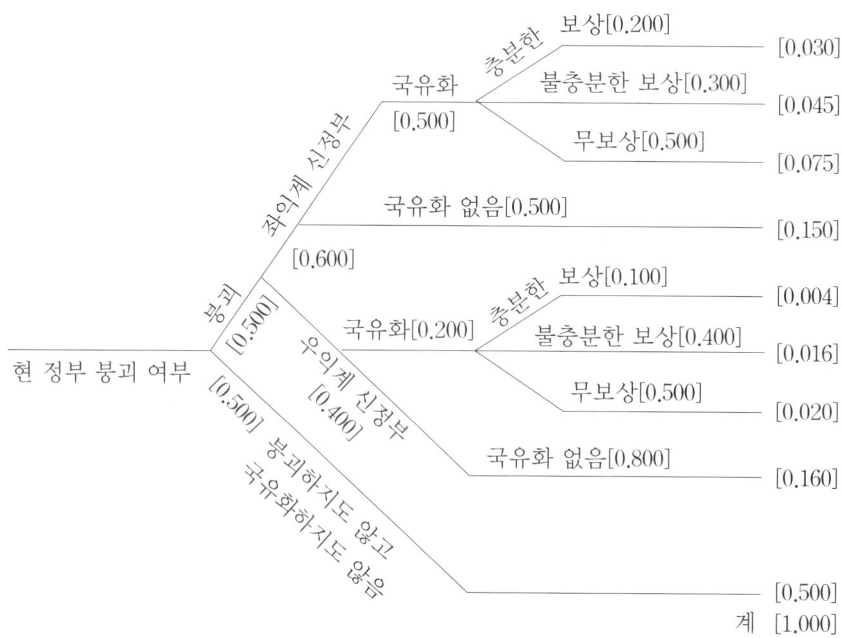

차년도 이후에 관하여도 이러한 식으로 예측하여 디시전 트리를 완성해 나가야 한다. 그러나 예측이 여러 해에 걸치는 경우에는 해외사업의 기간 중 나중에 발생하는 결과는 처음 수 년간에 발생하는 사건에 따라 달라질 것이므로 문제가 복잡해진다.

만약에 특정회사가 장래의 실패를 장래의 성공가능성보다 더 중요시한다면 위험선호도를 감안하여 해외사업을 평가하여야 한다. 투자분석시에 흔히 직면하는 문제는 회사정책과 경영자개인의 위험선호도가 다를 수 있다는 것이다. 만약에 회사의 정책은 국내외투자를 차별하지 않는 것이라 하더라도 경영자개인이 관습적으로 보다 익숙한 국내투자를 선호한다면 이는 해외투자시에 요구하는 최저수익률을 상향조정하는 것이나 다름없다.

(5) 조정현가법

앞에서 지적하였듯이 최근 기업의 국제화가 급속히 진전됨에 따라 해외투자가 점증하는 추세이다. 해외투자를 정확히 평가하려면 해외투자에서 나오는 현금흐름과 모기업의 현금흐름을 구별하여야 한다. 해외투자시에는 국내에서는 경험할 수 없는 여러 가지 문제에 직면하게 된다. 물가상승률과 환율변동률이 일치하지 않는 경우도 있고, 여신관리가 지나치게 엄격한 경우도 있고, 외환관리를 엄격히 시행하는 경우도 있고, 해외투자에 대하여 현지정부가 보조금을 지원하는 경우도 있다. 또한 조세제도나 자본시장의 발달 정도도 상이하며, 투자이익금의 본국송금을 제한하는 나라도 있다. 여하튼 투자대상국의 정치적 · 경제적 · 사회적 조건이 국내와는 달라서 해외투자시의 위험은 국내투자시의 위험과 다르게 된다.

지금부터 소개하고자 하는 조정현가법은 해외투자를 평가하는 데 있어서 투자와 금융, 세제와 환율의 상호작용을 보여주는 방법이다. 조정현가법은 해외투자를 체계적인 방법으로 평가하는 방법이며 복잡한 해외투자 메커니즘을 분할하여 하나씩 정복하는 과정이다. 따라서 조정현가법을 쓰면 더욱 쉽사리 해외투자와 국내투자의 차이점을 이해할 수 있으며, 현행 자본시장이론을 이용하여 투자와 금융의 상호작용을 설명할 수 있다. 조정현가법은 해외투자에 관한 의사결정에 실제로 이용될 수 있든 없든간에 반복적인 투자의사결정과정에 적용될 수 있는 단순한 기준을 개발하는 중요한 시발점이 될 수 있다. 조정현가법은 또한 금융방법이 사업마다 다른 대규모의 복잡한 투자에 관한 의사결정과정을 단순화함으로써 의사결정의 효율성 제고에 기여한다. 조정현가법을 사용하여 해외직접투자를 평가할 때 고려되어야 하는 항목은 다음과 같다.

1) 영업소득

국내투자의 경우에는 세후 영업소득은 총투자소득에서 세금을 공제한 금액이다. 국내투자의 경우에는 세후 영업소득이 그 사업에 재투자되는지의 여부는 문제가 되지 않는다. 왜냐하면 그러한 소득은 회사가 언제나 자기가 원하는 대로 이용할 수 있기 때문이다. 그러나 해외투자의 경우에는 영업소득을 정의함에 있어서 다음과 같은 두 가지 어려운 문제가 있다. 즉, 영업소득을 사업의 총수입으로 할 것인가 또는 모회사에 송금가능한 수입만을 영업소득으로 할 것인가 하는 문제와, 어떤 세율(세금은 금융조달형태나 본국송금이익금의 크기와 형태에 따라 달라질 수 있다)을 사용할 것인가 하는 문제이다. 첫 번째 문제는 외환관리와 이익금송금제한 등에 의하여 발생하는 것이며, 두 번째 문제는 조세제도의 국가별 차이와 상이한 조세제도의 상호작용으로 인하여 발생한다. 모기업의 입장에서 보면 이익금을 본국으로 송금할 수 있느냐 하는 것이 중요하며 반드시 이익금이 본국으로 송금되어야 하는 것은 아니다.

이익금의 본국송금가능성 및 조세제도와 관련하여 대략 두 가지 방법을 생각할 수 있다. 첫 번째 방법은, 세율 및 이익금송금에 관하여 가장 유리한 가정을 세운 다음, 나중에 특별한 이익금송금제한이나 국제적인 조세제도의 상호작용으로 인하여 해외투자로부터 발생하는 현금흐름이 감소하는 경우에는 감소된 현금흐름의 현가를 공제하는 방법이다. 두 번째 방법은, 이익송금이나 세금문제에 대하여 보수적인 가정을 세우고 나중에 여러 가지 메커니즘을 이용하여 송금제한을 우회하거나 세금을 유예함으로써 발생하는 현금흐름의 현가를 추가하는 방법이다. 어느 것을 선택하느냐 하는 것은 경영자에 따라 달라지겠으나 후자의 방법을 사용하여 어떤 사업이 유리하다고 판명되면 세금이나 송금문제에 대하여 복잡한 계산을 할 필요가 없다는 점에서 보수적인 방법이 보다 나은 방법으로 보인다.

보수적인 방법을 사용하는 경우에는 우선 이익금의 송금이나 해외투자의 감가상각 등과 같은 정상적인 현금흐름만 고려하며 이전가격(transfer pricing)이나 기타 여러 가지 비정상적인 방법에 의한 현금흐름은 고려하지 않는다. 이익금송금제한을 우회하거나 세금을 유예하거나 하는 것은 추가로 평가해서 산입한다.

영업소득을 계산하는 데 있어서 보다 중요한 문제는 상호의존적인 부문으로 구성되어 있는 다국적기업의 경우에는 특정한 사업으로부터 추가로 발생하는 현금유입을 정확히 측정한다는 것이 어렵다는 사실이다. 예를 들어 과거에 수출을 하던 나라에 해외투자를 하여 제조공장을 설립할 경우에는 다국적기업의 어느 한 부분에서는 이익금이 감소할 것이나 중간재나 보완재를 공급하는 다른 자회사에게는 새로운 이익이 발생하게 될지도 모른다. 이러한 문제는 다국적기업과 자회사간에 사용되는 이전가격으로 더욱 어려워진다. 이전가격은 각국의 정부가 조세제도나 외환관리제도를 의식적으로 조작하기 때문에 이를 회피하기 위하여 다국적기업이 사용하기도 하지만, 기술이나 경영자의 경영관리활동 등 다국적기업의 여러 부문이 공동으로 사용하는 생산요소와 관련된 공동비용이나 공동이익을 정확히 부문간에 할당하는 것이 거의 불가능하기 때문에 부득이 사용되는 경우도 적지 않다.

2) 감가상각에 의한 법인세 절약

감가상각에 의하여 절약되는 법인세를 영업소득과 구분하는 것은 양자에게 적용되는 할인율이 다르기 때문이다. 감가상각비는 영업소득에 비해 훨씬 안정적이므로, 감각상각에 의한 법인세절약분을 현가화할 때에는 보다 낮은 할인율을 적용해야 한다.

3) 이자지급에 의한 법인세 절약

여러 가지 이유로 인하여, 예를 들면, 해외투자를 받아들이는 나라의 정부가 특정산업에의 투자를 유도하기 위하여 저리의 자금을 제공한다는가, 투자대상국이 외환관리를 실시하고 있을 경우에는 이익금을 본국으로 송금할 때에 이익배당금형태로 송금하는 것보다 이자 명목으로 송금하는 것이 쉽다든가, 현지차입을 많이 하는 것이 환위험이나 정치적 위험을 줄이는 데 도움이 된다든가 하는 이유 등으로 인하여 해외자회사의 재무구조는 다국적기업 전체 평균보다 더 높은 부채비율을 갖는 경우가 많다. 따라서 해외사업을 평가할 때에 이러한 해외사업의 자본구조를 기준으로 계산한 자본비용을 사용하면 일반적으로 자기자본비용보다 부채비용이 낮으므로 해외사업의 가치를 과대평가하기 쉬우며 기업 전체의 자본구조를 기준으로 계산한 자본비용을 사용하는 것도 올바른 방법이 될 수 없다. 따라서 조정현가법을 사용하는 경우에는 해외사업의 비정상적인 부채사용이 기업 전체에 미치는 영향을 고려한 법인세 절약효과를 평가하여야 한다.

4) 보조금 또는 벌금

투자대상국 정부로부터 저리의 보조금을 받는다든가 투자대상국 정부가 사용을 규제하는 현지금융을 사용하여 벌금을 문다든가 함으로써 발생하는 효과는 현지차입을 할 때에 지급하게 되는 이자와 원금의 합계를 시장이자율로 할인한 현가와 그 부채의 액면가액을 비교하여 계산할 수 있다. 예를 들어 시장이자율이 9%일 때 투자대상국 정부가 6%의 저리로 특정사업을 지원한다고 가정하면 보조금은 다국적기업이 그 자금을 상환하기 위하여 지급하는 총이자와 원금을 9%의 시장이자율로 할인한 현가와 부채의 액면가액의 차이를 계산해 산출할 수 있다.

5) 절세 또는 납세지연

조정현가법을 사용하여 해외투자를 평가할 때에 기본적인 영업소득에 대하여는 보수적인 가정을 세우는 것이 보통이라는 것은 이미 언급한 바 있다. 그러나 다국적기업의 경우에는 높은 세율이 적용되는 국가에서 영업하고 있는 자회사의 이익과 낮은 세율이 적용되고 있는 나라에서 영업하고 있는 자회사의 이익을 적절히 결합한다든가, 수입이나 비용을 한 자회사에서 다른 자회사 또는 본사로 이전한다든가, 이익금을 세율이 낮은 국가에 재투자한다든가 함으로써 절세를 하는 경우가 많다. 이러한 절세의 현가를 계산하자면 복잡한 법인세 모델이 필요하지만 원칙적으로는 이러한 절세의 현가도 조정현가에 포함시킬 수 있다.

6) 추가송금이익금

앞에서 설명한 영업소득은 이익금의 정상적인 본국송금만을 평가하여 해외투자로부터 발생하는 현금흐름에 산입하고 있다. 따라서 이익금송금에 대하여 현지에서 어떤 제한이 있을 경우, 본국으로 송금할 수 있는 이익금은 언제나 해외사업에서 나오는 소득보다 적게 마련이다. 그러나 대부분의 경우 다국적기업은 자회사간 또는 본·지사간 거래에 적용되는 이전가격의 조정, 자회사의 본사에 대한 매니지먼트 피(management fee) 지급 및 특별수출계획 등의 여러 가지 방법을 사용하여 송금제한에도 불구하고 추가로 이익금을 본국으로 송금할 수 있는 것이 보통이다. 이러한 추가송금의 현가도 조정현가에 포함된다. 조정현가법을 사용하면 이익금송금제한이 해외사업에 미치는 영향과 송금제한을 우회하는 여러 가지 방법이 이를 중화하는 정도를 정확히 평가할 수 있다.

조정현가는 이와 같이 해외투자의 효과를 분할하여 계산하는 방법이다. 위와 같은 과정을 거쳐 계산된 해외투자사업의 현가가 투자금액보다 크면 일단 재무적 측면에서 보자면 그 직접투자는 타당한 것이며, 두 개 이상의 사업이나 국가가 평가의 대상이 되고 자원의 제약상 그 중에서 어느 하나 또는 몇 개만을 선택해야 하는 경우에는 순조정현가가 큰 투자부터 선택해 나가면 될 것이다.

(6) 옵션투자 평가법

이 방법은 금융거래에서 사용되는 옵션개념을 적용해서 해외투자를 평가하는 방법이다. 옵션투자 평가법은 투자대상국이 개발국이든, 개발도상국이든 모든 해외투자를 평가하는 데 유용한 투자평가법이지만 정치적 · 경제적으로 불안정한 개발도상국에 투자하고자 할 때 더욱 유용한 투자평가법이다. 옵션투자 평가법을 철광산에 대한 해외투자를 예로 들어 설명하면 다음과 같다. 우선 우리는 옵션투자 평가법에 대한 설명을 단순화하기 위해 해외투자와 관련하여 다음과 같은 가정들을 하자. 투자기업은 현재 해외 철광산에 대한 투자를 계획하고 있으

표 12-2 철광산 투자의 현가계산

	연 도	
	현 재	1년 후
재개비용	−450,000불	
이익		400,000불 [(200불−180불)×20,000톤]
할인율	1.00	0.89[1/(1+0.12)]
현가	−450,000불 (−450,000불×1.00)	356,000불 (400,000×0.89)
순현가		−94,000불 (−450,000불+356,000불)

나 철광산을 개발하려면 채광준비를 위해 1년 전에 450,000불이 한 번에 투입되어야 한다. 가채량은 20,000톤으로 확정되어 있다. 채광은 1년 후 마지막 날에 한꺼번에 이루어지며 매출도 당일 모두 완료된다. 철강가격은 현재 변동이 심하며 1년 후 철가격이 톤당 250불이 될 확률 50%, 150불이 될 확률 50%로서 톤당 평균 200불이 예상된다. 채광을 위한 변동비(인건비 등)는 톤당 180불이다. 변동비는 채광준비를 위한 450,000불과는 별도로 투자되어야 하는 금액이다. 이 투자에서 투자기업은 12%의 수익을 얻어야 한다. [표 12-2]는 철광산 투자의 순현가를 보여 준다.

[표 12-2]에 의하면 이 해외투자 사업의 순현가는 −94,000불로서 순현가가 0보다 작으므로 투자해서는 안 된다. 그러나 이러한 계산은 이 투자기업이 1년 후 철가격이 하락하면 채광을 포기하는 옵션을 무시한 계산이다. 만약에 1년 후 철가격이 톤당 150불로 떨어지면 투자기업은 180불의 인건비를 들여 150불의 철 1톤을 채굴하는 것보다는 채광준비에 들어간 비용 450,000불을 포기하는 것이 추가적인 손실을 보지 않는 방법이다. 물론 철가격이 톤당 250불이 되면 톤당 180불의 인건비를 들여 광석을 채굴하는 것이 이익이다. 철가격이 150불이 될 확률도 50%이고, 250불이 될 확률도 50%라고 우리는 가정하고 있다. 이 해외투자의 순현가는 투자자의 이러한 옵션을 감안하여 다음과 같이 다시 계산하여야 할 것이다.

$$
\begin{aligned}
\text{철광산 투자의 순현가} &= -450,000+[0.5\times(250\text{불}-180\text{불})\times 20,000\text{톤} \\
&\quad +0.5\times 0]/1.12 \\
&= -450,000+625,000 \\
&= +175,000
\end{aligned}
$$

위의 식의 0.5×(250불−180불)×20,000톤은 철가격이 1년 후 톤당 250불(확률 50%)이 되면 180불의 인건비를 들여 채굴할 때의 확률을 감안한 이익이며, 0.5×0은 철가격이 1년 후 톤당 150불(확률 50%)이 되면 채굴을 포기한다는 것을 보여준다.

[표 12-2]는 옵션을 감안하지 않은 계산에 의하면 위의 철광산 투자가 해서는 안 될 투자이지만, 옵션을 감안할 경우 그 투자가 좋은 투자임을 보여준다. 이러한 옵션투자는 정치적 · 경제적 · 사회적으로 변화가 심한 지역이나 국가에 투

자할 경우에는 매우 유용한 의사결정 수단이 될 수 있다.

2. 포트폴리오 접근법과 지구적 접근법

앞에서 우리는 현재 널리 사용되고 있는 해외직접투자에 관한 재무적 의사결정기법들에 대하여 살펴보았다. 그러나 이러한 기법들은 극히 제한된 가정에 기초하여 해외투자에 관한 전략적 고려보다는 재무적 고려에 치중하기 때문에 여러 가지 문제점이 발생한다. 예를 들면 수익률과 할인율을 결정하려면 먼저 현지정부의 외국인투자에 대한 태도, 시장의 규모, 성장률, 국산화의무비율 등 그 시장의 매력도에 대한 평가와 경쟁업체의 존재 유무, 경쟁업체가 그 시장에서 생산 · 판매하는 제품의 현지시장 적합성 등을 포함하는 자사의 경쟁능력에 대한 평가가 선행되어야 할 것이다. 또한 재무적 평가는 소수의 사업을 개별적으로 평가하는 데에는 유익할지 모르나 전 세계시장을 종합적으로 평가하는 데에는 문제가 있다. 본절에서는 국제직접투자를 보다 전략적으로 평가하는 방법으로 우선 포트폴리오적 접근법을 제시하고 끝으로 지구적 접근법을 제시하고자 한다.

국제직접투자에 관하여 포트폴리오적 접근법이 좋은가 지구적 접근법이 좋은가는 국제경쟁의 형태에 따라 다르다. 여러 가지 국제사업을 경쟁의 범위라는 측면에서 관찰해 보면 한 국가나 소수의 국가에서 벌어지고 있는 경쟁이 다른 나라들에서 벌어지고 있는 경쟁과 관련이 없는 국별경쟁산업과 특정기업이 어느 한 나라에서 차지하는 경쟁상의 위치가 세계의 다른 여러 나라에서 그 기업이 차지하고 있는 경쟁상의 위치에 의하여 크게 영향을 받는 지구적 산업으로 구분할 수 있다.

국별경쟁산업이란 예를 들면, 영국이나 일본의 소비자금융산업과 같이 각국별로 경쟁이 일어나는 산업이다. 국별경쟁산업에서 경쟁하는 다국적기업은 기술과 같은 독점자산을 해외에 이전한 후 그것을 그 나라의 실정에 맞게 수정하거나 조정해야 하며, 그 국가 내의 경쟁상황에 따라 경영성과가 결정된다. 따라서 특정한 기업이 지니는 경쟁우위는 대개 경영이 이루어지고 있는 현지국에 국한된다. 이러한 산업으로는 소매업, 보험업, 소비품제조업, 소비자금융업 등을 들 수 있다.

지구적 산업이란 각 기업의 해외거점들이 긴밀한 연관을 맺고 있는 산업으로서 그 산업 내에서 경쟁하는 기업들이 정말로 세계적인 안목을 가지고 경쟁하는 산업을 말한다. 따라서 지구적 산업에서 경쟁하고 있는 기업들은 경영활동을 지구적 안목에서 통합하고 조정하지 않으면 국제경쟁에서 승리할 수 없다. 이러한 산업으로는 가전산업, 반도체산업, 컴퓨터산업, 자동차산업 등이 있다.

우리가 국제산업을 국별경쟁산업과 지구적 산업으로 구분하는 이유는 특정기업이 경쟁하는 산업이 어떤 산업인가에 따라 국제직접투자전략도 달라져야 하기 때문이다. 결론적으로 말하자면 국별경쟁산업에서 경쟁하는 기업들은 국제직접투자에 대하여 포트폴리오적 접근법을 취할 수 있으나 지구적 산업에서 경쟁하는 기업은 국제직접투자를 포트폴리오식으로 운영해서는 경쟁에서 승리하기가 어렵다.

(1) 포트폴리오 접근법

국제직접투자를 위한 포트폴리오 접근법은 각국 시장의 매력도와 각국 시장에서 자사가 보유하는 경쟁력을 평가하여 해외투자평가 매트릭스를 만든 후 매력도가 높고 이용가능한 자원 등 자사의 경쟁력이 높은 시장에 직접투자하는 방법이다.

1) 시장의 매력도

매력적인 시장에 투자하는 기업은 매력적이지 못한 시장에 투자하는 기업보다 다른 조건이 같다면 높은 경영성과를 올릴 수 있다. 그러나 국제투자에 있어서 어떤 시장이 매력적인가 하는 문제는 쉽게 결정할 수 있는 문제가 아니다. 예를 들면 시장의 규모가 크다고 하여서 반드시 매력적인 시장인 것은 아니다. 시장의 규모가 크면 잠재적인 매력도가 높은 것은 사실이지만 현지정부의 여러 가지 간섭이나 문화적 차이 때문에 외국기업이 경영에 성공하지 못하는 경우도 많다. 많은 외국기업들이 과거에 일본에 단독투자나 합작투자의 형태로 진출하였으나 고전을 면치 못하거나 철수하지 않을 수 없었던 것이 좋은 예이다. 따라서 국제투자를 함에 있어서 시장의 매력도를 측정하려면 여러 가지 요소를 고려하지 않으면 안 된다.

① 시장의 규모

다른 조건이 같다면 시장의 규모가 큰 시장이 매력적인 시장이다. 물론 앞에서도 언급하였듯이 국제경영은 국경을 넘어서 행해지는 활동이므로 각종의 정치적 위험에 노출될 확률도 크기 때문에 시장의 규모만이 시장의 매력도를 결정한다고는 보기 어렵다. 그러나 일단 규모가 큰 시장은 잠재력이 크므로 소규모의 이색적인 시장에서와는 달리 라이슨싱이나 기타의 방법으로 진출하는 것보다는 직접투자함으로써 시장수요에 부응할 필요성이 커진다. 또한 국별경쟁산업에 있어서는 특정한 시장에서 기업이 가지는 경쟁상의 우위가 그 기업이 현지시장의 요구에 얼마나 충실하게 부응할 수 있는가 하는 것과 밀접한 관련이 있기 때문에 대부분의 중요한 국제경쟁기업들은 규모가 큰 시장에는 직접투자형태로 진출하고자 할 것이다.

② 시장의 성장성과 지속성

시장의 매력도에 관한 또 하나의 지표는 시장의 성장성과 지속성이다. 시장의 성장성과 지속성은 시장규모의 변화를 의미한다. 시장동향을 좌우하는 요소에는 여러 가지가 있다. 산업의 발전, 제품의 진화, 새로운 기능의 창조나 기존기능의 확대, 대체품의 출현가능성 등이 시장의 성장성과 지속성에 영향을 미치는 주요한 요소들이다. 시장동향을 체계적으로 설명하려는 이론의 하나가 제품수명주기론이다. 신제품의 도입 초기에는 제품도 불안정하고 수요도 불안정하다가 어느 정도의 시간이 지나면 성장기에 돌입하여 수요가 급격히 성장한다. 시간이 감에 따라 성숙기에 달한 제품의 수요는 성장속도가 떨어지며 결국 수요 자체도 감소하는 쇠퇴기에 접어든다는 것이 제품수명주기론이다. 제품수명주기론을 국제시장에 적용할 때 주의할 점은 국제시장에서는 시장에 따라 제품이 수명주기상 각기 다른 위치에 있는 경우가 많다는 것이다. 따라서 한 나라에서 성숙기에 있는 제품이 다른 나라에서는 도입기에 있는 경우도 흔하다. 예를 들면 컬러 TV는 우리나라에서는 성숙기에 있으나 후발 개발도상국에서는 도입기에 있다. 이와 같이 각국의 시장이 수명주기상 각기 다른 위치에 있기 때문에 국제시장의 성장률과 지속성을 예측하려 할 때에는 주의할 필요가 있다. 단순히 어떤 제품이 특정시장에서 성숙기에 있다고 하여서 새로 진출하는 시장에서도 성숙기에 있다고 가정해서는 안 된다.

성장률에 대한 예측을 어느 정도의 미래를 내다보고 할 것인가 하는 것도 문제이다. 1년 이내의 단기, 3~4년의 중기, 또는 5~10년의 장기로 성장률을 예측할 수 있으나 직접투자는 일단 이루어지면 지리적 이전이 어려운 것이므로 장기적인 예측이 바람직하다.

③ 현지정부의 정책

직접투자는 투자를 하는 기업의 모국에 뿐만 아니라 투자를 받아들이는 나라에 대해서도 여러 가지 영향을 미친다. 투자수입국의 입장에서 보자면 국제직접투자를 받아들임으로써 자본과 외환이 유입되고 고용이 늘어나며 해외로부터 기술이 도입되는 등의 편익이 있다. 그러나 외국인투자의 수입에는 편익만 따르는 것은 아니다. 배당금과 이자, 로열티의 지급에 따른 외환의 유출, 경제적 · 정치적 독립의 저상, 현지국의 경제상황에 부적합하거나 노후한 기술의 도입에 따른 자원의 낭비 등 외국인투자를 받아들이는 데 따른 비용적인 측면도 무시할 수 없다. 따라서 어느 국가를 막론하고 해외로부터 직접투자를 받아들이는 국가의 정부는 해외투자로부터 오는 편익을 극대화하고 비용을 극소화하기 위하여 해외투자에 대하여 여러 가지 지원조치와 규제조치를 다같이 시행하고 있다. 이러한 현지정부의 여러 가지 정책이 시장의 매력도를 결정하는 또 하나의 요소이다.

가. 유인정책 저개발국들은 해외투자를 받아들여 경제개발을 추진하기 위하여 여러 가지 유인을 외국인투자기업에게 제공한다. 그러나 이러한 유인은 일국의 경제개발단계와 개발우선순위를 반영하는 경우가 많아서 처음에는 유리한 조건을 제시하여 외국기업을 유치하고 산업이 어느 정도 궤도에 오르면 유인을 줄이거나 오히려 제약을 가하는 경우도 적지 않다. 또한 저개발국들은 경영활동의 종류에 관계없이 유인을 제공하는 경향이 있으나, 어느 정도의 개발단계에 이른 국가들은 외국인의 직접투자를 특정한 산업으로 유도하기 위하여 선별적으로 유인을 제공하기도 한다. 그러나 유인은 반드시 저개발국들만이 제공하는 것은 아니며 미국, 캐나다와 같은 개발국들도 자국 내의 개발이 부진한 지역에 투자하는 외국기업들에 대해서는 여러 가지 유인을 제공한다. 따라서 한 국가 내에서도 투자대상지역, 투자규모, 투자대상산업의 종류, 투자에 따른 고용증대효과 등에 따라 제공되는 유인의 종류와 정도가 다른 경우가 있다.

제공되는 유인으로는 외국인투자기업이 생산하는 제품과 경쟁할 가능성이 있는 제품의 수입을 줄이기 위하여 수입품에 대하여 높은 수입관세를 부과하거나 수입할당을 부과하는 것이 있다. 또한 외국인투자기업이 공장건설을 위하여 수입하는 자본재에 대해 면세하거나 감세하는 경우도 있으며 현지정부가 저리로 장기금융을 제공하는 경우도 있다. 외국인투자기업의 이익에 대하여 일정기간 세금을 면제하는 경우도 있으며, 외국인투자기업이 이익이나 원금의 일부를 본사로 송금할 수 있도록 외환을 공급할 것을 보장하는 경우도 있다. 그 밖에도 현지정부가 외국인투자기업에 근무할 종업원을 대신 교육훈련하는 경우도 있다. 특히 중요한 것은 투자수입국간에 또는 한 투자수입국의 다른 지역간에 외국인투자를 유치하기 위한 경쟁이 점점 더 치열해지고 있다는 것이다. 예를 들면 EU 내의 한 나라에 투자하는 기업은 EU 역내의 관세장벽철폐 혜택 때문에 EU 역내에 있는 어느 나라의 시장에나 관세를 부담하지 않고 생산품을 판매할 수 있다. 따라서 EU 각국은 경쟁적으로 투자유인을 제공하고 있다. 이러한 현상은 투자수입국 내의 다른 지역간에서도 볼 수 있다. 미국의 각 주는 외국인투자를 유치하기 위하여 서로 경쟁하고 있다. 미국의 앨라바마주 헌츠빌에 투자한 LG는 투자액의 몇 배에 해당하는 지원을 앨라바마주정부로부터 받았고 미국의 남부 지방에 투자한 현대자동차 역시 지방정부로부터 각종 지원을 받았다.

나. 규제정책 앞에서 언급하였듯이 국제직접투자는 투자수입국에게 불리한 영향도 미치기 때문에 각국의 정부는 외국인투자에서 오는 편익을 극대화하고 비용을 극소화하기 위하여 외국인투자에 대하여 유인을 제공하는 동시에 규제도 가하고 있다. 대부분의 국가는 특정한 사업분야에 대한 외국인투자를 금지하고 있다. 예를 들면 채굴산업, 철도와 같은 공익사업, 일부 금융산업이 금지업종의 주류를 이루고 있다. 외국인투자기업이 생산하는 제품의 국산화비율을 올리기 위하여 연도별로 국산화율을 정하여 제품국산화를 촉진하기도 하며, 현지인의 고용비율 또는 현지인에게 지급되는 임금비율을 정하기도 한다. 어떤 나라는 직급별로 현지인 고용비율을 일정한 수준으로 올릴 것을 요구하기도 한다. 투자원금과 이익의 본국송금을 제한하기도 하며 외국인투자기업이 본사에 지급하는 로열티 비율을 규제하기도 한다.

④ 정치적 위험

투자대상국가에서 직면할 것으로 예상되는 정치적 위험도 시장의 매력도에 영향을 미친다. 정치적 위험이 무엇인가에 대해서는 학자들간에 의견이 분분하다. 정치적 위험은 컨트리 리스크(country risk)와 관련이 있으나 구별되어야 한다. 컨트리 리스크는 한 국가의 외채상환능력과 관련된 것이다. 정치적 위험은 그 개념이 보다 포괄적인 것으로 외국기업이 한 국가 내에서 사업을 하는 데 영향을 미치는 그 국가의 정치적 환경변화를 의미한다. 정치적 위험은 정치적 불안정과 혼동되어 사용되는 경우가 있는데 이는 반드시 구별할 필요가 있다. 정치적 불안정은 정치적 위험의 요인이 될 수 있으나, 정치적 불안정 그 자체가 정치적 위험은 아니다. 예를 들면 이탈리아는 내각이 자주 바뀌어 정치적으로 불안정하지만 그렇다고 하여 정치적 위험이 높다고 할 수는 없다.

⑤ 기 타

해외시장의 매력도를 결정할 때에는 위에서 언급한 네 가지 사항 이외에도 국제경영자가 직접투자의 성공과 밀접한 관련이 있다고 생각하는 항목들을 평가하여야 한다. 국제경영자가 추가로 평가하는 사항들은 기업에 따라 다르겠지만 그 나라의 금융제도와 자금조달의 용이성, 지리적 위치, 문화적 동질성, 적합한 합작파트너의 유무 등이 추가로 고려될 수 있는 사항이다. 국제직접투자는 기업이 외국에 투자하고 경영활동을 수행하는 것이므로 투자수입국의 정치, 경제, 법률, 사회 등 모든 제도가 투자사업의 성공과 실패에 영향을 미칠 수 있다. 그러나 자원과 시간의 제약하에서 국제직접투자에 대한 의사결정을 하지 않을 수 없는 국제경영자는 자사의 국제직접투자사업에 중요한 영향을 미칠 사항들을 식별하여 선별적으로 평가하지 않을 수 없을 것이다.

2) 자사의 경쟁능력

자사의 경쟁상의 위치를 어떻게 평가하는가에 대해서는 이미 앞에서 언급한 바 있다. 국제직접투자에 나서는 기업은 지식-기술기반, 필요자원 획득능력 및 일반관리능력 등 해외투자사업을 원만하게 추진할 수 있는 역량을 자기가 충분히 보유하고 있는지를 우선적으로 평가하여야 한다. 해외투자를 설명하는 이론들 중에서 절충이론에 의하면 해외투자가 일어나려면 기업특유의 이점, 내부화의 이점 및 지역특유의 이점이라는 세 가지 요인이 충족되어야 한다. 기업특유의 이점(firm-specific advantage)이란 국제기업이 소유하는 독점적 수익성 자산을 의미하며 내부화의 이점이란 이와 같은 자산을 다른 기업에게 팔거나 임대하는 것보다 기업이 직접 해외투자를 통하여 이러한 자산의 이용에 나서는 것이 유리한 것을 의미한다. 지역특유의 이점이란 기업이 소유하는 독점적 수익성 자산을 자기 나라의 토착자원보다는 외국의 자원과 결합하여 이용하는 것이 유리하다는 것을 의미한다. 이 세 가지 이점 내지 우위가 다 충족되어야 기업은 해외투자에 나설 것이다.

따라서 기업이 해외투자에서 성공하기 위해서는 어떠한 형태로든지 경쟁기업과 대비하여 우수한 기업특유의 이점을 보유하여야 한다. 절충이론에 의하면 해외투자기업은 현지의 생소한 환경과 국제적인 경영활동의 통할에서 오는 추가적인 비용을 부담하고도 현지기업과의 경쟁에서 승리하려면 현지기업이 보유하지 못한 기업특유의 이점을 보유하고 있어야 한다. 더구나 오늘날의 국제경영에서는 현지의 토착기업뿐만 아니라 현지에 투자한 외국기업과의 경쟁에서도 승리할 수 있는 기업특유의 이점을 보유하지 아니하고는 국제경쟁에서 승리하기 어렵다. 따라서 경쟁기업보다 우수한 지식-기술기반을 보유한다든가 필요한 자원을 보다 유리한 조건으로 획득하거나 생산하는 능력을 보유한다든가, 일반관리능력이 경쟁기업과 대비하여 뛰어나야 국제직접투자에 성공할 수 있을 것이다. 이 밖에도 특정국가에 직접 투자하여 생산하는 경우에 자사가 획득할 것으로 예상되는 시장지분, 자사의 제품이 특정한 시장의 기호에 적합한 정도 등이 특정시장에서 기업이 차지할 것으로 예상되는 경쟁상의 위치를 결정하는 데 고려되어야 할 중요한 사항들이다.

3) 국제직접투자에 관한 포트폴리오 접근법

국제직접투자를 위한 시장의 매력도와 자사의 경쟁력에 대한 평가는 제 6 장 제 2 절의 국제사업 포트폴리오관리에서 설명한 바와 같이 지수화할 필요가 있다.

① 매력도의 평가

[표 12-3]은 국제직접투자를 위하여 시장의 매력도를 평가하는 매트릭스이

표 12-3 시장매력도 평가

주요 평가항목	가중치 (i)	평가점수(ii)										i×ii		
		1	2	3	4	5	6	7	8	9	10	A	B	C
시장의 규모	0.20	A		B	C							0.20	0.60	0.80
시장의 성장성	0.20				A			C	B			0.80	1.60	1.40
현지정부의 정책	0.10			A	B				C			0.30	0.40	0.80
정치적 위험	0.20				C		B			A		1.80	1.20	0.80
금융조달	0.10				B				C		A	1.00	0.40	0.80
지리적 위치	0.10	A			C		B					0.10	0.60	0.40
문화적 동질성	0.10				B	A				C		0.50	0.40	0.90
합 계	1.00											4.70	5.20	5.90

표 12-4 경쟁력 평가

주요 평가항목	가중치 (i)	평가점수(ii)										i×ii		
		1	2	3	4	5	6	7	8	9	10	A	B	C
지식-기술기반	0.40			A	B	C						1.20	1.60	2.00
자금획득능력	0.20				B	A	C					1.00	0.80	1.20
경영능력	0.05		C		A		B					0.20	0.30	0.10
예상되는 시장지분	0.15			B				A	C			1.05	0.45	1.20
제품의 적합성	0.20				A		B		C			0.80	1.20	1.60
합 계	1.00											4.25	4.35	6.10

다. 세로 항목은 시장의 매력도를 평가하는 데 중요한 시장의 규모, 시장의 성장성과 지속성, 현지정부의 정책, 정치적 위험, 금융제도와 자금조달의 용이성, 지리적 위치, 문화적 동질성 등을 포함한다. 가로 항목은 각 세로 항목이 기업의 직접투자에 미치는 영향의 정도를 고려한 가중치와 각 세로 항목에 대한 평가를 포함한다. [표 12-3]은 각 세로 항목에 대한 평가가 10점 만점으로 이루어지고 있음을 보여준다. 기업은 현재 A, B, C라는 세 개의 시장의 매력도를 평가하고 있다. A국 시장의 가중평균 매력도는 4.70이며 B국 시장의 매력도는 5.20, C국 시장의 매력도는 5.90이다. C국 시장의 매력도가 가장 높다.

② 경쟁력의 평가

[표 12-4]는 국제직접투자를 위해 자사의 경쟁상의 위치를 평가하는 매트릭스이다. 세로 항목은 지식-기술기반, 필요자원획득능력, 경영능력, 예상되는 시장지분, 자사제품의 현지적합성 등을 평가하는 항목이다. 가로 항목은 가중치와 각 항목별로 각국 시장에서의 기업의 경쟁력을 경쟁자와 대비하여 평가하는 것이다. [표 12-4]에 의하면 국제투자기업이 A국 시장에서 차지할 것으로 예상되는 경쟁상의 위치는 점수로 환산하면 4.25이며 B국 시장에서는 4.35, C국 시장에서는 6.10이다. 이 기업의 경쟁능력은 C국 시장에서 가장 높다.

③ 포트폴리오 접근법

[그림 12-3]은 시장의 매력도와 기업의 상대적인 경쟁력으로 표시한 국제직접투자 포트폴리오이다. A, B, C는 3개 국가의 시장별 매력도와 각 시장에서 기업이 차지할 것으로 예상되는 경쟁상의 위치를 좌표로 나타낸 것이다. 시장의 매

그림 12-3 국제직접투자 포트폴리오

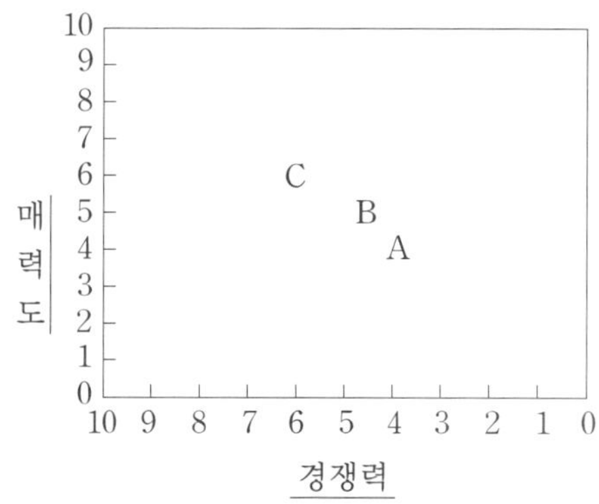

력도와 경쟁력이 높은 시장에 직접투자함으로써 기업은 국제경쟁에 승리하고 동시에 좋은 경영성과를 올릴 수 있을 것이다.

포트폴리오 접근법은 국제적으로 산재하는 직접투자 대상국들을 각 시장의 매력도와 각 시장 내 기업의 상대적 경쟁력이라는 지표를 사용하여 체계적으로 평가하는 방법이다. 그러나 포트폴리오 접근법은 다음과 같은 문제점을 가지고 있다. 우선 해외시장의 매력도와 각 시장에서 차지하는 기업의 경쟁상의 위치를 평가하는 데에는 많은 시간과 비용이 소요되기 때문에 완전한 포트폴리오 접근법은 이용이 거의 불가능하다는 것이다. 하나의 국제직접투자를 평가하는 데에는 많은 인력과 자금이 투입된다. 또한 국제직접투자를 유치하는 외국정부의 압력이나 합작파트너의 압력 때문에 여러 나라에서 모든 자료가 입수되어 체계적인 평가가 가능할 때까지 기다릴 수 없는 경우도 많다. 그러나 포트폴리오 접근법은 이미 여러 나라에 대하여 많은 정보를 보유하고 있는 대기업에게는 적합한 방법일 수 있다. 예를 들면 이 방법은 기업이 오랫동안 수출 등 국제직접투자 이외의 방법으로 제품을 공급해 온 국가들 중에서 어느 곳에 직접투자하여 현지생산 · 판매에 나설 것인가를 결정할 때에는 유효한 방법일 수 있다. 소규모 기업의 경우에도 가부법 등으로 국제투자대상 국가들을 우선적으로 선별한 후 나머지 후보 국가들에 대하여 포트폴리오 접근법을 적용하여 의사결정을 내릴 수 있을 것이다. 또 다른 문제점은 앞에서도 언급하였듯이 포트폴리오 접근법은 국별경쟁산업에 적합한 국제직접투자평가방법이다. 지구적 산업에서 경쟁하는 기업은 특정시장의 규모가 작더라도 그 국가가 자사제품의 생산에 국제적으로 비교우위를 가지고 있는 곳이라면 그 나라에 직접투자하여 세계 수요를 공급하여야 할 것이다.

(2) 지구적 접근법

경쟁이 지구적 수준에서 이루어지는 산업에서 경쟁하고 있는 기업은 국제직접투자에 대하여 포트폴리오 접근법을 적용해서는 안 될 것이다. 지구적 산업에서 국제직접투자를 포트폴리오와 같이 관리한다면 기업이 범세계적인 경쟁우위를 달성할 가능성이 줄어든다. 지구적 산업에서 경쟁하는 기업은 국제경영활동을 지구적으로 통합함으로써 경쟁상의 이점을 누릴 수 있다. 기업이 국제경영활동을 지구적으로 통합하는 방법에는 두 가지가 있다. 기업은 경영활동의 배치를 지역적으로 집중함으로써 통합할 수도 있고 국제직접투자를 여러 나라에 분산하되 분산되어 있는 경영활동을 집중적으로 조정함으로써 통합할 수도 있다.

1) 집중배치전략

국제경영활동을 집중적으로 배치하는 전략 중에서 가장 기본적인 전략은 과거에 포항제철이 했던 것과 같이 세계시장 전체에 제품을 공급할 세계적 규모의 제조시설을 한 곳에 집중하여 건설하는 것이다. 이는 자본집약적인 대량생산설비를 이용해서 표준화된 제품을 생산하여 세계의 여러 시장에 공급하는 전략이다. 물론 집중배치전략은 생산활동에만 국한되는 것은 아니다. 기업의 경영활동을 세분하면 원료나 부품의 조달, 생산, 마케팅 및 판매, 애프터 서비스 등이 있으며 그 밖에도 조사개발활동, 회계 · 재무활동, 인력선발 · 배치 · 훈련활동 등의 부수활동들이 있다. 따라서 예를 들어 자본집약적인 세계 최대의 생산시설 건설이 생산의 집중배치라면 범세계적으로 광고를 통할할 대규모 광고기획부문의 설치는 광고활동의 집중배치이다. 경영활동의 집중배치가능성은 경영활동의 종류별로 다르다. 원료나 부품의 조달, 생산, 인력선발 · 배치 훈련, 조사개발활동 등은 비교적 집중배치가 용이하나 마케팅, 애프터 서비스 등은 현지상황에 맞추어야 하는 경우가 많으므로 상대적으로 집중배치가 어렵다.

생산의 국제적인 집중배치를 위한 국제직접투자전략은 고도로 자동화된 자본집약적인 생산시설을 이용하여 지구적 규모로 대량생산함으로써 단위당 비용을 감소시키고 공장자동화와 중앙집중적인 품질관리를 통하여 제품품질을 통일하려는 시도이다. 이러한 전략을 추구하는 기업은 적정한 품질의 제품을 낮은 비용으로 생산할 수 있기 때문에 세계시장에서 강력한 경쟁력을 발휘할 수 있다. 집중배치전략을 추구하는 기업은 생산시설이나 기타 경영활동을 위한 시설을 자국 내에 건설하는 것이 보통이지만 반드시 그럴 필요는 없다. 집중전략을 추구하는 기업은 앞에서 언급한 모든 경영활동을 한 나라 또는 극히 소수의 국가에 집중배치한다. 그러한 경우에는 각 경영활동에 비교우위가 있는 지역이 직접투자의 좋은 대상이 될 수 있을 것이다.

① 지구적 기지가 되기 위한 조건

특정한 국가가 특정한 경영활동을 위한 지구적 기지가 되려면 두 가지 조건 중의 하나 또는 두 가지 조건이 다 같이 충족되어야 한다. 첫째로, 그 나라의 요소부존 상황이 특정한 경영활동의 수행에 있어서 국제적으로 비교우위가 있어야 한다. 과거에는 저임금의 미숙련노동력이 상대적으로 풍부하다든가 천연자원이 상대적으로 풍부한 나라가 국제직접투자의 좋은 대상이었다. 예를 들면 많은 미국기업들이 과거에 저임의 미숙련노동력이 풍부한 아시아지역 국가들에 직접투자하였다. 오늘날에는 한국기업들이 이러한 저렴한 노동력을 찾아 태국, 스리랑카, 인도네시아 등 동남아지역과 중국에 투자하고 있다. 그러나 이러한 나라들의 저임금은 해외투자가 증가하고 경제개발이 진전됨에 따라 상승하게 마련이며 천연자원 역시 고갈되게 마련이므로, 이러한 단순한 비교우위에 기초한 국제직접투자는 한시적인 성격을 띠지 않을 수 없다. 일본기업들의 예를 보더라도 처음에는 저임 노동력을 찾아 한국, 대만, 홍콩 등에 투자하다가 이들 국가들의 임금수준이 높아지자 말레이시아, 필리핀, 태국 등지로 직접투자를 전환하였다. 또한 공장자동화 등으로 인하여 최근에는 직접노무비나 원료비가 총비용에서 차지하는 비율이 낮아지고 있다. 앞으로 공장자동화, 사무자동화가 계속 진행되면 많은 산업들에서 인건비의 비중이 하락할 것으로 전망된다. 천연자원 역시 자원시장이 더욱 더 지구화되어 가고 있으며 기술의 발달에 따라 자원산출지의 수효도 늘고 있다.

따라서 앞으로는 단순한 생산요소부존상의 국제적인 비교우위에 따라 국제직접투자가 일어나기보다는 과학자나 기술자, 고도로 정교한 하부구조와 같은 복잡한 요소의 중요성이 증대될 전망이다. 최근에 우리나라 가전기업들이 저렴한 노무비를 찾아 중국에 다투어 투자하고 있는데, 이와 같은 단기적인 시야를 가진 투자는 어려움에 직면할 가능성이 높다. 중국의 1인당 GNP 상승률과 임금 상승률을 고려하면 저임금을 겨냥한 투자의 타당성이 급속히 저하될 것이므로 중국시장을 겨냥한 보다 장기적인 접근법, 예를 들면 가전산업에 있어서의 수평적 분업을 목표로 하는 투자가 바람직하다.

둘째로, 현지수요의 특성과 현지의 경영조건이 그 나라에서 활동하는 국제기업에게 국제경쟁상의 이점을 제공할 수 있어야 한다. 한 나라에 있어서 특정산업 내 수요의 규모와 타이밍, 현지 구매자와 유통구조의 성숙도와 힘, 그리고 수요되는 제품의 특징이나 속성 등이 그 나라에서 활동하는 기업에게 국제경쟁상의 이점을 제공할 수 있다. 국제경쟁상의 이점은 또한 특정국가의 특정산업 내 경영관계, 경영상황, 그리고 경쟁상태 등의 영향도 받는다. 예를 들면 특정한 국가의 특정한 산업에 참여하고 있는 기업들이 치열한 국내경쟁을 치르고 있다면, 그 나라의 기업들이 국제경쟁에서도 승리할 가능성이 크다. 그 좋은 예가 우리나라의 가전산업이다. 우리나라 가전산업은 산업집중도는 높지만 가전 3사가 국내에서 치열한 경쟁을 했었다. 가전 3사간의 치열한 국내경쟁이 가전산업의 국제경쟁력 배양에 좋은 영향을 미쳤다는 것은 부인하기 어렵다. 가전 3사의 경쟁은 신제품개발에서 광고에 이르기까지 격렬한 경쟁양상을 보여 왔다. 다른 나라에서도 같은 현상을 볼 수 있다. 일본의 기계공구산업 내의 치열한 경쟁이 일본기계공구산업의 국제경쟁력 향상에 기여한 바 크다.

특정한 국가의 국내수요와 경영조건이 그 나라에서 활동하는 기업들에게 국제경쟁상의 이점을 제공하는 이유는 여러 가지이다. 우선 그 나라의 수요가 독특하고 그 독특한 수요가 미래의 세계수요를 대표하게 된다면 그러한 독특한 수요를 국내에서 먼저 충족시킨 기업은 규모의 경제와 경험효과를 다른 나라의 기업들보다 일찍 얻을 수 있으므로 국제적인 경쟁우위를 확보할 수 있다. 예를 들면 소형TV, 소형자동차는 일본의 작은 가옥과 좁은 국토를 배경으로 한 일본 특유의 수요가 촉진한 제품이다. 그러나 나중에 오일쇼크 등으로 국제유가가 급등하자 소형에 대한 국제적인 수요가 폭발했다. 그 때 이미 일본기업들은 소형제품의 생산에 필요한 기술을 축적하고 있었기 때문에 세계적인 수요증가에 다른 나라의 기업들보다 빨리 적응하여 규모의 경제를 누릴 수 있었다. 또한 특정한 국가에 있어서 특정한 생산요소의 부존이 국제적으로 비교열위에 있더라도 그러한 상황이 절박한 국내수요와 결합되면 오히려 지구적 경쟁우위를 제공하는 계기가 될 수도 있다. 예를 들면, 경작조건이 나쁜 이스라엘농민들은 관개기술의 혁신에 성공했다. 또한 해외에 식민지를 보유하지 못했기 때문에 천연자원의 공급부족을 겪었던 독일이 합성물질을 많이 발명한 것도 좋은 예이다.

따라서 오늘날 기업이 국제경쟁상의 우위를 확보하려면 단순히 일국의 정태적인 비용상의 우위만을 수동적으로 이용하는 것만으로는 부족하다. 왜냐하면 노무비의 우위 등은 시간이 감에 따라 급속히 변할 수 있기 때문이다. 오늘날 국제경쟁에서 승리하는 기업은 제품과 공정의 계속적인 개발에서 오는 동태적 혁신과정을 적절하게 수행하는 기업들이다.

② 집중배치에 따른 편익적 측면

지구적 산업에서 경쟁하는 기업들은 경영활동을 하나 또는 소수의 시장에 집중적으로 배치함으로써 여러 가지 편익을 얻을 수 있다. 우선 세계 수요충족을 위한 대량생산에 따른 규모의 경제와 경험효과에서 오는 편익을 들 수 있다. 규모의 경제나 경험효과는 비단 생산활동에만 국한되는 것이 아니라 모든 경영활동에 적용되는 개념이다.

둘째로, 경영활동을 비교우위가 있는 지역에 집중배치함으로써 오는 편익이다. 국제기업은 비교우위가 있는 곳에 대규모의 투자를 함으로써 비교우위를 활용하고 더 나아가서는 비교우위를 강화할 수 있다. 세계를 둘러 보면 다른 나라에 비해 그 곳에서 연구개발활동이나 광고제작활동을 하는 것이 유리한 나라가 있을 수 있다. 예를 들면 한국은 인도와 더불어 컴퓨터 소프트웨어 생산에 잠재적인 비교우위가 있는 나라이다. 교육수준이 높고 전문가의 급여수준이 상대적으로 싼 국가이기 때문이다.

경영활동의 집중배치, 특히 생산활동의 집중배치는 규모의 경제, 경험효과 등을 이용하여 낮은 비용으로 제품을 생산할 수 있으므로 표준화된 제품의 생산에 보다 적합한 방법이다. 그러나 시장별로 다양한 종류의 제품을 공급해야 한다거나 유통경로나 구매행위가 시장마다 다르다거나 제품이 차별화되어 있어서 제품에 대한 가격탄력성이 낮은 경우에는 적합한 전략이라고 보기 어렵다. 여기에도 예외가 있을 수 있다. 예를 들면 프랑스 파리는 첨단패션의 중심지이다. 파리에서 의복을 제조 · 판매하는 기업은 패션중심지라는 파리의 명성에 힘입어 가격프리미엄을 향유할 수도 있을 것이다. 일반적으로 제품의 디자인과 용도, 유통과정, 구매자의 구매행동 등이 표준화되어 있고 고객 역시 지구적이고 경쟁기업들도 지구적 경쟁을 하고 있으며, 그 제품에 대한 각국이 부과하는 수입관세도 낮으며 무게나 부피에 비하여 고가인 제품의 경우에 집중배치전략이 보다 효과적일 수 있다.

③ 집중배치에 따른 비용적 측면

경영활동의 집중배치에 따른 가장 큰 편익은 규모의 경제와 경험효과의 이용이라고 할 수 있다. 따라서 집중배치의 편익을 충분히 이용할 수 있으려면 기업이 생산하는 제품에 대한 세계수요의 규모가 커야 할 것이다. 그러나 특정한 산업의 경우에는 세계시장은 대규모이나 일부국가들이 국제기업의 지구적 경영활동에 상당한 규제를 가하는 경우도 있다. 따라서 이러한 국가들까지도 지구적 전략의 테두리 내에 포함시킨다는 것은 사실상 어려운 일이다. 이러한 국가들은 관세와 수입할당과 같은 전통적인 무역규제수단을 통하여, 그리고 현지지향적인 국제기업에 대해서는 금전적 지원 등 여러 가지 유인을 제공하여 자국시장을 국제경쟁으로부터 보호하려 하고 있다.

집중배치전략의 또 한 가지 애로는 신보호주의의 출현이다. 과거의 보호주의는 개발도상국들이 유치산업을 보호하기 위하여 관세와 비관세 무역장벽을 쌓는 것이었다. 그러나 최근에 선진국이 추구하는 신보호주의는 경쟁력을 상실한 자국산업을 보호하기 위하여 수출국이 수출을 자제하도록 압력을 가하는 형태이다. 신보호주의의 대두는 경영활동의 국제적 집중배치를 저해하며 현지수요충족을 위한 해외투자를 증대시키고 있다.

또한 화물운송의 컨테이너화, 대형유조선의 출현, 항공기의 점보화 등 운송혁신이 한계에 다달음에 따라 앞으로는 과거와 같은 수송비의 대폭적인 절감을 기대하기가 어렵다. 물론 최근에 교역물품의 경박단소화로 계속적인 수송비절감이 기대되는 면이 있으나, 수송혁명이 적어도 일시적으로는 벽에 부딪친 것도 사실이다. 경영활동의 집중배치는 활발한 국제적 물품수송을 전제로 하기 때문에 수송비의 존재가 비용적 측면의 하나이다.

2) 분산배치 및 통합전략

경영활동의 분산배치의 극단적인 형태는 국별 경쟁산업에서 설명한 바와 같이 경영활동 전체를 국별 수요충족을 위하여 나라마다 배치하는 것이다. 그러나 경영활동의 분산배치가 지구적 전략에 따라 수행되면 고도의 합리화를 추구하는 시스템통합전략의 형태로 운영될 수 있다. 생산활동을 예로 들면 시스템에 속하는 각 공장이 하나의 제품이나 부품의 생산에 특화하여 그 기업이 세계시장에 공급하는 데 필요한 모든 부품이나 제품을 집중적으로 생산하는 것이다. 이러한 형태로 분산생산된 제품이나 부품은 국제기업의 각 부분간에 교환되어 각국의 수요를 충족시키는 데 사용된다.

이 전략에 따르면 국제기업의 각 공장은 그 공장이 소재하는 국가의 수요충족을 위해서만 제품을 생산하지도 않으며, 또한 세계시장 전체를 대상으로 모든 제품을 생산하지도 않는다. 국제기업은 한 지역의 수요 전체 또는 세계시장의 수요 전체를 대상으로, 하나 또는 소수 종류의 제품이나 부품만을 전문적으로 생산하기 위하여 국제직접투자에 나선다. 이와 같은 국제직접투자에 의하여 국제적으로 분산되어 생산된 제품이나 부품은 각국의 수요를 충족시키기 위하여 국제기업의 각 부분간에 교환된다.

경영활동의 국제적 합리화를 위한 국제직접투자는 일반적으로 성숙된 산업에서 경쟁하는 국제기업에게 매우 유효한 전략이다. 이러한 산업에서는 고객이 제품의 성능과 가격에 대하여 상당한 지식을 가지고 제품을 구매하기 때문에 특히 가격수준에 민감하다. 또한 제품의 제조기술, 제품의 기능과 종류가 이미 널리 알려져 있으므로, 제품의 차별화나 혁신은 대단히 어려운 일이다. 따라서 이러한 산업에서는 신제품의 개발보다는 생산공정의 혁신에 따른 생산비용의 절감이 보다 중요하게 된다. 그러나 경영활동의 국제적 합리화를 위한 국제직접투자가 저비용전략을 추구하는 기업에게만 유효한 것은 아니다. 예를 들면 제품차별화전략을 추구하는 IBM은 경영활동의 국제적 합리화를 통하여 제품차별화에 규모의 경제를 이용하고 있다.

합리화전략은 새로이 국제직접투자에 나서는 기업뿐 아니라 이미 여러 나라에서 경영활동을 하고 있는 국제기업에게도 유용한 전략이다. 예를 들면 EU가 형성되기 이전에는 유럽에 투자한 미국기업의 자회사들이 제각기 각자의 시장이 필요로 하는 모든 제품을 생산하였다. 그러나 EU가 형성되어 회원국간에 관세가 철폐되자 자회사들이 각각 소수의 제품 내지는 부품을 생산함으로써 보다 능률적으로 EU 전체 시장의 수요를 충족시키고자 노력하고 있다.

① 합리화에 따른 편익적 측면

경영활동의 국제적 합리화를 위한 국제직접투자전략은 그 경영활동이 규모의 경제와 경험효과에 민감할 때에 유효하다. 예를 들면 생산비는 일반적으로 공장의 규모와 동일한 제품이나 부품의 생산에서 얻는 누적경험에 따라 감소하는 경향이 있다. 따라서 합리화를 위한 국제직접투자가 성공하자면 규모의 경제와 누적경험의 축적에 따른 단위당 비용의 절감효과를 면밀히 검토할 필요가 있다. 생산량이 증가하면 생산비가 급속히 줄어든다면 생산합리화를 위한 국제직접투자가 유효한 전략이다. 또한 제품이 여러 가지 공정을 거쳐서 제조되는 경우에는 각 공정별로 비교우위가 있는 곳에 직접투자하는 것이 좋은 전략이다. 다만 어떤 공정은 규모의 경제에 민감하나 다른 공정은 노동집약적이어서 규모의 경제에 민감하지 않을 수 있다. 그러한 경우에는 규모의 경제가 작용하는 일부 공정만을 분리하여 합리화를 추진하여야 할 것이다. 그러나 노동집약적인 공정이 학습효과에 민감하다면 그러한 공정 역시 합리화를 위한 국제직접투자의 대상이 될 수 있다.

② 합리화에 따른 비용적 측면

합리화를 위한 국제직접투자전략은 유효하기는 하나 문제가 없는 것은 아니다. 첫째로, 합리화시스템을 채택한 기업은 노사문제와 수송상의 애로에 취약하다. 예를 들면 특정한 부품을 생산하는 한 나라의 공장이 파업하면 국제적인 시스템 전체가 마비될 수 있다. 합리화시스템은 또한 수입규제에 취약한바, 외국의 정부가 부품이나 제품의 수입을 규제하면 시스템 전체가 입는 타격이 크다. 그러나 합리화전략을 적극적으로 이용하면 오히려 각국의 수입규제를 우회할 수도 있다. 예를 들면 IBM은 자회사가 소재하는 국가로의 제품이나 부품의 수입과 그 국가로부터의 제품이나 부품의 수출을 조정함으로써 각국의 수입규제를 완화시키고 있다.

합리화를 위한 국제직접투자전략은 경영활동의 집중배치와 마찬가지로 환율의 변동, 특히 평가절상에 취약하다. 만약에 특정한 부품이나 제품을 생산하는 공장이 소재하는 국가의 통화가 구매력 평가설에서 벗어나 평가절상된 상태가 오래 지속되면, 그 공장의 생산비용상의 불리 때문에 시스템 전체가 경쟁상의 불이익을 감수해야 할 것이다. 또한 환율이 수시로 바뀌면 생산비용과 이폭도 바뀌게 되므로, 기업 경영층이 제품의 가격을 결정하거나 마케팅계획을 수립하거나 재무정책을 집행하는 데에 어려움을 겪게 될 것이다. 반면에 현지시장만을 상대로 생산하는 경쟁기업은 비용과 수입이 동일한 통화로 발생하므로 이러한 불확실성에 직면하지 않는다. 과거의 고정환율제하에서는 이러한 문제가 그리 심각하지 않았으나 현재는 많은 나라들이 어떤 형태로든 변동환율제를 채택하고 있기 때문에 환율변동에서 오는 경쟁상의 불확실성과 그에 따른 비용상승이 합리화전략을 추구할 때 발생하는 규모의 경제나 경험효과라는 이점들을 상쇄할 수도 있을 것이다.

③ 분산된 경영활동의 국제적 조정

규모의 경제나 경험효과와 같은 편익을 얻기 위한 목적으로 또는 국별 수출입을 조정함으로써 현지정부의 규제를 완화하기 위한 목적으로 경영활동을 국제적으로 분산하는 기업은 반드시 분산된 경영활동을 세계적으로 통합 · 조정하여야 한다. 물론 경영활동의 종류에 따라 어느 정도로 집중과 분산을 균형시킬 것인가가 달라진다. 예를 들면 생산활동의 국제적 최적배치는 연구조사활동의 최적배치와는 다르다. 그러나 지구적 산업에서 경쟁하는 기업은 국제적으로 분산된 경영활동을 조정함으로써 여러 가지 편익을 얻을 수 있다. 우선 국제적으로 분산된 경영활동을 조정하는 기업은 각 지역에서 얻은 마케팅 노하우, 생산공정 개선에 관한 전문지식 등을 상호간에 교환하고 또 이를 시스템 전체 내에 축적함으로써 기업 전체의 경쟁능력을 제고시킬 수 있다. 국제적으로 경영활동을 조정하는 기업은 특정한 제품분야나 기술에 있어서 선도적인 국가들로부터 앞으로 닥칠 경쟁의 변화를 미리 감지하여 그에 대처할 수도 있을 것이다.

한편 특정한 경영활동을 국제적으로 조정하는 것은 기업의 다른 경영활동들의 국제적인 배치에도 영향을 미친다. 예를 들면 여러 나라에 소재하는 자회사들이 소비자의 욕구에 대한 정보를 상호 교환하여 마케팅활동을 조정한다면 세계적으로 판매가능한 표준제품을 디자인하는 연구개발센터를 집중배치할 수 있을 것이다. 또한 국제적으로 분산배치된 경영활동을 조정하는 기업은 변화하는 비교우위에 능동적으로 대처할 수 있다. 예를 들면 자사공장이 소재하는 한 나라의 요소가격이 상승한다면 요소가격이 하락한 다른 나라에 소재한 공장으로부터의 생산을 증가시킴으로써 생산비용을 조정할 수 있을 것이다.

3) 집중배치와 분산배치 및 조정

지구적 경쟁에 있어서 중요한 것은 경영활동을 세계적으로 어떻게 배치할 것이며 서로 다른 나라에 분산배치되어 수행되는 서로 연관을 맺고 있는 경영활동들을 어떻게 조정할 것인가 하는 문제이다. 과거 한국기업들은 경영활동의 대부분을 본국에 집중배치하고 마케팅활동만을 위한 해외직접투자에 나섰다. 그러나 이와 같이 단순한 국제직접투자전략은 개발국의 점증하는 신보호주의와 개발도상국의 투자유인 및 현지생산압력에 의하여 계속 유지하는 것이 어려워졌다. 최근에는 앞에서도 언급하였듯이 많은 한국기업들이 해외투자에 나서고 있다. 이미 동남아뿐 아니라 중국과 서남아 곳곳에도 한국기업들만을 위한 공단이 만들어졌고 EU통합을 계기로 유럽에 한국기업들만을 위한 전용공단 설립문제가 거론되고 있다. 따라서 앞으로는 경영활동의 국제적인 분산배치가 불가피하다. 지구적 경쟁산업에서 단순히 여러 나라에 공장을 건설하여 각 공장이 그 나라의 수요를 충족시키는 국제직접투자전략을 추구하는 기업이 성공할 가능성은 그리 높지 않다. 그것은 이미 세계에 많은 자회사를 가지고 있는 미국기업의 움직임을 보아도 알 수 있다. 미국기업인 Corning은 과거 세계 여러 나라에 자회사를 가지고 있으나 자회사들의 경영활동을 통합조정하지는 않았다. 그 결과 Corning의 영국 자회사인 Jobling과 프랑스 자회사인 Sovirel이 유럽시장에서 가격경쟁을 벌였으며 아르헨티나 자회사 역시 유럽에 수출하고 있었다. Corning은 결국 자회사들의 경영활동을 통합조정하기 위하여 여러 번에 걸쳐 조직개편을 단행하지 않을 수 없었다.

제 4 절 투자지역 평가

어떤 국가에 투자할 것인가가 결정되면 다음에 해결해야 할 문제가 그 나라의 어느 곳에 투자할 것인가 하는 문제이다. 예컨대 어떤 기업이 미국에 공장을 짓기로 결정하였다면 동부에 지을 것인가 또는 서부에 지을 것인가 하는 문제와, 만약에 서부에 공장을 짓기로 한다면 캘리포니아주에 지을 것인가 워싱턴주에 지을 것인가가 문제가 된다. 또한 워싱턴주에 공장을 짓기로 결정한다면 보잉사가 소재하는 시애틀 근처에 지을 것인가 또는 워싱턴주의 수도인 올림피아에 지을 것인가가 문제이다.

이러한 문제는 우선 한 국가 내의 특정지역을 결정하고 그 지역 내의 2, 3개

주나 도, 또는 성을 선정한 후, 최종적으로 주나 도, 그리고 성 내의 수 개 곳을 검토한 후 공장입지를 결정하는 3단계과정을 통해 풀어나갈 필요가 있다. 물론 특정국가에의 투자가 결정되면서 공장입지도 같이 정해지는 경우도 있을 수 있다. 예컨대 해외투자를 계획하고 있는 한 기업에게 그 기업의 국제전략에 아주 적합한 외국기업이 매수대상으로 부상한다면 국가와 공장입지가 동시에 결정될 수 있을 것이다. 그러나 그러한 예외적인 경우를 제외한다면 앞에서 언급한 3단계 접근법은 해외투자를 고려중인 기업들에게 유용한 평가기준을 제공할 수 있을 것이다.

1. 투자지역의 선정

투자지역을 선정함에 있어서 중요한 고려요소들로는 지가, 세금, 임금수준, 항구에의 근접성 등이 있을 수 있다. 그러나 일반적으로 한 국가를 놓고 볼 때 지역별로 평판이 알려져 있는 경우가 많다. 이것은 국제기업의 경영자들이 출장이나 여행 등을 통해 직접 그 지역에 가보는 경우도 있고 세미나참석이나 자기회사 내의 다른 경영자들 또는 외국기업의 경영자들과 만나는 과정에서 자연스럽게 그 지역의 평판을 들을 기회가 많기 때문이다.

예컨대 미국의 동남부지역은 생활비가 저렴하고 노사관계가 원만하며 근로의식이 높고, 생활의 질은 높지만 교육수준이 일반적으로 낮고 전문기술자의 수가 많지 않다고 널리 평판이 나 있다. 따라서 기업별로 그리고 상황별로 다르겠지만 특정국가의 어떤 지역을 해외투자대상지로 선정할 것인가 하는 문제는 가능한 모든 후보지를 면밀히 비교검토하여 결정하지 않더라도 그 지역에 대한 사전지식이나 인상 또는 선입견 등에 의해 결정해도 큰 무리는 없을 것이다. 물론 러시아와 같이 우리에게 상대적으로 생소하여 경영진이 러시아 내의 지역별 평판에 접할 기회가 많지 않을 경우에는 나중에 설명할 입지선정시 고려요인들을 신중히 비교검토하여 투자대상지역을 선정해야 할 것이다.

2. 주, 도 또는 성의 선정

하나나 둘 정도의 지역을 선정한 후 그 지역 내의 2, 3개 주나 도, 그리고 성을 후보지로 검토하는 것이 시간적으로나 비용면에서 바람직하다. 주나 도의 선정시에 고려해야 할 평가요소들은 지역을 평가하는 데 사용되는 요소들을 원용할 수 있다. 예컨대 어떤 주가 항구를 가지고 있다든지 항구에 가깝다는 것은 평가에 유리하게 작용한다. 그 밖에도 경제성장률이 높고 외부로부터 공장을 많이 유치하고 있고 인구증가율이 높은 것은 그 주의 평가에 유리하게 작용한다. 그러나 특정한 주나 도의 결정은 공장입지의 선정과 동시에 결정되는 경우가 보통이다. 그 이유는 경영자가 해외투자 후보지를 평가할 때에는 2, 3개 주를 투자대상 주로 평가하면서 그 주 전체를 평가한다기보다는 각 주의 특정지역들을 평가하는 것이 보통이기 때문이다. 실제로 주 전체를 다른 주와 비교하여 평가하고 다시 그 주 내의 지역들을 평가하는 것은 이론적으로는 가능할지 몰라도 중복평가에서 오는 시간과 비용의 낭비를 고려하면 바람직한 평가방법은 아닐 것이다.

3. 공장입지의 선정

공장입지의 선정에 고려해야 할 요소들은 기업의 전략에 따라 다양하다. 그러나 일반적인 고려사항들을 열거하면 [표 12-5]와 같다. 물류나 수송과 같이 입지선정에 중요한 요소들은 공장입지 선정단계에서뿐 아니라, 지역이나 주 선정단계에서도 국제경영자들이 고려하는 중요한 사항들이다. 공장입지가 제품시장에 근접해 있으면 유통비용을 절감할 수 있으며 수요의 변화를 감지하는 데 유리하다. 적시관리에 성공하려면 가능한 한 공장입지가 원재료, 부품의 공급원과 근접해 있을 필요가 있으며 공급원과 가까우면 수송비도 줄일 수 있다.

항구 등 항만시설, 공항 등 항공시설, 도로, 철도 등의 수송시설과 전기, 가스 등의 동력, 물, 폐수처리시설 등 사회간접자본이 발달되고 이용가격이 저렴한 지역에 공장을 건설하는 국제기업은 수송비 및 공장운영비를 절감할 수 있을 뿐 아니라 미래에 발생할지도 모르는 위기에도 대처할 수 있다. 예컨대 우리나라에서도 수질오염문제가 심각하다. 낙동강의 예를 들면 대구지역에 위치한 염색공단이 낙동강의 수질을 오염시킨다는 비난의 소리가 높다. 이러한 비난이 일게 된 데에는 관련기업들의 행위에도 문제가 있지만, 근본적으로는 폐수처리시설의 미비가 중요한 원인이다. 만약에 낙동강오염의 주범이 외국기업이라면 그 기업이 경영을 계속할 가능성은 극히 낮아진다. 따라서 해외투자기업은 업종에 따라서

표 12-5 해외공장 입지선정시 고려할 요소들

물 류

시장과의 거리
원재료, 부품공급원과의 거리

사회간접자본

항만시설의 발달 정도
공항, 철도, 도로의 발달 정도
전기 등 동력 및 물의 이용가능성과 가격
폐수 등 쓰레기처리용량과 가격

노 동 력

노동력의 공급, 근로자의 기술수준, 근로윤리
임금수준
노동법

금 융

토지와 건물의 이용가능성 및 가격
부동산관련 세제
경제적 유인(저금리 장기신용 이용가능성 등)

기 타

지방정부의 경제개발담당부서 존재유무
생활의 질
사업분위기
기후(온도, 공기의 청정도, 습도 등)
경쟁기업에의 근접성
합작대상기업
추가공장건설가능성
주택가로부터의 거리
본국과의 거리
대학, 연구소 등 연구지원시설의 존재

는 폐수처리시설의 유무와 처리용량을 공장입지선정에 있어서 일차적으로 고려해야 할 것이다.

고용가능한 노동력의 규모, 근로자의 숙련도와 보유기술의 종류, 근로윤리, 임금수준, 노동법들도 공장입지 선정시에 고려해야 할 중요한 사항들이다. 예컨대 미국의 경우를 보면 동남부지역은 임금수준이 낮고 근로의식이 높은 반면에 노동자의 교육수준과 기술수준은 낮은 편이다. 따라서 첨단제품을 미국의 동남부에서 생산하고자 하는 기업은 현지근로자의 교육훈련에 드는 비용을 공장입지 선정시에 고려해야 할 것이다. 그러나 최근에는 외국기업이 첨단산업에 투자하면 주정부가 근로자의 교육훈련비용을 부담하는 경우도 있다.

토지와 건물의 이용가능성과 가격, 부동산과 관련되는 세제 등도 공장입지 선정에서 고려해야 할 중요한 사항들이다. 주에 따라서는 토지와 건물의 취득과 개발, 건설에 정부가 과도하게 개입하는 경우도 있으며 부동산 관련 세제가 기업 경영에 부담이 되는 경우도 있다. 또한 저리자금의 공급, 보조금의 지급, 교육훈련비용의 부담, 공장까지 철도나 도로의 무상연장 등 외국기업을 유치하기 위하여 제공하는 각종 서비스의 수준 역시 지방정부별로 다르다. 이는 공장입지를 어떤 곳으로 정하는가에 따라 외국기업은 출발부터 비용상의 우위를 확보할 수 있다는 것을 의미한다.

그 밖에도 외국기업의 입지선정과 영업개시를 지원하는 경제개발전담정부기관의 존재유무와 활동상황도 중요한 고려사항이다. 생소한 곳에서 경영을 시작하는 외국기업에게는 정부나 협회 등 공적 기관들이 제공하는 이러한 서비스는 국내경영의 경우와는 달리 중요한 의미를 가진다. 예컨대 유럽에 투자하는 외국기업들이 영국을 선호하는 이유는 영어를 쓸 수 있다는 것 이외에도 영국의 지방정부관리가 입지선정, 인허가 취득, 근로자의 고용과 훈련, 현지경영자의 채용 등 경영개시에 필요한 정보와 서비스를 외국기업들에게 제공하고 있기 때문이다.

생활의 질 역시 본국인력을 외국에 파견하는 국제기업에게는 중요하다. 본사와 가깝다는 것도 의사소통을 쉽게 한다는 점에서 유리한 요소이다. 그러나 최근에는 수송수단과 통신수단의 발달로 본사와의 지리적 근접성이 공장입지선정에서 차지하는 중요성은 많이 감소하였다. 업종에 따라서는 기온, 습도, 공기의 청정도가 중요한 사업도 있다. 근처에 경쟁기업들이 있다는 것은 좋은 면도 있고 나쁜 면도 있다. 경쟁기업이 근처에 많으면 그만큼 그 지역이 그 업종에서 널리 알려져 있음을 의미하기 때문에 그 지역으로 오는 고객의 발걸음이 빈번해질 것이며, 따라서 사업성공의 가능성이 높아진다. 한편 경쟁기업과 가까이 있으면 손해볼 가능성도 있다.

일본의 자동차회사들은 미국에 공장을 지을 때 미국자동차회사들이 밀집해 있는 디트로이트에서 먼 곳부터 시작했다. 물론 일본자동차회사들이 그러한 곳들에 공장을 건설한 것은 우리가 앞에서 언급한 여러 가지 이유 때문이었다. 그러나 미국자동차회사에 가까이 위치하면 미국자동차회사들이 일본공장을 자주 보게 되고 그 결과 그들이 미국정부에 로비 등을 통하여 일본회사들에게 불리한 조치를 이끌어 낼 가능성을 우려했던 것도 사실이다.

합작대상 기업의 존재 역시 공장입지선정에 있어서 고려해야 할 사항이며 업종에 따라서는 미래에 추가적인 공장건설이 가능한가 하는 문제와 주택지구로부터의 거리도 고려해야 할 사항이다. 예컨대 석유화학공장은 증설가능성도 불투명할 뿐 아니라 주택지구와 가까우면 공장이전 문제가 제기될 가능성이 높다. 특히 엄격한 환경기준을 채택하는 선진국에 공장을 건설하고자 할 때에는 이러한 것들이 중요한 고려사항이 되어야 할 것이다. [표 12-6]은 일본 캐논사의 공장입지 결정과정을 보여준다.

표 12-6 일본 캐논사의 공장입지 결정과정

1. 대미투자결정

캐논사는 카메라, 복사기, 기타 사무용 기기를 생산하는 일본기업이다. 캐논사의 경영진은 세계 여러 나라에 생산공장을 보유하는 것이 국제시장의 다양한 수요에 보다 적합한 제품을 디자인하는 데 도움이 될 것으로 판단하고 지구적 차원의 생산전략을 수립했다. 캐논사가 해외투자대상국으로 미국을 고려하게 된 것은 달러와 엔화간의 환율이 제품을 일본에서 수출하는 것보다는 현지에서 생산하는 쪽이 유리하게 변하고 있었기 때문이었다. 또한 일본의 대미흑자가 증가함에 따라 일본제품에 대한 미국의 관세 · 비관세장벽이 높아 가고 있어서 일본에서 미국으로 완제품만을 계속 수출하는 것이 장기적으로 바람직하지 않다는 판단도 작용했다.

2. 투자지역과 투자대상 주의 결정

캐논은 1980년에 공장건설 후보지들을 돌아 볼 대표단을 미국에 파견했다. 투자대상 지역의 검토는 미국의 동남부지역에 초점을 맞추었다. 그 이유는 다음과 같았다.

캐논은 이미 미국 서부의 캘리포니아주에 공장이 있었고 미국의 동부시장을 커버하기 위해서는 동부에 공장을 보유하는 것이 전략적으로 중요했다. 캐논은 또한 미국공장에서도 적시관리체제(JIT)를 이용하고자 했는데 공급원들로부터 원자재와 부품 등을 적시에 공급받아 재고를 극소화하려면 기후가 좋아야 했다. 기후가 나쁘면 부품 등의 배달이 지체되고 종업원의 결근율도 높아진다. 한편 일본 역시 기후가 온화하기 때문에 일본에서 파견된 직원들이 현지에 적응하기가 쉬운 면이 있었다. 미국의 동남부지역은 또한 진취적이고 하이-테크산업 개발로 평판이 높았으며 다른 지역에 비해 임금수준도 낮은 편이었다. 미국의 동남부는 법인세도 기업에 유리했으며 근로자들의 생산성도 높고 지역사회도 외국기업에 대해 우호적이었다.

3. 공장입지 선정

캐논은 그 후 미국의 조지아주, 노스 캐롤라이나주, 버지니아주, 그리고 매릴랜드주에 있는 100여 곳의 공장 후보지를 돌아 보도록 두 번째 대표단을 파견했다. 대표단의 방문으로 후보지는 버지니아주의 두 곳과 다른 세 주의 각 한 곳씩 다섯 곳으로 압축되었다. 그 다섯 곳을 여덟 가지 기준에 따라 평가하여 최종적으로 뉴포트 뉴스를 공장입지로 선정했다.

캐논이 사용한 여덟 가지 기준은 다음과 같다.

① 고속도로로부터의 접근 용이성(겸하여 캐논의 마크를 고속도로에서 쉽게 볼 수 있는가)
② 공급원과의 거리
③ 인근에 위치한 일본기업의 수(캐논은 그 지역에 진출한 최초의 일본기업이 되길 원했다.)
④ 노동조합의 유무 및 그들의 힘
⑤ 대도시와 주요 공항에 근접한 정도
⑥ 노동력의 이용가능성
⑦ 항구에 근접한 정도
⑧ 각 입지가 제공하는 경제적 유인책

제 5 절 투자방법의 평가

해외투자는 크게 해외간접(증권)투자와 해외직접투자로 대별된다. 해외간접투자란 투자자가 이자, 배당금, 증권의 가격상승에 따른 차익 등 주로 수익을 얻을 목적으로 외국기업이 발행한 채권이나 주식을 매입하는 것을 말한다. 이에 대해 해외직접투자는 외국기업에 대한 지배권을 확보하기 위한 투자이다. 따라서 투자자가 외국기업이 발행한 채권을 매입한다면 외국기업이 발행한 채권을 전량 매입한다 할지라도 그것은 해외증권투자이지 해외직접투자는 아니다. 투자자가 외국기업이 발행한 주식을 매입하되 주식을 매입하는 목적이 외국기업의 경영권을 확보하는 것이 아니고 배당금이나 주식가격의 상승에 따른 차익을 기대하고 매입한다면 그것 역시 해외간접투자이지 해외직접투자는 아니다. 따라서 해외직접투자는 투자자가 외국기업의 경영권을 확보할 목적으로 외국기업을 매입하거나(merger and acquisition: 이하 M&A) 외국에 기업을 신설하거나 외국기업과 합작으로 기업을 설립하는 것을 가리킨다. 본절에서는 우선 해외 M&A에 대해 살

표본 후 신설 및 합작투자와 비교한 장단점을 살펴보고자 한다.

1. 해외 M&A의 종류

해외직접투자의 한 형태인 해외기업 인수·합병은 결국 국내기업이 외국기업의 주식의 일부 또는 전부를 취득하는 행위인데 외국기업의 주식을 어떤 형태로 취득하느냐에 따라 합병(merger)과 인수(acquisition)로 구분한다.

(1) 합 병

합병은 일반적으로 두 회사의 이사회와 주주총회의 승인을 거쳐 국내회사가 외국기업의 자산과 부채를 인수하는 것을 의미한다. 합병의 결과 외국기업은 존속하지 않게 되며 합병은 두 회사 경영진의 협상에 의한 합의로 이루어지기도 하지만 강압적으로 이루어지기도 한다.

합병은 또한 한 기업이 다른 기업으로 흡수되어 한 개의 기업만이 남게 되는 흡수합병(merger)과 두 기업이 완전히 소멸되고 제 3 의 새로운 기업이 설립되는 신설합병(consolidation)으로 구분할 수 있다. 그러나 신설합병의 경우는 당초 기업이 가지고 있던 영업권이나 특허권 등의 경영자원이 신설기업에 승계되지 않고 설립절차도 복잡하기 때문에 잘 이용되지 않고 있어 합병은 대부분의 경우 흡수합병의 형태를 취한다.

(2) 인 수

인수는 협상이나 강압적 수단에 의하여 타 기업의 일부나 전부를 매수한 후 피인수기업을 존속시키면서 주주권이나 경영권을 행사하는 것이다. 인수는 자산인수와 주식인수로 구분된다. 자산인수는 매수기업이 피인수기업의 자산의 일부 또는 한 사업부문을 취득하는 것이다. 주식인수는 매수기업이 피인수기업의 주주들로부터 주식의 일부 또는 전부를 취득하는 것이다. 주식인수는 매수기업이 피인수기업의 주주들로부터 주식의 일부 또는 전부를 취득하는 것으로서 경영권의 인수가 수반된다. 한편 인수기업과 피인수기업간의 협상이 아니라 강압적 수단에 의해 인수가 이루어질 경우에는 위임장대결이나 공개매수의 방법이 사용된다.

위임장대결(proxy fight)은 인수를 시도하는 측이 목표기업의 주식 일부를 확보한 후 기존의 주주들로부터 의결권을 위임받아 주주총회에서 투표를 통하여 자기들이 지명하는 인물을 이사로 선임하거나 인수관련 안건을 상정하여 통과시키는 방법이다. 인수를 시도하는 측은 대개 목표기업에 대해 잘 알고 있는 외부투자가나 전직 경영자들이다. 인수측의 이러한 시도에 대해서 기존의 경영진은 자기들대로 주주들로부터 위임장을 얻어 대결을 시도한다. 결과는 위임장을 보다 많이 얻은 측의 승리로 끝난다.

공개매수(tender offer)는 회사의 경영권을 취득할 목적으로 주식을 공개적으로 매입하는 방법이다. 공개매수는 인수측이 인수대상 기업의 불특정다수의 주주들로부터 증권시장 밖에서 그 기업의 주식을 일정액 이상, 일정한 가격에 일정기간 내에 매입하겠다는 의사를 신문에 공고하고 그 조건에 응하는 주주들로부터 주식을 매입하는 방법이다. 이 경우 인수측은 시가에 상당한 프리미엄을 붙인 매입가격을 제시하는 것이 일반적이다.

공개매수는 이와 같이 인수측이 목표기업 경영진의 승인을 얻을 필요없이 목표기업의 주주들로부터 직접 주식을 매수하는 것이며, 통상 과반수 이상의 주식을 확보하여 피인수기업의 경영권을 장악한다. 인수기업과 피인수기업간에 합의가 있는 경우는 우호적 공개매수라고 한다. 인수측이 피인수측의 의사에 반하여 인수를 행하는 경우를 적대적 공개매수라고 하며 기업매수방법으로는 많은 문제를 안고 있는 방법이다.

(3) 현금합병과 주식합병

피인수기업의 주식을 취득하면서 피인수기업의 주주들에게 대금지급을 어떤 방법으로 하느냐에 따라 현금합병과 주식합병으로 나눌 수 있다. 현금합병은 인수기업이 피인수기업의 주식을 현금으로 인수하는 방법이다. 현금합병은 주식합병보다 상대적으로 인수절차가 간단하며 인수가격의 결정도 비교적 쉽게 할 수 있는 장점이 있다. 그러나 피인수기업의 주주들은 현금을 받고 보유주식을 처분하기 때문에 세금을 납부해야 한다는 부담이 있다.

현금합병을 시도하는 인수기업은 많은 자금이 필요하며, 그러한 많은 자금을 조달하기 위하여 인수기업은 인수대상 기업을 담보로 부채를 조달하여 피인수기업의 주식을 매수하는 경우가 있는데 이를 LBO(leveraged buyout)라고 한다. 인수기업은 LBO에 필요한 자금을 주로 등급이 낮은 회사채를 발행하여 조달하는데, 이 때 발행되는 등급이 낮은 회사채를 정크 본드(junk bond)라고 하며 정크 본드의 발행으로 인수기업의 재무위험이 크게 증가할 가능성이 높다. 한편 적대적 M&A의 경우에는 기존의 경영진이 자사의 재산을 담보로 한 부채로 자금을 조달하여 자사의 주식을 인수하여 경영권을 수호하는 경우가 있는데 이를 MBO(management buyout)라고 한다.

주식합병은 일반적으로 피인수기업의 보통주를 인수기업의 보통주와 일정비율로 교환해 주는 방법을 말하는데, 때로는 인수기업이 보통주 대신에 우선주나 회사채로 교환해 주기도 한다. 인수기업은 발행할 주식 총수의 범위 내에서 신주를 발행하여 피인수기업의 주주들에게 할당한다. 피인수기업의 주주들은 현금을 받고 주식을 파는 것이 아니기 때문에 현금합병의 경우와는 달리 양도차익에 대한 과세에 노출되지 않는다.

(4) 수평, 수직 및 다각적 M&A

M&A는 인수기업과 피인수기업간의 상호관련성에 따라서 수평적 M&A, 수직적 M&A 그리고 다각적 M&A로 구분할 수 있다. 수평적 M&A는 동일산업 내에서 동일한 경영활동을 수행하는 기업간의 결합을 말한다. 우리나라의 가전회사인 LG전자가 같은 가전회사인 미국의 제니스사를 인수한 것이 전형적인 수평적 M&A이다. 수평적 M&A는 시장지분의 확대, 판매력 강화, 유명상표의 인수, 기술력의 흡수 등을 목적으로 이루어진다.

수직적 M&A는 같은 산업에 속하나 경영활동의 단계가 서로 다른 기업간의 결합을 말한다. 자동차회사가 자동차부품 생산회사를 인수하거나 가전회사가 가전부품회사를 인수하는 것이 수직적 M&A이다.

다각적 M&A는 합병기업이 자신의 기존사업과는 전혀 관계가 없는 새로운 분야로 성장하기 위한 방안으로 합병을 시도하는 형태이다. 신발회사가 자동차부품 생산회사를 인수한다든지 섬유회사가 가전회사를 인수하는 것 등이 좋은 예들이다.

(5) 합리화 M&A, 지역확대 M&A, 제품(시장)연장 M&A, 조사개발 M&A, 산업융합 M&A

합리화 M&A는 과잉설비를 제거하고 시장지분을 확대하는 한편 경영의 효율성을 제고하기 위한 목적으로 이루어지는 M&A이다. 합리화 M&A는 고용조정과 지점 폐쇄 등 잉여자원의 신속한 제거가 관건이며, 합병 당사자들의 규모가 비슷하나 기업이 추구하는 가치와 경영과정이 서로 다르면 성공하기가 쉽지 않다. 또한 이러한 M&A는 해당기업에게 있어서 기업 역사상 한두 번밖에는 경험할 수 없는 M&A이기 때문에 M&A에 관한 경험을 축적할 기회도 없어서 성공하기 어렵다.

지역확대 M&A는 예컨대 선진국의 유통회사가 후진국의 유통회사를 인수하는 경우처럼 한 지역에서 성공한 기업이 다른 지역의 동종기업을 M&A하는 것이다. 이러한 경우 인수기업이 선진 경영기법을 피인수기업에게 이전하면 경영효율성이 증대되어 인수기업에게도 유리하고 피인수기업에게도 유리하므로 양자가 다같이 환영하는 경우가 많다. 그러나 이 경우에도 양 기업의 문화가 다르면 시간을 두고 천천히 두 기업의 경영을 통합해 나갈 필요가 있다.

제품(시장)연장 M&A는 소주회사의 위스키회사 인수와 같이 인수기업이 M&A를 통하여 신제품시장에 진출하는 것이다. 이 경우 인수기업은 생소한 제품시장에 진출하는 것이므로 자기가 무엇을 사고 있는지 정확히 알고 M&A에 나서야 한다. 따라서 인수하고자 하는 사업과 기존 사업과의 연관성이 희박하면 할수록 실패 가능성이 커진다. 그러나 이러한 M&A도 계속 신제품시장에 진출하다 보면 경험이 축적되어 다음 번 M&A에서 성공할 가능성도 높아지는 경향이 있다.

조사개발 M&A는 인수기업이 자체적으로 조사개발 활동을 하는 대신에 조사개발 능력이 있는 기업을 M&A하는 것이다. 이 경우 M&A의 목적인 기술확보를 위해서는 인수 후 피인수기업의 핵심 전문가와 기술자의 퇴사를 막는 것이 성공의 핵심이다. 또한 조사개발 M&A에 성공하려면 자기가 모르는 분야에 진출하는 것이므로 평가능력을 축적하여 자기가 무엇을 사고 있는가를 정확히 알아야 하며 일류기업을 M&A해야 성공할 수 있다.

산업융합 M&A는 기술환경의 변화로 산업의 경계가 사라지면서 복수의 산업이 합쳐져 새로운 형태의 산업이 출현하는 것에 대비하는 M&A이다. 이러한 M&A는 양 산업의 자원이 서로 보완관계에 있으므로 협력의 장이 마련되어 있는 셈이다. 산업융합 M&A에서 성공하기 위해서는 인수기업과 피인수기업이 새로운 가치창출에 협력하여야 하며 그러한 과정에서 어떤 것을 통합하고 어떤 것을 독립적으로 운영할 것인가를 정확히 판단해야 한다.

2. 신설, 합작투자 및 M&A 비교 · 평가

해외직접투자에 나서는 기업은 신설과 합작, 그리고 M&A라는 세 가지 주요한 선택에 직면한다. 이 세 가지 선택 중에서 어떤 형태를 택하여 해외투자에 나설 것인가는 기업이 보유하고 있는 자원의 성격과 양, 그리고 세 가지 유형의 해외직접투자를 통제하는 데 드는 비용을 고려하여 결정해야 할 것이다.

(1) 자 원

자원이란 특정한 용도에만 적합하여 다른 용도에 재배치하려면 추가비용을 부담해야 하는 자산을 의미한다. 자원은 또한 공장이나 자본과 같은 유형자원일 수도 있고 특정제품이나 서비스시장에 관한 지식 또는 경영노하우 같은 무형자원일 수도 있다. 한편 해외직접투자의 경우 피투자기업에 대한 지분비율이 투입자원의 크기를 결정한다. 예컨대 합작투자의 경우에는 파트너들이 자원을 공동으로 투입하기 때문에 단독투자의 경우보다 상대적으로 투입되는 자원의 양이 적다. 따라서 자원을 충분히 보유하지 못한 기업이 그러한 자원을 조달하는 데 따르는 위험을 다른 회사와 분담하고 싶다면 합작투자의 형태로 해외에 진출한다. 투자대상시장에 대한 지식이 부족한 기업이 단독투자가 아니라 합작투자의 형태로 해외시장에 진출하는 것이 좋은 예이다.

자원투입문제는 합작투자로 해외에 진출할 것인가, 단독투자로 해외에 진출할 것인가를 결정하는 데 영향을 미칠 뿐 아니라, 단독투자의 경우 신설형태로 진출할 것인가, M&A 형태로 진출할 것인가를 결정하는 데에도 영향을 미친다. M&A형태로 해외에 진출하는 기업은 지금까지 그 기업이 보유하지 않던 새로운 자원을 얻게 되며 신설형태로 진출하는 기업은 자기가 이미 보유하는 자원을 이용하여 해외에 진출하는 것이다. 따라서 사내에 필요한 자원을 보유한 기업은 신설형태로 해외에 진출할 것이며, 필요한 자원을 보유하지 못한 기업은 M&A형태로 해외에 진출할 것이다. 이 때 필요하고 적절한 자원은 제품특성과 같은 유형자원뿐 아니라 진출시장에 대한 경험과 같은 무형자원도 포함된다. 따라서 특정국가에서 수출마케팅 등의 경영활동을 수행한 경험이 있는 기업은 신설형태의 해외직접투자를 선택할 가능성이 높다.

M&A를 택할 것인가 합작투자를 택할 것인가 하는 문제 역시 자원과 관련이 있는데 이 경우에는 자원의 성격과 유형이 중요하다. 자원의 성격과 유형은 두 가지로 대별할 수 있다. 하나는 자원의 이전가능성 내지 모방가능성이며 다른 하나는 자원의 핵심성이다. 합작투자를 하는 기업은 자기가 보유하는 자원의 일부를 합작파트너와 공유하거나 합작파트너가 자기자원의 일부에 접근하는 것을 허용하지 않을 수 없다. 반면에 M&A형태로 진출하는 기업은 그러한 공유나 접근을 허용할 필요가 없다. 자기가 보유한 자원에 대해 다른 기업의 접근을 허용하는 위험을 무릅쓰고라도 부족한 자원을 확보할 용의가 있고, 자기가 필요로 하는 자원에 대한 접근을 허용할 파트너를 찾을 수 있는 기업은 합작투자형태로 해외에 진출할 것이다. 따라서 합작투자에서 중요한 것은 자사가 필요로 하는 자원에 접근을 허용할 용의가 있는 파트너를 찾아내는 것이다. 이러한 용의는 합작파트너간의 신뢰를 전제로 하며 자기가 보유하는 자원에 다른 기업의 접근을 허용하거나 다른 기업과 자원을 공유해도 자기회사가 전략적으로 부정적인 영향을 받지 않을 것이라는 자신이 전제되어야 한다. 자기가 필요로 하는 자원에 대한 접근을 허용할 용의를 가진 기업을 찾을 수 없거나 자기의 내부자원에 다른 회사가 접근하는 것을 꺼리는 기업은 M&A형태로 해외에 진출할 것이다.

어떤 회사가 다른 회사에게 자기가 보유하는 자원에 접근하는 것을 허용할지 여부는 자기회사의 중요한 자원이 외부에 노출되는 위험을 그 회사가 어떻게 생각하는가에 달려 있다. 노출되는 자원이 자기회사의 핵심자원이 아니거나 남이 모방하기 어렵거나 다른 회사에게 이전하기 어려운 자원이면 그러한 자원을 보유한 회사의 경영진은 자산노출에 따른 위험을 낮게 평가할 것이다. 불필요하게 자기의 핵심자원을 파트너기업이 모방할 기회를 제공하거나 파트너기업에게 이전하는 기업은 파트너기업에게 미래의 경쟁우위를 제공하는 셈이 된다. 따라서 노출되는 자원의 성격과 유형은 기업이 해외진출방법을 선정할 때 고려해야 하는 중요한 요소이다.

기업의 핵심자원 내지 핵심능력은 기업의 장기적인 경쟁우위에 극히 중요한 요소이다. 기업은 핵심자원을 잠재적인 경쟁자에게 노출시키거나 잠재적인 경쟁자들과 공유하는 것을 꺼린다. 만약에 기업이 핵심자원을 보호하기를 원하고 다른 회사와 합작함으로써 다른 회사에게 자사의 핵심자원이 이전될 위험이 있다

표 12-7 자원의 성격과 직접투자의 유형

직접투자 유 형	신규자원 필요유무	핵심자원의 노출 또는 공유 우려
신 설	불 필 요	고려사항이 아님
합 작	필 요	우려 없음
M & A	필 요	우려 있음

고 생각하는 기업은 자기가 필요로 하는 자원을 M&A를 통해 얻어야 할 것이다.

한편 모방하기 어려운 핵심자원을 보유하는 기업은 합작회사설립을 꺼리는 정도가 덜하다. 예컨대 조사개발력이 뛰어난 기업은 자사의 핵심자원이 남이 모방하기 어려운 자원이기 때문에 합작형태의 국제진출을 선호한다. 조사개발과 관련된 자원은 암묵적 성격이 강해서 남에게 이전하거나 남이 모방하기가 쉽지 않다. [표 12-7]은 위의 논의를 요약한 것이다.

(2) 해외진출 유형과 비용

해외진출에 필요한 자원을 이미 보유하고 있는 기업은 해외진출시 자원과 관련된 최소한도의 비용만 부담한다. 그러나 필요한 자원을 보유하고 있지 않는 기업은 합작투자나 M&A를 통해 필요한 자원을 획득하지 않으면 안 되며 거기에는 비용이 따르게 마련이다.

M&A를 통해 해외에 진출하는 기업은 비효율적인 시장상황에서 필요한 자원을 얻기 위해 몇 가지 비용을 부담해야 한다. 첫 번째 비용으로는 적당한 M&A 대상 기업을 찾는 데 드는 비용이다. 두 번째 비용으로는 M&A대상 기업을 매수하는 데 너무 많은 금액을 지불할 위험과 관련된 비용이다.이러한 비용은 인수기업이 피인수기업에 대해 피인수기업보다 아는 것이 적기 때문에 발생하는 비용이다. 피인수기업은 인수기업에 비해 자기가 속하는 산업, 자신이 보유하는 내적 자원 및 그러한 자원이 거래되는 시장 등에 관해 보다 많은 지식을 보유하고 있다. 따라서 인수기업은 자신이 매수하는 자원을 평가함에 있어서 피인수기업보다 불리하다. 매각회사가 자원의 가치를 초과하는 가격을 요구할 수도 있고 매수하는 기업이 가치를 초과하는 높은 가격을 제시하는 우를 범할 수도 있다.

한편 M&A는 단 한 번만 일어나는 거래이기 때문에 피인수기업이 인수기업을 기만할 수 있고 기만당한 인수기업은 피인수기업에 대해 보복할 수단이 거의 없다. 기업인수와 관련된 상황이 이러하기 때문에 피인수기업은 인수기업에 대해 유리한 위치에 서며 이러한 위험을 회피하고자 하는 인수기업은 인수대상 기업에 대한 탐색비용을 더 많이 지출하지 않을 수 없게 된다.

반면에 합작투자로 해외에 진출하는 기업은 정보상 불리한 위치에 있지 않고 거래과정이 지속적이기 때문에 해외진출에 지나치게 많은 자원을 지출할 위험이 거의 없다. 합작투자에서는 모든 파트너들이 같은 수준의 정보 비대칭성 문제에 직면하기 때문에 어느 일방이 지나치게 높은 대가를 지불할 위험은 적다. 만약에 한쪽이 다른 파트너를 속인다 하더라도 합작관계가 계속되는 한, 처음에 손해를 본 쪽이 보복할 기회는 여전히 남아 있다. 따라서 합작회사를 설립하는 파트너들은 상대방을 속이려는 시도를 하기 어렵다.

합작투자에 나서는 기업들은 위와 같은 부정적인 동기에서 뿐 아니라 긍정적인 동기에서도 파트너를 기만하려고 시도하지 않는다. 합작투자파트너들은 자원을 공유하고 협력함으로써 합작회사의 성공을 기대할 수 있고 합작회사가 성공해야 보다 큰 보상을 기대할 수 있기 때문에 자기의 이익을 위해서라도 상대방을 기만하는 일을 삼가고자 할 것이다.

그러나 합작투자에서도 기만이 있을 수 있다. 만약에 일방의 보복력이 다른 파트너에 비해 떨어진다면 우월한 입장에 있는 파트너가 기만을 시도할 가능성이 있다. 이러한 상황에서는 합작파트너의 일방이 속여도 타방은 그에 상응하는 보복이 불가능하다. 이러한 상황을 예방하는 방법은 자사의 부족한 자원을 보완할 자원을 보유하고 있으나 보복력도 비슷하여 기만을 시도할 가능성이 극히 적은 파트너를 탐색하는 것이다. 그러나 그러한 파트너를 탐색하는 데에는 추가적인 비용이 들게 마련이다.

한편 신설형태로 해외로 진출하는 기업은 자신이 보유하는 여유자원을 해외자회사설립에 투자할 수 있다. 신설형태로 해외에 진출하는 기업은 여유자원을 이용함으로써 회사의 전체적인 효과성과 효율성을 보다 더 개선할 수 있다.

한편 해외진출형태는 조직의 통제에도 영향을 미친다. 조직통제와 관련된 비용은 사용되는 통제수단의 종류와 필요한 통제관계의 수에 따라 달라진다. 조직을 통제하는 수단은 소유권과 관련 있는 통제수단과 소유권과 관련 없는 통제수단으로 구분할 수 있다. 소유권과 관련 있는 통제란 해외기업에 대한 지분이 큰 파트너는 지분이 작은 파트너보다 높은 통제권을 행사할 수 있다는 것을 의미한다. 소유권과 관련 없는 통제란 합작파트너간의 신뢰나 합작회사의 일방이 타방에 대해 가지는 존경심 등과 관련이 있다.

신뢰나 존경과 같은 소유권과 관련이 없는 통제수단은 효과적인 통제관계가 수립되기까지 오랜 시간이 걸리므로 소유권관련 통제보다는 느리고 비효율적이라는 주장이 많다. 소유권과 관련 없는 통제수단은 다수지분의 소유와 같은 법률적 통제수단이 없기 때문에 당사자들이 기회주의적으로 행동하거나 기만할 가능성이 크며 따라서 개발과 유지에 보다 많은 비용이 소요된다.

관리대상 관계의 수를 기준으로 보면 신설보다는 합작의 경우에 그 수가 더 많다. 합작투자의 경우에는 통제를 통해 최대한의 시너지효과를 끌어 내려면 각 파트너들이 합작회사와의 관계도 정립해야 할 뿐 아니라 합작파트너의 모기업들과의 관계도 좋아야 한다. 고려해야 할 관계의 수가 많아지면 그 중의 일방이 기회주의적으로 행동할 가능성도 커지며 통제비용도 상승한다. 따라서 신설형태로 해외진출하는 경우에 비해 합작의 경우가 통제하기가 더 어렵고 통제비용도 더 들 가능성이 높다.

M&A로 진출하는 경우 역시 통제비용의 상승이 불가피하다. M&A의 경우에 통제비용을 상승시키는 이유는 여러 가지가 있을 수 있다. 첫째로, 인수기업과 피인수기업의 기업문화가 다르면 신뢰나 존경과 같은 문화적 통제수단의 사용이 어려워진다. 이는 인수기업이 사용할 수 있는 통제수단 종류의 감소와 통제효율의 감소를 의미한다. 통제효율의 감소는 피인수기업의 기회주의적 행동가능성을 높인다. 조직문화의 차이는 조직의 통합을 어렵게 하여 인수시에 기대했던 시너지의 달성을 어렵게 한다.

조직문화의 차이는 두 가지 측면에서 M&A에 따르는 비용을 높인다. 우선 조직문화의 차이가 조직통합을 저해하고 시너지기대를 무산시키기 때문에 M&A에 나서는 기업은 조직문화가 유사한 기업을 찾으려 하며 따라서 탐색비용이 증가한다. 또한 인수 후에는 상이한 조직문화를 통합하기 위하여 여러 가지 경영기법과 관리수단을 동원해야 하며 그러한 기법과 수단의 동원은 비용증가를 초래한다.

M&A에 따르는 자원의 잉여도 큰 문제이다. M&A형태의 해외진출을 주장하는 사람들은 인수기업과 피인수기업이 보유하는 자원의 보완성에 따른 시너지

표 12-8 직접투자유형과 관련된 비용수준

직접투자 유형	추가자원을 얻는 비용	통제 비용	총 비 용
신 설	낮 음	낮 음	낮 음
합 작	중 간	높 음	보통 내지 높음
M & A	높 음	높 음	높 음

효과를 기대한다. 그러나 M&A가 시너지효과를 가져 오는 예는 드물며 M&A의 성공은 오히려 인수기업에 의한 피인수기업의 리스트럭춰링에 기인하는 경우가 많다. 그러나 인원의 감축, 수익성 없는 사업의 폐기와 같은 리스트럭춰링은 인수기업만이 할 수 있는 것이 아니며 M&A가 없더라도 피인수기업의 경영진도 할 수 있는 일이다. M&A는 시너지효과를 가져 오기보다는 조직의 비대화로 오히려 불필요한 잉여자원을 늘리고, 따라서 비용을 상승시키는 경우가 많다. 이러한 현상은 인수기업이 불충분한 정보에 기초하여 M&A에 대한 결정을 내리고 있음을 시사하며 신설에 비해 M&A가 비용이 많이 드는 해외진출방법을 시사한다. [표 12-8]은 위에서 언급한 두 가지 비용에 대한 논의를 요약한 것이다.

3. 우리나라 기업의 M&A

우리나라 기업들의 해외 M&A가 본격적으로 시작된 것은 1980년대 중반부터이다. 그 당시 우리나라 기업들의 해외 M&A는 주로 대기업들을 중심으로 이루어졌다. 예를 들면 LG는 미국의 유수한 전자회사인 제니스사를 인수했으며 삼성전관은 구 동독지역의 WF사를, 그리고 대우중공업은 미국의 자이모스 반도체 설계회사를 인수했다. 중견기업들의 해외 M&A활동도 증가했었다. 영창악기는 미국의 전자악기제조회사인 쿨즈와일사를 인수했으며 진도는 모피의류를 취급하는 퍼볼트사를 인수했다. 그 이후에도 우리나라 기업들의 해외 M&A가 계속되고 있으나 좋은 성과를 본 경우는 많지 않다. 우리나라 기업들이 해외기업을 인수하는 동기는 다음과 같은 몇 가지로 구분할 수 있다.

첫 번째 동기는, 저렴한 생산요소를 안정적으로 확보하고자 하는 것이다. 그 대표적인 예가 동신제지인바, 동신제지는 캐나다의 카카베카 목재회사를 인수하여 신호-캐나다라는 대단위 펄프공장을 설립하여 안정적인 원료공급처를 확보했다. 동양화학 역시 천연 소다회를 생산하는 미국의 3개 공장을 인수하여 소다회의 안정적인 공급원을 확보했다.

두 번째 동기는, 새로운 기술을 도입하고자 하는 것이다. 예컨대 대우중공업은 미국 캘리포니아주의 실리컨 밸리에 있는 반도체설계회사인 자이모스사를 인수하여 통신, 컴퓨터, 자동차 등 특수용도에 사용되는 반도체제조기술을 그 당시 대우통신과 대우전자에 공급하고자 했다. LG 역시 미국의 제니스사를 인수하여 고품질 TV의 공동개발과 완전평면 브라운관 제조기술의 이전을 추진했다.

세 번째 동기는, 경영다각화를 이룩하고자 하는 것이다. 대한항공은 미국의 LA에 있는 힐튼호텔을 인수하여 항공여행에서 숙박에 이르는 종합 서비스체계의 구축에 나섰다. 전자회사인 인켈은 미국의 컴퓨터업체인 컴트론사의 지분 50%를 인수하여 컴퓨터산업으로의 경영다각화를 시도했다.

네 번째 동기는, 생산이나 판매상 상호 보완관계에 있는 기업을 인수하여 시너지효과를 추구하는 것이다. 삼미는 북미의 특수강제조회사인 애틀러스사를 인수하여 특수강제조기술을 전수받고 북미시장진출을 위한 교두보를 확보하고자 했다. 삼미는 또한 국내 특수강생산설비와 애틀러스사의 생산설비를 상호보완하여 세계 최대의 특수강회사로 발돋움하고자 했으나 결국 도산하고 말았다.

다섯 번째 동기는, 선진국의 무역장벽을 극복하고 해외유통망을 확대함으로써 해외시장을 확보하는 것이다. 삼성출판사는 EU진출을 위해 서독의 도시 본의 중심가에 위치한 인쇄기술이 뛰어난 고츠키사를 인수하여 고객확보와 기술확보를 시도했다. 대우중공업 역시 EU통합에 대처하기 위해 벨기에의 중장비부품업체인 CBM사를 인수하여 중장비의 현지 양산체제를 갖추고 본격적인 EU시장개척을 모색했다. 쌍용양회 역시 미국의 캘리포니아주 남부 시멘트시장의 20% 이상을 차지하고 있는 리버사이드시멘트사를 인수하여 수출전진기지로 사용하고 이를 통해 대미 무역마찰을 회피하고자 했다.

그러나 위의 M&A의 대부분은 실패했으며 이는 M&A가 성공하기에 대단히 어려운 국제투자형태임을 시사한다. 물론 이러한 실패 때문에 우리나라 기업들이 M&A를 해서는 안 된다는 얘기는 아니며 M&A에 따르는 비용과 편익을 보다 면밀히 평가할 필요가 있음을 시사할 뿐이다.

제 6 절 투자타이밍 평가

국제직접투자를 설명하는 이론들은 국제직접투자가 “왜” 일어나며, “누가” 투자를 하며, “어디에” 투자를 하며 “어떤 형태”로 투자하는가 하는 문제에 대한 답을 준다. 그러나 그 이론들은 다국적기업의 해외직접투자가 언제 일어나는가 하는 문제, 즉 직접투자의 타이밍에 관해서는 언급하고 있지 않다. 국제직접투자 이론은 해외직접투자는 해당 직접투자에서 예상되는 순현가(net present value)가 영(0)보다 크고 또한 다른 국제진출방법을 택했을 때보다 순현가가 클 때 일어난다는 것을 시사한다. 그러나 기업이 보유하는 특유의 우위가 크면 클수록 그 기업이 해외직접투자에 나설 가능성도 높지만 그 기업은 다른 기업들이 가지고 있지 않은 독특한 우위를 가지고 있기 때문에 당장 직접투자를 하는 대신에 직접투자를 연기할 수 있는 위치에 있다는 것도 사실이다. 해외직접투자에 따르는 불확실성이 크면 클수록 다른 기업들이 모방하기 어려운 특유한 우위를 가진 다국적기업은 해당 투자를 현지국의 환경이 좀더 확실해질 때까지 연기하고자 할 것이기 때문이다.

재무관리이론에 의하면 기업은 비용-편익분석을 통해 현금흐름의 현가(present value)가 투자비용을 초과하는 사업에 투자하며 상호배타적인 투자대안이 복수인 경우에는 순현가가 가장 큰 사업에 투자한다. 그러나 현재의 투자가 미래투자를 위한 옵션을 제공한다면 경우에 따라서는 순현가가 마이너스인 경우에도 투자하는 것이 유리할 수 있다. 옵션을 고려하는 투자이론은 두 가지 가정을 하고 있다. 첫째로, 현재의 투자는 기업에게 미래의 선택권을 준다. 예컨대 제품개발 프로젝프에 투자하는 기업만이 향후 제조시설에 대한 투자를 할 수 있는 옵션을 갖게 된다. 국제경영과 관련해서 보면 여러 나라에 해외직접투자를 한 다국적기업은 환율이 바뀌거나 국별로 적용하는 세율에 변화가 있을 경우 생산장소와 생산량을 조정하든가 이익발생 장소를 조정하는 소위 아비트라지를 할 수 있는 옵션을 갖게 된다. 둘째로, 현재의 투자는 투자기업에게 앞으로 내려야 할 의사결정에 도움이 되는 정보를 제공한다. 예컨대 제품개발 프로젝트에 대한 투자는 향후 제품생산 여부를 결정하는 데 필요한 정보를 투자기업에게 제공한다. 다국적기업들이 초기의 해외직접투자에서 축적한 정보와 경험을 후속투자에 이용하는 것도 같은 맥락이다.

그러나 미래의 불확실성을 감안하면 현재의 투자는 미래에 대한 옵션을 제공할 뿐만 아니라 경우에 따라서는 오히려 미래에 대한 옵션을 제거하기도 한다. 예컨대 A와 B가 대체관계에 있는 제품이라면 A라는 제품을 개발하기로 결정하면 B라는 제품을 개발할 수 없다. 마찬가지로 현지국에 일단 투자하기로 결정하면 투자 안할 권리를 포기한다는 것을 의미한다. 마음을 바꾸는 권리, 즉 결정을 바꾸는 권리도 기업에게는 중요한 옵션이다. 더욱이 시간이 지나야 밝혀지기 때문에 기업이 지금 투자한다고 해도 중요한 정보를 얻을 수 없는 경우도 있다. 예컨대 정치적으로 불안한 국가에 투자하고자 하는 기업의 경우에는 그 나라의 미래의 통화가치나 정부정책은 기업이 지금 그 나라에 투자한다고 해서 알 수 있는 것이 아니고 시간이 지나야 알 수 있게 된다. 즉, 지금 투자하는 것이 미래의 불확실성을 해결할 수 없고 시간만이 미래의 불확실성에 답을 줄 수 있는 경우도 있다. 따라서 지금 투자하는 것이 앞으로 기업이 선택할 수 있는 옵션을 줄인다든가, 중요한 정보를 입수하기 위해서는 기다릴 수밖에 없다든가, 투자결정이 번복할 수 없는 결정이 되는 경우에는 지금 투자하지 않고 기다리는 것이 더 나은 선택이 될 수 있다. 즉, 특정한 프로젝트가 특정한 시점에서 볼 때 순현가를 극대화하는 투자라 하더라도 그 투자를 할 경우 기업이 포기해야 하는 미래의 옵션을 고려하면 투자를 안하거나 미루는 것이 더 좋은 선택이 될 수 있는 것이다. 지금 투자하는 것과 기다리는 옵션의 상대적인 가치는 투자를 회수할 수 있는 정도와 연기 가능한 정도, 그리고 불확실성 내지 위험의 성격에 따라 달라진다.

1. 투자연기 가능성

해외직접투자를 설명하는 절충이론은 해외직접투자를 하는 기업은 해외생산판매에 따르는 외국비용의 존재를 감안하면 현지기업들이 모방하기 어렵고 대체하기 어려운 독특한 우위, 즉 기업특유의 우위를 가지고 있어야 한다고 주장한다. 이러한 기업특유의 우위는 대부분의 경우 충분한 시간이 지나면 경쟁자들이 모방할 수 있지만, 그러한 우위를 지닌 기업은 적어도 일시적으로는 독점적 지위를 갖게 된다 그러한 기업이 갖는 독점적 지위는 우위의 강도에 따라 달라질 것이다. 우위가 강하면 경쟁기업들이 따라잡는 데 많은 시간이 걸릴 것이고 우위가 약하면 적은 시간이 걸릴 것이다. 따라서 경쟁기업들이 모방하기 어려운 우위를 가진 기업은 현지투자를 하기 전에 더 많은 정보를 얻기 위해 기다릴 수 있는 여유, 즉 투자를 지연시킬 여유를 더 많이 가질 것이며 우위가 크지 않은 기업은 기다리면 우위가 소멸될 것이므로 투자를 지연시킬 여유가 그만큼 적을 것이다. 강력한 기업특유의 독점적 우위를 보유한 기업의 경우에는 지금 해외에 투자하는 것이 플러스의 순현가를 그 기업에게 제공하더라도 현지 상황이 확실해져 투자에 부정적인 결과가 나타나지 않을 것이라는 확신이 설 때까지 기다리는 것이 기업에게 더 큰 가치를 제공하는 의사결정이 된다.

투자지연 가능성은 기업이 경쟁하는 시장의 구조와 경쟁기업들과 대비하여 그 기업이 가지고 있는 상대적인 경쟁력에 따라 달라진다. 제품의 개발이나 시장 출하에 있어서 속도가 중요하거나 제품수명이 짧거나 그 기업의 경쟁위치가 여러 나라에 걸쳐 상호의존적이거나 특정 시장에 지금 투자하면 다른 시장에 진출할 때 필요로 하는 중요한 정보를 얻을 수 있다든가 하는 경우에는 기업은 해당 해외직접투자를 지연시키기가 어려울 것이다. 그러나 그러한 경우에도 강력한 독점적 우위를 가지고 있는 기업은 그 독점적 우위를 활용하여 투자를 연기시킬 수 있다.

투자대상국의 국내상황도 해외직접투자의 연기 가능성에 영향을 미친다. 해외시장확보를 목표로 투자하고자 하는 기업은 대상국 시장의 규모가 클 경우에

그림 12-4 해외직접투자 지연 가능성

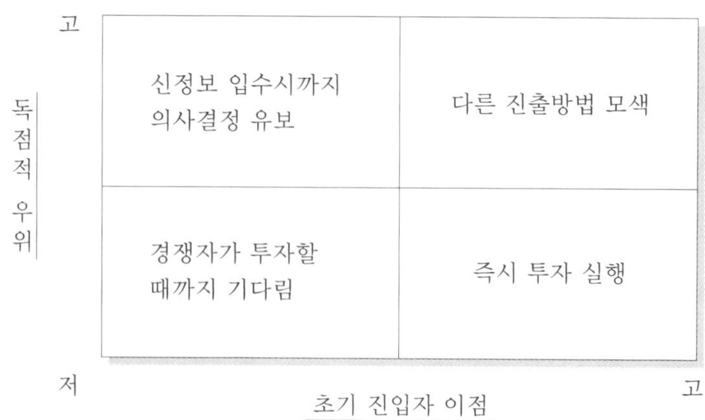

는 그 시장에 일찍 진출하여 유통경로를 선점하는 것이 유리하므로 직접투자를 서두를 것이다. 저렴한 인건비나 원재료 등을 확보하여 생산 효율성을 추구하려고 투자하는 기업의 경우 그 나라에서 생산함으로써 갖게 되는 비용상의 이점을 활용할 수 없다면 다른 시장들에서 수출경쟁력을 상실하므로 직접투자를 미룰 수 없을 것이다. 자원개발을 위해 투자하려는 기업은 투자를 지연시킬 경우 현지의 독특하고 희소한 자원이 경쟁자에 의해서 선점당하는 것을 막기 위해서라도 직접투자를 서둘러야 할 것이다. 기업이 해외직접투자를 지연시킬 수 있는 능력은 기업이 보유하고 있는 기업특유의 우위의 강도와 기업이 현지에 일찍 진출할 때 갖게 되는 소위 “초기 진입자 이점(early mover advantages)”의 크기에 따라 결정된다. [그림 12-4]는 이 두 가지 요소의 상호작용을 보여준다.

[그림 12-4]는 투자대상국의 상황이 매우 불확실하며 그 불확실성은 시간이 지나야 밝혀지는 성격의 불확실성이고 투자가 실패하면 투자자금의 대부분을 회수하기가 어려운 상황을 가정한다. 우선 투자기업이 가진 기업특유의 우위, 즉 독점적 우위가 크고 초기 진입자 이점이 낮은 경우는 의사결정이 비교적 쉽다. 투자대상국은 그 기업 이외의 다른 대안을 구할 수 없기 때문에 투자기업은 직접투자를 연기하고 새로운 정보를 기다리는 선택을 할 수 있다. 시간이 지나 유리한 정보가 도착하면 그 기업은 독점적 우위, 예컨대 그 기업만이 가지고 있는 기술을 내세워 직접투자를 할 수 있다. 반면에 독점적 우위가 낮고 초기 진입자 이점이 큰 경우에는 투자를 지연하면 그 사이에 우위가 경쟁자의 추격에 의해 사라질 가능성이 있으며 빨리 투자하지 않으면 초기 진입자가 누리는 이점을 누릴 수 없게 되므로 서둘러 투자하여야 할 것이다. 독점적 우위도 낮고 초기 진입자 이점도 낮은 경우에는 경쟁자보다 빨리 투자한다고 해서 초기 진입자가 누릴 수 있는 이점이 없으므로 투자를 서두를 이유는 없으나, 경쟁자가 투자하는 경우에도 투자를 지연시킬 수 있는 독점적 우위도 크지 않으므로, 경쟁자가 투자하면 뒤따라 곧바로 투자하는 것이 유리하다. 독점적 우위도 크고 초기 진입자 이점도 큰 경우에는 독점적 우위를 내세워 투자를 연기할 수 있으나 초기 진입자 이점이 큰 것을 고려하면 마냥 투자를 연기할 수만은 없다. 그러나 아직도 투자대상국을 둘러싼 불확실성이 크므로 합작투자나 라이슨싱 등 투자위험을 줄이는 방법으로 해당국에 진출하는 것을 모색할 필요가 있다.

2. 투자회수 가능성

지금 투자하는 것과 투자를 미루고 미래에 투자할 수 있는 옵션 중에서 어느 것이 유리한가는 투자자금의 회수 가능성에도 달려 있다. 회수불가능한 투자는 진입장벽이면서 동시에 퇴출장벽으로 작용한다. 만약에 해외직접투자를 했다가 투자기업이 원할 때 투자금액을 전액 회수할 수 있다면 순현가가 플러스인 투자를 연기할 경제적인 이유는 없다. 그러나 일단 투자하면 투자금액을 원하는 때에 회수할 가능성이 낮으면 낮을수록 투자를 연기하는 것이 경제적으로 타당하다. 투자기업은 해외투자에서 철수할 때 토지, 건물, 공장과 같은 유형자산뿐 아니라 기술, 노하우와 같은 무형자산도 같이 회수하기를 원한다.

유형자산의 회수가능성에 영향을 미치는 요소들로는 다음과 같은 것들이 있다. 첫째로, 현지에 그 자산을 거래하는 효율적이고 유동성이 큰 시장이 있다면 투자회수 가능성이 높아진다. 둘째로, 자산이 성격상 특정용도에 국한되지 않고 여러 용도에 사용될 수 있는 것이라면 투자회수 가능성이 높아진다. 셋째로, 소위 '레몬문제'가 없는 경우에 투자회수 가능성이 높아진다. 레몬문제란 자산은 구입 즉시 상당한 가치를 잃게 되어 되팔기가 어렵다는 것을 레몬의 외양이 오렌지와 비슷하지만 맛이 시다는 것에 빗대어 일컫는 말이다. 따라서 사무실이나 토지에 투자하는 것이 용도가 제한된 기계나 도구, 공장에 투자하는 것보다 투자회수 가능성이 높을 것이다.

투자를 완전히 회수하려면 투자한 유형자산만 회수해서는 안 되며 최초에 기업으로 하여금 해외직접투자를 가능케 한 무형자산도 손실 없이 회수할 수 있어야 한다. 문서화하기 어렵고, 타 회사에게 이전하기 어렵고, 가르쳐 주기 어렵고, 라이슨싱 등을 통해 외부에 판매하는 경우에는 밖으로 누출되기 쉬운 암묵적 지식은 제3자에게 이전하는 데 많은 거래비용이 든다. 거래비용이란 시장을 통해 암묵적 지식을 판매하기 위해서는 계약을 체결하고, 계약의 이행을 감독하고, 계약과 다른 행동이 있으면 소송 등을 통해 손해배상을 받아내는 데 드는 비용을 가리킨다.

기업이 라이슨싱 등 시장을 통한 거래를 통해 무형자산을 제3의 기업에게 이전하는 대신에 자기가 직접 해외투자하여 생산을 시작했다는 것은 그 무형자산의 암묵성이 높다는 것을 의미한다. 암묵성이 높은 무형자산은 시장에서 거래하기가 어렵기 때문에 투자회수 가능성이 낮다. 사정이 여의치 않아 해외에서 철수하려 할 때 투자를 완벽하게 회수하기 위해서는 사업 전체를 계속기업으로 매각해야 할 것이다. 계속기업으로 매각하기 위해서는 기업특유의 이점인 기술이나 노하우와 같은 무형자산을 상대방에게 공개해야 할 것이며, 그 경우 그 기업의 무형자산의 가치는 급감할 것이다. 그러한 상황을 회피하고 해외사업에서 철수하려면 투자금의 회수 가능성은 매우 낮아진다. 따라서 기업특유의 이점, 즉 독점성이 높은 무형자산을 보유한 기업은 불확실한 상황에서는 가능한 한 투자를 연기하려 할 것이다.

제 13 장 글로벌 전략적 제휴

사회주의 경제체제의 붕괴와 WTO의 출현으로 대표되는 세계무역 자유화 추세의 가속화 등으로 세계경제는 본격적으로 글로벌경쟁의 시대에 돌입하고 있다. 국제무역의 확대에 따른 세계시장의 형성, 정보와 통신 그리고 운송기술의 혁신에 의한 국제시장간의 거리단축, 다국적기업의 수적인 증가 및 경영활동의 범세계적 확대, EU · NAFTA 등 경제블록의 증가와 활성화 등으로 인해 각국 기업들은 국적을 불문하고 국제시장에서 직접적인 무한경쟁의 시대를 맞고 있다. 세계 각국의 기업들은 선진국기업들을 중심으로 이러한 무한경쟁의 시대에 대응하기 위하여 전 세계를 대상으로 경영자원을 동원하고 기술개발, 조달, 생산, 마케팅, 판매 등 모든 경영활동들을 범세계적인 차원에서 전개하는 국제화전략을 추구하고 있다. 글로벌 전략적 제휴(global strategic alliance: GSA)는 이러한 상황에서 각국 기업들이 생존과 성장을 위해 채택하고 있는 중요한 전략적 수단의 하나이다.

제 1 절 글로벌 전략적 제휴의 의의

글로벌 전략적 제휴란 서로 다른 둘 이상의 기업들이 국제시장에서 글로벌 경쟁력을 제고하기 위하여 경영자원을 결합하여 기업경영의 여러 측면에서 공식적이고 비교적 장기적인 동맹관계를 맺는 것을 의미한다. 글로벌 전략적 제휴는 글로벌시장에서의 경쟁력 강화를 목적으로 한다는 점에서 특정시장에서의 경쟁력 제고를 목표로 하는 과거의 제휴와 구분된다. 글로벌 전략적 제휴는 또한 국제경쟁력의 핵심이 되는 부분에서 둘 이상의 기업들이 제휴한다는 측면에서 단순히 한 기업의 부족한 자원을 보완한다는 과거의 제휴와 구별된다.

한편 제휴란 둘 이상의 기업이 합쳐 하나가 되는 합병과 독립된 기업간에 시장을 통해 일어나는 시장거래의 중간에 위치하는 모든 형태라고 정의할 수 있다. 글로벌 전략적 제휴는 합작투자와 같이 매우 장기적인 계속 기업의 형태를 취하는 것으로부터 비교적 단기간에 주어진 목적을 달성하고 해산하는 공동기술개발에 이르기까지 그 형태가 다양하다.

기업의 국제화형태는 크게 수출입, 해외단독투자, 그리고 전략적 제휴의 세 가지로 구분할 수 있다. 국제기업간의 전략적 제휴는 국적이 다른 기업들이 하부구조, 조사개발, 인력개발, 조달, 생산, 마케팅, 판매, 서비스 등 가치사슬의 하나 이상의 측면에서 협력하여 공동의 이익을 추구하는 것으로서 서로의 경영권에는 간여하지 않는다는 측면에서 기업합병보다 약한 관계라고 할 수 있다. 글로벌 전략적 제휴에 참여하는 국제기업들은 서로의 경쟁우위를 보완하는 데에서 오는 시너지효과를 목표로 한다. 따라서 경쟁기업들이 지니고 있지 않는 세계시장에서 통용될 수 있는 경쟁우위를 보유하고 있는 기업만이 글로벌 전략적 제휴에 참여할 수 있는 것이다.

국제제휴는 시장과 경쟁의 국제화와 밀접한 관련이 있다. 따라서 우리는 국제화된 또는 국제화가 활발히 진전되고 있는 지구적 산업(global industries)에서 국제제휴의 예를 가장 많이 찾아볼 수 있다. 대표적인 지구적 산업인 자동차산업을 보면 우리나라의 현대자동차는 일본의 미쓰비시 및 독일의 다임러 크라이슬러와 제휴하고 있다. 다임러 크라이슬러사는 현대자동차 주식을 소유하고 있으며 양사는 합동으로 자동차엔진을 개발하기로 합의하고 미국에 엔진공장을 건립하고 있다. 기아는 현대자동차에 인수되기 전에 일본의 마스다 및 미국의 포드와 제휴관계를 맺고 있었다. 기아는 마스다가 디자인한 소형자동차를 생산하여 포드에 OEM방식으로 수출하고 포드는 기아로부터 수입한 자동차에 자사의 상표를 붙여 시장에 판매하기도 했다. 미국의 GM은 일본의 토요다와 합작으로 미국 서부의 캘리포니아주에 NUMMI라는 자동차공장을 설립하여 소형차를 생산 · 판매하고 있다. GM은 토요다와의 합작을 통하여 세계적으로 유명한 토요다 경영방식을 배우려고 했으며 토요다는 GM과의 합작을 통하여 미국시장에서 공장을 경영하는 법을 배우려고 했다.

항공기산업에서도 국제제휴가 활발히 이루어지고 있다. 과거 국제민간항공기시장은 보잉, 록히드, 맥도널 더글러스 같은 미국회사들이 지배하고 있었다. 프랑스, 영국, 독일 스페인은 이에 대응하여 에어버스사를 성공적으로 출범시켜 국제항공기시장에서 보잉의 강력한 경쟁자로 부상하고 있다. 보잉 역시 에어버스의 추격을 저지하기 위해 일본기업들과의 협력을 강화하고 있다. 본장에서는 국제제휴를 촉진하는 요인들과 국제제휴의 형태, 그리고 제휴에 따른 문제점과 제휴의 성공에 영향을 미치는 요인들에 대해 살펴보고자 한다.

제 2 절 국제제휴를 촉진하는 요인

국제제휴가 효과적인 경쟁수단으로 사용된 것은 새로운 일은 아니다. 그러나 과거의 국제제휴는 전술적인 성격이 강했다. 예를 들면 기업은 효과적으로 접근하기 어려운 생소한 시장, 또는 직접투자하여 공장을 운영하기에는 매력도가 떨어지는 시장, 혹은 현지정부의 규제로 인하여 직접적인 경쟁이 어려운 시장에 진출하기 위하여 라이슨싱이나 합작투자형태의 국제제휴를 이용했다.

반면에 최근에 국제기업들간에 이루어지는 글로벌 전략적 제휴는 보다 전략적인 성격이 강하여 국제시장에서 경쟁우위를 확보하기 위하여 대규모 다국적기업들이 제휴하는 형태가 많아지고 있다. 앞에서 예로 든 GM과 토요다의 경우뿐 아니라 전자산업에서는 네덜란드 국적의 거대한 다국적기업인 필립스와 제품혁신으로 세계적으로 유명한 일본의 소니가 공동으로 CD(compact disk)를 개발하여 세계시장을 석권한 바 있다. 뿐만 아니라 필립스는 현재 LG와 제휴하여 LCD 생산공장을 운영하고 있으며 최근에는 파주지역에 100억 달러의 LCD제조공장을 LG와 함께 건설하려는 계획을 갖고 있다.

한 기업이 성장을 계속하여 어느 단계를 지나면 국내시장과 국내자원만으로는 더 이상의 성장과 발전이 불가능해진다. 이 단계에서 많은 기업들이 범세계적으로 시장과 경영자원을 이용하기 위해 국제진출을 하며 그 과정에서 기업은 다국적화한다.

세계의 주요 산업을 둘러보면 소수의 대규모 다국적기업들이 세계시장을 과점하는 형태를 취하고 있으며, 과점적 구조하의 세계 주요 산업들은 기술융합에 따라 산업간의 경계가 모호해지는 추세를 보이고 있다. 이와 같은 세계 주요 산업의 과점화와 산업간 경계의 불분명화는 세계시장 내의 경쟁상황을 불안정하게 만들고 있으며, 그러한 산업들에서 경쟁하는 주요 기업들은 세계시장에서 한편으로는 경쟁하고 한편으로는 상호 협력하지 않을 수 없다.

국제기업들이 글로벌 전략적 제휴를 추진하는 근본동기는 기업이 가지고 있는 기업특유의 경쟁우위를 보다 넓은 시장에서 이용하거나 자신의 우위요소와 교환하여 다른 기업의 경쟁우위를 이용하거나 획득하려는 것이다. 이를 좀더 자세히 살펴보면 최근에 전략적 제휴가 급증하고 있는 것은 크게 다섯 가지 이유 때문이라고 할 수 있다. 기술의 복잡성 증가, 기술변화속도의 증가, 고정비용의 증가, 시장의 국제화, 세계경제의 블록화가 그것이다.

1. 기술복잡성의 증가

오늘날에는 제품을 생산하는 데에 너무나 다양하고 많은 핵심적 기술들이 요구되기 때문에 어느 한 기업이 혼자서 모든 영역에 걸쳐 첨단 핵심기술을 개발 · 보유한다는 것은 불가능한 일이다. IBM PC를 단숨에 일약 세계적으로 유명하게 만드는 데 크게 공헌한 소프트웨어 프로그램인 로터스 1-2-3는, IBM이 개발한 것이 아니고 별개의 다른 회사인 로터스사가 개발한 것이었다. 실제로 IBM PC에 들어가는 부품의 대부분은 외부에 하청을 주어 생산했던 것이다. 만약에 IBM이 PC에 들어가는 부품 전체를 독자적으로 개발 · 생산하려 했다면 IBM PC 개발에는 훨씬 더 많은 시간이 소요되었을 것이다. IBM이 PC시장을 석권할 수 있었던 중요한 이유 중의 하나는 IBM이 추진한 외부 납품업체를 이용한 제품개발전략이었다.

기술은 또한 매우 빠른 속도로 산업 내에 보급되기 때문에 기업의 글로벌 전략에 있어서 시간개념은 매우 중요한 요소가 되고 있다. 어떤 기술도 한 기업이 장기간에 걸쳐 독점적으로 소유할 수 없으며, 어떤 기업도 필요한 모든 기술을 독자적으로 습득할 수도 없다. 따라서 지구적 경쟁을 하는 기업은 다른 기업이나 기업들과의 제휴를 필요로 하며 이것은 결국 기술의 추가적 확산을 의미한다. 이제는 기업이 홀로 기술개발에 나서서는 경쟁력을 유지하기가 점점 더 어려워지고 있기 때문에 복수의 기업이 상호보완적인 기술을 합치는 현상이 많이 나타나고 있다.

2. 기술변화의 가속화

기술의 복잡성이 증가하고 있다는 것 이외에도 기술혁신의 속도가 빨라지고 있다는 것도 국제제휴가 늘어나는 중요한 이유 중의 하나이다. 한 나라의 기업이 새로운 기술을 개발해도 다른 나라의 기업들이 금방 모방하는 등 국제시장 내의 경쟁이 심화되고 있다. 선진국의 경우에는 신흥공업국들, 그리고 후발개도국들이 제조업의 많은 분야에서 강력한 경쟁자로 부상함에 따라 보다 높은 수준의 기술을 개발해야 한다. 그러나 신기술개발에서 얻는 이점도 기술변화의 속도가 빨라짐에 따라 오래가지 못한다. 과거에는 신제품이 개발되면 수십 년에서 수백 년 동안 경쟁력을 가질 수 있었으나, 이제는 수 년을 가면 오래가는 것이다. 전자제품의 일부는 수명이 몇 개월에 불과한 것도 찾아보기 어렵지 않다.

이 모든 것은 새로운 기술에 빨리 접근하여 효과적으로 이용하는 기업만이 국제경쟁력을 가질 수 있으며, 혁신을 효율적으로 관리하는 것이 국제경쟁에 있어서 중요하다는 것을 시사한다. 이는 또한 신제품개발을 자기회사의 자원에만 의존하기에는 시간이 충분치 못하다는 것을 의미한다. 어느 회사도 좋은 아이디어를 독점할 수 없으며, 국제기업은 국제제휴를 이용하여 최고의 기술과 상품을 외부에서 조달할 준비를 갖추어야 한다.

3. 고정비용의 중요성 증가

오늘날 기업이 국제경쟁에서 승리하려면 연구개발비용, 광고비용 등과 같은 막대한 고정비용을 지출해야 한다. 기업은 과거와는 달리 변동비 위주의 경영을 할 수 없기 때문에 막대한 고정비용을 분담할 동반자들을 필요로 한다. 예컨대 자동화의 추진으로 생산비에서 노무비가 차지하는 비중이 줄고 있으며 경영활동 자체가 점차 고정비용 위주의 활동으로 변해 가고 있다.

기업이 획기적인 노하우를 개발하여 그것을 시장성 있는 제품으로 생산하기까지는 막대한 비용이 투입되며, 기업의 연구개발비용도 일종의 고정비라고 볼 수 있다. 예컨대 제약산업에서는 성공적인 신약개발에 5천만불 이상의 연구개발비가 소요되며 이러한 연구개발비는 더 이상 변동비라고 보기 어렵다. 산업 내의 경쟁이 지구적 차원으로 확대됨에 따라 국적을 불문하고 산업 내 주요 기업들은 상호간에 직접적인 경쟁관계에 선다. 또한 산업 내 어떤 기업도 다른 기업들이 언제 자신과 기술을 상호 공유하기를 원하리라는 것을 미리 알 수 있는 입장에 있지 않다. 따라서 막대한 연구비 때문에 제휴파트너를 필요로 하는 기업도 일단은 자체 연구인력과 연구시설을 갖추고 있어야 한다. 이것은 결국 기업이 부담해야 하는 고정비의 증가를 의미한다.

연구개발비와 마찬가지로 제품브랜드의 인지도를 높이고 유지하는 것도 일종의 고정비용이라고 볼 수 있다. 기업이 소비자들로부터 높은 인지도를 확보하기 위해서는 광고 등을 통해 많은 비용을 지출해야 한다. 특히 기업이 팔고자 하는 제품이 소비자를 유인해야 하는 제품일 경우에는 상품선전에 필요한 비용을 절약하려 하는 것은 결코 현명한 전략이 될 수 없다. 충분치 못한 광고비 책정은 예산낭비와 같으며 소비자 유인효과도 충분히 달성하지 못한다. 이와 같이 경쟁의 성패가 제품인지도에 의해 결정되는 경우에는 제품인지도를 향상시키기 위해 기업이 지출하는 비용은 고정비용의 성격을 띠게 된다.

최근에는 기업경영에 있어서 정보의 중요성이 강조되고 있는바, 경영정보비용도 고정비용의 성격을 띤다. 과거에는 컴퓨터와 경영정보시스템 비용은 시분할법(time-sharing)에 의해 변동비용의 하나로 처리될 수 있었다. 그러나 지금까지의 경험에 비추어 보면 시분할에 의한 컴퓨터사용은 개별 기업의 특수한 필요를 충족시키는 데 실패했으며, 그 기업에게 경쟁우위를 제공할 수 있는 시스템개발에도 실패한 경우가 많았다. 따라서 오늘날에는 경영정보기술 개발비용이 기업에게 있어서 일종의 고정비용의 성격을 갖는다.

물론 이와 같은 고정비용들은 장기적으로 보면 기업이 투자자본의 지출수준을 조정함으로써 변동비용화할 수 있는 것이지만, 적어도 단기적으로는 고정비용으로 보아야 하는 경우가 많다. 이와 같이 증가하는 고정비용을 분담시킴으로써 고정비용에 대한 공헌도를 증대시키는 확실한 방법의 하나가 전략적 제휴인 것이다.

4. 시장의 국제화

최근에 와서 여러 가지 이유로 시장의 국제화가 가속화하고 있다. 우선 과거에 비해 대폭적으로 감소한 수송비와 통신비가 시장의 국제화에 기여하고 있다. 또한 컴퓨터, 인공위성 등을 이용한 정보기술과 장거리통신기술이 발달하여 국제적으로 통신상의 장애물이 많이 제거되었기 때문에 국제기업들이 해외기술자원들을 이용할 기회도 넓어졌다. 예컨대 지금은 간단한 서류에서 복잡한 디자인에 이르기까지 각종 문서를 전자우편으로 지구의 이편에서 반대편으로 간단하게 전송할 수 있어서, 세계 여러 곳에 위치한 인력이 합동으로 신제품을 개발하고 있다. 또한 세계 여러 나라에 위치한 작업팀을 가동하면 24시간 작업도 가능하게 되었다.

세계가 지구촌화하면서 각국에 위치한 사람이나 기업은 서로를 더 잘 알게 되고 그 과정에서 소비패턴 역시 세계적으로 동질화하는 경향이 가속되고 있으며, 국제기업은 비슷한 상품들을 세계 여러 곳에 판매할 수 있게 되었다. 세계경제는 국제협상의 성공적인 타결로 점점 더 개방화되고 있으며 중국, 동구, 러시아, 베트남 등 과거의 사회주의국가들과 선진국 중에서 비교적 폐쇄적이었던 일본의 개방, 그리고 중남미의 시장경제화가 진전됨에 따라 전 세계적인 개방물결은 그 속도가 빨라질 전망이다.

지구적 경쟁은 제품혁신경쟁뿐 아니라 비용경쟁을 의미하며 국제적인 시장기회를 충분히 이용하여 규모의 경제를 달성하는 국제기업만이 지구적 경쟁에서 승리할 수 있다는 것을 의미한다. 기술의 복잡성이 증가하고 기술변화가 가속화됨에 따라 기업이 국제경쟁력을 가지려면 대규모의 기술투자를 감당할 수 있는 판매규모를 달성해야 한다. 그러한 판매규모는 국내시장만으로는 달성할 수 없으며 광범위한 국제시장을 개척해야 가능하다. 많은 국제기업들이 새로운 국제시장의 개척을 위하여 국제제휴에 나서고 있는 것도 그 때문이다.

경쟁의 범위라는 차원에서 보자면 18세기와 19세기는 경쟁이 한 나라 안의 한 지역에 국한되어 있었던 시기였다. 20세기에 들어와 경쟁의 지리적 범위는 전국으로 확대되었으며, 21세기를 바라보는 지금은 경쟁의 범위가 전 세계, 즉 지구적 차원으로 확대되고 있다. 21세기에는 시장의 국제화가 완성될 것이며 국제제휴는 국제화된 시장을 커버하는 중요한 전략적 무기가 되고 있다.

5. 세계경제의 블록화

세계경제에는 현재 두 가지 상이한 힘이 작용하고 있다. 하나는 WTO로 대표되는 국제시장의 통합추세이다. WTO는 국가간 경계가 없는 무한경쟁을 의미하며 그러한 상황에서는 세계 일류만이 생존가능하다. 반면에 EU, NAFTA 등의 출현에서 볼 수 있는 바와 같이 세계시장은 몇 개의 주요 시장으로 구획되고 있다. EU는 앞으로 회원국을 더 많이 받아들일 전망이다. 만약에 EU가 확대전략을 추구하여 체코, 폴란드, 헝가리 등 과거의 동구권과 터키, 키프로스 등의 소아시아, 모로코, 튀니지 등의 북아프리카 국가들까지 회원국으로 받아들이고 통화통합을 완수하여 현재 EU국가 중 일부만 사용하고 있는 공동통화인 유로를 EU 전체에서 사용한다면 경제면에서 디나리우스란 단일통화를 사용하던 과거의 로마제국이 부활하는 셈이 된다.

그림 13-1 글로벌 제휴 촉진요인

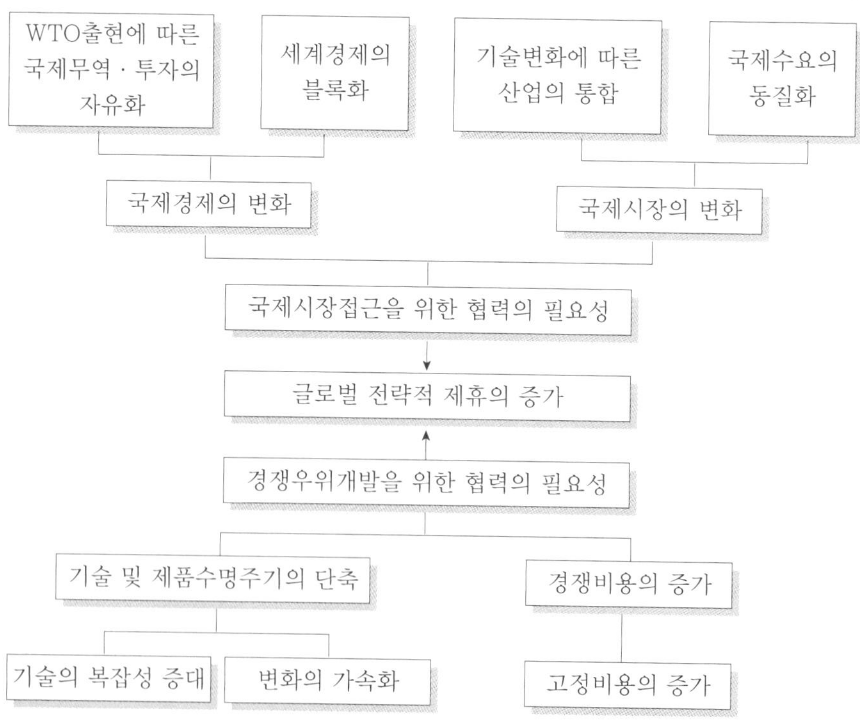

NAFTA 역시 회원국을 미국, 캐나다, 멕시코에 국한하지 않고 중남미국가들도 참여시키는 아이디어를 제시하고 있다. 이러한 구상이 실현된다면 캐나다에서 칠레에 이르기까지 거대한 미주경제블록이 출현하게 될 것이다.

한편 EU와 NAFTA의 출현은 ASEAN과 동북아 3국인 우리나라, 중국, 일본을 연결하는 아시아블록 출현의 자극제가 될 가능성이 있다. 만약에 아시아블록이 출현한다면 세계시장은 3대블록으로 나뉘어 상호 견제하는 형국을 맞게 될 것이며, 각 블록은 회원국이 아닌 역외국가의 기업들을 보호주의 색채를 띠고 차별적으로 대우할 것이다. 뿐만 아니라 블록 내 국가들은 기술과 산업을 역외경쟁으로부터 보호하는 조치를 강화할 것이며, 역외기업들은 이를 극복하기 위하여 역내기업들과의 전략적 제휴를 강화할 전망이다. 이상의 논리를 요약하여 [그림 13-1]은 글로벌 전략적 제휴를 촉진하는 요인들을 체계적으로 보여주고 있다.

제 3 절 국제제휴의 목적

국제기업들은 세계 여러 나라의 다양한 제품시장들에서 경쟁하고 있으며 각 제품시장은 발전단계도 다르고 경쟁상황도 다르다. 제품주기상 성숙단계의 시장에서 주로 경쟁하고 있는 우리나라 기업들은 상대적으로 저임금인 후발개도국의 기업들로부터 가격경쟁압력을 받고 있다. 도입기 제품과 성장기 제품시장에서 경쟁하고 있는 선진국 기업들 역시 자기들끼리의 경쟁뿐 아니라 신흥공업국들의 추격을 받고 있다. 이러한 상황에서 선·후진국기업들을 포함하여 많은 국제기업들이 국제제휴에 참여하고 있기 때문에 국제제휴가 목적으로 하는 바도 다양하다. 그러나 국제기업들이 국제제휴를 통하여 달성하고자 하는 중요한 목적들은 신기술의 식별과 신기술에의 접근, 새로운 시장기회이용, 시장지분확보, 전문화, 핵심역량 재건, 비용상의 우위확보, 그리고 질서 있는 시장철수 등의 일곱 가지로 정리할 수 있다.

1. 신기술의 식별과 신기술에의 접근

빠른 속도의 기술혁신에 직면하고 있는 국제기업은 중요한 신기술을 신속히 이용하는 방법을 찾지 못하면 경쟁에서 낙오한다. 따라서 국제기업의 중요한 과제의 하나는 중요한 신기술을 개발단계에서부터 일찍이 식별하고 감시하는 일이다. 이 때 중요한 신기술이란 자사의 기존사업에 중요한 영향을 미칠 수 있는 기술이나, 자사가 이용하기에 유리한 위치에 있는 새로운 사업을 만들어 낼 수 있는 기술을 의미한다. 물론 그 중의 상당수는 사업화에 실패할 것이지만 일부는 미래의 경쟁상황에 커다란 영향을 끼칠 것이다.

신기술의 잠재력이 이와 같이 중요하여 기업들간에는 혁신기술을 제일 먼저 이용하려는 경쟁이 치열하기 때문에, 기업은 혁신기술의 자체개발이나 라이슨싱, M&A 등을 통한 혁신기술의 확보를 추진한다. 기술경쟁에서 승리하려는 기업은 결국 기술혁신 능력을 자체 내에 보유해야 한다. 그러나 우수한 기술개발능력을 보유하고 있는 기업의 수는 많지 않기 때문에 기술혁신이 자사 내에서 일어날 확률보다는 다른 곳에서 일어날 확률이 높다. 또한 최근에는 메카트로닉스, 일렉트로 케미스트리와 같이 산업의 경계를 넘나드는 기술의 융합이 많이 일어나기 때문에 타 분야의 연구개발능력을 보유하고 있는 다른 회사와의 협력 없이는 기술혁신이 어려운 경우가 많다.

기업은 여러 가지 이유로 새로운 기술과 새로운 능력을 필요로 한다. 기업은 기술변화의 영향이 큰 기존사업에서 경쟁력을 유지하기 위해서, 또는 새로운 사업에 진출하기 위한 역량을 배양하기 위해서, 또는 경쟁자를 따라잡기 위해서 신기술, 신능력을 필요로 한다. 이 때 기업은 합작투자나 기타 다른 형태의 전략적 제휴를 통하여 여러 종류의 기술능력과 경영능력에 접근할 수 있다. 이러한 기술이나 능력은 회사 내 인력의 교육 · 훈련이나 외부인력의 영입을 통해서도 획득할 수 있으나 쉬운 일은 아니다. 예컨대 기술이 없는 기업이 비행기설계팀이나 자동차설계팀 전체를 갑자기 외부에서 영입하기는 어려운 일이며 합작투자, 라이슨싱, 공동개발 등 국제제휴가 보다 가능한 방법일 것이다.

2. 새로운 시장기회 이용

신기술을 식별하고 신기술을 입수하려는 기업의 노력이 성공하면 새로운 시장기회의 이용이 가능해진다. 기업은 자체개발을 통해서도 새로운 시장에 진출할 수 있으나 M&A, 라이슨싱, OEM방식의 조달, 다른 기업과의 합작회사설립

등의 국제제휴를 통해서도 진출이 가능하다.

신제품의 개발을 독자적으로 수행하면 상품화 속도도 통제할 수 있는 등, 여러 가지 좋은 점이 많다. 특히 신제품은 누가 시장에 먼저 공급하느냐가 대단히 중요하기 때문에 더욱 그러하다. 그러나 신제품은 성공가능성도 불확실하고 처음에는 잠재적인 시장규모도 작기 때문에 우선순위에 있어 기존사업에 밀리기 쉽다. 특히 대기업에서 그러한 현상이 일어날 확률이 높다. 라인경영자들의 입장에서 볼 때에도 기존의 대규모 사업에 핵심자원을 배분하는 것이 단기적으로 좋은 업적을 내기 때문에 불확실한 신규사업이 충분한 자원을 공급받을 가능성은 그렇게 크지 않다.

신제품을 개발하여 시장에 공급하는 데 있어서는 중소기업이 대기업보다 비용을 훨씬 적게 들이고 시간도 단축하는 경우가 많다. 신제품개발에 중소기업이 유리하기 때문에 최근에 와서는 자율적으로 운영되는 신제품개발팀을 만들어 신제품개발에 중소기업방식을 도입하려는 대기업의 수가 증가하고 있다. 예컨대 휼릿 패커드사는 잉크젯이라는 컴퓨터 프린터개발에 자율팀제도를 도입하여 성공했다. 이와 비슷한 효과를 볼 수 있는 것이 신제품개발을 추진중인 중소기업을 매입하거나 합병하는 것이다.

신제품개발에 있어서 기술적 문제가 발생하면 초기에 그에 대한 최선의 해결방안을 찾아 낸다는 것은 쉬운 일이 아니다. 따라서 신제품개발에 관심 있는 기업들은 중소기업들의 제품개발노력을 면밀히 주시하면서 문제가 분명해질 때까지 진입을 보류하는 것이 더 좋은 전략일 수도 있다. 특히 대기업의 경우에는 어느 중소기업이 제일 먼저 제품개발에 성공하는가를 지켜 보다가 자본력을 동원하여 그 중소기업을 매입할 수 있을 것이다.

물론 M&A를 통하여 신제품시장에 뒤늦게 진출하는 데에는 문제도 있다. 신제품시장의 윤곽이 드러난 다음에 뒤늦게 M&A를 통해 신제품 시장진입을 시도하면 비싼 가격을 지불해야 하는 것이 보통이며 경우에 따라서는 매물로 나와 있는 적당한 기업이 없을 수도 있다. 또한 적당한 기업이 있어 매수를 하더라도 그러한 모험기업을 자기의 조직 내에 성공적으로 통합하는 데에는 많은 문제가 있을 수 있다.

모험기업을 매수함에 있어서 예상되는 어려움이 크면 라이슨싱이나 OEM방식으로 신제품시장에 접근할 수 있다. 즉 신기술을 가진 기업으로부터 대가를 주고 기술을 사던가 신제품 생산기업으로부터 제품을 공급받아 자사의 상표를 부착한 후 자사의 유통망을 통해 시장에 공급하는 방법이다. 이 경우 기술을 사는 기업이나 OEM으로 제품을 공급받는 기업은 상대기업에 지분참여를 하는 경우도 있으며 이는 나중에 기술보유 기업을 매수하는 데에도 도움이 될 수 있다.

복잡한 기술변화가 빠르게 일어나고 있기 때문에 신제품개발 역시 다양한 기술의 결합인 경우도 많다. 이러한 경우 한 기업이 신제품개발에 필요한 모든 기술과 자원을 보유하고 있을 가능성은 많지 않다. 또한 생소한 시장에서 새로운 사업기회가 출현하면 기업으로서는 필요한 마케팅능력도 없고 사용해야 하는 유통경로도 기존의 것과는 아주 다른 경우도 발생한다.

이러한 경우에는 보완적인 기술과 자원을 가진 기업과 합작회사를 설립하는 것도 생각해 볼 필요가 있다. 미국기업들은 과거에 합작회사형태로 일본에 진출한 경우가 많았다. 일본정부가 합작이나 라이슨싱형태가 아니면 외국기업의 일본진출을 허용하지 않았던 것이 주요한 이유였다. 그러나 적지 않은 미국기업들은 일본이라는 생소한 시장에서 일본식 마케팅이라는 생소한 개념을 효과적으로 극복하려는 의도에서 일본시장과 일본의 유통경로를 잘 알고 있는 일본기업들과의 합작을 선호했던 것이다.

3. 신속한 시장지분 확보

제품시장이 성장함에 따라 시장에서 경쟁력을 유지하는 요체가 누가 뛰어난 기술과 마케팅기법을 가지고 있는가 하는 것으로부터 누가 시장 지배적인 경쟁자인가 하는 것으로 바뀐다. 즉 장기적으로 시장에서 경쟁력을 유지하려면 대규모의 지속적인 연구개발활동과 광고활동, 그리고 유통경로의 충성도를 확보할 수 있게 해 주는 대량판매가 필수적이다. 대량판매가 이루어지면 규모의 경제와 경험효과로 단위당 제조비용 역시 감소한다.

시장의 국제화가 진전됨에 따라 대규모 매출을 달성하려는 국제기업은 적어도 세계 3대 시장인 미국, EU, 일본을 포함한 아시아시장에서 각각 상당한 시장지분을 가지고 있어야 한다. 따라서 세계시장에서 경쟁력을 확보하려는 기업은 경쟁자보다 먼저 제품시장의 성장 초기단계부터 시장지분의 확보에 나설 필요가 있다. 그러나 국제시장지분 확보를 단독으로 추진하는 데에는 많은 시간과 자원이 투입되어야 한다. 국제제휴전략은 성장제품시장에서 적시에 대규모 판매를 확보하여 경쟁력을 얻는 데 크게 기여한다.

이 때 기업이 효과적으로 이용할 수 있는 제휴형태로는 다음과 같은 것들이 있다. 우선 기업은 OEM방식을 이용할 수 있다. 자기가 생산하는 성장단계의 제품을 OEM방식으로 현지기업에 공급하여 시장지분을 확보하는 방법이다. 부가가치 재판매망을 구축하는 것도 한 방법이다. 부가가치 재판매망이란 시장별로 제품에 대한 수요가 다를 때 한 기업이 생산한 제품을 공급받은 다른 기업이 수요에 맞게 제품을 변형하거나 새로운 가치를 부가하여 고객들에게 판매하는 네트워크를 지칭한다. 그 밖에도 국제기업은 현지시장에 접근하기 위하여 현지기업과 합작회사를 설립할 수도 있고 라이슨싱형태로 기술을 제공할 수도 있으며 자사제품을 쓰지 않을 수 없는 현지기업에 지분참여도 할 수 있다.

이러한 제휴전략은 시장지분 확보에 중요할 뿐 아니라 경쟁기업을 패퇴시키는 데에도 유효한 전략이다. 그 대표적인 예가 VCR이다. VCR은 1956년에 미국회사인 앰펙스(Ampex)가 최초로 생산한 제품이다. 그러나 앰펙스가 생산한 VCR은 비싸고 부피가 커서 수요가 없다가 1975년에 일본의 소니사가 베타맥스방식의 VCR을 내놓음으로써 수요가 폭발적으로 증가하기 시작했다. 소니의 베타맥스방식은 곧 세계 최대의 시장지분을 확보했다. 소니의 경쟁사인 일본의 마츄시타사의 계열회사인 JVC는 1976년 말에야 VHS 방식의 VCR을 시장에 내놓았으나 단독생산을 고집한 소니와는 달리 라이슨싱과 합작회사설립의 형태로 국제제휴를 적극적으로 추진했다. JVC의 적극적인 국제제휴전략이 성공하여 VCR시장은 VHS방식이 지배하게 되었다.

VCR시장의 예에서 볼 수 있는 바와 같이 제품시장에서의 성공 여부는 제품과 성능표준이 어떻게 정해지느냐 하는 것과 밀접한 관련이 있다. 제품시장의 성장 초기단계에서는 여러 가지 방식이 혼재하는 경우가 많다. 그러나 시장이 성숙함에 따라 최대 시장지분을 가진 회사가 사용하는 방식으로 제품표준이 통일되어 관련장비의 생산과 소프트웨어개발이 그러한 방식을 염두에 두고 이루어지는 것이 보통이다. 국제제휴 파트너를 잘 선정하면 자사의 방식이 세계표준이 될 가능성이 높아지며 국제제휴를 거부하는 경쟁자를 패배시킬 수 있다.

4. 전 문 화

위에서 언급한 세 가지 목적의 제휴는 적극적 의미의 제휴라고 할 수 있으나 전문화는 국제시장 내의 경쟁에서 밀리는 불리한 위치에 처한 기업들이 선택하는 제휴전략이다. 제품이 성장기를 지나 성숙기에 진입하면 시장 내에는 강력한 경쟁자와 약한 경쟁자가 구분되기 시작한다. 제품시장 내의 리더는 여러 가지 면에서 중요한 이점들을 보유한다. 그들은 규모의 경제를 통해 제조비용을 낮출 수 있고 더 많은 연구개발비용을 지출할 수 있으며 최상의 유통경로를 이용할 수 있고 강력한 정치력도 행사할 수 있다. 이 경우 산업 내에서 경쟁력이 약한 기업은 산업 내의 모든 세시장에서 리더와 정면으로 승부하는 것보다 특정한 세시장이나 기능에 전문화하는 것이 현명할지 모른다.

제휴를 통해 전문화하는 방법은 우선 핵심부품의 생산을 포기하고 OEM형태로 조달하는 것이다. 물론 핵심부품의 생산을 포기하고 경쟁기업에게 하청을 준다는 것은 장기적으로 보면 자사의 경쟁력에 치명적일 수 있다. 그러나 그러한 선택이 반드시 나쁜 것만은 아니다. 예컨대 미국의 델컴퓨터는 OEM으로 PC를 공급받아 중간상을 배제하고 소비자에게 공급함으로써 상당한 경영성과를 거둘 수 있었다. 특히 산업 내에 경쟁적인 품질의 제품을 공급할 수 있는 기업들이 다수 존재하는 경우에는 최선의 공급자를 선택할 수 있다는 이점이 있다.

약한 경쟁자가 선택할 수 있는 또 하나의 대안은 리더를 위해 하청생산하는 기업으로 전문화하거나 제품의 생산을 포기하고 제품의 유통만을 담당하는 식으로 전문화하는 것이다. 부품의 하청생산에 특화하면 고객과의 직접적인 접촉에서 멀어진다는 단점이 있으나 무역규제 등에서 벗어날 수 있다는 장점도 있다. 대부분의 국가들은 부품수입에 높은 관세를 부과하면 자국기업이 생산하는 완제품의 국제경쟁력이 떨어지므로 수입부품에 낮은 관세를 부과하는 경향이 있다. 유통에 특화하는 것 역시 장기적으로 보면 산업 내 경쟁에 필요한 핵심능력을 포기한다는 단점이 있는 반면에 정보기술의 발달에 의한 소매상의 대규모화 추세에서 볼 수 있듯이 최근에는 산업 내 힘의 균형이 생산에서 유통으로 옮아가는 경향에 부합하는 면도 있다.

5. 핵심역량의 구축

시장의 국제화로 경쟁이 치열해지면 상당한 규모의 대기업도 국제시장의 리더와 경쟁하는 데 부담을 느끼게 된다. 예컨대 우리나라의 재벌기업들은 그룹 전체로 보면 거대기업이지만 다양한 비관련산업분야에서 경쟁하는 기업 하나 하나씩을 놓고 보면 크지도 작지도 않은 어중간한 기업인 경우가 많다. 이 경우 기업은 제휴를 통하여 핵심역량을 구축하는 데 필요한 최소 규모를 달성할 수 있으며, 필요한 최소 규모는 충분한 연구개발과 마케팅활동을 가능케 함으로써 제휴기업이 산업 내 주요 경쟁자로 부상하게 되는 계기를 만든다.

대표적인 예가 프랑스, 영국, 독일 그리고 스페인 기업들이 제휴한 에어버스이다. 국제민간여객기 시장은 보잉을 비롯한 미국회사들이 석권하고 있던 시장이었다. 민간여객기에 대한 수요는 1년에 500대 정도에 불과하고 신형 여객기의 개발 · 제작에는 천문학적인 규모의 자금투입이 필요하다. 따라서 여객기생산이 손익분기점에 도달할 때까지는 오랜 기간이 걸리며 위험도 대단히 크다. 그 결과 보잉이 민간여객기 시장을 상당기간 지배할 수 있었다. 한편 영국, 프랑스, 독일, 스페인 중 어느 나라도 여객기개발 · 제작을 독자적으로 시작하여 여객기생산에 따르는 위험을 부담할 수 없는 입장이었다. 그러나 4개국 기업은 제휴를 통하여 필요한 최소 규모를 달성함으로써 민간여객기 시장에 효과적으로 진입할 수 있었다.

6. 저비용의 달성

제품이 성장기를 지나 표준화기에 진입하면 가격이 소비자의 구입의사를 결정짓는 중요한 요소가 된다. 저가격, 즉 저비용을 달성하는 방법은 여러 가지가 있다. 규모의 경제와 경험효과를 이용하는 것도 한 방법이며 생산관리의 질을 높이는 것도 한 방법이다. 일본기업들은 적시관리기법을 생산에 도입하여 생산관리의 질을 높임으로써 고품질과 저비용을 동시에 달성할 수 있었다.

그러나 경우에 따라서는 위와 같은 방법으로는 저비용을 달성할 수 없거나 달성할 수 있더라도 어떤 한계를 넘을 수 없는 경우가 발생한다. 그것은 노무비나 재료비 차이에서 오는 경우가 많다. 예컨대 그 동안 우리나라가 상대적으로 경쟁우위를 가지고 있던 신발산업은 규모의 경제나 경험효과 측면에서는 다른 나라 기업들의 추종을 불허했다. 그러나 동남아 국가들과 중국이 경제개발에 나서자 우리나라와 이들 국가들간의 임금격차가 너무 커서 규모의 경제나 경험효과, 경영관리의 질만으로는 그 격차를 메울 수 없게 되었다.

이 경우 저임국가의 기업들과 제휴함으로써 기업은 저비용을 달성할 수 있다. 제휴의 방법은 이들 국가의 기업들로부터 공급받는 OEM형식을 취할 수도 있으며 우리나라 기업이 자본참여하여 합작하는 형태로도 가능할 것이다. 그러나 생소한 곳으로 진출할 때에는 하청형식을 거쳐 합작대상 기업의 성격을 파악한 후 합작회사를 설립하는 것이 위험을 줄일 수 있는 선택일 것이다.

7. 철　　수

제품시장 내 경쟁이 치열해지면 그 시장으로부터 철수하려는 기업이 나온다. 특히 특정제품시장으로부터 철수함으로써 회수할 수 있는 자본을 다른 산업에 보다 효율적으로 재배치할 수 있는 기회를 발견한 기업은 현 산업으로부터의 철수를 희망한다. 이 경우 기업은 회사를 매각함으로써 그 산업에서 철수할 수 있다.

그러나 자사가 매각하기를 원하는 사업이라도 자사가 원하는 조건으로 매입하려는 기업을 언제나 발견할 수 있는 것은 아니다. 이 경우 기업은 다른 기업과의 제휴를 통하여 제품시장에서 질서 있게 철수할 수 있다. 자사가 매각하려는 사업을 매입하지 않으려는 기업은 그 사업이나 사업을 하는 장소가 자기에게 생소하기 때문인 경우도 있다. 제휴는 장래의 매입기업에게 그 사업의 가능성을 평가할 수 있는 기회를 제공하며 생소한 사업이나 장소를 익히는 기회를 제공한다. 제휴를 통하여 궁극적으로 매각을 시도하는 기업은 미래에 더 나은 조건으로 사업을 매각할 수 있을 것이다.

제 4 절　국제제휴형태

제3절에서 본 바와 같이 국제기업간의 제휴는 여러 가지 목적을 달성하기

위하여 이루어지고 있다. 이러한 목적을 달성하기 위하여 이루어지는 국제제휴도 여러 가지 형태를 취하고 있다. 그 중에서 중요한 형태로는 경쟁 전 연구개발협력, 벤처기업 지분참여, 합작투자, 부분합병, 수직적 공급계약 등이 있다.

1. 연구개발협력

기술이 복잡해지고 기술변화가 가속화하자 세계적으로 유수한 연구개발능력을 보유하기 위한 국제기업간의 연구개발협력이 급속히 늘어나고 있다. 연구개발에 협력하기 위한 제휴는 독립된 기업들이 신제품의 연구개발을 위하여 협력하는 것을 의미하며 그들의 협력은 제품의 상업적 생산이 완결되어 시장에서 경쟁관계에 돌입하기 전에 종결되는 형식을 취한다.

우리나라의 반도체제조기업들이 4메가 D램의 개발을 위하여 협력한 후 구체적인 제품의 생산은 각자가 독자적으로 책임지기로 한 것이 그 좋은 예이다. 개발에 투입된 비용은 참여기업들이 분담하나 제품의 상업적 생산과 판매는 각자의 책임이기 때문에 협력에서 오는 이익의 크기는 제품개발비용뿐 아니라 제품을 상업화하는 데 드는 비용과 생산된 제품의 우수성, 그리고 판매기업의 마케팅능력의 함수이다. 과거의 연구개발협력은 주로 중소규모의 기업들이 대기업의 연구개발능력을 따라잡기 위한 것이 대종을 이루었으나 최근에 증가하고 있는 경쟁 전 연구개발협력은 특정산업 내의 세계적 기업들이 국제시장에서 장기적인 기술우위를 확보하기 위하여 협력하는 것이다.

경쟁 전 연구개발협력은 유럽이 오랜 역사를 가지고 있다. 유럽은 상업화 전망이 크지 않고 대규모의 비용이 소요되는 프로젝트에 경쟁 전 연구협력을 많이 사용했고 또 사용하고 있다. 유럽의 대표적인 경쟁 전 연구개발협력사업으로는 ESPRIT가 있다. ESPRIT에는 불(Bull), CGE, 톰슨, AEG, 닉스도르프(Nixdorf), 지멘스, ICL, 플리씨(Plessey), GEC, 올리베티, STET, 필립스 등 여러 기업들이 참여하고 있다. ESPRIT는 유럽이 첨단부품, 특히 IC제조능력을 확보하고 차세대 정보처리시스템에 필요한 기술을 확보하기 위하여 시작되었으며 역외국가에도 문호를 개방하고 있다.

연구개발협력의 형태는 여러 가지이나 크게 보아 수직적 협력과 수평적 협력으로 나눌 수 있다. 수직적 협력은 공급원과 고객이 협력하여 신기술을 개발하는 형태이다. 수직적 협력은 공급원이 제품개발에 고객을 끌어들임으로써 이루어지는 경우가 많다. 이에 반해 수평적 협력은 경쟁기업들간의 협력을 의미하며, 따라서 수직적 협력보다 더 큰 위험에 노출되기 쉽다. 예컨대 협력하는 과정에서 경쟁기업이 협력의 대상이 아닌 자사의 기술을 습득함으로써 자사가 경쟁우위를 상실하는 일도 발생할 수 있다.

2. OEM(주문자상표 부착생산)

OEM이란 원래 부품을 모아서 조립하는 회사를 가리킨 용어였으나, 최근에는 완제품을 다른 기업들에게 하청생산시켜서 조달하는 회사까지도 OEM이라고 부른다. 예를 들어 대우중공업은 미국의 캐터필러 트랙터회사와 장기계약을 맺고 전동지게차를 제조해서 수출하고 있으며, 캐터필러사는 대우중공업이 만든 전동지게차에 자기회사의 상표를 붙인 후 자사의 판매망을 이용하여 그 제품을 세계 전역에 공급하고 있다. 이 경우 미국의 캐터필러사는 OEM이 되며 대우중공업은 OEM에 대해 일종의 하청생산을 하는 셈이 된다. 이러한 OEM방식은 중장비에만 국한되는 것은 아니며 TV, VCR, 신발, 완구에 이르기까지 다양한 산업에서 사용되고 있다.

3. 벤처기업에의 지분참여

벤처기업에의 지분참여란 대기업이 사업의 성장전망은 매우 좋으나 그 사업을 수행하는 기업의 주식은 아직 주식시장에 상장되어 있지 않는 신생기업의 지분을 일부 확보하는 것을 말한다. 벤처기업에의 지분참여는 재무적 이익의 획득을 주목적으로 하는 모험자본투자와는 구분된다.

기업이 벤처기업에 지분참여하는 목적의 하나는 자기가 현재 경영하고 있는 사업에 영향을 미칠 수 있는 중요한 기술진보나 시장상황의 변동을 사전에 감지하는 것이다. 벤처기업에 지분참여하는 기업은 새로이 개발되는 신기술을 들여다 볼 수 있는 기회를 갖게 됨으로써, 자기가 모르는 사이에 일어난 기술혁신에 의하여 현재의 사업에서 결정적으로 경쟁력을 훼손당하거나 중요한 전략적 기회를 놓치는 위험을 줄일 수 있다.

벤처기업에의 지분참여는 사내에서 개발된 기술을 본사 밖에서 이용하기 위하여 그 기술을 이용할 회사를 본사와는 별도로 설립하였을 때, 그러한 회사와 협력하는 수단으로도 많이 사용된다. 이러한 목적의 벤처기업에의 지분참여는 사내에서 개발된 기술이 핵심기술이 아니고, 연구개발과정에서 발견된 부수적인 기술인 경우에 특히 유효하다. 중소기업과 협력함으로써 기업은 비용과 위험을 분담할 수 있으며, 소기업의 탄력성을 이용할 수 있을 뿐 아니라 기업의 핵심전략에 잘 부합하지 않는 사업을 분리하여 추진하는 이점도 가질 수 있다.

벤처기업에 지분참여하고자 하는 기업들은 회사의 자금에서 일정한 금액을 별도로 떼어 벤처기업투자에 사용할 특별기금을 설치하기도 한다. 특별기금을 별도로 설치하는 이유는 벤처사업에의 투자는 성공가능성도 낮고 성공하기까지 오랜 기간이 소요되기 때문에 다른 일상적인 투자보다 우선순위가 낮을 가능성이 크기 때문이다. 이 특별기금의 운영도 회사의 기존직원들이 담당하지 않고 별도로 채용한 벤처자본팀이 담당하는 것이 보통이다.

벤처기업에의 지분참여를 전문으로 하는 회사가 외부의 독립적인 기금에 투자하는 것도 자금과 경영진의 시간을 많이 투입하지 않고 신기술에 접근하는 효과적인 방법이다. 투자대상이 되는 외부기금은 가능한 모든 벤처사업에의 투자를 목적으로 설립된 일반기금도 있고 의료기금이나 국방기금 같이 특별한 사업에 투자하기 위해 설립된 기금도 있다.

4. 합작투자

합작투자란 둘 이상의 기업이 합작하여 별도의 새로운 회사를 설립하는 형태이다. 기업은 해외에서 외국기업이나 기업들과 협력하여 제조활동에 종사함으로써 현지제조에서 발생하는 이익의 일부를 확보할 수 있다. 기업은 또한 합작투자를 통하여 자기가 필요로 하는 기술에 접근할 수도 있다. 이 때 기업이 얻게 되는 기술은 제품제조에 관한 기술에 국한되지 않으며 제품기획이나 디자인기술, 마케팅기법 등 다양하다.

합작투자는 해외로 진출하는 기업들이 가장 많이 이용하는 국제제휴형태이지만, 과거의 경험에 의하면 실패로 끝나는 확률도 높다. 따라서 합작형태로 외국기업과 제휴하고자 하는 기업은 합작사업의 각 부문에 있어서 중요 성공요소를 평가하고 필요한 조건과 그러한 조건에 우리 회사가 기여할 수 있는 부분을 평가한 후, 합작파트너의 기여부분을 평가하여 가장 이상적인 파트너를 선정할 필요가 있다. 합작투자는 기업의 해외직접투자 중에서 가장 널리 이용되는 형태이므로 다음 장에서 자세히 설명하고자 한다.

5. 일부합병

일부합병이란 두 개 이상의 회사가 완전히 합병하여 하나의 회사가 되는 것이 아니고, 업무의 일부만 떼어 그 업무만 합병하는 것을 지칭한다. 일부합병은 합병당사자들이 합병을 통하여 경쟁력을 개선하기를 원하지만, 사업에 대한 지배권을 완전히 포기하기를 원하지 않을 때에 주로 이용되는 방법이다. 건설장비 제조업체인 고마쓰와 드레서사는 1988년에 북미사업을 합병했다. 드레서사는 일부합병을 통해 고마쓰 제품을 북미에서 판매할 수 있게 되었으며, 낡은 공장을 현대화하는 데 필요했던 3억불의 자금을 확보할 수 있었다. 고마쓰는 일본에서 생산한 부품들을 드레서사의 북미공장에서 조립함으로써 엔화강세에 따른 수출감소에 대처하고 미국과의 무역마찰을 줄일 수 있었다.

일부합병은 이와 같이 수출환경의 개선을 위해서도 이루어지나, 그 밖의 여러 가지 이유로도 이루어지고 있다. 일부합병은 대규모 연구개발비를 감당하기 위한 규모의 경제를 달성하기 위해서도 이루어지며, 상대방 회사의 본사가 소재하는 국가의 시장에 접근하기 위해서도 이루어진다. 최근에 항공기제작에 관심을 갖고 있는 우리나라의 몇몇 회사들과 중국회사가 참여하는 중형항공기제작사업에 대한 논의가 무성하다. 항공기제작에 필요한 연구개발자금은 한 회사가 단독으로 부담하기에는 규모가 너무 크고 따르는 위험도 너무 크다. 중국을 참여시키려는 이유는 항공기사업은 항공기개발에 성공하는 것도 중요하지만 상업적 생산에 필요한 최소한도의 수요를 확보하는 것도 중요하기 때문이다. 그 밖에도 일부합병은 두 회사의 제품이 상호보완적인 관계에 있는 경우에 제품의 구색을 갖춤으로써 제품시너지를 극대화하기 위해서도 이루어진다.

6. 수직적 공급계약

수직적 공급계약이란 철강업체가 원료를 확보하기 위해 광산을 가지고 있는 기업을 매입한다거나 유통경로를 확보하기 위해 철강제품 도매상을 매입함으로써, 거래비용을 절감하는 수직적 통합과 유사하나 완전히 합병하여 하나가 되는 것이 아니고, 제한된 범위 내에서 제휴하는 국제진출형태를 지칭한다. 좋은 예가 코카 콜라이다. 해외 현지에서 팔리는 코카 콜라의 원액은 미국의 코카 콜라사가 현지기업에게 공급한다. 코카 콜라사는 현지의 코카 콜라 제조회사들에게 코카 콜라의 원액을 공급할 뿐 아니라, 코카 콜라라는 상표의 사용도 허용한다. 물론 현지회사들은 원액의 공급에 대한 대가를 지불해야 하며 상표사용에 대한 대가도 지불한다. 현지회사들은 미국의 코카 콜라사가 공급한 원액에 물을 타, 병에 넣어 자사의 유통망을 통해 현지에 시판한다.

코카 콜라사의 입장에서 중요한 자산은 세계적으로 널리 알려져 있는 코카 콜라라는 상표와 코카 콜라가 가지는 독특한 맛을 공급하는 코카 콜라 원액이다. 코카 콜라사는 그들의 중요한 자산인 상표와 원액을 이익적으로 이용하기 위해서 현지에 유통경로를 구축하고 자기가 직접 완제품을 현지시장에 판매할 수도 있을 것이다. 그러나 타국에 유통경로를 구축하는 데에는 많은 자금이 소요되며 코카 콜라사에게 있어서 유통경로는 코카 콜라라는 상표나 원액만큼 중요한 자산이 아니다. 코카 콜라는 세계 도처에 진출해 있기 때문에 세계 각국에 자사의 공장과 판매망을 직접 구축하여 완제품을 공급하려면 막대한 자금이 소요되었을 것이다. 코카 콜라사는 현지회사와 제휴함으로써 그들의 중요한 자산인 상표와 원액을 이익적으로 이용할 수 있을 뿐 아니라 유통경로 확보에 성공할 수 있었다.

수직적 공급계약의 형태는 여러 가지이다. 힐튼, 홀러데이 인 같은 국제적으로 유명한 호텔, 피자 헛, 맥도날드 같은 패스트 푸드 레스토랑, 허츠 같은 렌털카 사업 등이 수직적 공급계약의 형태로 이루어지는 국제제휴이다. 제조기업들이 원료를 안정적으로 확보하기 위하여 원료생산기업들과 맺는 장기공급계약 역시 수직적 공급계약의 한 형태이다. 장기공급계약하에서는 제조기업들이 원료생산기업들과 일정한 가격으로 일정한 기간동안 일정한 양의 원료를 공급받기로 계약한다. 물론 이 경우 계약기간 동안 원료의 국제가격이 계약가격 이상이면 제조기업이, 원료의 국제가격이 계약가격 이하이면 원료제공기업이 이익을 보게 된다. 예측오차로 인해 계약의 일방이 입게 되는 피해와 그로 인해 발생하는 불만을 제거하기 위해 국제시장가격에 따라 공급가격을 조정한다는 조건을 삽입하는 경우도 발생한다.

제 5 절 제휴 성공의 5 단계

우리는 제3절에서 제휴의 목적을 살펴보았는바, 다른 기업들과 도움이 되는 협력관계를 만들어내고 유지하는 기업의 능력, 즉 제휴우위(collaborative advantage)를 보유한 기업은 글로벌시장에서 상당한 경쟁우위를 누릴 수 있다. 제휴우위는 무엇을 알고 있는가보다는 누구를 알고 있는가 하는 문제와 관련이 있기 때문에 제휴를 재무적 관점에서만 평가하고 인간적으로 관리하는 것을 등한시하는 기업은 제휴우위를 확보할 수 없다. 따라서 기업이 제휴우위를 성공적으로 개발하려면 제휴의 이점에 대한 재무적 분석을 무시해서도 안 되지만 그에 못지 않게 중요한 것은 전략적 제휴를 두 기업간의 일종의 결혼으로 간주하고 인간적인 측면에서 접근해야 한다는 것이다. 이하에서는 파트너와의 전략적 제휴 성공에 필요한 5단계에 대해 알아보고자 한다.

1. 제휴 상대기업 모색단계

첫 단계는 말하자면 두 기업이 제휴라는 결혼을 위해 구애하는 단계이며 두 기업이 어쩐지 서로 끌리고 양립가능성을 발견하는 단계이다. 이 단계에서는 상대방 기업의 입장은 생각 안하고 첫 눈에 상대방 기업에게 끌리는 경우가 많다. 예컨대 제휴를 통해 중국진출을 계획하는 기업은 자사에게 중국이 중요하기 때문에 제휴상대기업도 중국을 중요시할 것이라고 생각하기 쉬우나 상대기업에게는 중국이 부차적인 중요성만을 가질 가능성이 있다. 이 경우 중국진출에 대규모 투자가 필요하다는 것이 판명되면 제휴상대기업은 여러 가지 이유를 들어 구체적인 실행단계에서 입장을 바꿀 가능성이 많다. 따라서 제휴를 시도하는 기업은 다음과 같은 파트너 선정과정을 밟을 필요가 있다.

첫째로, 철저한 자기분석과 잠재적 제휴파트너에 대한 평가능력을 개발해야 한다. 이를 위해서는 자사와 자사가 속하는 산업, 그리고 그 산업 내에서 일어나는 변화를 숙지하고 정말로 자사가 필요로 하는 파트너가 어떤 파트너인지를 정확히 식별해야 한다.

둘째로, 제휴상대기업의 체질을 정확히 파악해야 한다. 제휴에 성공하려면 상대방에 대한 재무 및 전략적 분석도 중요하지만, 두 회사의 최고경영자들간에 푸근한 인간관계가 수립되고 계속될 수 있어야 한다. 따라서 두 회사의 최고경영자들이 속도경영, 관료적 자세에 대한 경멸, 의사결정을 두려워하지 않는 자세와 같은 경영자적 자질뿐 아니라, 예술이나 스포츠에 대한 열성과 같은 취미나 기호도 공유하는지 여부를 파악할 필요가 있다.

셋째로, 두 회사가 미래에 대한 전망과 철학, 가치관 등도 공유하고 있으며 능력도 비슷하고 동시에 이해관계의 충돌이 없는지를 확인해야 한다. 특히 서비스산업과 같이 변화가 빠른 산업에서는 이와 같은 동질성이 없으면 설사 이번에 제휴가 성립한다 해도 그 건이 끝나면 서로 돌아설 가능성이 많다. 따라서 제휴가 지속성을 갖기 위해서는 제휴파트너들이 시장의 글로벌화나 정보화에 대한 비전을 공유하여 새로운 기회를 공동으로 모색하는 자세를 가져야 한다. 제휴파트너들이 그러한 자세를 견지하면 설령 제휴 초기에 기대했던 결과를 보지 못하더라도 미래의 이익을 위해 제휴는 계속될 수 있다.

2. 제휴계약 체결단계

두 번째 단계는 말하자면 두 기업이 각각 상대편의 가족과 만나 약혼하는 단계이며 제휴를 계획하고 제휴계약을 체결하는 단계이다. 제휴의 초기 단계에서는 두 기업의 최고경영자끼리만 만나지만 계약단계에선 실무자, 주주, 정부관계자, 고객, 공급원, 기존의 다른 파트너의 허가나 묵인이 필요하기도 하다. 그러나 제휴계약을 법률자문회사와 컨설팅회사에만 맡겨 놓으면 두 기업의 최고경영자간에 쌓아올린 좋은 감정이 무산될 위험이 있다. 따라서 두 회사의 경영자들은 원칙을 함께 토의하는 데 시간을 많이 할애해야 하며, 변호사나 컨설팅회사의 역할은 필요한 최소 한도에 그쳐야 한다. 이 단계에서는 정부와의 관계도 중요한데 각국의 정부는 첨단산업이나 전략적 산업 등 중요한 산업에서 일어나는 대규모 제휴에 대해서는 여러 가지 이유를 들어 국제적인 제휴에 개입하고 있기 때문이다. 예컨대 사회당이 집권하고 있는 나라의 기업과 제휴를 모색할 때에는 제휴기업이 그 나라 감독관청의 관리들에게 자유시장경제의 장점에 대해 강의를 할 필요가 발생할 수 있다.

이 단계는 또한 제휴 파트너들이 각기 제휴의 진지성에 대해 서약하는 단계이기도 하다. 네덜란드의 Ahold, 미국의 Argyll(Safeway), 프랑스의 Groupe Casino의 세 회사가 제휴하여 ERA(European Retail Alliance)를 구성했을 때 각 파트너는 언약을 지키는 표시로 상대방 회사의 주식을 소량씩 상호 보유했을 뿐 아니라 세 회사는 제품의 상호판매, 보험, 자료처리, 하드웨어구매, 품질관리, 종업원 개발 등에 관한 공동프로젝트에서도 협력했다. 예컨대 세 회사는 한 파트너가 검증한 공급원을 공동 이용하였으며, 미국파트너인 세이프웨이가 프랑스파트너 카지노사로부터 판촉용 샴페인을 구매하는 대신에 카지노사는 세이프웨이의 영국공급원을 이용하여 스코트랜드제 훈제연어와 기타 고품질의 영국산 신선제품을 프랑스시장에 판매했다. 이러한 일련의 활동을 통해 두 회사는 각기 자국에서 기호식품의 선두주자로서의 위치를 굳힐 수 있었다. 언약을 확인시키기 위한 이러한 제스처는 제휴의 성공에 매우 중요하기는 하지만, 이 단계에서 각 회사의 독립을 명확히 하는 것도 중요하다. 예컨대 ERA는 각 파트너 기업이 제휴사업과는 별도로 단독으로 유럽에 진출하는 것을 막을 수 없다는 조항을 넣어 나중에 제휴파트너들간에 오해가 발생하는 것을 막을 수 있었다.

3. 의견차이를 발견하는 단계

세 번째 단계는 말하자면 결혼생활 중 신혼에 해당하는 단계로서 제휴파트너들이 제휴대상 사업운영에 대한 생각이 서로 다르다는 것을 발견하는 단계이다. 제휴계약 체결 후 본격적으로 사업이 시작되면 이전보다는 각 회사의 더 많은 사람들이 제휴사업에 관여하게 된다. 그 중에는 제휴를 반대하는 사람도 있고 제휴가 성공하면 일자리나 기타 이익을 잃게 되는 사람도 있을 것이며, 이들은 제휴사업이 생산하는 제품의 품질이 불량하다는 등 이런 저런 이유로 제휴의 실패를 유도하려 할 것이다. 또한 각 파트너회사들의 결제과정, 업무수행절차, 보고형식, 판매과정, 제품개발방법, 기술표준 등 모든 것이 다를 수 있다. 이 단계에서는 파트너간의 이러한 여러 가지 차이가 제휴의 실패로 이어지지 않도록 당사자들은 차이점들을 신속히 찾아서 적극적으로 의견을 조정해야 할 것이다.

특히 이 단계에서는, 예컨대 중국인들은 으레 그래 하는 식의 스테레오타이핑은 의견차이를 해소하는 데 전혀 도움이 안 된다. 또한 기술은 우리가 갖고 있고 우리가 중국인들에게 직장을 주고 있다는 식의 자세는 너희가 아니더라도 다른 외국인투자자들이 얼마든지 있다는 식의 중국측 파트너의 반발을 불러와 의견차이의 해소를 더욱 어렵게 만들 것이다. 중요한 것은 파트너회사들 사이에 상대방이 제휴사업에 기여하고 있다는 존경심이 있어야 하며 그러한 존경심이 없는 한 제휴는 실패할 가능성이 매우 높다.

4. 제휴학습단계

네 번째 단계는 파트너회사들이 상호간의 의견차이를 해결하는 메커니즘을 고안하고 파트너들끼리 잘 지내는 기법을 개발하는 단계이다. 제휴는 두 회사가 조직차원 및 인적차원의 의견차이를 해소하고 제휴로부터 실질가치를 달성하는 조직구조, 경영과정, 기술 등과 같은 메커니즘을 개발할 때 활성화될 것이다. 따라서 제휴가 성공하자면 다음과 같은 다섯 가지 통합을 이루어야 한다.

첫째로, 전략적 통합이다. 제휴파트너회사의 최고경영진들은 제휴를 맺은 후에도 계속 만나서 제휴사업의 목표나 전략에 대해 토의해야 한다. 따라서 제휴파트너회사의 최고경영진들이 상대방 회사 이사회의 이사로 등재되는 것만으로는 불충분하며, 예컨대 한 달에 한 번씩 제휴파트너회사의 최고경영진들이 국가별로 돌아가며 서로 만나 전략을 토의하는 것이 중요하다. 만약에 파트너회사의 최고경영진들이 그런 시간을 낼 수 없으면 처음부터 제휴하지 말아야 할 것이다.

둘째로, 전술적 통합이다. 이를 위해서는 제휴파트너회사의 중간관리자나 전문가들이 함께 모여 특정 프로젝트나 공동활동계획을 개발하고 두 회사간의 연결을 개선하며 파트너간의 기술 이전을 원활히 하기 위해서는 어떤 조직이나 시스템의 변화가 필요한가를 검토해야 한다. 예컨대 ERA는 보험, 정보기술, 운송관련 프로젝트를 시너지 잠재력이 있는 분야로 정하고 각 분야별로 세 회사의 직원 8명 내지 10명이 참여하는 위원회를 만들고 한 달에 한 번씩 만나 각 분야별 협력방법을 공동으로 모색했다. 세 회사는 각기 자기가 가장 잘하는 분야에서 리더십을 발휘하고 제휴사업의 경영에 각 회사의 강점들을 최대한으로 활용했다. 경우에 따라서는 각 회사가 파트너회사의 자원을 최대한 활용하는 임무를 맡는 경영자를 두는 것도 전술적 통합에 유용한 방법이다.

셋째로, 운영체계의 통합이다. 이는 파트너회사들이 매일 매일의 업무에서 사용할 공동언어와 공동제품개발표준 등 업무수행과 관련된 절차를 통합하는 것이다. 상대방 회사의 교육훈련계획에 자사의 인력을 파견해서 상대방의 일상업무 수행방법을 배우게 하는 것도 한 방법이다.

넷째로, 개인적 통합이다. 이는 두 회사의 관련 임직원들이 서로를 잘 알고 지내야 일이 잘 진척됨을 의미한다. 실제로 공식적인 의사결정도 개인적 관계가 없으면 암초에 부딪치는 경우가 많다. 파트너회사의 경영자들이 참가하는 모임을 만들어 상호 안면을 익히고 그들에게 제휴가 목표로 하는 시너지 개념도 주입시키고 파트너회사 전체와 관련되는 새로운 사업기회를 찾아내는 기회도 제공해야 할 것이다.

다섯째, 문화적 통합이다. 제휴사업에 참여할 경영자는 상대국에서 일한 경험을 가진 경영자를 우선적으로 선발해야 한다. 이는 제휴파트너 양측이 선생도 되고 학생도 되어야 하기 때문이다. 한쪽 회사의 교육훈련에 다른 편이 참석하고 더 나아가 거기서 자기측 사정을 얘기하는 것도 좋은 방법이다. 또한 기술제공 파트너회사의 경영자는 상대기업의 교육훈련과정에 참여하여 기술이전 교육을 하는 대신 현지어에 대한 교육을 받고, 현지기업의 경영자는 상대방이 자기 나라의 문화를 이해하도록 결혼식 같은 데 초청하는 것도 좋은 방법이다.

5. 원숙단계

다섯 번째 단계는 파트너회사들이 제휴에 맞추다보니 각자의 내부도 바뀌는 단계이다. 제휴가 가지는 큰 장점의 하나는 자사와 상대방회사의 시스템 세련도나 운영효율성을 비교해 보고 그로부터 배우는 것이다. 이 단계에서는 다음과 같은 사항들이 중요하다.

첫째로, 제휴사업 경영진에게 자율권을 부여하는 일이다. 예컨대 제휴사업에 파견된 경영진은 자기회사의 관례에 맞지 않더라도 현지실정에 맞춰 외상매출금 정책이나 판매원에 대한 인센티브 등을 달리 할 수 있는 자율권이 주어져야 한다.

둘째로, 학습을 위한 하부구조를 갖춰야 한다. 제휴를 통해 상대방으로부터 많이 배우려면 정보를 공유할 수 있는 열린 조직을 갖춰야 한다. 그렇지 않으면 제한된 범위의 학습만 일어날 뿐이다. 학습을 위해서는 모든 기능분야의 인력이 참여하는 다기능팀의 존재가 필요하며 최고경영진은 제휴를 통한 학습의도를 사내에 공표할 필요가 있다. 또한 제휴사업에 배울 의욕이 있는 젊은 인원을 배치하는 것이 학습에 중요하다.

우리는 앞에서 제휴의 성공을 위한 여러 가지 조건들을 살펴보았다. 그러나 제휴가 아무리 좋아도 제휴를 유지하는 데 지나치게 많은 시간이 들든가, 또 바꿔야 할 제도와 과정이 본업에 지장을 줄 정도로 많든가 하면 제휴를 재고해야 할 것이다. 제휴가 성립된 이후에도 사업상황이나 전략이 바뀌어 특정 제휴가 필요 없게 되어 부득이 제휴를 종결해야 하는 상황도 발생한다. 이 경우에도 제휴의 종결을 상대방에게 솔직하게 알리고 정중하고 외교적으로 해야 한다. 제휴파트너회사의 경영자나 파트너회사 소재국의 정부관리들은 상대방회사가 제휴를 종결하는 모습을 오래 기억하는 경향이 있기 때문이다.

제 6 절 한국기업과 전략적 제휴

글로벌 전략적 제휴는 최근의 국제경쟁상황 변화에 비추어 보면 국제경쟁력의 강화를 위해서 기업들이 필연적으로 고려해야 할 사항임에는 틀림없다. 그러나 글로벌 전략적 제휴는 많은 위험이 따르며, 성사된 전략적 제휴의 2/3가 2년 내에 심각한 경영상의 문제에 봉착하고 있다는 연구도 있다. 특히 제휴의 대상으로 제시할 수 있는 경쟁우위요소들을 많이 보유하고 있지 않은 한국기업들의 글로벌 전략적 제휴는, 많은 문제점을 가지고 있다. 이하에서는 우리나라 기업들의 글로벌 전략적 제휴의 문제점과 성공조건에 대해 살펴보고자 한다.

첫째로, 국제제휴를 추진하는 기업들은 자기의 강점을 최대한 활용하여야 한다. 우리나라 기업들은 메모리반도체 등 일부 분야를 제외하고는 기술 및 경영능력이 선진 외국기업들보다 부족하기 때문에 국제기업들과 대등한 관계에서 제휴하지 못하고 불리한 계약을 감수하지 않을 수 없는 경우가 적지 않다. 그러나 우리나라 기업들은 자신이 가지고 있는 대규모 사업장 경영능력, 강력한 사업추진력, 높은 위험부담능력과 위험부담용의를 잘 활용한다면 보다 나은 조건에서 글로벌 전략적 제휴의 파트너가 될 수 있을 것이다. 또한 선진 외국기업들과 우리나라 기업들의 전략적 제휴가 증가하고 반복됨에 따라 선진 외국기업들의 우리나라 기업들에 대한 신뢰도가 개선되면 우리나라 기업들에게 제시되는 제휴조건도 개선될 것이다.

둘째로, 글로벌 전략적 제휴를 수동적 입장에서 받아들이지 않고, 적극적으로 제휴선을 개발하려면 제휴대상 기업들에게 제공할 수 있는 국제경쟁력 있는 요소들을 많이 보유하고 있어야 한다. 이 때 제휴상대 기업들에게 제시할 수 있는 요소들로서는 기술, 자본, 생산능력, 경영능력 등이 있을 수 있으나, 그 중에서도 기술력은 전략적 제휴에 있어서 가장 중요한 요소이다. 따라서 한국기업들은 전략적 제휴를 통해 원하는 기술에 접근하기 위해서도 기술력 개발을 지속적으로 추진할 필요가 있다.

셋째로, 제휴선의 다양화이다. 우리나라 기업들의 국제제휴선은 일본과 미국기업들, 특히 일본기업들에 편중된 경향이 있다. 이는 무역, 기술도입 등 우리나라의 국제거래가 주로 일본과 미국에 치우쳐 있고, 일본기업들과 미국기업들이 세계의 기술력과 경제력에서 차지하고 있는 비중을 고려하면 부득이한 면도 있다.

이러한 현상은 20세기 말 우리나라가 겪은 외환 · 경제 위기 이후 조금씩 개선되고는 있으나, 아직도 유럽 등 기타 지역이 세계경제에서 차지하는 비중을 고려하면 우리나라의 국제제휴는 미·일 편중이 심하다. 특히, EU의 확대로 EU는 GNP, 인구면에서 세계 최대의 시장으로 부상할 전망이다. 과거의 역사를 돌이켜보면 국제경제질서는 세계 최대시장의 요구에 부응하는 경향이 있어 왔다. 영국이 해외에 광대한 식민지를 운영하며 세계에서 가장 큰 시장을 지배하고 있었을 때는 영국이 제시하는 질서가 국제경제질서였다. 제2차 세계대전 후 미국이 세계 최대의 시장으로 부상하자 미국이 제시하는 질서가 국제경제질서가 되었다. 즉, 세계 최대시장을 보유하는 국가가 국제경제질서를 결정한다. EU가 그들이 생각하는 대로 통합이 완료된다면 유럽합중국(United States of Europe: U.S.E.)이 될 것이며 U.S.E.는 세계 최대의 시장이 될 것이다. 유럽의 중요성은 비단 EU가 세계 최대의 시장이라는 것에 국한되는 것은 아니다. 유럽은 아직도 몇몇 분야에 있어서는 세계를 선도하는 입장이다. 우리가 일본과 미국에 편중하면 세계적 자원을 효율적으로 이용하지 못하는 우(遇)를 범하게 된다.

넷째로, 국제제휴도 중요하나 국내제휴의 중요성도 인식해야 한다. 우리나라 기업들은 메모리반도체의 개발 등에서 제휴로 성과를 거둔 바 있으나 아직도 제휴보다는 경쟁에 익숙해 있다. 균형된 제휴는 보완적 능력의 보유를 전제로 한다. 앞에서도 지적하였듯이 우리나라 기업들은 제휴상대방에게 제시할 경쟁우위가 많지 않아서 국제제휴에서 적지 않은 핸디캡을 안고 있다. 이러한 핸디캡을 극복하는 한 가지 방법은 국내기업들간의 제휴로 경쟁우위요소들을 공동으로 개발하고 그러한 우위요소들을 기초로 선진기업들과의 국제제휴에 나서는 것이다.

국내기업들간의 제휴가 중요한 또 다른 이유는 제휴결과가 그 나라 기업들을 다른 나라 기업들과 차별화함으로써 국가경쟁력을 강화하는 데에도 도움이 된다는 것이다. 정부가 주도하거나 정부의 유도하에 정부출연연구소와 민간기업들간에 이루어지는 공동연구개발이 국내업체간의 전략적 제휴의 좋은 예이다. 1970년대에 있었던 전자교환기(TDX)의 국산개발이 이러한 유형의 전략적 제휴의 대표적인 예인데, TDX의 개발에는 전자통신연구소와 삼성, LG(그 당시는 금성) 등 4개 업체가 참여했다. 생산기술연구원과 삼성SDI, LG전자, 오리온전기 등 간의 HDTV용 32인치 브라운관 공동개발도 국내기업들간에 이루어졌던 전략적 제휴의 좋은 예이다. 국내기업들간에 많이 이루어지는 제휴로는 국내외 수주나 해외로의 동반진출, 보유특허의 교차 라이슨싱, 부품의 공동생산, 공동기술개발, 독자적으로 개발한 부품 및 제품의 상호구매 등이 있다.

제 14 장 국제합작투자전략

국제직접투자는 현지에 자본, 기술, 경영, 인력 등을 투입하여 현지에서 직접 제품을 생산하여 현지국 및 제3국에 판매하기나 본국으로 수출하는 해외시장 진출전략이다. 직접투자를 통한 해외생산은 부품이나 원료는 국내에서 생산하고 이를 해외에서 가공 · 조립 또는 배합이나 단순한 제조활동만 하는 방법과 원료나 부품의 생산으로부터 가공 · 조립 · 배합에 이르기까지 광범위한 제조활동을 해외에서 전개하는 방법으로 구분할 수 있다. 직접투자는 현지인 또는 제3국인과의 합작 여부에 따라 단독투자와 합작투자로 나눌 수 있다. 국제합작투자는 해외직접투자의 한 형태로서 한국기업을 포함하여 세계 여러 나라의 기업들이 국제진출을 할 때에 흔히 이용하는 수단이다.

투자기업이 생소한 국가에 직접투자하여 현지생산에 나서려 할 경우에는 생활환경, 경제상황, 외국인에 대한 태도, 산업하부구조, 거래관습, 법적 · 제도적 장치 등에 관한 상세한 지식을 필요로 한다. 합작회사는 이와 같이 수집하는 데 시간과 비용이 많이 드는 현지에 관한 제반 정보에 보다 능률적으로 그리고 종합적으로 접근할 수 있는 좋은 수단이 될 수 있다. 현지에 관한 지식을 다년간의 수출 등을 통하여 이미 확보하고 있는 경우에도 현지정부가 단독투자를 금지한다든지 단독투자를 허용하더라도 현지의 분위기가 합작투자를 선호한다든지 할 경우에는 합작투자가 일어날 수 있다.

국제제휴의 한 형태인 국제합작투자에는 여러 가지 형태가 있을 수 있다. 국제기업이 투자대상국의 현지기업과 합작하는 것이 전형적인 형태이다. 그 밖에도 투자기업이 현지정부나 현지의 정부기관과 합작하는 경우도 있으며, 현지기업이 아닌 두 개의 다른 국적을 가진 투자기업들이 합작하는 경우도 있으며, 국적이 같은 두 개의 기업이 합작하는 경우도 있다. 또한 합작파트너의 수가 둘 이상인 경우도 있으며 합작사업의 시한이 정해져 있는 프로젝트 합작투자 또는 협력투자(cooperative ventures)도 있다. 협력투자는 민간항공기의 합작생산과 같이 합작의 목적인 사업이 완료되면 합작관계가 종료되는 형태이다. 본장에서는 투자기업이 현지기업과 합작하는 경우를 대상으로 논의를 진행할 것이나 본장의 결론의 상당부분은 기타 형태의 합작투자에도 그대로 적용될 수 있다.

제1절 합작투자의 의의와 종류

1. 합작투자의 의의

해외로 진출하는 기업들의 대부분은 해외경영에 관한 완전한 지배권과 해외경영에서 발생하는 이익을 확보하기 위하여 해외경영에 관한 한 단독소유권을 선호하는 경향이 있다. 해외경영에 관하여 100%의 소유권을 보유하면 투자기업은 다른 주주들에 대하여 별도의 배려를 할 필요가 없으며, 해외경영에서 발생하는 이익도 단독으로 확보할 수 있다. 물론 해외경영에서 손해가 발생할 경우에도 단독으로 손해를 부담해야 한다. 현지의 기업이나 현지인 또는 복수의 현지인들과 합작하여 해외경영을 하는 경우에는 외국인 투자기업이 합작회사의 이익에는 배치되나 투자기업의 이익에는 부합하는 조치를 취하면 현지파트너가 현지정부에 불만을 제기할 수 있기 때문에 그만큼 외국인 투자기업의 재량권은 줄어든다. 사실상 대부분의 국가들은 합작파트너인 현지기업들을 보호하는 법적 장치를 보유하고 있다. 예를 들면 프랑스와 같은 개발국도 프랑스측 합작파트너의 요구에 따라 미국기업이 투자한 합작기업에게 생산물을 수출할 것을 명령한 바 있다.

외국인투자기업이 합작회사의 이익을 위하여 어떤 조치를 취할 때 현지의 합작파트너가 그것을 순수하게 받아들이지 않을 수도 있다. 합작파트너들간에 의견충돌이 일어날 수 있는 분야는 여러 가지이다. 이익배당률을 정하는 문제, 경영활동을 어느 정도까지 대외적으로 공개할 것인가 하는 문제, 이사회구성 문제, 현지 정부기관과의 유대관계를 어느 정도로 할 것인가 하는 문제 등 파트너들간에 의견차이가 생길 수 있는 분야는 여러 가지이다.

단독투자하여 해외경영에 관한 100%의 지배권을 보유하면 여러 가지 이점이 있음에도 불구하고 최근에 들어와서 합작투자가 늘고 있는 것도 사실이다. 합작투자가 증가하는 데에는 물론 현지정부의 압력과 같은 외부적 이유도 있고, 투자기업이 능동적으로 합작투자를 원하는 내부적 이유도 있다. 내부적인 관점에서 보자면 최근 들어 해외경영에 현지기업의 참여를 허용할 필요가 증대되고 있다. 우선 현지기업과 합작하는 기업은 국제진출을 가속화할 수 있다. 국제진출을 가속화하면 경쟁기업들이 세계시장을 선점하는 것을 막을 수 있을 뿐만 아니라 판매량 증대를 극대화함으로써 연구개발비와 같은 고정비용의 배분에도 유리하다.

외부적으로 보면 현지정부들이 그들의 정치적 · 경제적 목적을 달성하기 위하여 해외투자를 합작투자 형태로 유도하는 경우가 있다. 현지정부가 해외투자기업에게 가하는 압력은 여러 가지 형태이다. 법으로 규제하는 경우도 있으며, 외국기업이 합작투자의 형태로 투자를 신청하면 보다 수월하게 허가를 내주는 경우도 있으며, 합작형태의 투자에 대해서는 세금혜택을 부여하는 경우도 있다. 그 밖에도 해외투자기업들은 합작형태의 투자에 대해서는 합작회사를 설립하면 현지기업의 색채가 짙어져 현지정부나 현지사회로부터 비판을 덜 받을 수 있다고 느끼고 있다.

합작투자파트너는 현지기업이 될 수도 있고 현지의 정부기관이나 국영회사가 될 수도 있다. 합작파트너의 수도 둘 이상일 수도 있다. 합작파트너의 수가 늘면 늘수록 관계도 복잡해진다. 예를 들면 Australia Aluminum이라는 회사는 두 개의 미국회사, 두 개의 일본회사, 한 개의 네덜란드회사와 한 개의 독일회사가 합작해서 설립한 회사이다.

2. 합작투자의 특징

국제합작기업의 설립은 기업이 추구하는 완전한 지배권의 확보라는 측면과 부족한 기업자원의 보충이라는 양면성을 지니고 있다. 현지기업과 합작하면 현지사정에 정통한 현지경영인들을 활용할 수 있으며, 현지시장에의 접근도 보다 용이하며 현지인의 감정에도 부합되는 면이 있다. 그러나 현지파트너가 해외투자기업의 국제전략을 수행하는 일환이 되기를 거부하면 범세계적 전략수행에 어려움이 따르게 된다. 반면에 국제기업의 합작투자목적이 단지 현지시장에 판매하기 위한 것이라면 국제기업은 기꺼이 합작회사설립에 나서게 될 것이다. 반면에 범세계적인 마케팅기법의 활용, 생산의 지구적 합리화, 혁신제품의 생산, 원료공급에 대한 지배권 행사 등에 관심을 두고 있는 국제기업은 합작파트너 존재가 범세계적 전략수행에 방해가 될 수 있으므로, 합작회사설립에 소극적이거나 합작회사설립을 기피한다. 그 대표적인 예가 IBM인바, IBM은 범세계적인 생산의 합리화, 혁신제품의 부단한 도입, 범세계적인 마케팅기법의 활용을 위하여 합작투자를 기피하고 있다. IBM은 그 대신에 각국에서 생산하는 부품과 제품 등의 수입 · 수출을 조정하거나 현지인력의 교육훈련을 내세워 현지정부의 불만에 대처하고 있다.

국제합작회사의 설립목적은 위에서 언급한 것 이외에도 여러 가지가 있을 수 있다. 해외투자기업들은 투자대상국에 있을 수 있는 국수주의에 대처하기 위해서, 또는 규모의 경제나 경험효과를 달성하기 위해서, 또는 균형된 기술을 개발하고 공급처 · 구매처나 경쟁자와의 상호관계를 관리하기 위해서, 또는 사업을 다각화하기 위해서 국제합작회사를 설립하고 있다.

어떠한 목적을 달성하기 위해 설립되든지간에 국제합작투자는 새로운 형태의 국제진출방법은 아니다. 그러나 제2차 세계대전 전까지만 하더라도 합작투자는 주로 무역업, 광업, 농장(plantation)경영분야에서 이루어졌다. 반면에 제2차 세계대전 후에는 제조업분야의 합작투자가 크게 증가했다. 그러나 미국, 일본, 유럽을 중심으로 합작투자가 본격적으로 증가하기 시작한 것은 1980년대 이후이다. 이처럼 1980년대 들어 주요 국가의 기업들간에 합작투자가 증가하고 있는 것은 무엇보다도 급변하고 있는 국제경영환경에 기인하는 바 크다. 일본과 유럽시장이 폭넓게 개방되고 있으며 세계시장의 규모가 급속히 확대되어 가고 있다. 이에 따라 성장률이 높은 시장을 점유하는 데 필수적인 연구개발비와 마케팅비용의 상승도 기하급수적이다. 더구나 많은 국가에서 아직도 국산품우선구매 등 보이지 않는 규제를 가하고 있는 것도 사실이다. 세계의 많은 기업들이 이러한 현상들에 대처하기 위하여 합작투자에 나서고 있다.

3. 합작투자의 편익과 비용

국제합작투자를 더 잘 이해하려면 이를 국제경쟁전략이라는 관점에서도 살펴볼 필요가 있다. 국제경쟁전략수립에는 두 가지 문제가 중요하다. 하나는 국제경영활동을 어느 국가에서 또는 몇 개의 국가에서 수행할 것인가 하는 문제이며, 다른 하나는 서로 다른 나라에서 수행되는 국제경영활동을 어느 정도로 조정할 것인가 하는 문제이다. 국제합작투자는 국제경영활동을 독자적으로 수행하지 않고, 다른 기업과 공동으로 수행하는 수단이라는 의미에서 두 번째 문제와 관련된다. 국제합작투자를 선택하는 이유는 특정한 국제경영활동을 자체적으로 수행하는 기술을 개발하거나 그러한 기술을 가지고 있는 기업을 흡수합병하거나 그러한 기술을 시장을 통하여 구입하는 것보다 비용이 덜 들거나 더 효과적이기 때문이다.

국제합작투자의 종류는 국제기업이 수행하는 세부경영활동에 따라 나눌 수 있다. 기업이 수행하는 주요한 경영활동에는 생산과 운송, 마케팅 및 서비스, 기술개발 등이 있다. 이러한 경영활동들은 경제적 특성이 각기 다르기 때문에 국제경쟁형태와 합작투자의 성격에 중요한 영향을 미친다. 막대한 비용이 소요되는 기술개발은 연구개발에 소요된 비용을 범세계적인 판매에 배분할 때 발생하는 이점이 크기 때문에 세계적인 규모의 경제가 중요하다. 이와는 반대로 마케팅과 서비스활동은 현지상황에 맞추어 수행해야 할 경우가 적지 않다. 한편 생산과 운송은 산업에 따라 다르지만 일반적으로는 규모의 경제라는 측면에서 보면 중간쯤에 속한다고 볼 수 있다. 따라서 국제합작투자로부터 국제기업이 기대할 수 있는 편익으로는 다음과 같은 네 가지를 생각해 볼 수 있다.

첫째는, 특정한 경영활동을 복수의 기업이 공동으로 수행하면 규모의 경제나 경험효과를 거둘 수 있다. 둘 이상의 기업들이 특정한 경영활동을 공동으로 수행하면 각 기업이 따로따로 할 때보다 규모의 경제나 학습효과를 더 누릴 수 있을 것이다. 예를 들면 자동차산업에서 제조업체들이 합작하여 각각 특정한 부품의 제조에 전문화하면 분업에 의한 규모의 경제를 달성할 수 있을 것이다.

둘째는, 합작투자를 통하여 특정한 경영활동을 수행하는 능력이나 지식, 기술 등을 구입하거나 공동으로 이용하거나 매각하는 데서 오는 편익이다. 이것은 특정기업이 이미 비용을 투입하여 그러한 능력을 개발하였기 때문에 그러한 능력을 필요로 하는 경영활동을 수행함에 있어서 다른 기업들에 비하여 유리한 위치에 있거나 보다 우수한 자원을 확보하고 있는 경우에 그러한 기업과 합작함으로써 발생하는 편익을 말한다. 이와 같은 형태의 합작투자가 목표로 하는 것은 현지의 유통경로에 접근한다든가, 현지인들로부터 현지기업의 일원으로 인정받는다든가, 기술 · 신제품개발능력 · 전문적 노하우(knowhow) · 자본 등에 접근하는 것 등이다. 따라서 이러한 합작투자는 특정한 기업이 다른 기업들과 비교하여 생산이나 고객에 대한 서비스의 제공에 있어서 보다 풍부하게 축적된 경험을 지니고 있어서, 경험효과에서 오는 편익을 상당히 누리고 있거나 희소한 특정자원을 선점하고 있을 때 흔히 발생한다. 또한 이러한 합작투자는 특정한 기업이 특정한 경영활동을 수행함에 있어서 다른 나라의 기업들보다 비교우위를 누릴 수 있는 국가에 위치하고 있거나, 그 기업이 위치하는 국가의 정부가 외국인투자에 대하여 엄격한 규제를 가하고 있는 경우에도 일어난다. 국제기업은 이와 같은 합작투자로 특정한 경영활동을 효과적으로 수행하는 능력을 습득하는 데 필요한 시간과 비용을 절감할 수 있다.

국제합작투자가 제공하는 세 번째 편익은, 국제경영활동의 수행에 수반하는 위험을 감축시킬 수 있다는 것이다. 이것은 합작파트너들이 합작대상인 경영활동을 수행하는 과정이나 그러한 경영활동을 수행한 결과에서 발생하는 위험과 비용을 분담하기 때문이다. 예컨대 유전탐사는 투자에 따르는 위험이 매우 크기 때문에 위험분담이 바람직하다. 이러한 경우에 합작투자는 위험을 분산시키는 좋은 방법이 될 수 있다. 위험분산을 위한 합작투자는 규모의 경제와는 상관이 없는 경우도 많다.

합작투자가 제공하는 네 번째 편익은, 경쟁기업과 경쟁의 룰에 영향을 미쳐 경쟁을 관리할 수 있다는 것이다. 합작투자를 통하여 다른 경쟁기업들이 같은 산업에 진출하는 길을 열어 신기술개발을 촉진하거나 주요한 비용항목에 영향을 미치거나 경쟁기업으로 하여금 특정한 기술을 사용하도록 유도함으로써 경쟁기업의 비용구조에 영향을 미칠수 있다. 그러나 특정한 경영활동을 수행하기 위하여 합작을 하면 다른 경영활동들도 합작파트너와 조정할 필요도 생긴다. 예를 들면 기술개발을 위한 합작을 한다면 그에 따라 애프터 서비스체제를 변경할 필요가 발생하기도 한다. 이와 같이 부수적으로 발생하는 경영활동조정의 필요성 때문에 합작이 어려워지기도 하고 합작의 범위를 확대하지 않을 수 없게 되기도 한다. 따라서 여러 가지 경영활동을 결합한 합작이 많이 이루어지고 있다.

합작투자가 성공하려면 합작투자에 참여하는 기업들이 모두 합작투자에서 편익을 얻을 수 있어야 한다. 그러나 합작파트너들이 반드시 모두 같은 정도의 편익을 누려야 하는 것은 아니다. 국제합작투자에는 편익적 측면만 있는 것이 아니고 비용적 측면도 있다. 국제합작투자가 성공하려면 합작파트너들간에 계속적으로 업무의 조정이 이루어져야 하며, 이러한 조정이 효과적으로 이루어지려면 많은 경영자의 시간과 비용이 투입되어야 한다. 뿐만 아니라 합작회사에 대한 합작파트너들간의 이해관계가 다를 수도 있다. 경영활동의 조정은 그러한 경영활동이 하나의 기업 내에서 일어날 때에도 어려운 것이다. 또한 합작파트너들이 경영활동의 일부만 합동으로 수행하고 있다면 총체적인 경영활동의 원만한 수행이 지장받을 수도 있다. 예를 들면 제조활동에 대해서만 합작을 하고 애프터 서비스에 대해서는 합작을 하고 있지 않다면 문제가 발생할 수 있다. 특히 합작회사가 합작파트너회사의 최고경영층이 계속적으로 조정업무를 수행하지 않으면 안 되는 형태로 설립된다면 대단히 비용이 큰 합작형태가 된다. 국제합작투자로 한 파트너의 경쟁우위가 사라지고 산업구조가 달라질 수 있다는 것도 문제이다. 합작투자로 새로운 경쟁자가 출현할 수 있으며 경쟁기업의 경쟁력을 강화시켜 줄 우려도 있다. 또한 합작투자로 인하여 산업의 진입장벽이 낮아지고 산업구조가 악화될 위험도 있다.

합작에 따른 비용은 시간이 감에 따라 바뀔 수 있다. 조정비용은 합작파트너들이 서로 협력하는 경험이 늘고 상호간에 신뢰가 쌓이면 감소할 것이다. 경쟁상의 비용도 합작이 상호 이익이 되며 한 파트너가 독자적으로 행동을 취할 가능성이 줄어들면 감소할 것이다. 그러나 합작투자파트너의 한쪽이나 양쪽의 이해관계나 목표로 하는 바가 바뀌면 조정비용이 상승할 수도 있다. 한 파트너가 합작을 통하여 모색했던 전문지식이나 경쟁력을 자체적으로 확보하여 다른 파트너의 협력이 없어도 성공할 수 있다고 느끼면 경쟁상의 비용은 상승한다. 예를 들면 과거에 미국기업과 합작한 일본기업들은 미국기업들로부터 기술을 전수받았다. 그러나 미국기업들은 일본 내 경영에서 성공할 수 있는 일본식 경영을 합작파트너인 일본기업으로부터 배우는 데 실패했다. 이렇게 되자 나중에 일본기업들이 미국인 합작파트너들을 몰아내고 독자적으로 기업을 경영하고자 했을 때 미국기업이 취할 수 있는 대처방법이 별로 없었다.

반면에 합작파트너들간에 계속적인 조정이 성공하고 서로의 목적에 대한 이해가 깊어지면 같은 파트너들끼리 다른 사업을 위한 합작투자도 할 수 있을 것이다. 특정한 합작관계에서 얻은 경험은 양 파트너의 상대적인 기여도가 바뀌지 않는 한 다른 사업분야의 합작에 이전될 수 있다. 같은 파트너들이 여러 가지 사업분야에서 제휴한다면 그 중의 한 파트너가 기회주의적으로 행동할 위험도 줄어든다.

제 2 절 합작비율에 영향을 미치는 요소

단독투자를 할 것인가, 합작투자를 할 것인가, 그리고 합작투자를 한다면 어떠한 비율로 합작할 것인가는 여러 가지 요소에 달려 있다. 우선 R&D 집약적인 기업은 기술시장의 불완전성 때문에 내부화의 이익이 크므로 단독투자를 선호한다. 다른 기업이 생산하지 못하는 제품을 생산하거나 다른 기업이 공여할 수 없는 기술을 보유한 기업은 현지정부와 지분비율을 교섭함에 있어서도 유리한 위치에 설 수 있다.

마케팅기법이나 상표가 거래되는 시장은 기술시장과 마찬가지로 불완전하기 때문에 마케팅집약적인 기업은 단독투자를 선호한다. 마케팅기법이 뛰어난 기업은 시장이 어디인가에 관계없이 효력을 발휘하는 마케팅 믹스를 개발할 수 있는 능력을 보유하고 있으므로, 현지파트너가 제공하는 현지마케팅에 관한 전문지식과 유통경로에 대한 접근을 중요시하지 않을 가능성이 크다. 이러한 기업들이 생산 · 판매하는 세계유명상표의 제품은 현지소비자들이 선호하기 때문에 현지정부와 소유권비율을 교섭할 때에도 유리한 위치에 설 수 있다.

국제회사가 현지에서 생산하는 제품 중 제3국이나 자사의 다른 자회사 · 지사 앞으로 수출되는 제품의 비중이 크다면 단독투자가 가능하거나 현지기업과 합작해야 하는 경우에도 높은 비율의 지분을 확보할 수 있을 것이다. 대부분의 국가, 특히 개도국들은 수출시장에 접근함에 있어서 외국인투자기업의 도움을 필요로 한다. 현지정부가 수출주도형 개발정책을 추구하고 있다면 특히 그러할 것이다. 생산상의 비교우위를 찾아 세계의 여러 나라에서 부품을 생산하여 이를 조립 · 판매하는 국제기업은 생산합리화 및 능률제고, 품질관리 등을 위하여 단독투자를 선호하며, 현지정부의 요구나 현지의 감정 때문에 현지기업과 합작을 해야 하는 경우에도 높은 지분을 요구할 수 있는 강력한 교섭력을 발휘할 수 있다.

국제기업은 또한 자본이라는 희소한 자원을 현지기업보다 낮은 비용으로 공급할 수 있는 위치에 있다. 국제기업이 일종의 자본중개상이 되어 증권투자에 나설 의사가 없는 한, 이러한 자본조달비용상의 이점을 단독투자나 합작회사에 대한 다수 지분 요구로 이용하려 할 것이다. 국제기업의 자본비용이 현지기업의 그것보다 낮을수록 내부화에서 오는 이익이 커진다. 따라서 자본이 정말로 희소한 자원이고 국제기업이 이 희소한 자원을 가장 효과적으로 공급할 수 있다면, 투자기업의 교섭력과 그에 따른 지분의 확보는 현지투자의 규모와 투자사업의 자본집약도에 비례하게 될 것이다. 그러나 최근에는 국제금융시장의 눈부신 발달로 상당수의 현지기업이 국제금융시장으로부터 경쟁적인 가격으로 자본을 조달할 수 있게 되었다. 따라서 저렴한 자본조달비용이라는 이점에서 발생하는 국제기업의 합작지분교섭력은 최근에 상당히 저하된 것으로 보인다.

투자기업이 보유하는 뛰어난 경영기법도 내부화 이점의 원천이 되어 투자기업의 교섭력을 향상시킬 수 있다. 특히 어떤 사업을 경영하는 데에 복잡한 경영기법이 필요하다면 투자기업은 단독투자를 원하든가 높은 지분을 원할 것이며, 현지정부와의 교섭에 있어서도 유리한 위치에 설 수 있다. 그러나 현지정부가 이러한 경영기법의 가치를 정확히 평가한다는 것은 매우 어려운 일이다. 투자기업이 보유하는 경영자나 기타 자원이 또한 투자기업의 진출형태를 제약한다. 예를 들면, 급속히 성장하고 있는 소규모 기업은 경영자나 재무자원 등이 부족하여 단독투자보다는 합작투자를 선호할 것이다. 자원의 제약이 큰 국제기업은 적은 지분으로 합작투자에 참여하길 원하거나 라이슨싱형태의 진출을 원할 것이다.

그 밖에도 현지정부가 단독투자를 제한하거나 현지경영에 불확실성이 높은 경우 투자기업은 단독투자보다 합작투자나 라이슨싱을 선호하게 된다. 불확실성이 높은 나라에 투자하는 기업은 투자가치를 평가할 때 높은 할인율을 적용하므로 단독투자보다는 합작투자나 라이슨싱을 선호하게 된다. 투자대상국의 시장규모가 적을 경우에도 많은 인력과 자금이 투자되는 단독투자보다는 합작투자를 선호하게 된다. 진출형태결정에는 규모의 경제와 경험효과도 영향을 미친다. 해외투자에 투입되는 고정비에는 해외시장에서 마케팅활동, 제조활동 등을 시작하는 데 소요되는 비용과 투자가 포함된다. 필요한 비용이 대규모이면 투자기업은 합작투자를 선호하게 되며, 이러한 고정비를 줄일 수 있다면 단독투자를 선호하게 될 것이다. 만약에 투자기업이 투자대상국에 다른 제품의 생산 · 판매를 위한 자회사를 이미 보유하고 있다면 새로운 제품의 생산에 필요한 고정비는 훨씬 줄어들 것이므로 단독투자가 일어날 가능성이 높아진다. 이러한 효과는 현지에서만 발생하는 것이 아니라 투자기업의 본부에서도 발생할 수 있다. 이미 여러 나라에 진출한 경험이 있는 투자기업은 자기가 보유하는 자원을 해외시장에 능률적으로 이전할 수 있는 중앙경영체계, 정보체계, 인력, 기타 제도 등을 이미 개발해 놓은 상태이므로 해외투자에 소요되는 간접비를 줄일 수 있다. 따라서 해외투자에 관한 축적된 경험을 보유하고 있는 기업은 단독투자에 나설 가능성이 높다.

제 3 절 합작투자의 문제점

합작투자는 합작파트너들이 각기 보유하고 있는 독특한 자원들을 상호 보완적으로 활용할 수 있다는 점에서 적절한 형태로 구성되면 성공할 가능성이 높을 것 같이 보인다. 그러나 합작투자의 실패율은 높으며 이러한 실패로 인하여 합작파트너들이 큰 손실을 입을 가능성도 크다. 합작회사가 직면하는 문제점은 여러 가지이나 이를 정리하면 대략 다음과 같다.

1. 범세계적 경영에 따른 상호의존성

투자기업이 한 국가에서 차지하는 경쟁상의 위치가 그 기업이 다른 국가에서 차지하는 경쟁상의 위치에 의하여 크게 영향을 받는다면, 그 기업은 범세계적인 경영을 하고 있다고 할 수 있다. 예를 들면 자동차산업, TV산업, 시계산업 및 상업용 항공기산업 등 범세계적 산업에서 경쟁하는 국제기업은 국제경영활동을 지리적으로 집중하든가 국제적으로 분산되어 수행되는 경영활동을 범세계적으로 통합 · 조정함으로써 국제경쟁에서 승리할 수 있다. 범세계적 전략은 자동차생산을 예로 들면, 필요한 부품의 생산과 연구개발활동 등을 국제적으로 비교우위가 있는 지역에서 분산수행하는 동시에 범세계적 경영목표의 달성을 위하여 분산수행되는 경영활동을 본부에서 집중적으로 통합 · 조정하는 것이다. 범세계적 전략을 추구하는 기업은 투자기업의 각 부분이 상호의존적이기 때문에 경영의사결정을 합작회사에 위임할 수 없다. 합작기업에서 이루어지는 경영의사결정이 투자기업의 다른 부분에서 이루어지는 의사결정과 통합 · 조정되어야 투자기업 전체로서 능률이 극대화되기 때문에 범세계적으로 경쟁하는 기업은 합작회사가 최종결정에 간여하도록 허용할 수가 없다. 만약에 투자기업의 각 부분의 경영활동이 통합 · 조정되지 않는다면 투자기업의 각 자회사들이 세계시장에서 상호 가격경쟁을 할 수도 있고, 최적의 제품 디자인을 통일적으로 이용하지 않을 수도 있으며, 시장쟁탈전을 시작할 수도 있다. 그러나 경영의사결정이 투자기업의 본부에 집중되면 합작파트너의 불만이 고조되고 양 파트너간의 긴장이 고조된다.

2. 경영방법상의 차이

합작파트너들은 배당정책, 부채비율, 마케팅정책 및 품질관리 등 경영정책이나 경영방법에 대한 의견을 달리할 수 있다. 합작파트너들은 또한 경영스타일이나 회계통제제도에 대해 의견을 달리 하기도 하며, 어떤 생산공정을 택할 것이며, 어떤 기술을 어느 회사로부터 어떤 조건으로 도입할 것인가에 대해서도 의견을 달리하기도 한다. 수출증대 등과 같은 현지국 정부가 추구하는 정책에 어느 정도로 부응할 것인가 하는 문제가 양 파트너들간에 쟁점으로 부각되기도 한다. 특히 합작회사의 이사회나 최고경영층에서 회사가 수행할 사업의 우선순위나 회사운영방향 등에 의견차이가 있으면 경영의사결정에 지연과 혼란이 발생하므로 경쟁상 불리한 위치에 서게 된다.

3. 기회주의, 합작대상기업의 소수문제, 불확실성

합작투자가 단독투자보다 불리할 수 있는 또 하나의 이유는 합작파트너가 기회주의적 행동을 취할 수 있으며, 합작대상기업이 소수이며 불확실성이 크다는 것이다. 기회주의의 대표적인 예가 이전가격문제이다. 투자기업은 합작회사에 국제시장가격 이상의 가격으로 부품, 자본재 및 원재료 등을 제공함으로써 합작회사의 장기적인 이익보다는 자신의 단기이익 극대화를 추구할 위험이 있다. 현지 파트너 역시 합작회사가 생산하는 제품의 소비자 앞 판매를 담당하여 자신이 소유하는 마케팅회사를 통하여 이전가격을 조작함으로써 단기이익의 극대화를 모색하기도 한다.

합작대상기업의 수가 소수인 것도 문제이다. 합작투자의 경우에는 투자기업이 처음에 투자할 때 현지의 여러 회사들 중에서 파트너를 선정할 수 있다고 하더라도 나중에 계약을 변경하여 파트너를 바꾸고자 하면 대상기업이 소수라는 문제가 발생한다. 투자기업과 이미 파트너관계에 있는 현지기업은 투자기업과 경영을 같이 한 경험을 가지고 있으므로, 처음에 파트너로 선정되지 않은 현지기업들보다 비용상의 우위를 누린다. 따라서 나중에 현지파트너를 바꿀 수 있는 투자기업의 선택권이 그만큼 제약을 받게 된다. 합작파트너들이 기여하는 자원, 합작파트너들이 부담하는 책임, 각 파트너의 주관업무 등이 모호하거나 그에 관한 의견이 파트너들간에 다를 경우에 발생하는 불확실성도 합작투자가 직면하는 문제점 중의 하나이다.

제 4 절 국제합작투자전략

우리는 앞에서 합작투자가 직면할 수 있는 여러 가지 문제들에 관하여 알아보았다. 그러나 이러한 문제들은 해결이 가능한 문제들이며 몇 가지 사항에 유의하면 합작투자가 시장을 통한 거래나 단독투자보다 우월한 국제진출수단이 될 수 있다.

1. 투자사업의 선정과 지배권의 결정

우리는 앞에서 범세계적 경쟁을 하는 국제기업의 각 부분간에는 상호의존성이 높기 때문에 합작회사에 대한 의사결정의 위임이 어려워 합작회사가 실패한다는 것을 알았다. 따라서 합작대상사업이 범세계적 경영을 필요로 하지 않을 경우에는 합작회사가 성공할 가능성이 커진다. 예를 들면 제품의 무게나 부피가 커서 국제간에 운송하는 데 많은 비용이 든다든지 제품에 부과되는 수입관세율이 높아서 제품의 국제간 이동이 어려운 경우에는 상호의존성의 문제는 발생하지 않는다. 이러한 경우 합작회사는 현지에서 생산하여 현지수요를 충족시키며 그 사업에 관련된 의사결정은 현지에서 이루어질 가능성이 크다. 상호의존성이 없으면 의사결정이 합작회사로 위임될 가능성도 크다.

상호의존성이 큰 경우에는 파트너 중의 하나가 지배권을 확보해야 성공할 가능성이 커진다. 한 연구에 의하면 합작투자의 합작비율과 성공간에는 J형의 관계가 있다. 즉, 투자기업의 지분이 아주 낮거나 아주 높으면 성공가능성이 크나 투자기업과 현지 파트너가 같은 비율로 합작하면 실패가능성이 큰 경향이 있다. 투자기업의 지분이 낮은 경우라도 투자기업이 사내거래 등으로 효과적인 지배권을 행사할 수 있다면, 그 합작투자는 성공할 수 있다. 또 다른 사례연구는 합작투자가 성공하려면 둘 이상의 파트너들이 소유권이나 의사결정권한을 양분해서는 안 된다고 주장한다. 그 연구는 또한 지분이 적은 파트너가 지배권을 가진 파트너와 의견이 맞지 않으면 어떻게 할 것인가에 대하여 모든 파트너들이 사전에 합의할 것을 권고한다.

현지회사를 합작파트너로 선정한 이유가 현지정부의 요구에 부응하기 위해서라면 투자기업이 지배권을 확보해야 성공할 수 있다. 물론 이 때의 지배권은 단순히 과반수 지분을 차지한다는 뜻이 아니라, 합작투자의 성공에 중요한 경영활동의 각 분야, 즉 재무, 생산, 마케팅, 수출입 및 총체적인 경영관리에 있어서 효과적인 지배권을 확보한다는 뜻이다. 물론 지분의 과반수를 확보해야 지배권을 확보할 수 있는 경우에는 과반수 지분의 확보를 모색해야 한다. 이러한 경우 투자기업은 제품에 대한 지식이 없으며 수동적인 투자가로 만족하며 현지정부의 통제를 받지 않는 현지기업을 파트너로 선정하는 것이 좋다. 수동적인 파트너는 투자기업의 능력과 성실성을 믿고 협조하지 않을 수 없을 것이다. 합작회사의 경영층은 가능한 한 합작파트너의 일방에서 차지해야 한다. 합작회사의 경영층이 양 파트너들로부터 충원되면 언어장벽으로 인한 의사소통문제가 발생할 뿐만 아니라 시간, 수행업무의 우선순위, 앞으로의 변화 등에 관하여 의견을 달리할 수 있다. 경영자들간의 의견차이가 크면 효과적이고 일관성 있는 경영이 어려워진다.

그러나 합작파트너 쌍방이 보유하는 기술, 경영기법 등이 합작회사의 성공에 필요불가결한 경우에는 지배권을 양분할 수 있다. 지배권을 양분하여 쌍방이 경영에 참여하면 어느 일방이 혼자서 하는 것보다 나은 의사결정이 이루어질 수 있기 때문이다. 이러한 경우 권한의 양분으로 경영의사결정이 지연될 우려가 많으므로 합작회사의 최고경영자에게 최대한의 자율권을 부여하는 것이 바람직하다.

2. 사업계획의 마련

합작투자계획이 아무리 잘 되어 있더라도 합작회사의 사업계획이 잘 마련되어 있지 않으면 실패하기 쉽다. 성공적인 사업계획을 마련하려면 합작파트너 쌍방이 변호사를 동원하여 법적 계약서를 작성하는 데 치중할 것이 아니라, 경영자를 파견하여 합작회사의 경영전략, 재무정책, 인사정책, 대정부관계 등에 관하여 상세한 부분까지 합의를 보아야 한다. 합작계약을 할 때에는 어떤 조건하에서 어떤 방법으로 합작회사를 해산할 것인가에 대해서도 합의를 보아두어야 한다. 사업계획을 잘 마련하면 현지국의 법률이나 현지정부의 요구에 의하여 지분의 과반수를 확보하지 못하더라도 효과적인 지배권을 확보하는 방안을 마련할 수 있다.

사업계획은 만약에 사업이 처음 예상했던 대로 진행되지 않거나 또는 처음 예상했던 것보다 더 성공적인 경우에 대비한 계획도 마련해 두어야 한다. 또한 시간이 지나 환경이 변함에 따라 사업계획도 변해야 하므로, 적어도 1년이나 2년에 한 번씩 사업계획을 수정할 것에 합의를 보아야 한다.

3. 기회주의, 소수문제 및 불확실성에 대한 대책

합작투자를 고려하는 투자기업에게는 합작 상대방의 기회주의적 행동이 중요한 문제라는 것은 사실이다. 그러나 투자기업과 현지기업이 상호신뢰의 정신과 장기적인 안목에서 합작회사를 설립한다면 기회주의가 끼여들 여지가 없을 것 같다. 합작파트너들간에 신뢰의 기초가 닦이면 파트너들이 단기이익을 추구하지 않고 오히려 합작기업이 어려움을 헤쳐 나갈 수 있도록 인내하고 관용을 베풀 가능성이 커진다. 더욱이 이러한 긍정적인 태도를 적당한 이익분배체계, 공동의사결정과정, 보상 및 통제체제를 만들어 보강하면 기회주의를 극소화할 수 있을 것이다. 양쪽이 각각 합작투자에 현재 어느 정도 기여하고 있고, 앞으로 기여도가 어떻게 달라질 것인가에 대한 인식을 통일하면 서로가 받아들일 수 있는 형태의 이익분배방식에 대해서도 합의를 볼 수 있을 것이다. 이와 같이 양쪽의 이해가 일치되면 어느 일방이 합작회사의 이익을 선점할 필요가 없어지므로 양쪽이 다 공동의 이익을 장기적으로 극대화하는 데에 주의를 돌릴 수 있게 된다. 그렇게 되면 양 파트너는 변화하는 시장상황에 그때 그때 적응해 나가는 동시에 장기적인 안목에서 투자를 검토할 수 있게 된다.

거래대상기업이 소수인 상황은 대개 대단히 어려운 거래상의 문제들을 야기한다. 특히 합작파트너의 어느 일방이나 쌍방의 기회주의와 결합하면 문제가 더욱 어려워진다. 그러나 현지기업이 기회주의적 태도를 취하지 않는다면 거래대상기업이 소수라는 것은 그렇게 심각한 문제가 안 될 수도 있다. 더욱이 앞에서 언급한 바와 같이 양 파트너들이 상호간의 유대관계를 공고히 하면 이러한 문제는 해결이 훨씬 수월해진다.

불화실성 문제도 합작기업 내에서 능률적으로 처리될 수 있다. 양 파트너가 기회주의적인 태도를 버리고 거래대상기업이 소수라는 문제가 해결되면 쌍방은 각자가 보유하는 자원을 결합하여 장기적인 이익극대화에 노력을 경주할 수 있다. 투자기업은 기술, 경영기법 및 자본시장에 대한 기업특유의 지식을 공급하고 현지기업은 현지의 시장, 경제적 · 상업적 하부구조와 정치적 추세 등에 대한 현지특유의 지식을 제공할 수 있다. 이러한 경우 양 당사자의 어느 한편도 기회주의적으로 행동할 유인을 찾아보기 어렵다.

이와 같이 합작파트너들간의 유대가 확립되면 합작기업을 설립할 때에 우려되는 기회주의, 거래대상기업이 소수라는 문제 및 불확실성 때문에 발생하는 비용은 무시해도 좋을 정도가 되므로 합작투자가 외국시장에 제품이나 서비스를 공급하는 가장 능률적인 수단이 될 수도 있다.

4. 적합한 파트너 선정

적합한 합작파트너의 선정은 두 단계를 거칠 필요가 있다. 첫 번째 단계는, 자사와 합작상대기업간의 전략적 상호보완 관계를 확인하는 단계이다. 두 번째 단계는, 합작상대가 기여할 것으로 기대되는 부분을 구체적으로 평가하는 단계이다. 첫 번째 단계에서 합작파트너간의 전략적 상호보완 관계를 평가하는 과정이 [그림 14-1]에 나와 있다. 합작하려는 기업은 우선 국제경영환경의 변화를 예측하고 자사의 현재 위치를 평가하여 전략적 목표를 선정해야 한다. 예컨대 자사의 현재 위치가 국내시장에서는 경쟁력이 있으나 자사가 속하는 산업의 글로벌화가 급속히 진전될 것으로 예상되고, 글로벌 경쟁에서 살아남기 위해서는 글로벌 시장 전체에서 자사의 시장지분이 적어도 5위 안에 들어야 한다면 그 기업의

그림 14-1 합작파트너의 전략적 상호보완

전략적 목표는 글로벌 시장지분이 5위 안에 드는 기업이 되는 것이다.

그 다음, 해당 기업은 산업 내 자사의 현재 위치와 자사가 보유하는 자원과 능력을 평가하여 미래에 실현 가능한 목표를 예측한다. 자사의 전략적 목표와 자사가 보유한 자원과 능력으로 실현 가능한 목표간의 차이가 그 기업이 합작을 통해 보완해야 할 전략적 갭이다. 합작상대기업 역시 위와 같은 과정을 거쳐 전략적 갭을 발견할 수 있다. 이 경우 자사의 전략적 갭인 마케팅역량을 합작상대기업이 보유하고 있고 상대방 기업의 전략적 갭인 미래기술을 자사가 보유하고 있다면 두 회사의 자원은 상호보완 관계에 있으며 두 회사는 합작을 통하여 강력한 국제경쟁력을 가질 수 있는 상황이다.

합작파트너 선정의 두 번째 단계는 합작상대가 기여할 것으로 기대되는 부분을 구체적으로 평가하는 단계이다. [표 14-1]은 이상적인 합작상대를 선정하기 위해서는 합작회사의 성공에 중요한 항목들과 각 항목에 중요한 성공요소, 성공에 필요한 조건, 필요조건에 자사가 기여할 수 있는 부분과 이상적인 합작상대가 기여할 것으로 기대하는 부분을 평가해야 함을 보여준다. 이 때 상대회사의 기여가 기대되는 부분은 포괄적으로 표현해서는 안 되며 상당히 구체적으로 표현할 필요가 있다. 예컨대 합작회사의 성공에 중요한 요소들 중의 하나인 마케팅능력

표 14-1 합작파트너 선정기준

중요항목	중요성공요소	필요조건	자사의 기여부분	파트너의 기여기대부분
제 품				
기 술				
제조시설 및 전문지식				
시장접근				
마케팅능력 및 전문지식				
고객지원				
경영관리				
금 융				
기 타				

을 확보하는 데 상대회사의 기여가 필요한 경우, 뛰어난 마케팅능력을 가진 회사라는 막연한 표현 대신에 목표시장에 효과적인 유통망을 가지고 있는 회사라는 구체적인 조건을 명시하는 것이 최적 파트너선정에 보다 유효한 방법이다.

[표 14-1]은 또한 이상적인 합작파트너를 선정하기 위해서는 제품, 기술, 마케팅능력과 전문지식, 고객지원, 경영관리, 자금 등이 중요한 평가항목임을 보여준다. 이상적인 파트너를 선정하기 위해서는 그 밖에도 파트너회사의 규모, 경영스타일 및 기업문화, 수익성, 과거의 합작경험, 경쟁위험 등도 평가할 필요가 있다. 합작상대는 합작회사가 필요로 하는 자원을 공급할 수 있을 만큼 큰 회사이어야 하나 우리 회사를 압도할 정도로 너무 커서는 안 된다. 합작상대는 또한 합작회사의 전략적 중요성을 충분히 인정하여 합작회사의 성공에 계속해서 높은 관심을 가질 정도의 규모를 가진 회사가 이상적이다.

합작대상 회사의 경영스타일과 기업문화도 합작회사의 성공에 중요하다. 이때 고려해야 할 중요요소는 의사결정의 신속성, 사업추진의 적극성, 투자시야의 장기성, 전략추진의 일관성 등이다. 그러나 기업문화가 유사한 회사와 합작하면 일처리가 원만하다는 장점이 있으나, 상대방으로부터 배우는 이점은 포기해야 한다. 합작에서 오는 중요한 이점의 하나가 상대방의 장점을 배워 우리 회사의 약점을 보완할 기회를 마련하는 것이라면 유사한 기업문화를 가진 기업과 합작하면 그러한 중요한 이점을 활용할 수 없다는 단점이 있다. 합작상대의 수익성도 중요한 고려요소이다. 적자기업은 어려운 합작상대가 될 가능성이 크다. 적자기업은 경영층이 바뀌거나 전략을 수정할 가능성이 높으며 필요한 경우에도 추가적인 자금투입이 어려운 경우가 많다. 경우에 따라서는 기업주가 바뀜으로써 합작이 종결되는 경우도 있을 수 있다.

전략적 제휴관계를 성공적으로 관리하는 것은 아무나 할 수 있는 것은 아니다. 과거의 예를 보면 과거에 합작을 한 경험이 있는 기업간의 협력이 그렇지 않은 기업간의 제휴보다 오래 가는 경향이 있다. 어떤 회사와 과거에 합작하여 성공한 경험이 있다면 앞으로도 성공할 가능성이 높다. 기업간의 합작은 많은 경우 현재 경쟁관계에 있거나 경쟁상대가 될 가능성이 높은 기업간에 이루어진다. 만약에 우리 회사가 보유하는 기술이 보호하기 어려운 기술이라면 합작을 하더라도 앞으로 경쟁상대가 될 자원과 기술을 갖고 있지 않은 기업을 선정하는 것이 바람직하다. 합작상대가 경쟁자로 대두될 가능성을 평가하려면 합작상대기업이 어떤 제휴관계를 맺고 있으며, 추구해 온 전략은 무엇이며, 현재 보유하고 있는 능력이 무엇인가를 신중히 고려할 필요가 있다.

제 15 장 해외자회사 · 지사관리

기업의 국제경영이 고도화하면 기업이 해외에서 경영하는 자회사 · 지사의 수도 증가한다. 우리나라에서 글로벌화가 가장 진전된 가전회사들의 경우를 보면 이미 미국과 유럽, 중동, 중국 그리고 중남미에 이르기까지 세계의 여러 지역에서 제조자회사를 단독 또는 합작으로 운영하고 있다. 제조자회사뿐 아니라 제품의 판매를 위해 이들이 설치한 판매자회사 · 지사의 수를 합치면 이들 기업들은 각각 해외에 수십 개의 자회사 · 지사를 운영하고 있다. 이러한 현상은 비단 가전회사들에만 국한되는 것이 아니며, 이미 중소기업들까지도 해외에 제조와 판매를 위한 자회사 · 지사를 두고 있다. 예를 들면 우리나라와 지리적으로 인접한 사이판섬을 보면 최근 몇 해 사이에 우리나라의 섬유회사들이 경쟁적으로 진출하면서 본국의 근로자들을 대거 데려옴으로써 사이판섬의 상주인구가 2만 5천여 명인데, 한국사람이 3천 명이나 된다. 제2차 세계대전의 격전지인 사이판섬의 면적은 제주도의 3분의 1만한 조그마한 섬이나 대미수출쿼터의 적용을 받지 않으며 각종 세금이 완전히 면제되고 우리나라와의 거리도 멀지 않은 편이어서 이같은 현상이 일어나고 있다.

여하튼 이와 같이 증가일로에 있는 자회사 · 지사를 성공적으로 관리하자면 특정한 전략적 기준의 개발이 필요하게 된다. 해외자회사 · 지사의 관리에는 여러 가지 방법이 있겠으나 본장에서는 재무적 관리방법과 포트폴리오적 관리방법, 그리고 지구적 관리방법에 대하여 설명하고자 한다.

제1절 재무적 관리방법

국제기업이 당면하는 중요한 문제 중의 하나는 국제기업이 세계적으로 배치한 자회사 · 지사에 어떠한 기준으로 자원을 배치할 것인가 하는 문제들이다. 국제기업들이 자원의 국제적 배치를 위하여 흔히 사용하는 기준은 투자수익률이다. 그러나 투자수익률을 기준으로 자회사 · 지사에 자원을 배분하는 것도 간단한 일이 아니다. 국제기업은 특정한 국가에 있는 자사의 자회사나 지사의 투자수익률을 같은 나라 안의 동업자의 투자수익률과 비교할 수도 있고, 다른 나라에 있는 자사의 다른 자회사의 그것과 비교할 수도 있다. 또한 사후적으로 보면 특정한 자회사나 지사의 투자수익률이 다른 자회사나 지사의 그것보다 높게 마련이다. 그러나 과거의 수익률을 비교해 보는 것은 과거의 수익률이 미래의 수익률의 지표라면 모를까 사실상 큰 의미가 없는 것이다. 더구나 새로운 투자가 기존의 투자와 관련이 없거나, 새로운 투자에 따르는 위험이 기존투자의 그것과 다르다면 과거의 투자수익률은 더욱 의미가 없어진다. 보다 나은 방법은 실제로 달성한 투자수익률과 목표로 하였던 수익률을 비교해 보는 방법이다. 국제경영자는 어떤 투자수익률을 기준으로 국제적인 자원배분을 결정하든지간에 다음과 같은 사항에 유념할 필요가 있다.

첫째로, 투자수익률을 계산할 때에는 과거의 원가를 사용할 것이 아니라 현재의 원가 또는 대체원가를 사용해야 한다는 것이다. 대부분의 국가가 채택하고 있는 법률상의 회계제도는 원가주의에 기초하고 있다. 이러한 경우에 국제기업의 자회사가 물가상승률이 높은 국가에 있다면 장부상의 높은 수익률에도 불구하고 실제로는 자본잠식이 일어날 수 있다. 특히 환율변동률과 물가상승률이 일치하지 아니할 때 그러한 가능성이 커진다. 예를 들면 국제기업의 브라질 자회사가 생산판매하는 제품의 가격이 500Cr라고 하자. 특정한 연도에 브라질의 물가상승률이 50%이고 브라질 자회사는 200Cr의 원료와 200Cr의 기계를 이용하여 제품을 생산한다고 가정하자. 기계의 수명은 4년이고 정액법에 의해 감각상각이 이루어지며 4년 후의 잔존가치는 0이라고 가정하자. 또한 브라질의 법인세율이 50%라고 가정하자. 이러한 경우에는 브라질 자회사가 제품가격을 브라질의 물가상승률인 50%만큼 인상해도 자본잠식이 일어난다. 자본잠식을 방지하려면 브

표 15-1 물가상승과 자본잠식

	물가상승 전	제품가격 50% 인상	제품가격 75% 인상
제품가격	500Cr	750	875
원 료	(200)	(200)	(300)[1)]
감가상각	(50)	(50)	(75)[2)]
세전이익	250	500	500
세 금	(125)	(250)	(312.5)[3)]
세후이익	125	250	187.5

1) 원료가격이 50% 인상된 것으로 가정함.
2) 기계가격이 200Cr에서 300Cr(50% 인상)으로 인상되므로 감각상각비는 300/4=75Cr임.
3) 세금은 원가주의에 따라 부과되므로 제품가(875Cr)−원료(200Cr)−감가상각비(50Cr)=625Cr의 세전이익의 50%가 세금임.

라질 자회사는 제품의 가격을 물가상승률보다 높은 75%만큼 인상해야 한다. [표 15-1]은 브라질 자회사가 물가상승 이전과 동일한 가치의 순익을 실현하기 위하여 제품의 가격을 물가상승률보다 높은 75%로 인상해야 하는 경우를 보여주고 있다.

[표 15-1]에서 제품가격을 50% 인상하는 경우에는 세후 명목이익은 250Cr이 된다. 그러나 원료와 기계가격이 50% 상승한다고 가정하면 사실상 세공제 후 이익은 125Cr이 된다.[1)] 이것은 물가상승 전의 세후 이익은 125Cr와 같은 금액이다. 그러나 물가상승률 50%를 감안하면 나중의 125Cr는 처음의 125Cr와 가치가 다르다. 물가상승 후에도 처음의 125Cr와 같은 가치의 순익을 시현하려면 50% 물가상승 후에는 125Cr×1.5=187.5Cr의 세후이익을 올려야 한다. 국제기업의 브라질 자회사가 187.5Cr의 세후순익을 시현하려면 제품의 가격을 브라질의 물가상승률인 50%보다 높은 75% 인상하여야 한다. 따라서 해외자회사나 지사의 투자수익률을 계산할 때에는 과거의 원가가 아니라 현재의 원가 또는 대체원가를 사용해야 진상을 바로 알 수 있다.

둘째로, 해외자회사나 지사의 투자수익률을 계산할 때에는 해외자회사나 지사의 입장에서 보는 현금흐름과 본사의 입장에서 보는 현금흐름이 다를 수 있다는 점을 고려할 필요가 있다. 만약에 해외자회사나 지사가 소재하는 국가의 정부

1) 750Cr(판매가)−300Cr(원료비)−75Cr(감가상각비)=375Cr의 세전이익에서 원가주의에 따라 산정된 세금 250Cr([표 15-1] 참조)을 빼면 세공제 후 이익은 125Cr임.

그림 15-1 **송금제한과 포트폴리오관리**

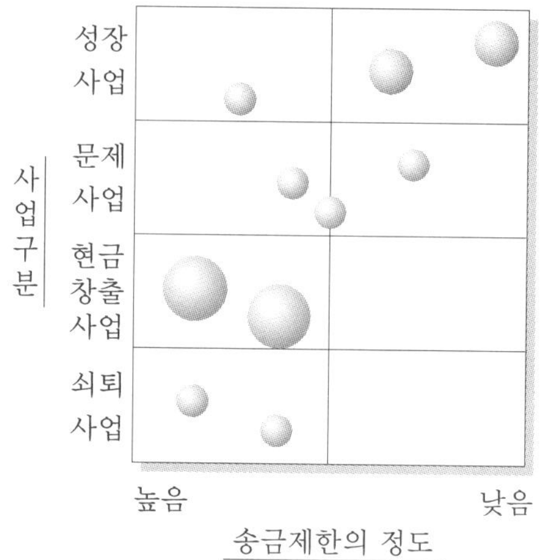

가 이익금의 본국송금을 제한하고 있다면, 송금할 수 없는 이익금의 현지 재투자가 중요한 문제로 대두한다. 또한 이와 같이 이익금의 본국송금이 제한을 받는다면 해외자회사나 지사로부터 들어오는 현금흐름으로 주주에게 배당금을 지불하거나 새로운 사업에 투자해야 하는 본사의 입장에서는, 현지에서의 재투자수익률이 아무리 높다고 하여도 그러한 수익률은 큰 폭으로 할인하지 않을 수 없게 된다.

한편 사업포트폴리오관리전략에 따르면 현금창출사업에서 나오는 현금유입을 성장사업과 문제사업에 투입하여야 한다. 그러나 만약에 [그림 15-1]과 같이 국제기업의 현금창출사업들이 이익금의 본국송금을 제한하는 국가들에 위치하고 있다면, 국제기업의 포트폴리오관리는 문제에 봉착하게 된다. 이 기업의 현금창출사업들은 이익금을 포함한 자금의 국제적 이전에 엄격한 제한을 가하는 국가들에 위치하고 있다. 따라서 이러한 현금창출사업들로부터 나오는 현금유입을 문제사업이나 성장사업에 투입하는 데 어려움이 크다. 물론 현지정부의 자금이전 제한을 우회하는 방법이 없는 것은 아니다. 본·지사 또는 지사 상호간에 일어나는 거래의 이전가격을 조작하여 자금이전을 제한하는 국가에 소재하는 지사나 자회사에 원재료, 부품, 제품 등을 팔 때에는 높은 가격으로 팔고, 그러한 지사나 자회사로부터 원재료, 부품, 제품 등을 매입할 때에는 낮은 가격으로 매입함으로써 이익금을 회수할 수 있다.

자회사나 지사에 자금을 투입할 때에 국제은행을 중개인으로 사용함으로써 현지정부의 국제적 자금이전에 대한 규제를 우회할 수도 있다. 예를 들면 자회사나 지사가 필요로 하는 자금을 국제은행에 예치하고 국제은행으로 하여금 대출의 형식으로 지사나 자회사에 자금을 공급하게 할 수 있다. 물론 이러한 경우에 국제은행은 대출금리를 국제기업에게 지급하는 예금금리보다 높게 책정하여 이익을 확보하려 하겠지만, 국제기업의 입장에서 보면 자금이전을 안전하게 확보할 수 있는 편익이 있다. 왜냐하면 현지정부가 국제적인 자금이전을 규제하고 있다고 하여도 대부분의 경우에는 국제은행에 대한 이자지급은 제한하지 않는 것이 보통이기 때문이다. 현지정부가 이익금의 본국송금을 제한하는 이유는 그 나라에 국제수지문제가 있기 때문이다. 만약에 현지정부가 국제은행 앞 이자지급도 규제한다면 그 나라의 국제적 신용은 크게 실추될 것이며, 그 나라는 국제수지상의 애로를 타개할 외환을 국제금융시장으로부터 조달하는 데 어려움을 겪게 될 것이다. 국제기업은 또한 이익금의 본국송금을 국제통화의 형태로 하지 않고 현지로부터 실물 형태로 함으로써 현지정부의 송금제한에 대처할 수도 있다. 예를 들면 국제거래의 대상이 되는 상품을 송금액에 해당하는 금액만큼 현지에서 매입하여 본사로 수출하고 본사는 이를 처분하여 이익금을 회수하는 방법이다.

그러나 어떠한 방법으로 자금의 국제적 이동에 대한 제약을 우회한다고 하여도 그것은 결코 만족스러운 방법은 아니다. 현지정부의 통제가 엄격해지면 위의 방법들을 사용하기가 어렵게 될 것이다. 따라서 국제기업은 최초에 국제투자를 계획할 때부터 이러한 문제들을 고려할 필요가 있다. 또한 [그림 15-1]에 나타나 있는 것과 같이 국제적 자금이동에 관한 제약이 높은 나라에 위치하는 문제사업이나 성장사업에 자금을 투입하고자 할 때에는 앞으로 규제가 완화될 전망이 있는가를 신중히 고려하여야 한다. 그 나라의 국제수지동향, 노사관계, 상품가격추세, 정부의 경제정책 등이 좋은 예측지표가 될 수 있을 것이다. 여하튼 국제적인 포트폴리오관리에는 국제적 자금이전의 난이도가 중요한 고려사항의 하나이다.

셋째로, 환율변동에 따라 수익률이 달라진다는 것이다. 특정한 사업의 투자수익률은 수익률의 계산에 사용되는 통화의 종류에 따라 달라진다. 예를 들면 현지통화로 계산할 때 15%인 투자수익률이 환율과 상이한 회계기준을 사용하여 다른 통화로 환산하면 부의 수익률이 될 수도 있다. 한편 해외자회사나 지사의 경영실적을 상호 비교평가하려면 각 자회사나 지사의 수익이나 기타의 경영실적을 일정한 통화로 표시할 필요가 있다. 대부분의 경우에는 본국의 통화를 기준통화로 사용하는 것이 보통이다. 그러나 국제기업의 경우에 본국의 통화가 반드시 기준통화가 되어야 하는가는 확실치가 않다.

그 밖에도 해외자회사나 지사를 평가할 때에는 국내의 자회사나 지사를 평가할 때와는 다른 기준을 사용할 필요가 있다. 예를 들면 재고자산의 회전비율은 국내와 비교할 때 해외에서 보다 낮을 수 있다. 그 이유는 장거리수송에 따른 수송상의 문제, 부두파업, 수입관리 등으로 추가적인 재고보유가 필요하기 때문이다. 또한 지사나 자회사가 물가상승률이 높은 나라에 소재하고 있다면 외상매출금 수준이 평균보다 높기 쉽다. 왜냐하면 물가상승률이 높으면 소비자가 장기신용을 선호하기 때문이다. 이러한 경우에 지사나 자회사가 장기신용의 공여를 거절할 수도 있으나 경쟁자 때문에 부득이 공여하지 않을 수 없는 경우가 많다. 이 밖에도 수입관세를 부과하거나, 부품의 국산화비율을 정하거나, 생산공정의 종류를 정부가 제한하거나, 종업원의 해고를 제한하는 나라들도 있기 때문에 해외자회사나 지사가 생산 · 판매하는 제품의 표준원가를 책정할 때에는 신중을 기할 필요가 있다.

제 2 절 포트폴리오적 관리

1. 포트폴리오적 관리의 의의

자회사나 지사를 포트폴리오적으로 관리한다는 것은 세계시장에 산재하는 지사나 자회사를 예를 들어 투자수익률을 기준으로 별도로 하나 하나씩 따로 떼어 관리하는 것이 아니라, 다수의 시장에 동시에 초점을 맞추어 관리하는 것을 의미한다. 국제기업은 자회사와 지사의 포트폴리오적 관리를 통하여 위험수준, 필요한 자본의 규모, 규모의 경제, 수익성 등을 조정함으로써 국제시장에서 전략적으로 보다 강력한 경쟁위치를 확보할 수 있다. 자회사와 지사의 포트폴리오적 관리는 시장과 제품 그리고 기타 여러 가지 기업자원의 균형을 통하여 국제시장에서 자사의 경쟁력을 강화하려는 시도이다. 성공적인 자회사 · 지사의 관리를 위해서는 마케팅, 연구개발, 생산, 금융 등 기업의 모든 분야의 경영자들이 전략계획의 수립에 적극적으로 참여하여야 하며 이들은 서로 협력하여 제품과 시장에 동시에 초점을 맞추어 국제경쟁력 제고에 노력하여야 한다.

국제시장의 변화는 최근에 와서 더욱 다양해지며 가속되고 있다. 국제시장에서 일어나고 있는 커다란 변화를 고려하면 시장포트폴리오에 초점을 맞추는 자회사와 지사의 관리가 더욱 중요해진다. 국제기업은 세계 여러 나라의 시장에서 얻는 각기 다른 수익률을 적극적으로 이용함으로써 국제시장경쟁에서 성공할 수 있다. 즉 국제기업은 국제시장의 매력도와 각 시장에 있어서 자사의 경쟁력을 축으로 하는 국제시장포트폴리오 접근법을 사용하여 자회사와 지사를 관리할 수 있다.

2. 자회사와 지사의 관리

[그림 15-2]는 자회사와 지사가 소재하는 시장의 매력도와 각 시장에서 자회사와 지사가 지니는 경쟁력을 기준으로 작성한 국제시장 매트릭스이다. 사선을 친 부분은 시장의 매력도가 높고 그러한 시장에서 국제기업의 자회사나 지사가 비교적 높은 경쟁상의 위치를 점하고 있는 시장들을 나타낸다. 평행선을 친 부분

그림 15-2 국제시장 매트릭스

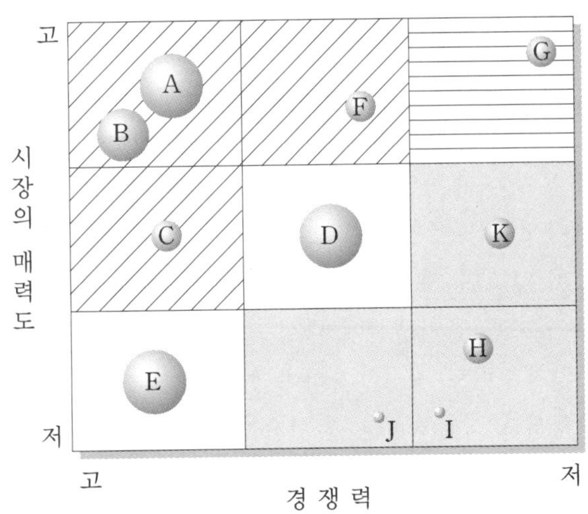

은 국제시장의 매력도는 높으나 자회사와 지사의 경쟁력이 낮은 시장들을 나타낸다. 검은 부분은 시장의 매력도도 낮고 그곳에 위치하는 자사의 경쟁력도 낮은 시장들을 나타낸다. 아무런 표시가 없는 부분은 시장의 매력도와 자회사나 지사의 경쟁력이 중간 정도인 시장과 시장의 매력도는 낮으나 그 시장에 위치하는 자회사나 지사의 경쟁력이 높은 시장들이다. 시장의 매력도와 자사의 경쟁력을 구성하는 요소에는 어떠한 것들이 있으며 이러한 요소들을 어떠한 방식으로 결합하여 지수화할 것인가에 대해서는 국제직접투자전략에서 설명한 바 있다. A, B, C, D, E, …… 등은 국별시장을 나타내며 원의 크기는 자회사나 지사의 매출액의 상대적인 크기를 표시한다. 예를 들면 A국의 시장은 매력도도 높고 그 시장에서 자회사나 지사가 강력한 경쟁상의 위치를 확보하고 있으며, 상당한 수준의 매출액을 시현하고 있다. I국시장은 매력도도 낮고 자회사나 지사의 경쟁력도 낮으며 자회사나 지사의 매출액의 크기도 상대적으로 작다. 본절에서는 자회사나 지사를 포트폴리오적으로 관리하는 방법에 대하여 알아보고자 한다.

(1) 확대전략

사선을 친 부분에 위치하는 자회사나 지사에 적용하는 것이 바람직한 전략이다. 높은 시장성장률 등 매력도가 높은 시장에서 큰 시장지분, 현지수요에 적합한 상품, 좋은 기업이미지, 자회사나 지사에 근무하는 경영자와 직원들의 높은 자질, 부품이나 기술서비스의 훌륭한 지원, 뛰어난 광고 및 판매촉진 등을 배경으로 인적 · 물적 자원을 대폭적으로 투입하여 성장하는 전략이다. 이를 달성하기 위해서는 그 시장의 수요를 적절히 충족시킬 수 있는 연구개발투자가 있어야 한다. 또한 그 시장에서 자사의 높은 경쟁력을 유지하기 위해서는 인적 · 물적 자원에 대한 과감한 투자가 요청된다. 이러한 시장에서 수요의 변화에 부응하기 위해서는 새로운 제품모델을 추가할 필요가 있으며, 지금까지 직접투자하여 현지생산에 나서고 있지 않다면 제품을 구매자들에게 신속히 인도하고 보다 나은 서비스를 제공할 수 있도록 현지생산에 나설 필요가 있다. 이 시장의 매력도를 고려하면 주요 국제경쟁자들도 직접투자하여 현지생산을 할 가능성이 크므로 경쟁력을 유지하기 위해서도 직접투자를 할 필요가 있다.

⑵ 수확 · 철수 · 라이슨싱전략

[그림 15-2]에서 검은 부분에 위치하고 있는 자회사와 지사를 관리하는 전략이다. 이러한 시장은 매력도도 낮고 이 시장에서 자회사나 지사가 차지하는 경쟁상의 위치도 낮다. 일반적으로 이러한 시장에서 시장지분을 유지하려면 상당한 현금을 지출할 필요가 있다. 광고와 판촉활동의 증대, 제품가격인하 등을 통한 상당한 수준의 현금지출에도 불구하고 이러한 시장에서는 시장지분을 유지하기가 어렵다. 따라서 이러한 시장에서는 시장지분의 감소를 각오하고 제품가격을 인상하거나 판촉활동을 줄여서라도 현금유입을 극대화할 필요가 있다. 여기서 나오는 현금유입은 매력적이고 자사의 자회사나 지사가 경쟁력을 보유하고 있는 시장에 투입하는 것이 바람직하다. 이러한 시장에서는 현지기업과 라이슨싱계약을 체결하여 로열티수입을 확보하고 철수하는 것도 고려해 볼 필요가 있다.

⑶ 지배 · 철수 · 합작투자전략

[그림 15-2]에서 우상단에 있는 G국시장에 위치하는 자회사나 지사를 관리하는 전략이다. 국제시장의 매력도는 높지만 자사가 그 시장에서 차지하는 경쟁상의 위치는 낮은 편이다. 그 시장에 대한 이해가 부족하며 자사의 제품이 현지수요를 적절히 충족시키고 있지 못하며, 자사의 자회사나 지사의 경영자와 직원들의 자질도 경쟁자와 대비하여 떨어지며 광고 등 판촉활동지원도 부족하다. 따라서 자회사나 지사가 경쟁자와 대비하여 지배적인 위치에 서자면 장기적으로 대규모의 인적 · 물적 자원을 투입할 필요가 있다. 따라서 장기적인 대규모의 자원투입이 실패하면 큰 손실을 볼 가능성도 있다. 그러나 이러한 도전을 회피하고 그 시장으로부터 철수하면 이익기회 역시 사라진다. 물론 자회사나 지사를 철수하려면 적절한 원매자를 구할 수 있어야 할 것이다.

시장이 매력적이나 자사의 경쟁력이 부족한 시장이므로 현지기업 또는 제3국 기업과의 합작투자도 고려해 볼 만하다. 예컨대 자사제품의 품질이나 디자인은 우수하나 유통경로확보상에 애로가 있다면 현지의 유통경로에 쉽게 접근할 수 있는 현지기업이나 이미 현지에 진출하여 자체의 유통경로를 개발한 외국기업과 합작하는 방법이다. 미국의 캘리포니아 아몬드재배자협회는 일본시장을 개척하는 데 어려움을 겪었다. 그러나 그 당시 이미 일본시장에 침투하여 유통경로를 확보하고 있던 코카 콜라사의 유통망을 이용하여 일본시장공략에 성공할 수 있었다. 쌍용시멘트가 일본에 진출할 때 현지기업가들과 합작하여 성공을 거둔 것도 이러한 전략의 좋은 예이다.

(4) 선택전략

[그림 15-2]에서 아무런 표시가 없는 시장들에 위치하는 자회사와 지사를 관리하는 전략이다. 이러한 시장들은 매력도도 어중간하고 자회사나 지사의 경쟁상의 위치도 중간수준인 시장들과, 매력도는 낮으나 자사의 경쟁상의 위치가 높은 시장들로 구성되어 있다. 사업포트폴리오에서는 현금창출사업에 해당하는 시장들인 셈이다. 이러한 시장에서는 시장유지전략을 추구하되 현금의 유출입에 유의할 필요가 있으며, 국제시장에서는 경쟁이 치열하기 때문에 이 전략은 선택적으로 구사할 필요가 있다. 따라서 이러한 자회사의 생산시설을 늘린다든가 인적 자원의 투입을 늘리는 것보다는 기존의 생산시설을 보다 능률적으로 운영하는 것이 중요하다. 이 시장에서는 마케팅기능도 중요하며 가격인상 등으로 지나친 이익을 추구하는 것은 삼가할 필요가 있다. 독특한 제품을 생산하여 수요진작을 기하기보다는 여러 가지의 제품에 두루 사용될 수 있는 호환성 상품을 개발하여 비용절감에 노력할 필요가 있다.

자회사나 지사를 포트폴리오식으로 관리하는 것은 각 사업의 매력도와 각 사업에 있어서 자사가 차지하는 경쟁력을 기준으로 사업포트폴리오를 관리하는 전략을 국제시장에 연장한 것이다. 그러나 이와 같이 자회사와 지사를 포트폴리오로 관리할 때에는 다음과 같은 점들에 유의할 필요가 있다.

첫째로, 자회사와 지사를 관리하기 위한 전략의 수립에는 모든 직능분야의 전문가가 참가해야 한다. 국별 시장전략을 수립할 때뿐 아니라, 국별로 시장의 매력도를 측정하고 자회사와 지사의 상대적인 경쟁력을 측정할 때에도 재무전문가, 생산전문가, 연구개발전문가, 마케팅전문가 등 모든 중요한 분야의 전문가들을 참여시킬 필요가 있다.

둘째로, 다음 절에서 설명하겠지만 자회사와 지사를 포트폴리오로 관리하는 것은 지구적 경쟁을 하는 기업에게 적합한 방법이 아닐 수 있다. 따라서 자회사와 지사의 포트폴리오적 관리는 다만 하나의 수단으로 보아야지 엄격히 준수해야 할 규정처럼 보아서는 안 된다. 또한 국제시장의 동태성을 감안하면 특정지사나 자회사를 위해 개발된 전략이 있더라도 경영환경의 변화에 따라 임기응변이 필요할 때도 많은 것이 보통이다.

셋째로, 자회사와 지사의 포트폴리오적 관리가 성공하자면 각 시장의 매력도와 각 시장에서 자사의 자회사나 지사가 차지하는 경쟁상의 위치를 정확히 측정할 필요가 있다. 이를 위해서는 시장의 매력도와 자사의 경쟁력을 정확히 반영하는 척도와 가중치를 개발해야 한다. 어떤 요소들을 사용하여 시장의 매력도를 측정하고 자회사나 지사의 경쟁력을 평가할 것이며, 각 요소별 가중치는 얼마로 할 것인가를 결정하는 것은 경영자의 판단을 필요로 한다. 경영자가 정확한 판단을 내리려면 주관적인 정보이든 객관적인 정보이든 정확도가 높은 정보가 필요하다. 정보의 정확도가 높을수록 실제상황과 부합된 자회사와 지사의 포트폴리오적 운영이 가능해진다. 또한 국제시장 포트폴리오분석을 지속적으로 이용하면 시간이 지남에 따라 세계시장의 판도가 어떻게 변했으며, 각 시장에서 자사의 자회사나 지사가 차지하는 위치가 어떻게 변해 왔는가를 알 수 있다. 이러한 축적된 지식을 기초로 기업은 또한 앞으로 국제시장이 어떻게 변할 것이며, 각 시장에서 자사의 위치가 어떻게 변할 것인가에 대한 예측도 할 수 있을 것이다.

제 3 절 지구적 관리

자회사나 지사가 소재하는 국제시장의 매력도와 그 국제시장에서 기업이 차지하고 있는 경쟁상의 위치를 고려하여 자회사나 지사를 포트폴리오식으로 관리하는 것은 문제가 없지 않다. 자회사나 지사를 포트폴리오식으로 관리하여 매력있고 경쟁력 있는 시장에 기업자원의 투입을 증대한다는 것은, 각국의 자회사와 지사를 연결하여 지구적 경쟁에 나서는 기업에게는 바람직한 전략이 될 수 없다. 예를 들면 기업이 수행하는 여러 가지의 경영활동들을 비교우위나 영업환경상의 특징에 따라 지구적으로 배치한 기업은 자사제품에 대한 특정한 국가의 수요가 작고 그 시장에서 자사의 경쟁상의 위치가 낮다고 해서 그 시장을 포기하고 철수할 수는 없는 일이다.

자회사나 지사의 관리를 국별로 나누어서 별도로 수행하면 국제기업은 지구적 경쟁에서 성공하기가 어렵다. 자회사와 지사의 지구적 관리는 자동차, 전자컴퓨터 등 지구적 산업에서 경쟁하는 기업들에게 특히 중요하다. 자회사와 지사의 지구적 관리는 해외시장수요의 변화와 산업구조의 변화를 탐지하고, 지구적으로 출현하기 시작하는 경쟁자의 도전에 대한 정보를 분석하고, 이에 대한 대응책을 개발하여 다양하고 급변하는 국제경영환경에 대담한 착상으로 대응할 수 있는 국제경영자들의 리더십을 필요로 한다. 일반적으로 국제기업들은 지구적 전략에는 많은 관심을 가지고 있지만, 지구적 전략에 기초하여 지구적 경쟁상의 우위를 확보하기 위하여 세계의 여러 나라에 산재해 있는 자회사나 지사에 어떠한 역할을 부여하며, 그들의 경영활동을 어떻게 조정 · 통합할 것인가 하는 문제에 대해서는 분명한 이해를 갖고 있는 것 같지 않다.

일반적으로 국제기업들은 자회사와 지사를 투자수익률이라는 단일지표를 기준으로 관리하거나 시장의 매력도와 자사의 경쟁력을 고려하여 포트폴리오식으로 관리하거나 하는 것이 보통이다. 대부분의 국제기업들은 사실 포트폴리오식보다는 투자수익률을 기준으로 한 일률적인 관리방식을 사용하는 경우가 많다. 일률적인 관리방식이란 예컨대 스리랑카, 말레이시아, 파푸아 뉴기니 등에 있는 자회사나 지사의 경영활동과 비교하면 미국, 일본, 독일 등 주요 국제시장에 위치한 자회사나 지사의 경영활동이 보다 더 중요함에도 불구하고 모든 자회사나 지사에 동일한 기획 및 통제방법을 적용하거나, 자회사나 지사의 경영자들을 기업의 전략수립과정에 모두 같은 수준으로 참여시키는 것을 의미한다. 일률적인 관리방식을 택하는 기업은 표준화된 평가기준에 의하여 자회사나 지사의 경영자들을 평가한다.

일률적 관리에 비하여 포트폴리오식 관리는 시장의 특성과 자회사의 경쟁능력에 따라 자회사를 관리하는 일층 진보된 방법이다. 자회사나 지사의 경영자를 평가하는 기준도 반드시 투자수익률과 같은 단일지표에 의존하지 않으며, 시장지분성장률, 장기적인 현지경영자 양성노력, 장기적인 현지연구개발계획 등 그 시장에 있어서 그 기업의 미래에 영향을 미칠 장기적인 전략적 지표를 개발하여 사용한다. 그러나 이러한 포트폴리오식 관리는 현지의 자회사들이 각기 독립적이어서 독자적으로 경영을 할 수 있을 때에만 적합한 방법이다. 기업이 지구적 경쟁에 나서서 경영활동을 지구적으로 통합 · 조정함으로써 경쟁상의 우위를 누리고자 할 때에는 포트폴리오식 관리는 적합한 방법이 아니다.

자회사나 지사의 지구적 관리란 국제기업이 일관된 지구적 전략을 수립하고 본사의 경영자들이 주요한 의사결정사항들을 통합 · 조정하고 기업자원을 범세계적으로 통제하여 자회사와 지사들로 하여금 현지국에서 지구적 전략을 충실히 실천하게 하는 방법이다. 그러나 자회사와 지사를 지구적으로 관리하는 데에는 문제가 없지 않다. 관리의 복잡성이 증가하여 지구적으로 경영활동을 관리조정하는 비용이 증대한다. 또한 지구적 관리방법은 어떤 자회사나 지사에도 최적의 방법은 될 수 없다. 특히 지구적 관리가 수행되는 과정에서 자회사와 지사경영자들의 자율, 유연성 및 효율성 등이 저해받게 되므로 본사와 자회사간의 관계가 긴장관계에 돌입하거나 또는 적대적인 관계로 변하기도 한다. 이러한 문제는 지구적 전략의 결함에서 발생하는 것은 아니다. 지구적 경쟁에 직면한 기업은 지구적 전략을 채택해야만 지구적 경쟁에서 승리할 수 있다. 문제는 지구적 전략에 따라 자회사와 지사를 관리하는 방법이 너무 경직적일 수 있다는 데 있다.

앞에서 살펴본 바와 같이 일률관리방식은 모든 자회사와 지사에 대하여 비교적 같은 대우를 하는 것이므로, 비교적 시장규모가 작고 중요하지 않은 시장에 위치하는 자회사나 지사의 요구를 지나치게 잘 들어주나 전략적으로 중요한 시장에 위치한 자회사나 지사의 욕구는 충분히 들어주지 못한다는 결함이 있다. 반대로 포트폴리오식 관리는 시장의 중요도를 반영하는 관리는 가능하나 지구적 경쟁에서 중요한 국제경영활동의 통합 · 조정이 결여되어 있는 결함이 있다.

지구적 경쟁에 직면한 국제기업은 자회사와 지사에 대한 엄격한 지구적 관리로 대응할 수 있으나, 엄격한 지구적 관리는 현지경영자의 자율성을 크게 제약하므로 본사와 자회사간의 적대적인 관계가 형성될 우려가 있다는 결함이 있다. 그렇게 되면 자회사와 지사경영자들이 가지고 있는 기량과 창조적 에너지는 사장되며 그 결과 국제기업이 지구적으로 보유하는 자산과 조직적 능력을 제대로 활용하지 못하게 될 수도 있다. 따라서 지구적 관리방법이 성공하려면 이러한 문제들을 고려하여 자회사와 지사를 관리하는 방법이 있어야 한다. 올바른 방법은 지구적 관리방법을 선택하되 외부적 경영환경과 내부적 경영능력이 자회사나 지사별로 다르다는 것을 인정하고, 현지국 자회사들의 역할과 책임을 선택적으로 변경시키는 방법이다.

엄밀한 의미의 지구적 접근법은 본사가 세계 전체에 대하여 책임을 지고 제품 및 마케팅전략 등을 수립하여 여러 자회사와 지사의 경영활동을 통합 · 조정하는 것이다. 이 전략은 현지국 사정에 정통한 자회사와 지사경영자들의 지식을 무시하고 각 자회사와 지사가 보유하는 강점들을 제대로 활용하지 못할 뿐 아니라, 현지국 경영자들의 의욕을 저하시킬 수 있다는 결점이 있다. 이러한 문제점을 해결하기 위한 일환으로 지역본부제도를 도입하는 국제기업들도 있다. 본사는 지역본부의 경영활동을 통합 · 조정하고 지역본부들은 자기지역 내에 소재하는 자회사나 지사의 경영활동을 통합 · 조정하는 형식이다. 그러나 이러한 지역본부제도도 지역본부의 경영자들로 하여금 그 지역의 자회사와 지사의 경영활동 전체에 대한 책임을 지게 함으로써, 자회사와 지사경영자들의 창의성을 훼손한다는 면에서는 동일한 결함을 가지고 있다.

또 다른 지구적 관리법은 본사가 세계 전체의 경영활동을 통합 · 조정하되 자회사와 지사의 경영자들에게도 그 자회사와 지사의 시장위치에 상응하는 권한과 책임을 부여하는 방법이다. 예를 들면 신제품의 생산 · 판매에 있어서 기업본부의 경영자들과 자회사 및 지사의 경영자들이 한 팀을 이루어 본사의 경영자들이 지구적 전략의 관점에서, 신제품의 지구적 생산 · 판매에 대한 대체적인 윤곽을 제시하고 자회사와 지사의 경영자들은 자기의 능력에 상응한 기여를 하는 방법이다. 이 방법은 기업 전체의 입장에서 국제경영활동을 통합 · 조정할 수 있을 뿐 아니라, 시장에 가장 가까운 자회사와 지사경영자들의 지식과 전문성을 활용할 수 있게 해 준다. 이 방법을 택하면 또한 자회사와 지사의 경영자들이 지구적 전략수립과정에 참여하므로 그들이 의욕과 확신을 가지고 전략을 과단성 있게 수행하게 되는 이점도 있다. 이러한 관리방법은 본부와 자회사, 그리고 지사의 관계를 독립적이거나 의존적인 관계에서 상호보완적인 관계로 전환시키는 역할도 한다. 그러나 이 관리방법은 모든 자회사와 지사를 같은 정도로 전략수립에 참여시키는 것은 아니다.

각 자회사나 지사는 자신의 전략적 위치에 따라 리더로서 참여할 수도 있고, 기여자 또는 전략실천자로서 참여할 수도 있다. 이 경우 자회사와 지사를 전략적 중요성에 따라 리더(strategic leader), 기여자(contributor), 실천자(implementer) 그리고 문제아(black hole)로 분류하고 각기 적절한 책임과 역할을 맡기는 것도 한 방법이다.

1. 리　　더

리더는 전략적으로 중요한 국제시장에 위치하고 상당한 능력을 보유하고 있는 자회사나 지사가 수행하는 역할이다. 리더자회사나 지사는 전략을 개발하고 수행함에 있어서 본사의 파트너 역할을 담당한다. 이 자회사나 지사는 국제시장에서 일어나는 또는 일어날 것으로 예상되는 징조를 조기에 탐지하고, 예상되는 문제점과 기회를 분석하고, 적절한 대응책을 개발하는 데 있어서 본사를 지원해야 한다. 리더는 경우에 따라서 신제품의 개발을 추진하고 그 결과 자연스럽게 그러한 신제품의 개발, 제조 및 마케팅에 있어서 범세계적으로 기업 전체를 선도하는 역할을 수행하기도 한다.

2. 기 여 자

기여자는 시장의 크기가 작거나 기타 여러 가지 면에서 전략적으로 별로 중요하지 않은 국제시장에 위치하고 있으나, 특별히 뛰어난 능력을 보유하고 있는 자회사나 지사가 수행하는 역할이다. 예를 들면 이러한 상황은 특정한 제품이나 부품의 생산에 있어서 특히 유리한 조건을 가진 시장이지만, 시장의 규모가 작은 경우에 발생할 수 있다. 특정한 상품이나 부품의 생산 또는 특정한 기술의 개발에 비교우위를 가지고 있거나, 현지정부의 정책이 그러한 것을 지원하고 있기 때문에 그 시장에 위치하는 자회사가 특정한 분야에서 뛰어난 능력을 보유하게 되었지만, 시장 자체는 전략적으로 중요하지 않은 경우이다. 포트폴리오관리방식에 의하면 이러한 자회사는 되도록이면 새로운 자원을 투입하지 말고 현상유지를 목표로 경영하여야 한다. 그러나 만약에 이 자회사가 보유하는 특수한 능력의 개발을 계속 지원하지 않는다면 결국은 이 특수한 능력을 충분히 활용할 수 있는 기회를 상실하게 될 것이다. 이러한 상황에서는 이 자회사가 보유하고 있는 전문기술 등 값진 능력을 흡수하여 그것이 기업 전체에 플러스의 효과를 미치도록 지원하는 것이 회사 전체에 유리하다.

3. 실 천 자

실천자는 전략적으로 중요성이 떨어지는 시장에 위치하고 있으며 특별한 능력을 보유하고 있지 않은 자회사들이 수행하는 역할이다. 이러한 자회사와 지사들은 기업 전체의 성장에 필요한 현금유입을 책임져야 한다.

이러한 자회사들이 위치하는 시장들은 잠재력이 제한되어 있으므로 대규모 기업자원의 투입이 바람직하지 못하며, 자회사 역시 특별히 월등한 능력을 보유하고 있지도 못하므로 지구적 전략의 수립에 큰 공헌을 하지도 못하는 것이 보통이다. 그러나 실천자들은 국제기업의 지구적 전략에 중요한 규모의 경제와 범위의 경제를 제공할 수 있다. 실천자들은 국제기업의 지구적 전략을 각자의 시장에서 충실히 이행함으로써 기업 전체의 효율성과 수익성을 제고하는 데 기여하여야 한다.

4. 문 제 아

문제아는 성장잠재력이 크고 매력적인 시장에서 낮은 경쟁상의 위치에 있는 자회사와 지사들이다. 예를 들면 일본에 진출해 있는 우리나라 기업의 자회사와 지사들이 이에 해당한다. 과거 일본시장은 시장의 규모도 크고 산업에 따라서는 성장률도 높은 매력적인 시장이었다. 그러나 일본시장에 진출한 우리나라 기업의 많은 자회사들이 과거 수행했던 역할은, 비록 영업활동의 가능성은 별로 없다고 하여도 일본으로부터 무엇인가를 배울 가능성을 포착하기 위하여 정보수집에 노력하는 "일본창구"의 기능이었다. 그러나 일본시장의 규모와 잠재력을 고려하면 우리나라 기업들의 지구적 전략이 성공하자면 일본시장에서 경영활동을 활성화할 필요가 있다.

자회사들이 일본창구의 역할만 수행하는 것은 정보수집에도 효과적이지 못한 면이 있다. 왜냐 하면 정보수집을 효과적으로 하려면 일본산업의 내부에 직접 뛰어들어 끊임없이 유통구조 속에 침투하려고 노력하고, 부품공급업자들이나 기계장비제조업자들과 계속 접촉해야 하기 때문이다. 새로운 상황이 이미 발생한 다음에 그것을 탐지해 보아야 따라 잡을 시간적 여유가 없기 때문에 부질없는 일이 되고 만다. 따라서 우리는 새로운 상황이 나타나기 시작할 때 이미 그러한 것을 알고 있을 필요가 있다. 그러나 새로운 상황을 미리 알기 위해서는 관객의 입장만으로는 불충분하며 산업 내 경쟁에 직접 참여해 보아야 한다.

문제아인 자회사들은 그러한 어려운 상황에서 어떻게 하면 탈출할 수 있을 것인가를 궁리하여야 한다. 즉, 어느 나라에 대한 창구란 개념으로부터 탈피하여 적극적으로 시장지분을 확대하려고 노력할 필요가 있다. 이를 위해서는 기업이 보유하는 강점을 적극적으로 이용하여 자기가 강점을 가진 분야를 중심으로 대규모로 기업자원을 투입할 필요가 있다. 이 때 현지에서 경쟁력을 개선하는 한 가지 방법은 현지기업과 합작투자 등 전략적 제휴를 하는 것이다.

어느 자회사에게 어떤 역할을 맡길 것인가를 결정하는 데 있어 국제기업 본사의 경영자들은 경영활동의 지구적 배치와 지구적 조정을 기준으로 하되, 지사나 자회사의 경영자들에게 동기를 부여하는 문제도 고려할 필요가 있다. 자회사·지사의 경영자들에게 큰 인센티브를 주려면 국제기업의 본사는 전략적으로 덜 중요한 제품이나 공정 또는 부품생산에 있어서만이라도 규모가 작은 자회사·지사들에게 리더나 기여자의 역할을 할 수 있는 기회를 주도록 노력할 필요가 있다. 특정한 시장의 규모가 작더라도 현지자회사·지사의 경영진에 대한 동기부여라는 측면에서 자사의 지구적 전략에 충분히 기여한다는 느낌을 가질 수 있도록, 현지자회사·지사의 역할을 조정함으로써 현지자회사·지사의 경영진으로 하여금 기업가정신을 상실하지 않도록 배려할 필요가 있다. 물론 이러한 경우에도 본사는 리더역할을 맡은 현지국 자회사가 개발한 경영전략이 국제기업 전체의 목표와 우선순위에 부합하도록 통제할 필요가 있다. 그러나 그러한 통제는 전통적인 의미의 중앙집권적 통제가 되어서는 안 되며, 오히려 리더로서의 책임을 지고 있는 현지국 자회사들에게 그들이 독창적이고 기업가적인 역할을 수행하는 데 필요한 자원과 자유를 제공하는 것이어야 한다.

기여자의 역할을 맡은 현지국 자회사의 경영자들은 그들이 보유하고 있는 자원을 다른 자회사나 지사로 이전하여 국제기업 전체에 플러스 효과를 미치도록 노력하여야 한다. 그러나 자회사 경영자들은 흔히 자기들의 국지적 이해관계를 지구적 차원에서 본 기업 전체의 이해관계보다 중요시하는 경향이 있다. 이러한 경향을 저지하는 동시에 자회사 경영자들과 기술자들이 본사의 통제 때문에, 의욕을 잃고 기여자의 역할을 포기하지 않도록 하기 위해서는 이들의 역할이 지구적 사업의 일부분임을 강조하고 또 실제로 그렇게 배치할 필요가 있다. 예를 들면 기여자의 연구개발인력의 일부를 본사에 밀착시키는 것도 한 방법이 될 수 있다.

실천자의 역할을 수행하는 자회사에 대해서는 본사가 강한 통제력을 발휘해야 한다. 실천자의 역할을 수행하는 자회사들은 지구적 경쟁을 하는 국제기업에게 규모의 경제와 경험효과를 제공함으로써, 국제기업으로 하여금 지구적 경쟁에서 경쟁상의 우위를 확보할 수 있게 해야 한다. 따라서 본사는 이러한 자회사들의 경제성과 효율성을 강조할 필요가 있다.

문제아인 자회사들에 대해 본사의 경영층이 해야 할 임무는 문제아들이 환경에 더 잘 순응하고 그들이 문제아에서 벗어날 수 있도록 본사의 자원과 능력을 지원할 필요가 있다. 문제아들은 본사의 도움과 지원이 없이는 현지에서 경쟁력을 개선하기 어려우므로 현지직원을 집중적으로 훈련시키고 기술과 기업자원을 이러한 자회사들에게 적극적으로 이전할 필요가 있다.

제 16 장 지구적 경쟁우위의 확보

기업은 국제진출, 특히 해외직접투자형태로의 국제진출을 통하여 지구적 경쟁우위를 확보할 수 있다. 그 이유는 해외투자를 통하여 기업은 국가별 비교우위의 변화를 이용하는 아비트라지, 규모의 경제 및 범위의 경제를 이용할 수 있으며 지구적 차원의 학습이 가능하기 때문이다. 기업은 해외투자를 통하여 지구적 경쟁우위를 확보할 수 있지만, 국별 상황을 무시한 일방적인 지구적 전략의 추진이 언제나 바람직한 것은 아니다. 왜냐하면 기업이 해외투자를 통하여 지구적 경쟁우위를 확보하기 위해서는 지구적 통합을 추진하는 것도 중요하지만 현지수요에 부응하는 것도 무시해서는 안 되기 때문이다.

제 1 절 지구적 경쟁우위

기업이 해외투자를 통하여 획득할 수 있는 경쟁우위로는 국가별 비교우위의 변화를 이용하는 아비트라지, 규모의 경제, 범위의 경제 그리고 지구적 차원의 학습이 있다.

1. 비교우위를 이용하는 아비트라지

비교우위는 국가마다 부존요소의 비율이 다르기 때문에 발생한다. 예컨대 우리나라는 일본과 비교할 때 자본에 비해 상대적으로 노동력이 풍부하기 때문에 노동집약적인 상품의 생산에 비교우위가 있다. 고전적인 의미의 비교우위는 이와 같이 부존요소의 차이를 강조하고 있지만, 경영자의 시각에서는 이러한 물리적 요소의 차이에 기인한 비교우위뿐 아니라 보다 광범위한 개념인 사회적 비교우위가 중요하다. 사회적 비교우위는 인구수, 인구의 질과 구성 등을 포함하며 나아가서는 그 사회 내에 존재하는 조직간의 관계, 교육제도의 성격, 조직 및 경영적 노하우 등과 같은 "소프트"한 자원까지도 망라하는 비교우위를 의미한다. 비교우위는 생산, 마케팅, R&D 등의 경영활동들은 각기 다른 요소집약도를 필요로 하기 때문에 발생한다. 국제기업은 각 경영활동에 상대적으로 가장 많이 투입되는 요소를 가장 낮은 비용으로 이용할 수 있는 나라에 해당 경영활동을 배치함으로써 경쟁기업에 비해 상대적인 우위를 확보할 수 있다.

고전이론은 비교우위는 고정적이어서 변하지 않는다고 가정한다. 그러나 비교우위는 변하며 그러한 변화를 유도하려는 목적에서 각국은 산업정책을 수립하고 집행한다. 우리나라의 경우를 보면 1960년대 초에 처음으로 경제개발을 체계적으로 시작할 때에는 노동집약적인 상품에 비교우위가 있었다. 그 당시 우리나라 기업들이 수출한 품목들은 오징어, 김, 생사 등 많은 노동력의 투입을 요하는 것들이었다. 그러나 지금은 반도체, CNC기계, 휴대폰, 자동차 등 자본집약적이고 기술집약적인 상품의 생산과 수출이 대종을 이룬다.

그러나 비교우위의 변화는 국가의 산업정책에 의해서만 일어나는 것은 아니다. 환율의 변화, 신제품개발, 새로운 국제경쟁자의 출현, 조세제도 등 정부정책의 변화, 통화정책과 이자율의 변화 등 기업이 경쟁하고 있는 환경의 불확실성은 필연적으로 비교우위의 변화를 초래한다. 이러한 비교우위의 변화를 지구적 차원에서 아비트라지하는 국제기업은 지구적 경쟁우위를 확보할 수 있다.

환율변동의 예를 들어 비교우위의 변화를 이용한 아비트라지가 국제기업에게 어떤 편익을 가져 오는가를 살펴보자. 수송비나 관세가 없다고 가정하면 두 나라 통화간의 환율은 양국의 물가상승률의 차이를 반영해야 한다. 만약에 A국의 물가가 10% 상승하였으나, A국의 통화가치는 5%만 하락한다면 A국이 생산·판매하는 상품의 수출가격이 5% 상승하게 되므로 A국 상품은 국제시장에서 가격경쟁력이 약화된다. 그러한 현상은 1980년대 후반 원화가치의 가파른 상승으로 국제수지 흑자가 적자로 반전한 우리나라의 예에서도 찾아볼 수 있고, 1990년대 들어 엔화가치의 상승으로 경기침체를 겪었던 일본의 예에서도 찾아볼 수 있다. 만약에 우리나라의 한 기업이 1980년대 후반 동남아나 중국에 현지공장을 가지고 있었다면, 그 기업은 비교우위의 변화를 아비트라지함으로써 원화가치의 상승에서 오는 피해를 크게 줄일 수 있었을 것이다. 그 기업은 원화가치가 상승하면 우리나라에서 생산을 줄이고 동남아나 중국공장에서 생산을 늘림으로써 실질환율의 변동에서 오는 불리한 영향을 효과적으로 통제할 수 있었을 것이다.

세율의 변화 등 정부정책이나 규제의 변화에 대해서도 해외공장을 보유하고 있는 기업은 아비트라지기회를 가진다. 만약에 한 국가의 세율이 오르고 다른 국가의 세율이 내린다면 국제기업은 세율이 낮아진 곳에서 이익이 발생할 수 있도록 아비트라지함으로써 시스템 전체적으로는 보다 높은 이익을 올릴 수 있을 것이다. 그 밖에도 자회사들이 경영활동을 수행하고 있는 국가들이 제공하는 금융조건들이 변한다면 국제기업은 그 중에서 가장 유리한 조건의 금융을 이용함으로써 국제시장에서 경쟁우위를 확보할 수 있을 것이다.

비교우위의 변화를 이용한 아비트라지가 가능하려면 국제기업은 해외 여러나라에 진출해야 하며 이론적으로는 진출국가의 수가 많으면 많을수록 아비트라지기회는 증가한다. 그러나 다수 국가에의 해외투자가 반드시 좋은 선택은 아니다. 아비트라지를 이용하려는 노력은 필연적으로 몇 가지 비용을 수반한다. 우선 아비트라지를 이용하려는 기업은 단일 장소에서 집중적으로 생산하는 데서 오는 규모의 경제를 이용할 수 없다. 일본기업들은 임금의 상승과 환율의 변동에도 불구하고 상당기간 동안 국내생산을 고수했다. 그들은 환율은 단기적으로는 급변할 수 있지만 장기적으로는 물가상승률의 차이를 반영하여 실질환율이 균형을 이룰 것으로 생각했으며, 임금상승은 노동생산성 향상과 설비투자를 통하여 해결하고자 했던 것이다. 그러나 그러한 입장도 어느 한계를 넘어서면 지키기 어렵게 된다. 일본도 1990년대 초의 가파른 엔화상승은 해외투자를 통하여 해결했다.

기업이 비교우위의 변화를 아비트라지하려면 지구적 시스템 전체의 활동을 조정하여 환경의 변화를 이익적으로 이용할 수 있는 조직구조와 관리수단들을 개발해야 한다. 기업이 환경변화로부터 얻는 편익은 환경변화 자체로부터 오는 것은 아니며, 기업이 환경변화를 적극적으로 아비트라지하는 데에서 오기 때문이다. 그러나 이러한 조직구조와 경영관리수단의 개발에는 비용이 발생할 뿐 아니라 관리수단의 사용에도 비용이 발생한다. 예컨대 우리나라의 임금이 상승하여 동남아 공장의 생산을 늘리자면 평소에 동남아 공장에 잉여설비를 보유하고 있거나 그렇지 않은 경우에는 초과근무수당을 지급해야 한다. 경우에 따라서는 잉여설비의 보유나 초과수당의 지급이 우리나라의 임금상승보다 기업에게 더 큰 부담을 줄 수도 있을 것이다. 또한 비교우위가 없어졌다 해서 한 나라로부터의 생산을 줄인다는 것도 쉬운 일은 아니다. 생산을 줄이려면 일부 종업원을 해고하든가 그들을 회사 내에 잠재실업자로서 보유해야 할 것이다. 외국에서 일시적인 비교우위의 상실을 구실로 근로자를 해고하면 현지정부와 마찰을 빚을 수도 있으며 자사의 현지 이미지에도 문제가 발생할 수 있다. 또한 회사 내에 잠재실업자를 보유하는 것은 또하나의 비능률이며, 그만큼 아비트라지에서 오는 이익이 감소되고 경우에 따라서는 오히려 손실을 가져올 수도 있을 것이다.

2. 규모의 경제

규모의 경제라는 개념은 널리 알려져 있는 개념이다. 규모의 경제를 이용하려는 기업은 생산·판매량을 늘려야 하며 경쟁기업보다 빨리 생산·판매량을 늘리는 기업은 경쟁기업에 비하여 비용상의 우위를 누릴 수 있다. 생산·판매량을 늘리는 기업은 또한 규모의 경제의 동태적 측면이라고 할 수 있는 경험효과도 이용할 수 있다.

그러나 규모의 경제는 경영활동 전체를 기준으로 하는 것은 아니다. 기업이 수행하는 경영활동을 우리는 생산, 마케팅, 서비스, 조달, 연구개발, 인력개발, 하부구조 등 여러 가지 세부활동으로 구분할 수 있다. 뿐만 아니라 생산활동 역시 부품생산, 조립 등 여러 가지 활동들로 분류할 수 있다. 해외투자한 기업은 해외자회사들을 제품종류별로 또는 세부경영활동별로 전문화시킴으로써 규모의 경제를 이용할 수 있다.

한편 규모의 경제의 중요성도 세부경영활동의 종류에 따라 다르다. 예컨대 규모의 경제는 일반적으로 마케팅활동에서보다는 생산활동에서 더 크게 나타나며, 같은 생산활동 중에서도 조립보다는 부품생산에서 오는 규모의 경제가 더 크다. 대부분의 경우 규모의 경제에서 오는 혜택은 마케팅이나 애프터 서비스 같은 경영활동의 후기단계보다는 조사개발, 조달, 생산과 같은 경영활동의 초기단계에서 더 크다. 따라서 국제기업은 제품생산에 필요한 가치사슬을 범세계적으로 배치함에 있어서 경영활동의 초기단계는 규모의 경제를 충분히 이용하기 위하여 비교우위가 있는 곳에 집중적으로 배치하고 후기단계는 분산배치하는 전략이 효과적이다.

과거에는 기업경영에 있어서 규모의 경제는 항상 중요한 요인이었고 기업은 규모의 경제를 이용하기 위하여 표준품의 대량생산을 추구했다. 규모의 경제는 흔히 전문화를 통해 달성되며 규모의 경제를 추구하는 기업은 기업의 자산과 관리제도 등을 특정한 목적에 맞춰 표준화시켜야 한다. 이로부터 극단적인 표준화를 추구하는 기업은 융통성과 변화에 대응하는 능력을 상실한다는 비판이 대두한다. 그러나 앞에서 가치사슬의 차별적 배치에서 지적하였듯이 규모의 경제를 이용하기 위한 표준화와 변화에 대응하는 차별화는 상호 배타적인 것이 아니다. 양자를 조화시키는 것이 국제기업이 추구해야 할 과제이며 CAD(computer aided design)/CAM(computer aided manufacturing), 유연생산제도(flexible manufacturing system: FMS)의 출현 등은 양자의 균형을 달성하고자 하는 노력의 결과이다.

3. 범위의 경제

규모의 경제와는 달리 범위의 경제는 잘 알려지지 않은 개념이다. 범위의 경제는 두 가지 이상의 제품을 한 기업이 함께 생산하는 것이 몇 개의 기업이 그 제품들을 하나씩 생산하는 것보다 비용이 적게 든다는 데에서 발생한다. 범위의 경제를 통해 비용절감이 일어나는 이유는 다양하다. 예컨대 한 기업이 어떤 한 제품을 생산하기 위하여 정보나 기술과 같은 자원을 일단 획득하면 그 기업은 추가적인 비용을 지출하지 않고도 그 정보나 기술을 이용하여 다른 제품들도 같이 생산할 수 있다.

투자와 비용을 함께 나누는 범위의 경제는 다른 종류의 제품을 생산하거나, 같은 종류이나 목표로 하는 세시장이 다른 제품을 생산하거나, 다른 해외시장들을 목표로 생산하는 데에서 발생한다. 예컨대 다각화된 기업은 생산시설이나 현금 그리고 상표 등을 각기 다른 사업과 시장에서 함께 사용할 수 있다. 또한 여러 종류의 제품생산에 사용될 수 있는 로봇을 이용한 유연생산제도를 도입한 기업은 범위의 경제를 이용할 수 있다.

한 기업이 고객, 공급원, 유통경로 그리고 정부 등과 맺고 있는 유대관계도 범위의 경제의 원천이 될 수 있다. 예컨대 대형 전자회사는 소형 전자회사들보다 생산품목이 다양하기 때문에 동일한 유통경로를 사용해서 다양한 제품을 공급함으로써 보다 큰 범위의 경제를 누릴 수 있다. 은행업의 경우 해외지점이나 해외 현지법인을 가지고 있는 기존은행은 해외거점이 없는 신설은행들에 비해 범위의 경제를 이용할 수 있다. 기존은행들은 국제기업들을 위해 국내에서 개발한 서비스를 자사의 광범위한 해외네트워크를 이용하여 국제기업들의 해외거점들에게 공급함으로써 범위의 경제를 이용할 수 있다. 유통업의 경우 종합상사들은 고객의 한 제품을 마케팅하기 위해 개발한 서비스를 고객의 다른 제품들을 마케팅하는 데 사용함으로써 범위의 경제를 이용할 수 있다.

지식과 기술을 함께 쓰는 것도 범위의 경제를 이용하는 것이다. 예컨대 일본의 국제기업인 NEC의 지구적 전략은 "C&C"(communication & computer)이다. NEC의 전략은 컴퓨터기술과 커뮤니케이션기술을 합친 혁신제품을 개발 · 공급하여 컴퓨터기술만 가지고 있는 IBM과 커뮤니케이션 기술만 가지고 있었던 AT&T 등에 대해 경쟁우위를 확보하는 것이었다. AT&T는 NEC의 이러한 시도에 대응하여 NCR이라는 컴퓨터회사를 매입하여 컴퓨터부문을 강화했다.

규모의 경제가 표준품의 대량생산으로 고객의 다양한 수요를 충족시키지 못하는 결점이 있는 것과 같이 범위의 경제 역시 비용이 전혀 없는 것은 아니다. 다각화한 기업은 범위의 경제를 이용할 수 있으나, 그러한 기업들이 취급하는 다양한 제품, 다양한 세시장, 다양한 국제시장은 다양한 변화에 직면한다. 한 기업이 이처럼 다양한 환경변화에 효율적으로 대처한다는 것은 대단히 어렵기 때문에 최선이 아니라 차선을 택하는 경우가 많아진다. 다각화된 기업의 극단적인 형태는 우리나라의 재벌이다. 재벌은 범위의 경제를 가장 잘 이용할 수 있는 위치에 있다. 그러나 우리나라의 재벌과 같이 지나치게 다각화한 기업은 범위의 경제에서 오는 혜택보다는 복잡성과 타협에서 오는 비용을 부담하게 된다.

제품을 차별화하기 위하여 범위의 경제를 의도적으로 포기하는 경우도 있다. 일본의 토요다는 고급차인 렉서스를 국제시장에 공급하면서 기존의 토요다 딜러 대신에 렉서스딜러를 별도로 운영했다. 그 이유는 기존의 토요다딜러가 제공하는 서비스로는 독일의 벤츠나 BMW, 미국의 캐딜럭과 경쟁할 수 없다고 판단했기 때문이었다. 혼다 역시 고급차인 아큐라를 미국시장에 공급하면서 기존의 혼다딜러망을 사용하여 범위의 경제를 이용하는 대신에 별도의 아큐라딜러망을 구축했다. 제품차별화를 위해 범위의 경제를 포기하는 것은 자동차산업에만 있는 일은 아니다. 일본의 시계회사인 세이코 역시 고가품인 세이코와 저가품인 필사를 별도의 유통경로를 통하여 시장에 공급하고 있다.

4. 지구적 차원의 학습

전통적인 국제경영학이론에 의하면 기업은 우수한 기술, 유명한 상표, 뛰어난 경영능력과 같은 독점적 수익성 자산을 이용하여 더 많은 이익을 얻기 위하여 또는 기존의 이익을 방어하기 위하여 해외로 진출한다. 기업의 해외진출동기가 이익을 방어하거나 더 높은 이익을 얻는 데 있다고 인정하더라도 해외진출한 기업은 추가로 핵심적인 자산을 얻게 된다.

국제기업이 해외진출을 통하여 추가로 얻는 자산이란 해외진출기업이 경영활동을 수행하는 환경의 다양성에서 나온다. 국제기업은 다양한 환경을 통하여 다양한 자극에 노출되며 그 결과 국내에서만 경영활동을 수행하는 기업에 비해 보다 광범위한 학습기회를 갖게 되어 다양한 능력을 개발할 수 있게 된다.

세계를 둘러 보면 모토롤라, 네슬레, ABB, 토요다 등 다국적화된 기업들이 국내경영에 안주하는 기업들보다 수익률에 있어서 뿐 아니라, 성장률에 있어서도 앞서 있다. 그러한 기업들이 처음에 다국적화할 때에는 경쟁기업이 가지고 있지 않은 독점적 수익성 자산이 도움이 되었다. 그러나 그러한 자산은 시간이 감에 따라 경쟁기업의 추격으로 유효성을 상실할 것이므로, 다국적기업들이 국제시장에서 계속적으로 성공을 거두고 있는 사실을 설명하기 어렵다. 다국적기업의 계속적인 성공은 국제기업이 다국적화하는 과정에서 다양한 환경에 노출됨으로써 전체 조직의 학습능력이 제고되고 이를 통해 끊임없이 새로운 능력을 개발할 수 있다는 것에서 찾을 수 있다.

국제기업이 보유하는 내부적 다양성은 여러 가지 면에서 국제기업의 전략적 우위개발에 기여한다. 예측이 불가능한 환경하에서 경쟁하는 기업은 미래에 어떤 능력이 필요할 것인가를 미리 알 수 없다. 만약에 미래에 환경이 어떻게 바뀔 것인가를 알 수 있다면 앞으로 올 변화된 환경에 맞는 능력을 사전에 미리 개발하여 보유함으로써 기업은 생존을 보장받을 수 있을 것이다. 그러나 최근에는 환경의 변화도 빈번할 뿐 아니라 환경변화를 예측한다는 것도 상당히 어렵다. 환경의 변화가 이와 같이 급하고 예측하기 어려울 때에는 다양한 환경에 노출되어 다양한 능력을 개발한 다국적기업의 상황대처능력이 빛을 발하게 된다. 이는 단순히 특정한 시점에서 남이 지니지 못한 독점적 수익성 자산을 가지고 있다는 정태적 능력과는 구별되는 동태적 학습능력인 것이다.

그러나 지구적 차원의 학습은 단순히 미래의 불확실성에 수동적으로 대응할 능력을 갖추는 것에 국한되는 것은 아니다. 국제기업은 다양한 자원과 다양한 능력을 결합하여 혁신을 공동으로 수행할 수 있으며, 그 결과 일구어 낸 혁신을 다양한 장소에서 이용할 수 있다. 예컨대 미국의 한 생활용품생산업체는 미국 본사의 연구소, 일본 자회사의 연구소, 그리고 브랏셀 자회사의 연구소가 개발한 성분들을 조합하여 센물이든 단물이든 어떤 수질에서도 사용할 수 있는 세제를 개발하여 미국, 일본, 유럽의 세 시장에 공급했다. 다양한 환경에 노출된 이 다국적기업은 각국의 독특한 환경에 대처하는 기술과 지식을 습득했으며, 이러한 지식들을 결합하여 지구적 경쟁우위의 개발에 성공한 것이다.

한편 국제기업이 직면하는 환경이 다양하다고 해서 반드시 학습이 일어나는 것은 아니다. 환경이 다양하다는 것은 학습이 일어나기 위한 필요조건이지만 그것만으로는 충분하지 못하다. 학습이 가능하려면 학습을 촉진할 제도와 수단이 마련되어야 한다. 예컨대 모든 자원이 본사에만 집중되어 있고, 자회사는 다만 본사의 지시만 충실히 수행하는 중앙집권적 제도하에서는 학습의 가능성이 줄어든다. 그러한 제도하에서는 자회사가 현지의 독특한 환경을 감지하고 분석하여 독특한 능력을 개발하기 위한 자원과 수단을 보유하지 못한다. 설혹 자회사에 그러한 자원과 수단이 있다고 해도 자회사가 개발한 혁신을 본사가 받아들이지 않을 가능성이 높으며 자회사 또한 혁신을 시스템 전체에 확산시킬 제도가 마련되어 있지 않아서 혁신은 그것을 개발한 자회사에 국한될 가능성이 높다.

제 2 절 지구적 통합과 현지화

한 기업이 비교우위변화에 기초한 아비트라지, 규모의 경제, 범위의 경제, 지구적 차원의 학습 등을 이용하여 지구적 경쟁우위를 개발하기 위해서는 경영활동의 지구적 통합이 필요하다. 그러나 지구적 경쟁우위의 개발은 지구적 통합에 의해서만 달성되는 것은 아니다. 지구적 경쟁우위는 지구적 통합과 더불어 현지화를 요구한다.

1. 지구적 통합과 현지화의 이점

기술과 지식의 발달로 대부분의 산업과 경영활동들에 있어서 규모의 경제의 중요성이 커진 것은 사실이다. 생산의 경우 텔레비전의 예를 보면 진공관식에서 IC의 사용과 공정자동화를 통한 품질개선과 대량생산으로 최소유효생산규모가 수십 배로 늘어났다. 연구개발활동의 경우에도 첨단기술개발에는 엄청난 자금이 소요되기 때문에 어느 한 시장에서 얻는 수익만으로는 계속이 불가능하다. 세계시장 전체를 대상으로 판매하는 경우에만 이 분야에서 깊이 있고 폭넓은 연구개발활동이 가능할 뿐이다.

마케팅의 경우에도 변화의 폭은 깊고 넓다. 과거에는 개별 점포들이 생산자들로부터 제품을 구입했다. 그러한 세계에서는 생산회사의 직원들이 개별 점포의 점주들을 교육하면 개별 점주들은 교육받은 대로 소비자에게 제품을 판매했다. 그러나 연쇄점을 비롯하여 대형점포들이 출현함에 따라 소비자를 교육시키고 제품이 주는 편익을 알리기 위해서는 언론매체를 통한 광고에 의존하지 않을 수 없게 되어 대량판매 없이는 마케팅활동이 어렵게 환경이 바뀌었다. 다른 한편으로는 기술발전에 따라 제품의 고장률이 감소하여 애프터 서비스의 필요성이 줄어들었으며 대체부품의 발달로 고장난 제품을 수리하는 기계공에게 요구되는 기술수준도 감소했다. 이 또한 대량판매를 가능케 하고 있다. 경영활동에서 일어나는 이러한 변화는 수송비와 통신비의 감소, 관세 · 비관세장벽의 축소, 세계적 수요의 동질화와 같은 외부환경의 변화와 맞물려 지구적 통합을 지구적 경쟁우위의 개발에 필수불가결한 것으로 만들고 있다.

지구적 통합이 국제기업의 효율제고에 중요한 요소가 되었다고 해서 현지수요에 적응하려는 노력, 즉 현지화는 더 이상 필요 없다는 얘기는 아니다. 세탁행위를 예로 든다면 같은 유럽 내에서도 북구쪽은 더운물로 세탁을 하는 데 비해 기후가 따뜻한 남구쪽은 찬물로 세탁하는 것이 보통이다. 세탁물의 온도가 다르다는 것은 유럽 내에서도 다른 성분의 세제가 사용되어야 한다는 것을 의미한다.

또한 세계시장에 표준화된 지구적 제품이 범람함에 따라 차별화된 제품에 대한 고객의 선호도가 증가하고 있다는 것도 현지수요에 제품을 적응시킬 필요성을 높인다. 제품적응의 좋은 예가 우리나라에 프랜차이징 형태로 진출해 있는 KFC이다. KFC는 원래 짠맛이 많은 비스켓을 우리나라 사람들의 입맛에 맞게 덜 짜고 고소한 맛으로 바꾸어 판매하고 있다.

제품의 속성뿐 아니라 마케팅방법도 나라와 지역마다 다르다. 예컨대 우리나라에서는 자전거를 조립해 놓은 상태에서 판매하지만, 미국에서는 조립이 안된 상태의 자전거를 포장상태로 소비자들에게 매각한다. 만약에 우리나라에서 한 기업이 미국식으로 자전거를 조립하지 않은 상태로 포장하여 판매하려 한다면 경쟁기업과의 싸움에서 살아남을 가능성은 크지 않을 것이다. 또한 우리나라에서는 아직도 전자제품을 식료품같이 고객들이 손수레에 싣고 카운터에 가서 돈을 지불하는 형태로 판매하는 상점은 많지 않다. 그러나 미국에서는 전자제품도 식료품같이 셀프 서비스형태로 판매하는 상점들이 크게 늘어나고 있다. 판매방법상의 차이뿐 아니라, 유통경로의 크기, 광고방법, 반품정책 등도 나라마다 다르다. 예컨대 반품정책의 경우 일본의 소매점들은 판매하고 남은 상품을 그 상품의 공급업자에게 반품한다. 외국으로부터 상품을 수입하는 경우에는 반품절차가 복잡해지고 반품이 순조롭게 이루어지지 않을 수도 있다. 일본의 독특한 반품정책이 외국제품의 일본시장진출에 걸림돌이 되고 있는 것이다.

2. 지구적 통합과 현지화의 균형

위에서 본 바와 같이 세계시장에는 지구적 통합과 현지화라는 일견 모순된 힘이 작용하고 있다. 따라서 국제기업이 직면하고 있는 문제는 지구화와 현지화 중에서 어느 것을 택할 것인가 하는 양자택일의 문제가 아니라 지구적 경쟁우위를 개발하기 위해서 경영활동의 지구화와 현지화를 어느 수준에서 조화시킬 것인가 하는 것이다. 그러나 이러한 지구화와 현지화의 균형은 산업, 기업, 경영활동의 종류에 따라 달라질 수 있다.

(1) 산업차원의 지구화와 현지화

최근에는 지구적 차원에서 수요의 동질화가 가속화함에 따라 지구적 통합의 이점을 이용할 수 있는 산업의 수가 많이 증가하고 있다. 예컨대 TV, VTR, 전동공구와 같은 가전산업과 기계산업 등에서는 제품의 규격과 사양이 세계적으로 많이 통일되어 있어서, 지구적 통합에 의한 표준품의 대량생산에서 얻을 수 있는 이점이 많은 반면에 현지수요에 적응함으로써 기대할 수 있는 이점은 많지 않다. 과거에는 기계조차도 각국별로 특징이 있었다. 예컨대 독일제 기계에서는 숙련기능을 존중하는 독일의 전통이 느껴졌고, 물자가 풍부한 미국의 기업들이 만든 기계에서는 정말로 물질적 풍부함이 보였다. 그러나 최근에는 생산성 향상이 제조기업의 사활을 결정하기 때문에 수명이 30년이 넘는 예술작품같은 기계에 관심을 가지는 기업은 거의 없다. 새로운 시대에 적합한 기계는 예술성이 있는 기계가 아니라 표준화되어 있으나 컴퓨터제어장치가 붙어 있는 능률적인 기계인 것이다.

물론 이러한 산업에서도 현지화가 전혀 중요하지 않다는 얘기는 아니다. 예컨대 가전산업에서조차도 현지수요에 맞게 제품을 차별화한 기업들이 출현하고 있다. 과거에 우리나라의 가전기업들이 생산하던 청소기는 서양식 청소기뿐이었다. 서양식 청소기는 물걸레청소를 필요로 하는 우리나라의 온돌식 가옥구조에는 적합하지 않다. 우리나라의 가전기업이 개발한 김치냉장고 역시 우리나라 고유의 수요에 적응하려는 기업의 노력을 반영한다. 가전제품의 보급이 포화상태가 된 시장에서는 이와 같이 현지수요에 적응하려는 노력이 효과를 거두고 있다.

한편 식품산업은 현지화에서 기대할 수 있는 이점이 가장 큰 산업들 중의 하나이다. 가속화하는 지구화 추세에도 불구하고, 아직도 식품은 각국별로 고유한 전통을 지니는 경우가 많다. 고추장, 된장은 한국인의 식품이며 그러한 사실은 상당기간 변할 것 같지 않다. 물론 우리나라의 고유음식인 김치가 일본과 미국을 비롯한 몇몇 국가들에서 인기를 얻고 있다는 사실은 일국의 고유한 식품도 시간이 지나면 국제화할 가능성이 있다는 것을 시사한다. 실제로 식품산업의 국제화도 대단히 빠른 속도로 진행되고 있다. 우리나라의 큰 도시에서는 맥도널도, 버거 킹, 피자 헛같은 미국식 패스트 푸드를 판매하는 식당들을 찾아보기가 어렵지 않게 되었다. 그러나 아직도 식품산업은 모든 산업들 중에서 현지화의 이점이 가장 큰 산업의 하나임에는 틀림없다.

텔레커뮤니케이션산업은 지구적 통합의 이점도 크지만 현지화의 이점도 큰 산업이다. 정보화시대를 맞아 텔레커뮤니케이션산업에서는 많은 혁신이 일어나고 있으며 새로운 종류의 혁신에는 대규모 자금의 투입이 필요하다. 따라서 어느 한 나라의 시장만을 목표로 한 제품개발은 경제성이 없기 때문에 세계시장을 목표로 표준화된 제품을 공급하는 기업만이 경쟁력을 가질 수 있다. 그러나 텔레커뮤니케이션산업에서 현지화의 이점을 무시할 수는 없다. 정보화시대에서는 정보를 지배하는 자가 유리한 위치에 선다. 따라서 각국의 정부는 자국의 텔레커뮤니케이션산업을 보호하려고 노력한다. 각국의 정부는 외국기업들에게 자국시장에 접근하는 것을 허용하는 대가로 외국기업과 자국기업의 합작 등을 요구한다. 정부가 의도하는 바는 합작을 통하여 국내기업의 기술수준을 향상시키려는 것이다. 정부는 또한 고유한 규격이나 표준을 정함으로써 자국의 텔레커뮤니케이션산업을 보호하려 한다. 대규모 투자의 필요성 그리고 각국 정부의 자국산업보호 노력 등으로 텔레커뮤니케이션산업에서는 지구적 통합의 이점과 더불어 현지화에 따른 이점도 중요하다.

자동차산업 역시 지구화의 이점과 현지화의 이점이 다같이 중요한 산업이다. 국별로 차이가 있지만 신차개발에는 대략 3,000억원에서 1조원의 투자가 필요하다. 따라서 자동차산업에서는 세계시장 전체를 대상으로 제품을 개발하는 데에서 오는 규모의 경제가 크다. 그러나 자동차에 대한 수요는 각국별로 차이가 있는 것도 사실이다. 미국에서는 대형차의 수요가 많으며 유럽에서는 소형차의 수요가 많다. 유럽에서는 우리나라에서 인기를 끌지 못하는 배기량 800cc 미만의 경차에 대한 수요도 크다. 따라서 자동차산업에서는 현지화의 이점도 무시할 수 없다. 그러나 그 정도는 텔레커뮤니케이션 같이 일국의 정부가 대대적으로 개입하는 수준에는 미치지 못한다.

(2) 기업차원의 지구화와 현지화

같은 산업 내에서도 기업의 전략에 따라 지구적 통합의 이점에 중점을 둘 것인가 또는 현지수요에 적응하는 것에 중점을 둘 것인가가 달라진다. 자동차산업의 예를 들면, 우리나라의 자동차회사들은 지구적 통합에서 오는 이점을 중요시하는 기업의 대표적인 예이다. 우리나라의 자동차회사들은 세계시장에서 팔릴 수 있는 모델을 개발하여 시장별 수요 차이를 크게 감안하지 않고 세계시장에 공급한다. 이와는 대조적으로 미국의 GM은 현지기업과의 합작에 많이 의존하며 현지수요에 적응하려고 노력한다. 지금은 GM에 인수되었지만 과거 우리나라의 대우와 GM이 50 : 50으로 합작하여 세웠던 대우자동차를 보면 일상적인 경영은 GM이 거의 관여하지 않고 대우가 주도했다.

한편 혼다의 경우를 보면 지구적 통합의 이점과 현지화의 이점을 동시에 이용하는 전략을 추구한다. 혼다는 일본의 다른 자동차회사들보다 먼저 해외공장 건설에 나섰으며 미국공장에서 생산한 제품을 일본과 동남아에 판매하고 있다. 혼다뿐 아니라 다른 일본자동차회사들도 두 가지 이점을 다같이 이용하려는 전략을 구사하고 있다. 예컨대 일본 최대의 자동차회사인 토요다는 미국의 오하이오주에 공장을 설립한 후 토요다의 경영방식과 미국식 경영방식의 장점을 다같이 이용하기 위하여 토요다 오하이오방식을 제창했다. 토요다는 미국에서 일본식 경영을 고집하면 현지인과 마찰이 있을 것이고 미국식으로 경영하면 외국비용 때문에 미국시장 내의 경쟁에서 미국자동차회사들에게 고전할 것이므로 일본식과 미국식을 조화시킨 토요다 오하이오방식을 창안했던 것이다.

포드 역시 지구적 통합에서 오는 이점과 현지화의 이점을 조화시키려고 노력하는 기업이다. 포드는 전 세계적으로 팔리는 자동차라는 소위 "월드 카(world car)"개념을 도입하여 소형승용차 에스코트를 개발, 세계시장에 공급했다. 그러나 포드가 현지화를 도외시하는 것은 아니다. 포드는 특히 유럽, 북미 등 지역을 기준으로 한 통합에 관심이 많다. 포드의 유럽경영을 보면 고도의 기술을 요하는 부품의 생산이나 고급차의 생산은 북부 유럽에 배치하고 소형저가차의 조립은 상대적으로 소형차수요가 많고 인건비가 싼 남부유럽에 배치한다.

위에서 본 바와 같이 지구화와 현지화라는 두 가지 이점을 창의성 있게 조화시키면 지구적 경쟁우위를 개발할 수 있는 가능성이 높아진다. 따라서 산업의 종류를 불문하고 지구적 통합과 현지화라는 두 가지 이점을 다같이 이용하고자 하는 기업의 수가 늘어나고 있다. 예컨대 지구적 통합에 따른 이점에 중점을 두고 있는 현대자동차는 세계 여러 나라에 현지공장을 설립하여 현지화를 시도하고 있고 GM도 지구적 통합의 정도를 높이려고 노력하는 과정에서 대우자동차를 인수했다. 포드는 월드 카의 도입에서 보는 바와 같이 지역적 차원의 제한적 통합을 시도하던 것으로부터 지구적 차원에서 통합을 시도하는 변신을 꾀하고 있다. 일본자동차회사들 역시 해외투자를 늘려 지구적 통합과 현지화의 이점을 극대화하려 하고 있다.

⑶ 경영활동차원의 지구화와 현지화

경영활동차원에서도 지구적 통합의 이점과 현지화의 이점에 있어서 정도의 차이가 있다. 지구적 통합을 통한 이익을 가장 잘 이용할 수 있는 것이 연구개발활동이다. 혁신을 위한 연구개발은 대규모의 투자를 필요로 하며, 그러한 투자는 한 시장만을 대상으로 이루어지면 경제성이 없는 경우가 많다. 과거와 같이 세계시장에서 거래되는 제품의 종류가 많지 않았던 시기에는 제품혁신이 지금과 같이 어렵지는 않았다. 그러나 제2차 세계대전을 전후해서부터 일어났던 신제품의 폭발적인 증가 이후 제품혁신의 속도는 크게 둔화되었으며, 그 결과 새로운 제품을 창안하고 개발하는 데에는 천문학적 규모의 투자가 요구된다. 따라서 최근에는 미국과 같이 큰 국내시장을 가지고 있는 국가의 기업들도 미국시장만을 대상으로 한 제품혁신은 경제적으로 타당성을 확보하기가 어렵게 되었다. 또한 신제품은 아직도 수요가 지역별로 차별화하기 이전의 제품이므로 지역별 수요의 분화를 걱정하지 않아도 된다. 따라서 연구개발단계에서는 많은 기업들이 세계수요를 대상으로 경영활동의 지구적 통합을 추구하는 경향이 있다.

생산 역시 지구적 통합에서 오는 이익이 상대적으로 큰 경영활동이다. 제품명이나 애프터 서비스와는 달리 제품의 물리적 특징을 바꾸는 데에는 많은 비용이 든다. 이러한 비용부담을 회피하고 지구적 통합에서 오는 이점을 얻기 위하여 기업은 제품의 지구적 표준화를 추구한다. 그러나 생산활동에서 지구적 통합의 이점을 얻기 위해서는 그 제품이 여러 가지 상이한 환경하에서도 기능할 수 있도록 제작될 필요가 있다. 예컨대 세계에는 온대지방이 있는가 하면 열대지방이 있고 한대지방이 있다. 제품이 어떤 온도하에서도 기능할 수 있으려면 제품의 디자인단계에서부터 환경의 차이가 반영되어야 할 것이다. 환경의 차이는 비단 온도와 같은 물리적 환경의 차이만을 의미하는 것은 아니다. 세계시장은 국가별, 지역별로 사회적, 문화적, 법률적, 기술적 차이도 크다. 따라서 생산활동에서 지구적 통합의 이점을 이용하기 위해서는 세계의 여러 시장에 대한 상세한 지식을 필요로 한다. 이는 지구적 정보망을 갖추고 끊임없이 세계시장을 모니터하고 분석하는 기업만이 달성할 수 있는 과업이다.

연구개발이나 생산에 비해 마케팅은 현지화 이점이 큰 경영활동이다. 국가별로 이용가능한 매체의 종류도 다르며 유통경로의 구성도 다르다. 미국은 슈퍼마켓, 연쇄점 등 대형유통경로가 중추를 이루는 반면에 일본은 아직도 소형점포가 많은 나라이다. 세계 여러 나라에 있는 유통경로가 어떤 나라에는 없는 경우도 많다. 광고 역시 한 나라에서 유효했다고 해서 다른 나라에서도 그 광고가 유효하리라는 보장은 없다. 또한 그 광고가 전 세계적으로 유효하다 하더라도 최소한 광고의 출연인물은 현지화할 필요가 있는 경우가 대부분이다. 현지화의 이점이 많은 마케팅에서도 최근에는 지구적 통합의 이점이 커지고 있다. 우루과이 라운드협상의 타결로 여러 나라에서 유통시장이 국제경쟁에 개방되고 있다. 이미 우리나라에도 선진국 유통업체들이 진출하였으며, 유통부문의 혁신이 가속화되고 있다. 편의점과 할인점이 일반화하고 있으며 바코드와 POS시스템 도입이 확산되고 있다. 일본 역시 그 동안 외국 대형유통업체의 일본진출을 막아 왔던 대점법(영세한 구멍가게들을 보호하기 위해 대규모 매장의 설립을 제한하는 법)을 완화해 외국의 대형유통업체들의 진출을 허용하고 있다.

조달은 지구적 통합의 이점도 크지만 현지화의 이점도 큰 경영활동이다. 본사는 물론 자회사 등 한 기업의 지구적 네트워크가 필요로 하는 원재료와 부품을 고품질 · 저가격의 공급원으로부터 조달하는 국제기업은 지구적 경쟁우위를 확보하는 기틀을 마련할 수 있다. 또한 원료조달 절차, 검수방법 등을 지구적으로 통합하는 기업은 조달활동의 지구적 표준화에 따른 능률의 향상을 기대할 수 있다.

그러나 최근의 국제경제는 블록화경향도 강하게 보이고 있다. 블록화의 주요한 목적의 하나는 개별 국가차원에서는 이용할 수 없는 규모의 경제를 이용하고 독과점산업에 경쟁을 도입함으로써 경제적 능률을 자극하여 블록에 가담하는 회원국들의 경제성장을 도모하는 것이다. 따라서 표면적인 주장에도 불구하고 블록에 가담하는 국가들은 블록화에서 오는 혜택의 대외유출을 경계한다. 즉 그들은 블록화에 따른 경제성장의 과실이 가급적이면 회원국들에게 돌아가길 원하며 또 그것을 담보하기 위하여 여러 가지 조치들을 취한다. 그 중의 하나가 현지부품 사용의무비율이다.

비회원국 기업이 현지에서 생산한 제품이 현지생산품으로 간주되어 비관세 혜택을 받기 위해서는 제품가치의 일정비율 이상이 현지에서 부가되어야 한다는 조항이다. 이러한 현지부품 사용의무비율의 존재는 조달의 현지화가 지구적 경쟁우위의 달성에 중요한 요소임을 시사한다. 현재 무역장벽을 극복하고 블록화에 따른 경제성장의 혜택을 공유하기 위하여 블록 내로 진출하는 비회원국 기업들이 소재와 부품을 생산하는 자국의 중소기업과 동반하여 진출한다든지, 현지에서 부품생산기업을 발굴한다든지 하는 노력을 기울이고 있는 것은 조달활동의 현지화가 경쟁우위개발에 기여하고 있음을 시사한다.

경영활동 중에서 가장 현지화의 이점이 큰 활동이 서비스이다. 서비스는 많은 경우 수출될 수 없으며 현지에서 생산 · 공급되어야 한다. 예컨대 수출한 자동차가 고장나서 수리서비스를 제공하려면 현지에 수리시설을 가지고 있거나 계약에 의하여 수리서비스를 제공해야 한다. 이와 같이 서비스는 현지공급에 의존하기 때문에 현지화 이점이 가장 큰 경영활동이다. 자동차수리서비스를 보더라도 우리나라에서는 자동차회사의 서비스센터 이외에는 주로 소규모 바테리가게에서 수리서버스를 제공한다. 그러나 미국에서는 주유소가 수리시설을 가지고 자동차 수리서비스를 제공한다. 서비스는 로마에서는 로마식을 따르라는 격언이 가장 어울리는 경영활동이다.

그러나 서비스의 경우에도 지구적 통합의 이점이 전혀 없는 것은 아니다. 국제기업이 가장 효율적인 수리절차를 표준화하여 편람의 형식 등을 빌어 자사의 지구적 서비스네트워크에 공급하든가, 계약에 의해 수리서비스를 제공하는 기업들에게 공급한다면 지구적 통합에서 오는 이점도 클 것이다. 앞에서도 지적하였듯이 국제기업의 경쟁우위는 지구적 차원의 학습과 규모의 경제, 범위의 경제를 이용함으로써 발생하기 때문에 현지기업과의 경쟁에서 우위를 차지하기 위해서는 가능한 한 지구적 통합의 이점을 이용하여야 한다.

(4) 과업차원의 지구화와 현지화

경영활동은 연구개발, 마케팅, 조달, 서비스 등 여러 가지 활동들로 구성되어 있다. 각 경영활동은 또한 여러 가지 세부 경영활동, 즉 과업들로 구성되어 있다. 예를 들어 마케팅활동은 제품(product), 가격(price), 촉진(promotion), 유통경로(place) 등의 소위 4P로 구성되어 있다. 지구적 통합의 이점과 현지화의 이점은 연구개발, 생산 등의 경영활동별로도 다르지만 같은 경영활동 안에서도 과업에 따라서 다르다.

지구적 통합의 이점과 현지화의 이점이 과업별로 어떻게 다른가를 위에서 예로 든 마케팅의 과업들을 가지고 설명해 보자. 마케팅활동 중에서 제품정책은 지구적 통합의 이점이 가장 큰 과업이다. 제품, 특히 제품의 물리적 특성을 현지수요에 엄밀히 적응시키려면 상당한 비용이 들며 규모의 경제를 이용하지 못하는 데서 오는 손실도 적지 않을 것이다. 따라서 국제기업은 가능한 한 제품의 표준화를 추구하여 현지수요에 적응하는 부분을 최소화하고자 한다.

그러나 제품정책이 마케팅의 다른 과업들에 비해 상대적으로 지구적 통합의 이점이 크다고 하는 것은 제품정책은 언제나 표준화를 지향해야 한다는 논리는 아니다. 현지수요에 가깝게 적응시킨 제품은 원가상의 불리점이 크지 않다면 그렇지 않은 제품보다 현지에서 더 잘 팔리리라는 것은 자명하다. 따라서 국제기업은 CAD/CAM을 이용한 유연생산체제와 부품의 모듈화를 통해 큰 비용의 상승 없이 제품을 현지수요에 적응시키는 방법을 모색해야 한다.

가격정책은 지구적 통합의 이점과 현지화의 이점이 다같이 큰 과업이다. 전세계적으로 통일된 가격을 제시하는 것이 국제기업의 이미지관리에 중요하다. 특히 요즈음은 여러 가지 이유로 국제여행을 하는 사람들이 많은바, 그들에게 자사제품의 일관된 이미지를 심어 준다는 의미에서도 가격정책의 지구적 통합이 중요하다. 국제무역규칙의 강화도 가격정책의 지구적 통합을 촉진한다. 만약에 국제기업이 제품의 해외판매가격을 국내가격과 달리하여 해외에서 보다 싸게 판매한다면 수입국 정부의 반덤핑규제의 대상이 될 가능성이 매우 높아졌다.

그러나 가격의 현지화가 주는 이점도 적지 않다. 국제기업은 국별로 가격을 차별화함으로써 국별 수요의 가격탄력성을 감안한 최적가격을 결정할 수 있다. 국제기업은 수요의 가격탄력성이 높은 나라에서는 낮은 가격을 책정하고 수요의 가격탄력성이 낮은 나라에서는 높은 가격을 책정함으로써 일률적으로 단일가격을 책정할 때보다 더 큰 수익을 확보할 수 있다. 따라서 국제가격결정에 있어서 국제기업이 직면하는 중요한 과제의 하나는 수입국의 반덤핑규제를 우회하고 제품이미지의 일관성을 상실함이 없이 국별로 가격을 차별화하는 방법을 모색하는 것이다. 다양한 모델을 개발하여 모델별로 가격을 차별화하는 것도 한 가지 방법이다. 또한 자사가 생산하는 제품의 상표를 달리하여 국별로 중점판매하는 상표를 차별화하는 것도 한 가지 방법이다.

광고는 지구화의 이점과 현지화의 이점이 마케팅의 다른 과업들과 비교할 때 중간수준인 과업이다. 효과적인 광고를 개발한다는 것은 쉬운 일이 아니다. 따라서 한 나라에서 유효한 것으로 증명된 광고는 전 세계적으로 사용하는 것이 국제기업에게 유리한 경우가 많다. 그러나 광고의 현지화에서 오는 이점도 무시할 수 없다. 예를 들면 나라에 따라 이용가능한 또는 효율적인 광고매체가 다르다. 텔레비전의 보급률이 낮은 나라에서는 다른 국가에서 효과적이라고 판정된 텔레비전광고라 할지라도 효율적으로 이용할 수 있는 방법이 없다. 나라에 따라서는 모든 방송이 공영화되어 있고 공영방송은 광고를 할 수 없게 되어 있는 나라도 있다. 그러한 나라들에서는 인쇄매체를 이용한 광고만을 이용할 수밖에 없다.

제 17 장 국제위험관리

최근에 국제경영 환경상의 변화로 대기업과 중소기업을 막론하고 우리나라 기업의 해외진출이 늘어나고 있다. 그러나 한편으로는 해외사업에 실패하여 파산하거나 철수하는 기업들도 늘어나고 있다. 예를 들면 한 우수한 신사복제조회사는 미국의 수입규제 움직임에 대처하기 위하여 중남미의 엘살바도르에 우회수출기지를 건설하였으나, 그 나라의 내란이 격화되어 상당한 자산을 포기한 채 철수한 바 있다. 또한 한 중견 건설업체는 인도네시아로부터 원목을 확보하기 위하여 인도네시아기업과 합작회사를 설립하였으나, 인도네시아정부가 정책을 변경하여 합판공장설치를 의무화하자 채산성이 맞지 않아 철수하였다. 뿐만 아니라 이란혁명, 이란-이라크전쟁의 와중에서 우리나라 기업, 특히 우리나라 건설기업들이 입은 피해는 심각한 것이었다. 또한 21세기 최초의 전쟁이라는 미-이라크전쟁으로 우리나라 기업들을 비롯한 여러 나라 기업들의 이라크 채권 회수가 초미의 관심사이다.

해외투자에 따른 국제위험이 전쟁이나 내란에 의해서만 발생하는 것은 아니다. 국제위험은 성격에 따라 정치적 위험, 경제적 위험, 사회·문화적 위험으로 분류하기도 하고 범위에 따라 거시적 위험(macro risk)과 미시적 위험(micro risk)으로 분류하기도 하며 형태에 따라 투자회수위험과 현금흐름위험으로 분류하기도 한다. 그러나 무엇이 국제위험인가에 대한 체계적인 정의는 찾아보기 어렵다. 국제위험을 얘기하는 사람들은 주로 A국은 좌경화되기 때문에 투자하기에 너무 위험하다거나 B국은 국산품 사용 요구가 너무 강해 위험하다거나 하는 식으로 국제위험을 정의하는 경향이 있다. 문제는 지구상의 대부분의 나라가 외국기업과 국내기업을 달리 취급하고 있으며, 고객과 거래처 역시 외국기업과 국내기업을 나라에 따라 정도의 차이는 있으나 대부분 차별하고 있다는 것이다.

또 다른 문제는 대부분의 기업가들은 국내시장만큼 해외시장을 잘 알지 못한다는 것이다. 물론 국제경영경험이 풍부한 국제기업들은 그 동안 해외시장에 관한 지식을 축적하였기 때문에 이러한 국제위험을 완화 내지는 제거할 수 있는 능력을 보유하고 있기 쉽다. 그렇다 하더라도 대부분의 국가들이 외국기업을 국내기업과 달리 취급하는 데서 오는 위험만큼은 회피하기가 어렵다.

제 1 절 국제위험의 종류

1. 범위에 따른 분류

국제위험은 그 위험이 미치는 범위에 따라서 거시적 위험(macro risk)과 미시적 위험(micro risk)으로 분류할 수 있다.

(1) 거시적 위험

거시적 위험은 자본주의, 사회주의 및 공산주의와 같은 정치적 철학이나 무력충돌 및 내란 또는 사회적 불안 및 무질서와 같은 거시적 원인에서 발생하는 위험으로서, 특정한 국가에 소재하는 모든 외국기업에 영향을 미치는 위험이다. 이러한 위험은 몰수나 수용 또는 국유화, 재산과 인체에 대한 위해 등으로 나타날 수 있으며 간접적이고 일시적인 경우도 있고 직접적이고 영구적인 경우도 있다.

간접적이고 일시적인 형태의 거시적 위험으로는 현지의 테러집단에 의한 외국인 기업가의 납치가 좋은 예이다. 세계적으로 다국적기업들이 테러범들에게 몸값으로 지불하는 액수는 매년 적지 않은 금액으로 알려지고 있다. 직접적이고 영구적인 거시적 위험의 대표적인 것은 1959년부터 1960년 사이에 쿠바의 카스트로정부가 사기업을 몰수한 예이다. 외국기업과 국내기업 모두에 대하여 카스트로정부가 실시한 광범위한 몰수조치는 기업에 대한 개념이 사적 소유개념으로부터 사회주의적 개념으로 바뀌었기 때문이었다. 이러한 거시적 위험은 비단 쿠바에 국한된 것이 아니라 알제리아, 미얀마, 칠레, 이집트, 가나, 인도네시아 등지에서도 발생한 바 있다.

(2) 미시적 위험

미시적 위험은 현지국의 특정한 산업 또는 사업에 참여하고 있는 외국기업에게만 영향을 미치는 위험이다. 미시적 위험에 민감한 산업이나 사업은 국가에 따라 다를 수 있으며 동일국가 내에서도 시간이 감에 따라 달라질 수도 있다. 따라서 특정한 시점에서 국제기업이 특정한 국가에 투자한 사업활동의 형태별로 미시적 위험에 노출되는 정도는 예측할 수 있으나, 그러한 위험은 시간이 감에 따라 변하게 된다.

예를 들면 철도나 전기와 같은 공익사업은 과거에는 국제위험에 취약한 사업이 아니었다. 그러나 시간이 지남에 따라 투자를 받아들이는 국가들이 공익사업을 운영하는 기술을 습득하고 공익사업운영에 필요한 자본을 축적함으로써 이러한 산업에서 활동하는 국제기업들의 위험에 대한 취약성이 증대되었다. 광산과 같은 채굴산업이나 은행, 보험과 같은 금융산업 역시 국제적 위험에 취약한 산업들이다. 이는 시간이 감에 따라 국가부존자원에 대한 인식이 고조되고 금융산업이 국민경제에서 차지하는 중요성에 대한 인식이 새로워짐에 따라 현지정부와 국민의 자세가 변하기 때문이다.

이와 같이 시간이 지남에 따라 특정한 산업이나 사업의 국제적 위험에 대한 취약성이 변하는 이유는 대략 두 가지이다. 하나는 그 산업에 있어서 외국인투자 비율이 증대한다는 것이며, 또 하나는 그 사업을 성공적으로 운영할 수 있는 현지인의 능력과 지식이 증대한다는 것이다. 따라서 현지국의 특정한 산업에 참여하는 외국기업의 비율이 낮다면 외국기업에 의한 특정산업의 지배가능성에 대한 현지국의 우려도 낮을 것이다. 반대로 외국인투자가 특정한 산업에서 차지하는 비중이 커지면 현지인의 경각심 역시 그에 따라 높아질 것이며 외국기업이 위험에 노출될 가능성도 증대할 것이다. 또한 시간이 지남에 따라 현지국의 기업들이 외국기업의 도움이 없이도 기업을 성공적으로 운영할 수 있는 능력과 지식을 배양한다면 외국기업이 그 산업에서 위험에 노출될 가능성 역시 높아질 것이다. 그러나 최근에는 외국인투자가 자국의 경제성장과 소득향상에 긍정적인 영향을 미친다는 인식이 일반화됨에 따라 국제투자의 위험도 감소하는 경향이다.

2. 원인에 따른 분류

국제적 위험은 그 성격에 따라 정치적 위험, 경제적 위험 그리고 사회 · 문화적 위험으로 분류할 수도 있다.

(1) 정치적 위험

1) 정치적 위험의 정의

정치적 위험의 정의와 범위에 대해서는 여러 가지 의견이 있다. 정치적 위험에 대한 정의는 각양 각색이지만 정치적 위험은 본질적으로 정치적 힘이 특정한 기업의 이익과 기타의 목표에 영향을 미칠 정도로 특정한 국가의 경영환경을 극적으로 변화시킬 가능성이라는 것에 많은 사람들이 견해를 같이 하고 있다.

그들에 따르면 정치적 위험은 다음과 같은 네 가지 요소를 포함하고 있다.

첫째로, 불연속성으로 기업환경상의 극적인 변화를 수반해야 하고,

둘째로, 불확실성으로 위와 같은 변화가 예측하기 어려워야 하며,

셋째로, 정치적 힘으로서 이 때의 정치적 힘은 사회 전체적 측면에서 본 힘과 권력관계를 의미하고,

넷째로, 기업경영에 미치는 영향으로 특정기업의 이익이나 기타의 목표에 심각한 영향을 미칠 가능성이 있어야 한다는 것이다.

이러한 정치적 위험은 정치적 불안과 혼동하는 경우가 많으나 이는 반드시 구별할 필요가 있다. 정치적 불안은 정치적 위험의 한 요인은 될 수 있으나 정치적 불안에도 불구하고 경영환경의 일관성이 지속된다면 정치적 위험은 없는 것이다. 요컨대 이라크의 정치적 불안은 정치적 위험을 의미하지만 이탈리아의 정정(政情)불안은 정치적 위험으로는 볼 수 없는 것이다.

정치적 위험은 또한 새로운 해외투자를 결정하는 경우뿐만 아니라 기존의 해외투자사업의 계속 여부나 기존의 해외투자사업에서 나오는 이익금의 재투자 여부를 결정하는 데 있어서도 중요한 변수이다. 정치적 위험은 투자수입국의 정치적 관계가 급격히 변화함으로써 발생하는 것이 보통이지만 투자수입국의 국제관계에 변화가 있는 경우에도 발생할 수 있다.

2) 정치적 위험의 원천과 형태

정치적 위험은 매우 다양한 형태를 취하나 일단 발생하면 국제기업에게 좋지 않은 영향을 미친다는 점에서는 동일하다. 따라서 이러한 위험을 미리 예측하고 최소화하기 위해서는 정치적 위험이 발생하는 원천과 노출형태를 파악하는 것이 중요하다.

① 정치적 위험의 원천

가. 정치철학 개발국이나 개발도상국이나를 막론하고 그 정도에 따라 다소의 차이는 있을지라도 어느 나라에나 외국기업에 대한 적대심이 잠재해 있다는 것은 부인하기 어렵다. 이것은 어느 나라나 경제적 목적이나 정치적 목적을 달성하기 위하여 외국기업의 국내진출을 허용하지만 대부분의 경우 적어도 한 나라의 일부집단은 외국기업에 대해 잠재적인 적대감을 가지고 있다는 것을 의미한다.

한 나라의 특정한 집단이 외국기업에 대하여 가지는 적대감은 사회주의적 철학 때문이기도 하고, 국수주의적 철학 때문이기도 하다. 사회주의는 보통 생산수단의 사적 소유를 인정하지 않는 경향이 있으며, 국수주의는 일국의 경제적 운명은 그 나라 국민의 손에 있어야 하며 외국인에 우선하여 내국인에게 경제적인 기회가 주어져야 한다고 주장한다.

나. 사회불안과 무질서 사회불안과 무질서라는 정치적 위험의 원천은 특정국가에 있어서 외국기업에 대한 적대감을 말하는 것은 아니다. 이러한 위험은 기업의 전반적인 경영활동에 심각한 영향을 미칠 수 있는 사회적 불안정이나 혼란을 의미한다. 인종폭동, 종교분쟁 또는 학생데모 등이 사회적 불안정의 좋은 예들이다.

다. 정치적 독립 최근에 과거의 피지배상태에서 벗어나 독립을 하였거나 독립이 임박한 국가들은 특히 정치적 위험도가 높다. 국가가 독립을 쟁취하기까지는 광범위한 정치적 결속이 있어야 하지만, 우리나라의 예에서 볼 수 있었던 바와 같이 독립 이후에도 그러한 결속이 지속된다는 보장은 없다. 따라서 독립을 전후하여 정치적인 혼란이 야기될 수 있으며 이러한 경우에 외국기업들은 정치적 위험에 노출된다. 뿐만 아니라 신생독립국은 정치적 리더십도 부족하기 때문에 국가정책의 일관성 역시 희박한 경향이 있다.

라. 기타의 원천 그 밖에도 특정국가 내에서 발생하는 무력충돌이나

반란이 극도의 혼란을 가져오고 따라서 정치적 위험의 원천이 될 수 있다. 이러한 내란이나 무력충돌은 오늘날에도 보스니아 및 이라크를 비롯하여 여러 국가에서 일어난 바 있다.

한 국가가 국제적인 동맹관계를 바꾸는 것도 정치적 위험의 원천이 될 수 있다. 예를 들면 1960년대 인도네시아의 수카르노 대통령은 친서방정책에서 친공산정책으로 선회하여 인도네시아에 있는 서방국 기업들의 투자를 몰수하기 시작하였다. 그 이후 수하르토가 대통령이 되자 인도네시아의 동맹관계가 다시 친서방화되었으며 인도네시아정부의 외국기업에 대한 태도도 변화하였다. 이러한 현상은 비단 인도네시아에만 국한되는 것도 아니며 우리는 이디오피아, 소말리아 등에서도 그 예를 찾아볼 수 있다.

② 정치적 위험의 형태

정치적 위험은 여러 가지 형태를 취하나 대략 외국기업의 경영활동을 제한하거나 외국기업이 할 수 있는 자금과 인력의 이전을 제한하거나 외국기업이 소유하는 자산과 영업을 몰수하거나 수용하는 형태를 취한다. 경영활동을 제한하는 예로는 외국기업이 판매할 수 있는 제품의 특성을 제한하거나 조립생산의 경우에 국산부품 사용의무비율을 정하는 것들이 있다. 또한 외국기업이 생산하는 제품의 일정비율 이상의 수출을 의무화하거나 도로, 항만 및 교육시설과 같은 사회간접자본에 투자할 것을 요구하는 것도 이에 속한다. 경우에 따라서는 외국기업들을 차별적으로 규제하여 외국기업에게 특별세, 수수료 및 공과금 등을 차등부과하고 외국기업이 제조판매하는 상품에 대하여 불매운동을 벌이며 외국기업에 근무하는 근로자들의 파업을 조장하고 외국기업이 소유하는 특허권이나 전문기술에 대한 보호를 거절하기도 한다.

외국기업이 사용하는 인력과 자금의 이전을 제한하는 예로는 외국기업이 현지에서 필요한 경영인력을 본국에서 조달하는 것을 제한하고 현지인 고용비율이나 현지인에게 지급되는 임금비율, 현지인 책임자의 비율을 정하는 것들이 있다. 외국기업이 투자한 자본금의 원금과 배당금 그리고 외국기업이 대부형태로 투자한 자금에 대한 이자의 본국송금을 제한하는 것도 이전을 제한하는 좋은 예이다.

보다 극적인 형태로서는 몰수와 수용이 있다. 몰수는 보상이 없이 외국기업을 빼앗는 것이며 수용은 보상을 주고 외국기업을 빼앗는 것이다. 수용은 국제통화로 공정한 시장가격에 의하여 즉각적으로 이루어지는 경우에는 국제법에 의해서도 독립국가의 권리로서 인정받고 있다. 그러나 수용하는 국가와 피수용기업 간에는 공정한 시장가격이 항상 논란의 초점이 되며 외국기업은 "계속기업"(going-concern)가치를 공정한 시장가격으로 주장하고 수용국은 장부가격을 공정한 시장가격으로 주장하는 것이 보통이다. 몰수나 수용이 일어나면 외국기업은 투자원금을 회수할 수 없게 되며 현지투자가 몰수나 수용되면 생산매출액의 감소로 국제기업 전체의 경제적 생존이 불안해질 수 있다.

(2) 경제적 위험

국제기업에게 있어서 정치적 위험에 못지 않게 중요한 것이 경제적 위험이다. 물론 정치적 위험과 경제적 위험을 정확히 구분한다는 것은 어려운 일이다. 예를 들면 특정한 국가가 실시한 외환관리로 인하여 국제기업의 현금흐름이 영향을 받았다면 그것이 정치적 위험인가 경제적 위험인가에 대해서는 논란의 여지가 있다. 그러나 경제적 위험은 투자수입국의 정치적 변화 때문에 발생하는 위험이 아니라 투자수입국 내부의 경제환경, 현지합작파트너 및 현지인 종업원과의 관계나 투자수입국과 다른 나라들간의 경제관계의 변화로 발생하는 것으로서 국제기업의 이윤이나 현금흐름에 직접적인 영향을 미친다는 점에서 정치적 위험과 같은 결과를 가져온다. 경제적 위험이 발생하는 원인은 다음과 같이 여러 가지가 있을 수 있다.

첫째로, 현지국 정부의 경제정책 및 산업정책의 변화, 현지국의 높은 물가상승, 외환관리 및 수출입관리의 실시, 현지통화가치의 하락, 현지국의 경기변동, 임금인상 등과 같은 경제환경의 변화가 그것이다.

둘째로, 현지 직원들과의 관계에서 발생하는 갈등이다. 이러한 갈등은 현지인 직원과 본사파견 직원간의 임금격차나 복지후생격차와 같은 문제가 발단이 되기 쉽다. 이러한 경제적 동기로 시작된 갈등이 민족감정으로 비화되어 정치적 색깔을 띠게 되는 경우도 적지 않다.

우리나라에 진출해 있는 외국은행에서 가끔 일어나는 직원들간의 갈등이 좋은 예이다. 직원들간의 갈등의 결과는 매우 다양한 형태를 취한다. 단순한 경우에는 태업으로 끝나지만 경우에 따라서는 장기파업으로 이어지고 결국 외국기업의 철수에까지 이르기도 한다. 우리나라에 진출했던 미국의 한 전자회사 내에 있었던 직원들간의 갈등은 결국 그 회사가 우리나라로부터 철수하는 데 기여했다.

(3) 사회 · 문화적 위험

국제위험에 대하여 언급하는 사람들은 국제기업이 직면할 수 있는 정치적 · 경제적 위험은 강조하나 상이한 국가간의 문화적 차이에서 오는 위험은 중요한 것으로 널리 인식하고 있지 않는 것 같다. 그러나 국가간의 문화적 차이에서 오는 위험의 중요성은 사실상 상당히 높다.

예를 들면 주부가 직접 음식을 장만하는 것을 높게 평가하는 이탈리아에서 즉석식품을 성공적으로 판매하기는 쉽지 않을 것이다. 또한 사회 내에서 여성이 차지하는 지위 때문에 회교국가에서 여성들에게 직접 필요한 물건—예를 들면 재봉틀—을 판매하는 것도 쉬운 일이 아니다. 실제로 수단에서 주부들에게 재봉틀을 팔기 위하여 재봉틀교습에 참석할 것을 권하던 세일즈맨이 감옥에 간 일도 있었다.

또한 스위스에 세탁기생산공장을 건설한다면 실패로 끝나기 쉽다. 그것은 스위스의 주부들은 자기가 하는 중요한 일이 설겆이나 세탁과 같은 일상적인 집안일이라고 생각하기 때문에 세탁기와 같이 노동절약적인 기계를 구입하려 하지 않기 때문이다.

3. 성격에 따른 분류

앞에서도 지적하였듯이 국제기업이 직면하는 국제적 위험은 자산의 몰수나 수용, 일방적인 계약파기, 차별적 규제 그리고 영업제한에 이르기까지 다양한 형태를 취한다. 그러나 이러한 국제적 위험은 자산보호 · 투자회수위험과 영업이익 · 현금흐름위험으로도 대별할 수 있다. 자산보호 · 투자회수위험이란 몰수나 수용과 같이 일단 발생하면 국제기업의 자산이 보호받지 못하며 국제기업의 투자회수가 어려워지는 위험을 말한다. 영업이익 · 현금흐름위험은 국산부품 사용의무비율 등과 같이 투자금의 회수와는 직접적인 관계는 없으나 국제기업의 현금흐름에 영향을 미치는 위험이다. 국제위험을 이와 같은 두 가지 위험으로 구분하는 것은 이 두 가지 위험은 발생원인도 다르고 발생확률도 다르기 때문에 중요하다. 그러나 지금까지는 국제적 위험이라고 하면 주로 자산보호 · 투자회수위험이었다. 그 이유는 몰수나 수용과 같은 투자회수위험은 매우 극적이고 전략적으로 중요하기 때문이었다. 그러나 각국의 정부와 기업이 점점 세련되어 감에 따라 현금흐름위험의 중요성이 증대될 전망이다.

제 2 절 국제위험의 관리

최근에 들어 국제경영의 중요성이 높아지자 기업이 직면하는 국제위험을 관리하기 위한 여러 가지 방안들이 제시되고 있다. 이 절에서는 우선 국제위험을 분석 · 평가하는 방법에 대하여 살펴보고 국제위험을 관리하기 위한 여러 가지 기법들을 살펴보고자 한다.

1. 국제위험의 분석 · 평가방법

국제위험을 분석 · 평가하는 방법은 다양하게 개발되어 있다. 그러나 국제위험은 평가범위가 매우 광범위할 뿐만 아니라, 복잡다양하고 동적인 속성을 지니고 있기 때문에 어느 한 방법이 국제위험을 정확히 분석 · 평가하는 방법이라고 하기는 어렵다. 따라서 현재로서는 다양한 방법을 적절히 선택 또는 배합함으로써 국제위험을 되도록 정확하게 분석 · 평가하도록 노력하는 것이 바람직한 것으로 생각된다.

(1) 평가조사단파견(grand tours)

이 방법은 기업이 해외투자를 고려할 때에 일차적으로 투자대상국을 직접 방문하여 그 나라의 지도급인사, 정부관료, 기업인들과 면담 또는 회담하여 투자대상국에 대한 정보를 얻는 방법이다. 이 방법은 국제위험을 분석 · 평가하는 데 있어서 가장 기본적이며 필수적인 방법이나 단기간에 걸친 조사기간 동안에 소수의 면담자를 통해 정보를 수집하는 것이기 때문에 제한된 범위의 정보에 지나치게 의존하게 된다는 제약이 따른다. 이 방법은 또한 정태적이기 때문에 미래를 정확히 예측한다기보다는 일어난 사건에 대해 사후에 반응하는 형태가 되기 쉽다. 그러나 이 방법이 강점이 없는 것은 아니다. 이 방법을 사용하면 특정한 산업이나 사업이 직면하는 미시위험 내지는 현금흐름위험에 대한 상세한 정보를 얻을 수 있다는 장점이 있다.

평가조사단을 파견함에 있어서 평가단의 구성은 대단히 중요하다. 평가조사단 파견은 평가단이 단기간에 걸쳐 소수의 면담자를 대상으로 정보를 수집분석하는 것이므로 피상적이 되기 쉽다. 그러나 이 방법은 기업과 투자사업의 내용을 숙지하고 있는 기업 내 관계자가 직접 현지탐사를 하는 것이기 때문에 활동 여하에 따라서는 매우 적은 비용으로도 많은 효과를 거둘 수 있다.

(2) 현지전문가 이용

이 방법은 투자대상국의 여러 가지 문제에 대하여 전문적인 지식을 가진 경영자, 직업외교관, 언론인, 교수 등으로부터 현지에 관한 정보를 얻는 방법이다. 이 방법을 사용하면 전문가들을 고문 또는 상담역으로 기용하여 현지국의 정치노선, 경쟁정치집단, 경제적 · 사회적 · 문화적 특징 등 주요한 평가요소들에 대해 조언하게 할 수 있다. 이러한 경우에는 전문가들의 경험이나 능력이 이 방법의 효율성을 크게 좌우하게 된다. 기업사정이나 투자사업의 내용을 충분히 파악하지 못하는 외부전문가들은 잘못된 판단을 할 수 있으므로 부적절한 평가결과를 초래할 수도 있을 것이다.

따라서 이 방법을 이용하려는 국제기업은 외부전문가의 선정에 신중을 기해야 하며 신중하게 선정된 외부전문가의 의견일지라도 무조건 받아들일 것이 아니라 신중한 판단을 내려야 할 것이다. 그러나 보통은 고문이나 상담역으로 기용되는 전문가들은 상당히 오랫동안 현지국에 거주했거나 여러 해 동안 현지국을 연구한 경험이 있으므로 조사단을 파견하는 것에 비해서 어느 정도 신뢰성을 지닐 수 있다는 장점도 있다. 현지전문가를 이용하는 방법은 다음과 같은 제약이 있다.

첫째로, 이 방법은 거시위험과 자산보호 · 투자회수위험에 초점을 맞추는 경향이 있다. 물론 이 방법은 앞에서 제시된 평가조사단 파견법을 보완하는 면도 있다. 그러나 이 방법을 사용하면 미시위험에 대해서는 새로운 정보가 추가되는 것이 아니므로 특정한 국제위험을 간과하기 쉽다.

둘째로, 전문가들이 매우 선택적인 정보에 의존하는 경우도 있다는 것이다. 다행히도 전문가들의 선택성에 대해서는 잘 알려져 있기 때문에 사전에 그러한 점에 대비할 수는 있지만, 만약에 잘못되면 결과가 아주 좋지 않게 될 수도 있다.

예를 들면 과거 미국의 이란전문가들은 이란 팔레비왕의 몰락가능성을 아주 과소평가했다. 이것은 미국의 이란전문가들이 고정적인 사고방식에 젖어 이란사태에 대해 현실성을 상실한 사고의 틀을 가지고 있었기 때문이었다.

(3) 델파이(delphi)법

국제위험을 델파이법에 의하여 분석 · 평가할 때에는 우선 기업의 의사결정자가 당해 투자사업과 관련된 국제위험에 영향을 미치는 요인들을 결정한다. 그 다음에는 정치, 경제, 국제관계, 역사 및 관련산업 등의 전문가로 구성된 평가위원회에서 선정된 각 요인들을 평가한다. 마지막으로 각 요인별로 평가결과에 가중치를 주어 종합평균하여 종합적 평가를 하거나 국제위험지수를 작성한다. 델파이법에 의한 분석 · 평가가 성공하려면 다음과 같은 조건들이 충족되어야 한다.

첫째로, 국제위험에 영향을 주는 요인들을 포괄적이고 정확하게 선정하고

둘째로, 식견 있는 전문가들의 합리적이고 시기적절한 의견제시가 있어야 하며

셋째로, 각 전문가의 의견을 종합하고 가중치를 부여하기 위한 적절한 메커니즘이 있어야 한다는 것이다.

델파이법에 의해 전문가들의 회답이 집계되면 전체 평가의 종합결과와 전문가 각 개인의 평가결과를 다시 각 평가자들에게 제시하여 각 평가자에게 자신의 평가를 재확인하고 수정을 가할 수 있는 기회를 제공한다. 이와 같은 피드백은 델파이법에서 중요한 사항이다.

(4) 서 술 법

서술법은 보통 자유서술법과 정형적 서술법으로 구분된다. 자유서술법은 정형화된 형식에 얽매이지 않고 투자대상국의 특성에 맞추어 정치, 사회, 문화 및 외채상환능력 등과 같은 국제위험과 관련된 평가요소를 선정하고 분석하여 해외투자에 따른 국제위험의 정도를 평가하는 방법이다. 이에 비해 정형적 서술법은 국제위험을 분석하는 데 있어서 분석항목의 범위, 분석방법, 분석양식 등을 표준화하여 정형화된 양식과 방법으로 국제위험을 평가하는 방법이다.

자유서술법을 사용하는 경우에는 각국의 특성을 국제위험분석 · 평가에 반영할 수 있고, 수량화할 수 없는 요소들도 충분히 감안할 수 있는 장점이 있다. 그

러나 이 방법을 사용하면 국가별로 평가요소가 다르므로, 객관성이 결여되고 국제비교가 어려워진다는 단점이 있다. 그 반면에 정형적 서술법을 사용하는 경우에는 여러 투자대상국들에 대하여 정형화된 공통적인 지표를 선정하기 때문에 국별비교는 가능하나 투자대상국의 각기 상이한 국별 특성을 반영시킬 수 없다는 단점이 있다.

서술법의 하나로 시나리오기법도 있다. 시나리오기법이란 발생가능한 수많은 상황을 몇 가지 시나리오로 작성하여 투자에 따르는 국제위험을 평가하고자 하는 방법이다. 시나리오기법을 사용하는 국제기업은 투자대상국의 정치 · 경제적인 특성을 분석하여 몇 가지 시나리오 또는 가장 현실성 있는 시나리오를 작성한 후 이러한 시나리오하에서 투자를 계획하거나 조정한다. 시나리오기법은 구체적으로 다음과 같은 몇 개의 단계를 거쳐 진행된다.

첫째로, 시나리오개발팀을 구성하고 자료를 수집한다. 개발팀은 전문적인 지식과 기술 그리고 창의력 있는 사람들로 구성되며 참여자 상호간에 아이디어를 교환하고 시나리오작성에 적극적으로 참여하도록 유도한다.

둘째로, 시나리오를 작성하는 목적과 범위에 비추어 투자사업과 관련된 요인들을 사회, 정치, 경제적인 문제들로 분류하고 투자에 영향을 미칠 것으로 예상되는 중요한 요인들을 추출한다.

셋째로, 시나리오의 주제와 수를 결정한다. 주제의 결정은 시나리오개발에 있어서 중요한 문제로서 기업활동에 영향을 주는 가장 중요한 요인을 고려하여 결정하고 시나리오의 수는 적을 수도 있고 많을 수도 있으나 보통 3개 내지 6개가 적합하다.

넷째로, 시나리오의 주제가 결정되면 두 번째 단계에서 선정된 요인을 그룹별로 정리하고 평가한다. 이 단계에서는 선정된 여러 가지 요인들을 재검토하여 불필요한 요인들을 삭제하고 필요한 요인들은 첨가한다.

다섯째로, 상황을 설명하며 예비시나리오를 작성하고 검토한다. 상황설명은 투자대상국의 현재상태와 선별된 요인의 과거추세에 의해 추정된 미래의 특징적인 면을 짧고 간결한 보고서형식으로 기술한다. 이러한 상황설명을 바탕으로 미래의 발생가능한 위험에 대한 예비시나리오를 작성한 후 기본이 되는 요인들을 변화시켜 시나리오를 재검토한다.

마지막으로 예비시나리오의 재검토가 이루어지면 각 주제에 맞게 시나리오를 작성하고 작성된 시나리오하에서 국제기업은 투자를 기획하거나 통제할 수 있는 대응전략을 수립한다.

(5) 체크리스트(checklist)법

이 방법은 국제위험을 분석 · 평가하기 위해 표준화된 점검표(checklist)를 작성하고 이 점검표에 따라 항목별로 점수를 부과한다. 그 다음에 각 평가요소에 대하여 그 중요도에 따라 가중치를 주어 국가별로 종합점수를 산출한다.

이 방법을 사용하는 경우에는 평가요소가 고정되어 있으므로 국가별 위험을 평가할 때에 주관성을 어느 정도 배제할 수 있고 국가별로 국제위험을 쉽게 비교할 수 있다는 장점이 있다. 그러나 이 방법을 사용하는 경우에는 평가요소를 선정하고 평가요소별로 가중치를 정하는 데는 주관성의 개입이 불가피하게 되며 각국의 특수한 상황을 반영할 수 있는 평가요소의 선정이 불가능하기 때문에 특정한 국가에만 적용되는 주요한 평가요소들을 무시해야 한다는 결점이 있다.

(6) 계량적 방법

계량적 방법은 국제위험의 원인들을 일련의 요소들로 나눈다는 점에서는 델파이법과 유사하다. 그러나 계량적 방법은 이러한 요소들을 평가하기 위하여 전문가로 구성된 평가단을 사용하는 대신에 각 요소를 측정하는 척도로서 쉽게 계량화할 수 있는 지수를 선정한다. 예를 들면 특정국가에 있어서 의회에 진출한 각 정당의 의석수를 그 나라의 정치성향이 자본주의적인가, 사회주의적인가, 또는 공산주의적인가를 측정하는 척도로 사용할 수 있다. 그 다음 각 지수에 대하여 적어도 10년간 또는 적절한 자료를 입수할 수 있는 한 될수록 오랜 기간에 걸쳐 자료를 수집한다. 이와 같이 수집된 자료를 여러 가지 종류의 다변량통계기법(multivariate statistical technique)들을 이용하여 분석함으로써 과거에 있었던 여러 가지 국제위험에 대한 최선의 지표를 찾아 내고, 이러한 요소들이 앞으로 어떠한 추세를 보일 것인가를 예측한다.

계량적 방법은 체계적이며 거시위험과 미시위험을 다 같이 분석할 수 있으며 각국별로 사용되는 상이한 지표의 유의성을 경험적으로 검증할 수 있다는 장점을 가지고 있다. 그러나 계량적 방법은 처음에 모델을 설정하는 데 비용이 많이 들고 필요한 자료를 구하기가 어렵고, 따라서 가장 적합한 자료 대신에 쉽게 입수할 수 있는 자료로 대체할 수밖에 없게 된다는 단점이 있다. 그 밖에도 이 방법은 수익률 · 현금흐름위험보다는 자산보호 · 투자회수위험에 초점을 두며, 일반적인 추세와 약간의 변화를 예측하는 데에는 우월하나 중요한 변화를 예측하는 데에는 효과가 크지 않다는 결점을 안고 있다.

(7) 글로브스캔(globescan)

글로브스캔은 지구적 관점에서 국제투자에 따르는 위험을 분석하는 방법이다. 글로브스캔을 이용하는 경우에는 우선 [그림 17-1]에 표시되어 있는 것과 같

그림 17-1 국제위험 · 수익 매트릭스

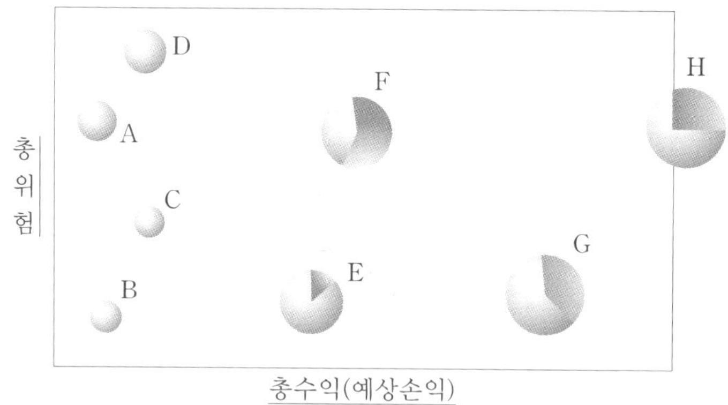

그림 17-2 투자회수위험 · 현금흐름위험 매트릭스

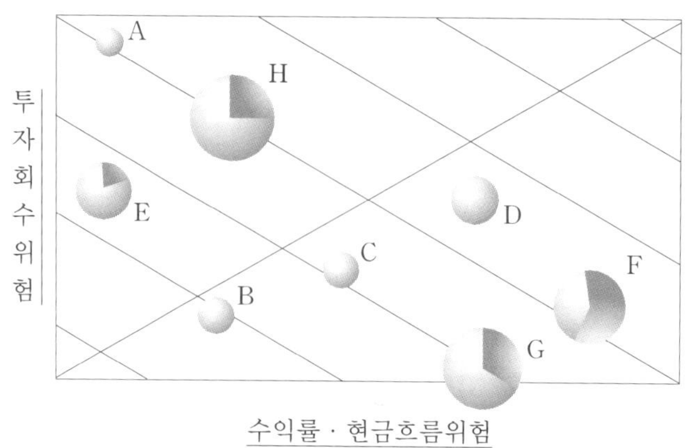

그림 17-3 거시위험 · 미시위험 매트릭스

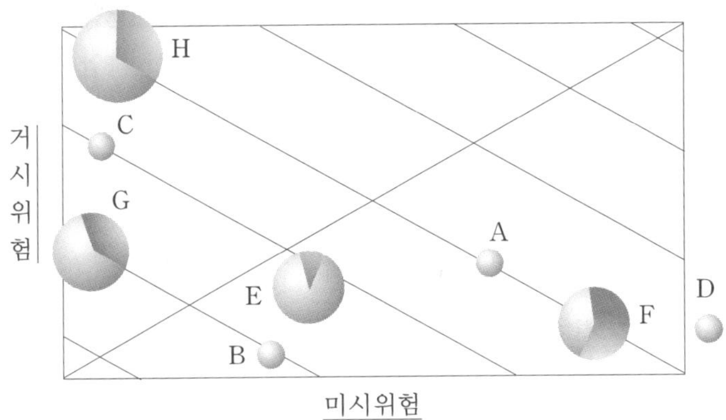

이 여러 가지 국제투자대상 사업들의 위험 · 수익 매트릭스를 만든다. [그림 17-2]와 [그림 17-3]은 이러한 위험 · 수익 매트릭스를 보완하는 국제위험 매트릭스이다. [그림 17-2]와 [그림 17-3]은 해외투자나 해외영업에 따르는 국제위험을 각각 현금흐름 · 수익률위험 및 자산보호 · 투자회수위험과 거시위험 및 미시위험으로 구분하는 동시에 두 가지 위험을 종합적으로 보여주고 있다.

원은 국별로 예상되는 시장규모를 나타내며 진한 부분은 국제기업의 시장지분을 나타낸다. 국제위험 · 수익 매트릭스와 국제위험 매트릭스가 구성되면 이러한 매트릭스들을 기초로 몇 가지 문제에 대한 의사결정이 가능해진다. 예를 들면 현상태에서는 위험 · 수익면에서 보자면 G가 가장 유리한 투자이다. G는 수익률은 두 번째로 높지만 전체적인 위험은 가장 낮은 편이다. 또한 G가 직면하는 위험은 대부분이 국산부품 사용의무와 같은 현금흐름 · 수익률위험이며 그 나라에 진출해 있는 거의 모든 국제기업에게 영향을 미치는 거시위험이다.

그에 비하여 A는 가장 매력 없는 사업이다. 수익률은 가장 낮고 위험은 세 번째로 높을 뿐만 아니라 그 위험의 대부분은 투자회수위험이며 그 산업에만 적용되는 미시위험이기 때문이다. E는 D보다 유리한 사업이며 F와 H를 비교하면 H가 F보다 유리한 것같이 보인다. 그러나 국제위험 매트릭스를 보다 상세히 분석하면 F가 유리할 수도 있다. H는 수익률이 높지만 위험 역시 높은 사업이다. 또한 위험의 대부분이 투자회수위험과 거시위험이다.

반대로 F가 직면하는 위험은 수익률위험이며 미시위험이다. F가 직면하는 위험이 그 시장에서 F가 차지하는 시장지분이 높기 때문이라면 현지기업과 합작을 한다든가 생산품의 일부를 수출함으로써 위험을 감소시킬 수 있을지도 모른다. 만약 그러한 조치가 가능하다면 F가 두 번째로 유망한 사업이 될 수 있을 것이다. 글로브스캔은 그 밖에도 앞에서 소개한 국제기업의 경영활동배치 매트릭스와 지역 · 경쟁력 매트릭스 및 국제사업 포트폴리오분석 등을 종합하여 국제위험을 지구적 관점에서 분석한다.

2. 국제위험 관리기법

앞에서 설명한 방법으로 해외투자에 따른 위험을 분석 · 평가한 다음에는 그 결과에 따라 적절한 방안을 선택하여 국제위험을 관리하여야 한다. 국제위험을 지구적 차원에서 관리하자면 국제사업 포트폴리오 등 기업 전체적인 입장을 반영하는 관리기법을 사용해야 한다. 그러나 본절에서는 보다 미시적인 위험통제기법과 위험재무기법에 대하여 설명하고자 한다. 위험통제기법에는 위험회피, 손해예방, 손해감소 및 위험분산기법 등이 있으며, 위험재무기법에는 위험보유 및 위험이전기법 등이 있다.

(1) 위험통제기법

1) 위험회피

이 방법은 국제기업이 해외시장에서 직면하는 위험이 커서 손실을 입을 가능성이 매우 높거나 위험을 부담하고 투자했을 때, 기대되는 이익이 너무 적다고 판단될 경우에 새로운 해외사업인 경우에는 투자를 거절하고 이미 해외에서 영위하고 있는 사업인 경우에는 철수하는 것이다.

그러나 이 방법을 사용하여 위험을 통제하고자 하는 기업은 판단에 신중하여야 한다. 위험이 너무 크다고 생각하여 일단 투자를 거절하면 다시는 그 나라에 투자하지 못할 가능성도 있으며 위험을 감수하고 그 나라에 투자한 경쟁기업이 우월한 위치를 선정할 수도 있기 때문이다. 대부분의 나라는 최초 얼마간은 경제적인 이유에서 외국인의 직접투자를 적극 유치하다가도 세월이 지나 그 나라의 경제에서 외국기업이 차지하는 비중이 일정한도 이상으로 커지면 외국인직접투자를 규제하려 하는 경향이 있다. 이러한 현상을 우리는 흔히 그 나라가 해외투자에 대한 전략적 창구(strategic window)를 닫는다고 말한다.

그러나 국제기업은 위험회피기법을 사용하여 특정한 국가에 대한 직접투자를 거절함으로써 투자대상국의 위험을 감소시키는 데 기여하기도 한다. 예를 들면 인도네시아의 수카르노 대통령은 1960년대에 외국인투자에 대하여 수용 등 여러 가지 제한을 가하였다. 그 결과 인도네시아에 외국인 직접투자의 유입이 감소하자 수카르노의 후임자인 수하르토 대통령은 외국인투자 문호를 개방하여 해외투자자가 대 인도네시아 투자에 대하여 느끼는 위험을 감소시켰다.

2) 손해예방

해외사업에서 오는 손해를 예방하는 데에는 적극적인 방법과 소극적인 방법이 있다. 적극적인 방법의 하나는 현지국 또는 정부기관과 긴밀한 관계를 설정·유지함으로써 위험을 감소시키는 방법이다. 예를 들면 국제기업이 현지에서 어떠한 목적을 위하여 사업을 추진하고자 한다면 사업을 추진하기 전에 또는 추진하는 과정에서 계속 현지의 정부관료들과 협의함으로써 그들의 이해를 구하는 것도 하나의 방법이다.

또 다른 방법은 현지국의 이해관계를 충족시킴으로써 훌륭한 그 나라의 국민으로 인식될 수 있도록 선민정책(good citizenship)을 사용하는 것이다. 예를 들면 자동차 타이어제조회사인 파이어스톤(Firestone)사는 아프리카의 라이베리아에서 현지국의 호감을 얻기 위하여 현지인들에게 고무나무를 무상으로 공여하고 기술지원도 무상으로 제공했다. 나무가 병이 들면 조언을 제공했으며 고무농장에서 필요한 장비 등을 원가로 공급하기도 했다 그렇게 함으로써 파이어스톤사는 타이어생산에 필요한 만큼의 고무공급을 확보할 수 있었다.

그 밖에도 국제기업은 현지국의 고용, 수출, 기술개발 등에 기여하거나 현지국의 교육시설 및 의료시설 등을 건설해 주거나 그러한 시설들에 보조금을 지급하여 국민복지에 기여함으로써 그 나라의 선량한 국민으로 인식될 수도 있을 것이다.

손해를 예방하는 소극적인 방법으로는 연구개발기술, 제조기술 마케팅 노하우(know-how), 경영기법 등 그것이 없으면 사업의 운영이 불가능한 무형자산을 위험이 높은 현지국 이외의 곳에 배치하는 방법이 있다. 이와 같은 경우에는 현지국에서의 사업운영이 외국에 위치한 국제기업의 노하우에 의존하게 되므로 국제기업이 직면하는 위험이 줄어든다. 예를 들면 세계의 주요 석유회사들은 과거에는 석유의 마케팅 측면을 지배함으로써 석유자원 보유국의 압력에서 벗어날 수 있었다.

또 다른 방법은 현지사업의 계속이 국제기업의 계속적인 기술개발에 의존하게 만드는 것이다. 이러한 경우에는 현지국의 기술능력이 국제기업의 신기술공급에 의존하게 되므로 현지국이 제기하는 위험에서 오는 손해를 예방할 수 있게 된다.

3) 손해감소

국제기업이 위험을 통제하는 또 하나의 방법으로 손해감소방법이 있다. 손해감소란 국제기업이 현지기업과 합작하거나 현지에서의 차입을 늘리거나 물리적 투자를 회피하고 경영계약의 형태로 진출함으로써 국제위험에서 오는 손해의 크기를 줄이는 방법이다. 이 방법은 손해발생의 빈도를 줄이는 손해예방기법과는 달리 손해의 크기를 감소시키는 것을 목적으로 한다.

국제기업이 해외사업을 합작투자의 형태로 운영하거나 해외에 진출할 때 합작투자의 형태로 진출하면 사업에서 오는 이익도 합작파트너와 나누지만 위험도 분담하게 된다. 특히 민족주의가 강한 지역에서 사업할 경우에는 현지인이나 현지기업을 합작파트너로 선정할 필요가 있다. 이러한 경우에는 현지파트너의 선정이 중요하다. 현지파트너가 기업경영보다는 이익분배에 관심이 있으면 국제기업의 경영권지배에 유리하다.

또한 현지파트너가 현지국 정부에 영향력을 행사할 수 있는 유력인사이면 좋은 경우도 있을 수 있다. 그러나 그러한 유력인사가 적절한 지식이나 기술이 없이 경영에 개입하려 한다면 오히려 많은 현지인들이 지분을 나누어 가지고 참여케 하는 것이 국제기업에게 유리할 수도 있다. 합작회사를 설립하면 손해감소라는 위험통제목적은 달성할 수 있으나 경영권확보에 문제가 생길 수 있으므로 이 방법을 이용한 위험통제는 신중을 기할 필요가 있다.

국제기업은 해외투자를 할 때에 필요한 자본의 일부를 현지에서 차입함으로써 국제위험에서 오는 손해를 감소시킬 수 있다. 현지차입의 방법은 여러 가지가 있을 수 있다. 현지의 은행 등 금융기관으로부터 차입할 수도 있고 정부기관으로부터 정책금융을 공여받을 수도 있으며, 현지의 부품공급업자들로부터 외상매입금을 공여받을 수도 있다. 이와 같이 국제기업의 현지차입이 증대하면 현지의 채권자들은 국제기업의 안녕에 관심을 가지며, 경우에 따라서는 국제기업을 위하여 현지정부에 압력을 넣을 수도 있을 것이다. 또한 만약에 몰수나 수용이 일어난다 하더라도 현지차입부분은 손해에서 제외될 수 있다.

경영계약이란 현지에 생산시설을 건립하지 않고 국제기업이 현지기업의 경영을 도와 주거나 대신해 주는 계약이며 국제기업은 이에 대하여 대가를 받는다. 경영계약은 흔히 현지국의 외국인투자 지분비율에 대한 제약 때문에 지분만으로는 경영권을 확보할 수 없는 국제기업이 경영권확보의 일환으로 사용하는 경우도 많다. 국제기업은 경영계약을 통하여 현지기업의 운영에 참가하지만 현지에 공장시설 등 물리적 투자를 한 것이 아니므로 국제경영에 따른 위험을 줄일 수 있다.

4) 위험분산

이 방법은 생산시설을 분산하여 생산을 전 세계적으로 다양화함으로써 손해의 규모를 감소시키는 방법이다. 국제기업은 어느 한 나라에 위치한 자회사와 다른 나라에 위치한 자회사 사이에 서로 보완할 수 있는 능력을 유지시킴으로써 어느 한 나라에 위치하는 자회사의 생산에만 의존하지 않고 생산을 여러 나라에 분산시킨다.

최근에는 많은 국제기업들이 생산을 국제적으로 합리화함으로써 규모의 경제, 경험효과 등을 이용하여 국제경쟁상의 우위를 확보하고자 생산을 국제적으로 분산시킨다. 자동차회사가 차체는 A국, 엔진은 B국, 타이어는 C국 그리고 조립은 D국 등으로 분산시키는 것이 좋은 예이다.

이와 같이 생산을 국제적으로 분산하면 위험도 분산되는 효과가 있다. A국 정부가 차체생산을 국유화해도 완전한 자동차의 생산이 불가능하므로 A국 정부는 해외투자의 국유화로부터 아무런 이익을 얻을 수 없게 된다. 그러나 이러한 생산의 국제화는 어느 한 나라에서의 작업중단이 국제기업 전체에 영향을 미친다는 위험도 동시에 내포하고 있다는 것을 간과해서는 안 된다.

(2) 위험재무기법

위험재무기법은 국제위험에서 발생하는 손실의 전부 또는 일부를 국제기업이 스스로 보유하거나 제3의 기관에 전가함으로써 국제기업에 미치는 재무적 손실의 영향을 최소화하려는 방법이다. 이러한 위험재무기법에는 위험보유(risk retention)기법과 위험이전(risk transfer)기법이 있다.

1) 위험보유

위험보유란 발생된 손실의 전부 또는 일부를 기업 스스로가 보전하는 것으로 손실보전에 필요한 자금을 기업 자체가 해결하는 것이다. 국제기업이 이용하는 위험보유기법은 크게 두 가지로 구분된다. 하나는 국제위험이 발견 · 규명이 되지 않은 상태에서 인지되지 않은 채 보유되는 것과 국제위험이 발견 · 규명되어 인지된 상태이나 그 위험이 과소평가되어 계획되지 않은 상태에서 보유되는 수동적 보유이다. 다른 하나는 모든 위험관리방안을 검토하면서 계획적으로 위험을 보유하는 능동적 보유이다. 국제기업이 위험을 보유할 때에 수동적으로 보유하는 것은 바람직하지 못하며 능동적으로 보유하여야 한다.

국제기업이 위험을 보유하는 가장 대표적인 방법으로 자본예산편성이 있다. 이는 국제기업이 자본예산을 편성할 때에 해외투자위험의 발생에 의하여 입게 되는 손실을 보전하는 자금을 계상하는 방법이다. 따라서 국제위험이 발생하면 자본예산을 수립할 때에 배분된 자금으로 그 손실을 전보할 수 있다. 국제기업이 이용하는 또 하나의 위험보유기법으로는 자가보험이 있다. 이는 해외에 투자한 기업이 국제위험에서 발생하는 손실을 보전하기 위하여 기업 내의 자회사형태인 보험회사(captive insurer)로부터 보험을 구입하는 방법이다.

2) 위험이전

위험이전의 대표적인 방법이 보험이다. 이는 위험발생에 따른 손실을 대외적으로 제3자에게 전가시켜 손실복구를 보장받는 방법으로 위험발생에 대한 궁극적인 책임이 전가되는 것은 아니며 재무적 손실의 복구책임만이 이전된다.

해외투자보험은 국제기업에게 중요한 의미를 지닌다. 왜냐하면 해외에 투자하는 국제기업이 직면하는 위험은 분석 · 평가하기도 어렵고 관리하기도 어렵다. 또한 국제위험에서 발생하는 손실 역시 방대한 경우가 많다.

해외투자보험은 이와 같은 성격의 국제위험을 포괄적으로 담보해 주기 때문에 해외투자증대에 기여한다. 따라서 해외투자보험제도는 여러 나라에서 정부차원으로 운영되고 있다. 예컨대 우리나라 해외투자보험은 외국정부에 의한 투자재산의 몰수나 박탈과 같은 위험, 전쟁, 내란, 혁명, 정변이나 외국정부의 조치로 인해 투자대상기업의 사업정지나 파산이 발생하는 전쟁위험, 그리고 외국정부의 조치에 의한 투자원금, 이자 및 배당금의 본국송금 불능과 같은 송금위험을 보상한다.

참고문헌

국내문헌

이응석 · 이재유, “국내외국인투자기업의 기술도입에 관한 연구,” 「국제경영연구」, 제 9 권 제 2 호, pp. 205-232, 1999년.

이장호, “다국적화와 무형자산 및 글로벌 학습이 기업의 가치에 미치는 영향(한국기업의 실증분석을 중심으로),” 「국제경영연구」, 제13권 제 1 호, pp. 95-123, 2002년 6 월.

______, “다국적 기업 자회사의 글로벌 학습에 영향을 미치는 요인에 관한 연구,” 「경영학연구」, 제31권 제 3 호, pp. 833-855, 2002년 6 월.

______, “글로벌 학습과 기업의 경영성과,” 「국제경영연구」, 제12권 제 1 호, pp. 179-218, 2001년 6 월.

______, Jangho Lee, Tom Roehl, Soonkyu Choi, “What Makes Management Style Similar and Distinct Across Borders? Growth, Experience and Culture in Korean and Japanese Firms,” *Journal of International Business Studies*, Vol. 31, No. 4, pp. 631-651, December, 2000.

______, “Determinants of Performance of Foreign Subsidiaries of Korean Multinational Corporations,” 「국제경영연구」, 제11권 제 1 호, pp. 137-168, 2000년 6 월.

______, “Business Strategy, International Strategy and Firm Performance,” 「국제경영연구」, 제10권 제 1 호, pp. 147-175, 1999년 10월.

______, “중소전자기업의 전략적 선택, 전략적 의도 및 조직역량이 대미수출성과에 미치는 영향,” 「중소기업연구」, 제21권 제 1 호, pp. 81-103, 1999년 6 월.

______, “해외자회사의 경영성과에 영향을 미치는 요인에 관한 연구,” 「경영저널」, 2000년.

______, “한국기업의 세계화를 위한 전략적 선택,” 「국제경영연구」, 제 9 권 제 1 호 pp. 182-203, 1998년 4 월.

______, “대외개방에 따른 전략적 선택의 유효성 검증,” 「중소기업연구」, 제18권 제 1

호 pp. 25-46, 1996년 6월.
______, "기계장비제조기업의 국내시장 방어를 위한 전략적 선택," 「국제경영연구」, 제6권, pp. 1-17, 1995년 8월.
______, "중소기업의 전략적 선택과 대일수출실적," 「중소기업연구」, 제17권 제2호 pp. 29-50, 1995년 12월.

외국문헌

Agarwal, Sanjeev & Sridhar Ramaswami(1992), "Choice of foreign market entry mode: Impact of ownership, location, and internationalization factors," *Journal of International Business Studies*, 23(1): 1-27.

Anderson, Erin & Hubert Gatignon(1986), "Modes of foreign entry: A transaction cost analysis and propositions," *Journal of International Business Studies*, Fall: 1-26.

Armstrong, J. S. & T. Overton(1977), "Estimating non-response bias in mail surveys," *Journal of Marketing Research*, 51(7), 71-86.

Barney, J. B.(1991), "Firm resources and sustained competitive advantage," *Journal of Management*, 17, 99-120.

Bartlett, Christopher A. & Sumantra Ghoshal(1987), "Managing across borders: New strategic requirements," *Sloan Management Review* (Summer): 7-17.

Bell, D.(1973), *The coming of post-industrial society: A venture in social forecasting*, Basic Books: New York.

Berry, C. H.(1975), *Corporate growth and diversification*, Princeton University Press: Princeton, NJ.

Bettis, Richard A.(1981), "Performance differences in related and unrelated diversified firms," *Strategic Management Journal*, 2: 379-393.

Buckley, Peter J. & Mark C. Casson(1976), *The future of multinational enterprise*, Holmes & Meier Publishers: New York.

Buzzell, Robert D., Bradley T. Gale & Ralph G. M. Sultan(1975), "Market share-a key to profitability," *Harvard Business Review*, January-

February, 97-106.

Caves, Richard E.(1982), *Multinational enterprise and economic analysis*, Cambridge University Press: Cambridge, Mass.

Chandler, Alfred D.(1962), *Strategy and structure: chapters in the history of the industrial enterprise*, The MIT Press: Cambridge, Mass.

Chang, S. J. & U. Choi(1988), "Strategy, structure and performance of Korean business groups," *Journal of Industrial Economics*, 37, 141-158.

Christensen, H. Kurt & C. A. Montgomery(1981), "Corporate economic performance: Diversification strategy versus market structure," *Strategic Management Journal*, 2: 327-343.

Collis, Stephen(1991), "A resource-based analysis of global competition: The case of the bearings industry," *Strategic Management Journal*, 12 (Special Issue), 49-68.

Comanor William S. & Thomas A. Wilson(1967), "Advertising market structure and performance," *The Review of Economics and Statistics*, Vol. XLIX(4): 423-440.

Conner, K. R. & C. K. Prahalad(1996), "A resource-based theory of the firm: Knowledge versus opportunism," *Organization Science*, 7, 477-501.

Contractor, Farok J. & Sumit K. Kundu(1998), "Modal choice in a world of alliances: Analyzing organizational forms in the international hotel sector," *Journal of International Business Studies*, 29(2): 325-357.

Cullen, John B., Jean L. Johnson & Tomoaki Sakano(1995), "Japanese and local partner commitment to IJVs: Psychological consequences of outcomes and investments in the IJV relationship," *Journal of International Business Studies*, 26(1), 91-115.

Cyert, R. M. & J. G. March(1963), *A behavioral theory of the firm*, Prentice Hall, Englewood Cliffs, N. J.

Davidson, W. H. & D. G. McFetridge(1985), "Key characteristics in the choice of international technology transfer mode," *Journal of International Business Studies*, 16(2), 5-21.

Drucker, P.(1968), *The age of discontinuity: Guidelines to our changing society*, Harper & Row, New York.

Dubofsky, P. & P. Vandarajan(1987), "Diversification and measures of performance: Additional empirical evidence," *Academy of Management*

Journal, 30: 597-608.

Dunning, John H.(1977), "Trade Location of Economic Activity and the MNE; A Search for an Eclectic Approach," in B. Ohlin, et al. (ed.), *The International Allocation of Economic Activity*, Macmillan, London.

Dyas, G. P. & H. T. Thanheiser(1976), *The Emerging European enterprise-Strategy and structure in French and German firms*, MacMillan Press, London.

Fagre, Nathan & Louis T. Wells, Jr.(1982), "Bargaining power of multinationals and host government," *Journal of International Business Studies*, Fall: 9-24.

Fama, Eugene F.(1976), *Foundations of finance*, Basic Books, Inc., N.Y.

Gatignon, Hubert & Erin Anderson(1988), "The multinational corporation's degree of control over foreign subsidiaries: An empirical test of a transaction cost explanation," *Journal of Law, Economics, and Organization*, 4(2):305-36.

Geringer, J. M., Beamish, P. W. & daCosta, R. C.(1989), "Diversification strategy and internationalization: Implications for MNE performance," *Strategic Management Journal*, 10: 109-119.

_____, Stephen Tallman & David M. Olsen(2000), "Product and international diversification among Japanese multinational firms," *Strategic Management Journal*, 21: 51-80.

Ghoshal, Sumantra(1987), "Global strategy: An organizing framework," *Strategic Management Journal*, 8, 425-40.

Gimeno, J.(1999), "Reciprocal Threats in Multimarket Rivalry: Staking out 'Spheres of Influence' in the U.S. Airline Industry," *Strategic Management Journal*, 20(2): 101-128.

Grant, Robert M.(1987), "Multinationality and performance among British manufacturing companies," *Journal of International Business Studies*, 18(3): 79-89.

______.(1991), "The resource-based theory of competitive advantage: Implications for strategy formulation," *California management Review*, 33(3): 114-35.

Grosse, Robert.(1996), "International technology transfer in services," *Journal of International Business Studies*, 27(4), 781-800

Hedlund, Gunnar & Dag Rolander(1990), "Action in heterarchies-New approaches to managing the MNC," In Christopher A. Bartlett, Yves Doz & Gunnar Hedlund, editors, *Managing the global firm*, Rouledge, London.

Hitt, M. A., R. E. Hoskisson & H. Kim(1997), "International diversification: Effects on innovation and firm performance in product diversified firms," *Academy of Management Journal*, 40(4): 767-798.

______, R. E. Hoskisson & R. D. Ireland(1994), "The mid-range theory of the interactive effects of international and product diversification on innovation and performance," *Journal of Management*, 20: 297-326

Hoskisson, R. E., M. A. Hitt, R. A., Johnson, & D. D. Moesel(1993), "Construct validity of an objective [entropy] categorical measure of diversification strategy," *Strategic Management Journal*, 14: 215-235.

Hymer, Stephen(1976), *The international operations of national firms*, MIT Press, Cambridge.

Itami H., and Thomas Roehl(1987), *Mobilizing invisible assets*, Harvard University Press, Boston, Mass.

Jensen, Michael C. & William H. Meckling(1976), "Theory of the firm: Managerial behavior, agency costs and ownership structure," *Journal of Financial Economics*, 3: 305-360.

Johanson, J. & J. Vahlne(1977), "The internationalization process of the firm: A model of knowledge development and increasing foreign commitments," *Journal of International Business Studies*, 8(Spring/Summer), 23-32.

Jones, G. R. & C. W. L. Hill(1988), "Transaction cost analysis of strategy-structure choice," *Strategic Management Journal*, 9: 159-172.

Kim, W. C., P. Hwang & W. P. Burgers(1989), "Global diversification strategy and corporate profit performance," *Strategic Management Journal*, 10(1), 45-57.

______(1993), "Multinationals' diversification and the risk-return tradeoff," *Strategic Management Journal*, 14: 275-286.

Kim, Wi Saeng & Esmeralda O. Lyn(1990), "FDI theories and the performance of foreign multinationals operating in the U.S.," *Journal of International Business Studies*, 21(1): 41-54

Kobrin, S.J.(1991), "An empirical analysis of the determinants of global integration," *Strategic Management Journal*, 12(special issue): 17-32.

Kogut, Bruce(1985), "Designing global strategies: Profiting from operational flexibility," *Sloan Management Journal*(Fall): 27-38.

_____ & Harbir Singh(1988), "The effect of national culture on the choice of entry modes," *Journal of International Business Studies*, 19(3): 411-32.

_____ & U. Zander(1992), "Knowledge of the firm, combinative capabilities, and the replication of technology," *Organizational Science*, 3(3): 383-97.

_____ & U. Zander(1993), "Knowledge of the firm and the evolutionary theory of the multinational corporation," *Journal of International Business Studies*, 24, 625-645.

Lall, Sanjaya(1983), "Monopolistic advantages and foreign involvement by U.S. manufacturing industry," *Oxford Economic Papers*, 32(March): 102-22.

Learned, E.P., C.R. Christensen, K.E. Andrews & W.D. Guth(1965), *Business policy: Text and cases*, Irwin, Homewood, Illinois.

Lecraw, Donald J.(1984), "Bargaining power, ownership, and profitability of transnational corporations in developing countries," *Journal of International Business Studies*, Spring/Summer: 27-43.

Leontiades, J.C.(1986), "Going global-global strategies vs national strategies," *Long Range Planning*, 19, December, 96-104.

Levitt, B.B. & J.G. March(1988), "Organizational learning," *Annual Review of Sociology*, 14, 319-340.

Lustgarten, Steven & Stavros Thomadakis(1987), "Mobility barriers and the Tobins q," *Journal of Business*, 60: 519-537.

Lyles, Marjorie A. & Jeffrey Q. Barden(2001), "Trust, organizational control, knowledge acquisition from the foreign parents, and performance in Vietnamese IJVs," *Proceedings presented at the Academy of International Business* 2001 *Annual Meeting*.

Mancke, Richard B.(1974), "Causes of interfirm profitability differences: A new interpretation of the evidence," *Quarterly Journal of Economics*, LXXXVIII, May, 181-193.

McGuiness, Norman W. & H. Allab Conway(1986), "World product mandates: The need for directed search strategies," In Hamid Etemad & Louise

Seguin Dulude, editors, *Managing the multinational subsidiary*, Croom Helm, London.

McDougal, F.M. & D.K. Round(1984), "A Comparison of diversifying and nondiversifying Australian industrial firms," *Academy of Management Journal*, 27, 384-398.

Miles, Raymond E. & Charles C. Snow(1978), *Organizational strategy, structure, and process*, New York: Mcgraw-Hill.

Miller, Allex(1988), A taxonomy of technological settings, with related strategies and performance levels, *Strategic Management Journal*, 9:239-54.

Mitchell, Will, J. Myles Shaver & Bernard Yeung(1992), "Getting there in a global industry: Impacts on performance of changing international presence," *Strategic Management Journal*, 13: 419-32.

Morck, Randall & Bernard Yeung(1991), "Why investors value multinationality," *Journal of Business*, 64(2): 165-187.

Nonaka, I. & H. Takeuchi(1995), *The knowledge-creating company*, Oxford University Press, Oxford.

Nunnally, Jum(1978), *Psychometric theory*, The Free Press, New York.

Ohmae, K. (1991), *The borderless world*, Fontana, London.

Palepu, K.(1985), "Diversification strategy, profit performance, and the entrophy measure of diversification," *Strategic Management Journal*, 6, 239-255.

Peteraf, M.(1993), "The cornerstones of competitive advantage: A resource-based view," 14(3), *Strategic Management Journal*, 179-191.

Porter, Michael E.(1980), *Competitive strategy: Technique for analyzing industries and competitors*, Free Press: New York.

______(1985), *Competitive Advantage: Creating and sustaining superior performance*, Free Press, New York.

______(1986), *Competition in global industries*, Harvard Business School Press, Boston, Mass.

______(1990), *The competitive advantage of nations*, Free Press, New York.

______ & V.E. Millar(1985), "How information gives you competitive advantage," *Harvard Business Review*, 63(July-August), 149-160.

Prahalad, C.K., & Yves L. Doz(1987), *The multinational mission: Balancing local demands and global vision*, The Free Press, New York.

______ & G. Hamel(1990), "The core competence of the corporation," *Havard Business Review*, 68(3): 79-91.

Robins, J.A. & M.F. Wiersema(1995), "A resource-based approach to the multibusiness firm: Empirical analysis of portfolio interrelationships and corporate financial performance," *Strategic Management Journal*, 16(4), 277-299.

Roth, Kendall(1992), "International configuration and coordination archetypes for medium-sized firms in global industries," *Journal of International Business Studies*, 23(3): 533-49.

Rugman, A.M.(1981), *Inside the multinationals: The economics of international markets*, Croom Helm, London.

Rumelt, Richard P.(1974), "Strategy, structure, and economic performance, Division of Research," *Graduate School of Business Administration*, Harvard University.

______(1982), "Diversification strategy and profitability," *Strategic Management Journal*, 3, 350-369.

Sullivan, D.(1994), "Measuring the degree of internationalization of a firm," *Journal of International Business Studies*, 25: 325-342.

Suzuki, Y.(1980), "The Strategy and structure of top Japanese industrial enterprises 1950-1970," *Strategic Management Journal*, 1, 265-291.

Shoeffler, Sidney, Robert D. Buzzell and Donald F. Heany(1974), "Impact of strategic planning on profit performance," *Harvard Business Review*, 52(2), March-April: 137-145.

Simonin, Bernard L.(1999), "Transfer of marketing know-how in international strategic alliances: An empirical investigation of the role and antecedents of knowledge ambiguity," *Journal of International Business Studies*, 30(3), 463-490.

Tallman, Stephen & Jiatao Li(1996), "Effects of international diversity and product diversity on the performance of multinational firms," *Academy of Management Journal*, 39(1), 179-196.

Teece, D.J., G. Pisano & A. Shuen(1997), "Dynamic capabilities and strategic management," *Strategic Management Journal*, 18(7): 509-534.

Toffler, A.(1990), *Powershift: Knowledge, wealth and violence at the edge of*

21*st century*, Bantam Books, New York.

Wernerfelt, B.(1984), "A resource-based view of the firm," *Strategic Management Journal*, 5(2), 171-180.

White, Roderick E. & Thomas A. Poynter(1990), "Organizing for world-wide advantage," In Christopher A. Bartlett, Yves Doz & Gunnar Hedlund, editors, *Managing the global firm*, Rouledge, London.

Williamson, O. E.(1975), *Market and hierarchies: Analysis and antitrust implications*, Free Press, N.Y. N.Y.

Yigang, Pan(1996), "Influences on foreign equity ownership level in joint ventures in Chin," *Journal of International Business Studies*, 27(1): 1-26.

Yu, Chwo-Ming & Kiyohiko Ito(1988), "Oligopolistic reaction and foreign direct investment: The case of the U.S. tire and textile industries," *Journal of International Business Studies*, 19(3): 449-60.

찾아보기

[저자약력]

서울대학교 상과대학 졸업
미국 University of Washington 경영학 박사
서강대학교 대학원 무역학과 과장, 서강대학교 경영대학 학과장, 서강대학교 경영연구소 소장, 서강 경영회계연수원장, 서강-하버드 비즈니스 편집장, 경영학회 경영학연구 편집위원, 국제경영학회 국제경영연구 편집위원, 중소기업학회 중소기업연구 편집위원, 중소기업학회 이사, 서강대학교 경영대학 학장 역임, 한국국제경영학회 회장 역임
현 서강대학교 경영대학 명예교수

〈저 서〉

국제경영전략, 박영사
전략적 선택과 국제경쟁력, 집문당
신무역개론, 경문사

〈논 문〉

다국적화와 무형자산 및 글로벌 학습이 기업의 가치에 미치는 영향(한국기업의 실증분석을 중심으로)
다국적 기업 자회사의 글로벌 학습에 영향을 미치는 요인에 관한 연구
글로벌 학습과 기업의 경영성과
What Makes Management Style Similar and Distinct Across Borders? Growth, Experience and Culture in Korean and Japanese Firms
Determinants of Performance of Foreign Subsidiaries of Korean Multinational Corporations Business Strategy, International Strategy and Firm Performance
중소전자기업의 전략적 선택, 전략적 의도 및 조직역량이 대미수출성과에 미치는 영향
한국기업의 세계화를 위한 전략적 선택
대외개방에 따른 전략적 선택의 유효성 검증
기계장비제조기업의 국내시장 방어를 위한 전략적 선택
중소기업의 전략적 선택과 대일수출실적
Equity Ownership, Competitive Advantage, Commitment, and International Joint Venture Performance
외 다수

전정판
국제경영전략

1996년 8월 10일 초판발행
2001년 2월 10일 제 2 판발행
2003년 6월 20일 전정판발행
2013년 2월 10일 중판발행

저 자 이 장 호
발행인 안 종 만
발행처 (주) 박영사
서울특별시 종로구 평동 13-31번지
전화 (733) 6771 FAX (736) 4818
등록 1959. 3. 11. 제300-1959-1호(倫)

www.pybook.co.kr e-mail: pys@pybook.co.kr

정 가 25,000원 ISBN 89-7189-468-7